U0486227

中国传统政治文化书系

主　编　齐　涛
副主编　蒋海升　谢　天

中国传统睦邻之道

巩宝平　著

泰山出版社·济南·

图书在版编目（CIP）数据

中国传统睦邻之道 / 巩宝平著；齐涛主编；蒋海升，谢天副主编. —— 济南：泰山出版社，2023.12
ISBN 978-7-5519-0697-5

Ⅰ.①中… Ⅱ.①巩…②齐…③蒋…④谢… Ⅲ.①外交史—研究—中国 Ⅳ.①D829

中国版本图书馆CIP数据核字（2021）第244699号

ZHONGGUO CHUANTONG MULIN ZHIDAO
中国传统睦邻之道

策　　划	胡　威
主　　编	齐　涛
副 主 编	蒋海升　谢　天
著　　者	巩宝平
责任编辑	程　强　王凌云
装帧设计	路渊源

出版发行	泰山出版社
社　　址	济南市泺源大街2号　邮编　250014
电　　话	综 合 部（0531）82023579　82022566
	出版业务部（0531）82025510　82020455
网　　址	www.tscbs.com
电子信箱	tscbs@sohu.com
印　　刷	山东华立印务有限公司
成品尺寸	165 mm×240 mm　16开
印　　张	12
字　　数	155千字
版　　次	2023年12月第1版
印　　次	2023年12月第1次印刷
标准书号	ISBN 978-7-5519-0697-5
定　　价	69.00元

总序

政治文化是基于政治制度和政治行为而形成的政治思想、政治观念与价值取向。它既是对政治制度和政治行为的抽象,又是社会文化中的客观实在,对政治制度与政治行为产生着重要影响。中国传统政治文化则是对中国传统政治制度和政治行为的抽象,具有丰富而深刻的内涵,影响着中国传统政治的构建,也影响着近代以来中国政治道路的选择。

相当长的一个时期以来,我们对传统政治文化没有给予应有的关注,更没有给予客观的评价。多数情况下,我们将其视为封建专制主义的糟粕,将其贴上落后、保守甚至反动的标签,其中一个重要原因是受西方学术范畴与话语体系的影响。

早在启蒙运动时代,一些著名的欧洲启蒙思想家便借中国古代政治之例抨击欧洲封建专制主义。孟德斯鸠在《论法的精神》中认为,历史上存在过三种政体,即共和政体、君主政体与专制政体:共和政体是全体人民或仅仅一部分人民握有最高权力的政体;君主政体由单独一个人执政,不过遵照已确立且被固定了的法律执政;专制政体既无法律又无规章,由单独一个人按照一己的意志与反复无常的性情领导一切。他认为,中国古代就是专制政体,在这种政体下，人的命运和牲畜一样，就是本能服从与接受惩罚，即使西方的暴君统治也强过东方的专制统治。

冷战时期，有的学者基于强烈的意识形态偏见，不遗余力地揭示东方专制主义的"罪恶"，其中最具代表性的就是美国历史学家魏特夫的《东方专制主义：对于极权力量的比较研究》一书。该书认为：东方国家的治水导致了专制政体与东方专制主义，"由此产生的权力是一种极权力量。在这样的治水社会中，政治上是君主暴政，经济上消灭土地私有制，文化上是奴性状态。生活在这种治水社会中的民众必然屈从于中央集权，处在全面恐怖之中，最终陷入全面的孤独"[1]。当然，也有许多严肃的西方学者从不同角度探讨和研究中国传统政治文化，但往往不得要领，比如，近代政治学的代表性学者马克斯·韦伯曾着力于中国古代政治研究，并认定中国古代政治体制是家产官僚制。所谓家产官僚制，就是以家产制国家为基础，家产制与官僚制相结合的政治体制。马克斯·韦伯认为："当君侯以一种人身的强制，而非领主式的支配，扩展其政治权力于其家产制之外的地域与人民，然而其权力的行使仍依循家权力的行使方式时，我们即称之为家产制国家。"[2]当家产制国家继续扩大时，必然要借助于官僚制度，国家愈大，对官僚制度的依存就愈是绝对。马克斯·韦伯在《儒教与道教》一书中提到，自秦王朝开始，各王朝都是"家产官僚制"，在这一体制下，君主将国家政权作为私人权力与私人家产，置于其官僚制行政的管理之下。这一体制下的官僚不同于近代官僚，他们更像是君主的家臣与"包税人"，他们必须与君主建立人身依附关系，获准在其任职范围内充分的收益权，他们可以将其行政区内所得的收入作为俸禄，事实上

---

[1] 金寿福：《东方专制主义理论是冷战产物》，《历史评论》2020年第2期。
[2] 马克斯·韦伯：《韦伯作品集Ⅲ：支配社会学》，康乐、简惠美译，广西师范大学出版社，2004，第103页。

与其私人收入并无区别。

对于孟德斯鸠出于工具目的对东方专制主义的批判可以另当别论,但其影响力不容忽视;对于魏特夫等人的观点,学界虽进行了较为充分的讨论,但并非从根本上解决了相关理论问题;对于为数颇多的严肃学者所进行的相关研究,国内学术界也进行了积极的回应与讨论,但对中国传统政治文化研究长期未见全面深入的突破,并未构建起完整的、客观的研究体系。究其原因,在于分析工具的选择。西方学者所使用的学术范畴与话语体系,都是在对西方文明的发展研究基础上形成的,他们往往以之为标准来评判中国传统政治文化。马克斯·韦伯这位严肃的学者,尽管注意到了中国传统社会种种内在逻辑与独特存在,但仍不愿放弃其既有的范畴,而是以家产制与官僚制这两个既有范畴打造出"家产官僚制"之履,削足适履,将中国传统政治塞入其中。国内学术界与西方学术界关于中国传统政治文化的对话、对中国传统政治文化的研究,也多是借用舶来的西方政治学的理论与范畴,难免力不从心,甚至还可能带来更严重的后果。中国台湾学者林端在21世纪初不无忧虑地认为,马克斯·韦伯对中国传统政治与法律存在诸多误解,"如果这些误解不断存续下去,甚至中国人的世界也越来越接受这种误解的说法,会是很可怕的事情,到最后中国人自己不了解中国文化的特征,却顺着西方人的眼睛来看自己的中国,看自己的文化"[①]。在以往的学术讨论中,我们总是说西方人戴着有色眼镜看中国问题,实际上,最大的问题在于我们自己也戴着西式有色眼镜看自己的问题。所以,我们的当务之急是摘下这副眼镜。

摘下西式有色眼镜,我们会发现,在人类政治文明进程中,并

[①] 尤陈俊:《中国传统法律文化的重新解读与韦伯旧论的颠覆——〈韦伯论中国传统法律:韦伯比较社会学的批判〉评介》,《法制与社会发展》2006年第2期。

不存在唯一正确的普世的政治思想、政治观念与价值取向。习近平主席在2021年世界经济论坛"达沃斯议程"对话会上的特别致辞中指出:"世界上没有两片完全相同的树叶,也没有完全相同的历史文化和社会制度。各国历史文化和社会制度各有千秋,没有高低优劣之分,关键在于是否符合本国国情,能否获得人民拥护和支持,能否带来政治稳定、社会进步、民生改善,能否为人类进步事业作出贡献。各国历史文化和社会制度差异自古就存在,是人类文明的内在属性。没有多样性,就没有人类文明。多样性是客观现实,将长期存在。"[1]习近平总书记在中共十九届四中全会第二次全体会议上的讲话中还指出:"一个国家选择什么样的国家制度和国家治理体系,是由这个国家的历史文化、社会性质、经济发展水平决定的。"[2]

西方近代政治文明就不是资本主义时代的专利,而是在欧洲独有的历史文化基础上产生的,如美国学者拉塞尔·柯克所说:"(美国)秩序的根基可蜿蜒曲折地追溯到希伯来人对上帝之下的有目的的道德生活的认知。它们涵括了古希腊人在哲学和政治上的自我意识;罗马人的法治与社会组织经验涵育了这些根基;它们与基督教对人之责任、希望和救赎的理解盘根错节地交织在一起;它们从中世纪的习俗、学问和英勇精神中吸取生命的养料;它们紧紧地抓住16世纪酝酿的宗教情绪;它们源自英格兰千辛万苦争来的法律之下的自由;殖民时期美国一百五十年的共同体经验强化了这些根基;它们得益于18世纪的辩论;它们借着《独立宣言》和美国宪法崭露峥嵘;它们经过美国内战的严酷考验后又全面恢复生机。"[3]

---

[1] 习近平:《让多边主义的火炬照亮人类前行之路——在世界经济论坛"达沃斯议程"对话会上的特别致辞》,《人民日报》2021年1月26日第2版。
[2] 习近平:《习近平谈治国理政》(第三卷),外文出版社,2020,第119页。
[3] 拉塞尔·柯克:《美国秩序的根基》,张大军译,江苏凤凰文艺出版社,2018,第474页。

同样，中国现代政治文明也是在中国独有的社会土壤中生长起来的，其中，传统政治文化是十分重要的组成部分，如习近平总书记所指出的："像这样的思想和理念，不论过去还是现在，都有其鲜明的民族特色，都有其永不褪色的时代价值。这些思想和理念，既随着时间推移和时代变迁而不断与时俱进，又有其自身的连续性和稳定性。"①

因而，对中国传统政治文化的发掘与构建不仅可以让我们认识过去的中国，更可以助益于当代中国政治文明的发展，助益于建设中国特色社会主义制度和国家治理体系的进程。我们必须摘下西式有色眼镜去看中国自己独特的政治制度与政治行为，去把握与构建中国人自己的传统政治文化。

摘下西式有色眼镜，我们可以发现，在五千多年中华文明发展进程中，我们创造了独具风格的传统国体，"天下"与"社稷"是基本的国家范畴。

中国早期政治家们坚定地认为，"天下"是他们政治作为的地理空间，也是国家政权覆盖的地理范围。从西周王朝的"普天之下，莫非王土；率土之滨，莫非王臣"，到孔子所秉持的"修身齐家治国平天下"，陈述的是同一政治表达。在这一政治框架中，"国"只是政权存在，无论是万国时代，还是西周各诸侯国都是如此。天子是天下的最高统治者，是各国的宗主，具有至高无上的地位。对于远近不同、关系不同的各国政权，均认定为同一天下，分为五服，设定不同的责任与义务，以德怀远、万国来朝是最为理想的天下治理状态。在秦汉统一王朝时代，虽然诸侯之国消失，但天下观并未改变，历代王朝仍认定自身为天下宗主，以天下为己任。

在这一政治框架中，正统与正朔成为非常重要的政治符号，统

---

① 习近平：《习近平谈治国理政》（第一卷），外文出版社，2014，第171页。

治者都认定自己是天下正统所在，而正统的标志就是奉其正朔。正朔是历法，使用其颁行的历法，就是奉其正朔，认可其正统地位。因而，对于天下各政权，历代王朝或有征讨，但并无掠夺，只要称臣纳贡，奉其正朔，便可换来封名，获得应有的保护。

在这一政治框架下，统一的王朝是历史发展的基本形态，每一个分裂时代都是被动的，分裂时代的任何一个王朝无不以正统自居，都想让其他王朝奉其正朔，都不肯偏安一方。海内为一的大一统是每个王朝共同的追求。

中国早期政治家们还敏锐地将天下细分为社稷、民、君三个组成部分。在《孟子·尽心下》中，孟子旗帜鲜明地认为："民为贵，社稷次之，君为轻。"这一论述的意义不仅仅是认识到了民众在社会历史中的地位，更是将社稷与君分离开来，以君主为代表的统治者只是社稷的管理者，并非社稷本身，这成为中国古代最为重要的政治传统。齐宣王曾问孟子，商汤推翻夏桀、周文王讨伐商纣王，是否真有此事？孟子说有。齐宣王又问，臣弑其君可否？孟子的回答是，凡背弃仁义、残害百姓者，就是独夫民贼，人人可诛之。可以说，"民惟邦本"的政治理念在中国古代深入人心。唐太宗曾把君主与百姓的关系比之为舟与水的关系，说"水可载舟，亦可覆舟"，这也是认可君权并非神圣不可转移。因而，当统治者不足以维持其统治时，总是被农民起义拉下马来，实现改朝换代。

必须指出的是，在一次又一次的历史更替中，天下未变，文化人伦未变，天下之民及其共同的精神追求与心理取向未变，社稷也未变。所谓王朝的周期更替只是政权变动，而非国家变动。五千多年的中华文明从未中断，赓续至今。

摘下西式有色眼镜，我们还会发现中国传统政体的明显特性，可以看到中国古代政治文明之路是一条不同于西方社会的文明之路，它有着集权一统的行政体制、充分发育的政府职能和平等开放的社会结构。

就传统行政体制而言,韩非为秦始皇设计了"事在四方,要在中央。圣人执要,四方来效"①的行政体制总则。这里所说的"圣人"就是君主。中央对于地方,"如身之使臂,臂之使指,莫不制从"②,指挥自如;君主对于全国,则是"天下之事无小大皆决于上"③。此总则通行于整个中国古代社会,各王朝自上而下设置层层相属的地方行政机构,又设置了分工明确、职责清晰的职能部门,确保各地权力集于中央王朝,中央王朝权力集于君主。

在这样一种体制下,基本不存在独立的政治实体。古代中国没有西方中世纪相对独立的自治城市,王朝的体系一直延伸到城市里坊;也没有西方中世纪自行其是的封建领主和自治村庄,王朝的体系也囊括了所有村落;更没有西方中世纪宗教的威权,各种宗教都在王朝行政体系的管理之中。还必须说明的是,中国古代各王朝均非所谓"家产制"国家,皇室财产与王朝财产始终有清晰的界限,君主私人财务与社会公共财政也并未合一。

就传统政府职能而言,"父母官"可以说是对传统政府职能的最好概括,王朝政府几乎是唯一的主体。中国古代各级政府是实施社会管理的全能的一元化政府,从中央到地方,有着构造齐全、涵盖几乎所有事务的机构与管理者。无论是国计民生,还是司法、治安、民政以及宗教、教化等,都在各级政府的一元化管理体系之中。如经济事务的管理,从农业到工商业,无一遗漏。中央王朝既有大农令、大农丞、劝农使,又有均输官、平准官,还有工部、户部、少府等。县一级则有工曹、户曹、市曹等,连县城中的市场也用市令与均平令进行市场秩序与物价管理。社会精神文化生活也是在一元化的管理下,倡导什么礼俗,尊崇什么宗教,甚至于表彰

---

① 高华平、王齐洲、张三夕译注:《韩非子》,中华书局,2010,第59页。
② 班固:《汉书》,中华书局,1962,第2237页。
③ 司马迁:《史记》,中华书局,1959,第258页。

孝子烈妇、调和邻里之争，都在政府的统辖之下，可以说是事无巨细、无所不包，尤其是基层地方政府，几乎就是一地之大家长。

在这样一种体制下，没有行政权力之外的权力存在，没有类似西方中世纪的各种社会中间组织分割其事权，也没有西方中世纪那样的各式法庭分割其司法裁判权，更没有西方中世纪的议会分割其税收或其他社会权力。中国古代社会存在着宗族与其他各色民间组织，但都不具有较为完整的权力，只是在行政权力的认可或赋予下，拥有一定的社会权力，是行政权力的补充或延伸。

就传统社会结构而言，中国古代社会的最大特点就是"编户齐民"制度，其实质是相对平等、开放的社会角色体系。中国古代社会存在着明显的角色差异、社会地位差异，但没有严格的社会鸿沟，不同角色的人们拥有一个共同的身份，即编户齐民，所有人户都在政府的编制管理之中，都可能实现社会角色的转换。

在这样一种体制下，中国古代的农民有可能转而为官或是经商，"朝为布衣，暮为卿相"并非个例；而西方却是严格的身份世袭制，中世纪的农民没有此通道。中国古代的"士"是文化的掌握者与传承者，也是社会流动的中转站；西方中世纪的文化都垄断在教会之手，直接制约了社会的活性。中国古代社会实行家产继承的诸子均分制，每一个子嗣都可以均等地继承家业，保障了社会结构的稳定；西方中世纪则是长子继承制，大量余子与骑士的沉淀成为其社会结构的一个顽疾。

摘下西式有色眼镜，我们又会发现，中国传统治理体系也独具风格，难以用现有政治范畴进行诠释，无论是中国传统政治治理体系、经济治理体系，还是文化治理体系，都是如此。

就中国传统政治治理体系而言，现有的民主、法治、专制等范畴都难以表达中国传统政治治理体系的本来。如，中国古代政治是民主政治吗？当然不是。是专制政治吗？也不全是。中国古代有君主专制，但君主的权力往往受到制约，实际是有限君权，最为典型的是唐朝的三省六部制，从诏令的起草、复核到执行，都有庞大的官僚部门负责，彼此制约。而且，还有较为完整的朝堂议事制度、监察制度、谏议制度，朝堂之上，并非君主一言九鼎。另外，中国古代王朝均有十分完整庞大的法律体系，从民事、刑事到社会事务、行政运转都有详尽规定，依法行政的色彩十分明显，但又难以认定这就是法治社会，因为从君主到各级地方官员，他们在各种事务中的自由裁量权还是比较突出的。这就是中国传统政治治理体系的实际：既非民主，又非专制；既非法治，又非人治。

就中国传统经济治理体系而言，现有的国有化、私有化等范畴，也都难以准确表达传统经济治理体系。以土地制度为例，在中国古代相当长一个时期，土地一直没有明确的国有或私有的属性，虽然自秦王朝统一后，宣布"令黔首自实田"，似乎认可了农民的土地所有权，农民可以转让与买卖土地，但此后，各王朝仍不断进行土地的重新调整与分配：从西汉的授田制、王莽的王田制，到西晋的占田制、北朝与隋唐的均田制，王朝政权总在不断地颁布诏令，保障农民的土地占有；直到明清时期，农民仍不具备西方私有权属意义上的完整的土地私有权。以工商政策为例，中国早期国家形成于三次社会大分工完成之前，使工商业在出现之初就打上了明显的国家印记。春秋战国以来，虽然允许私营工商业发展，但"工商食官"制度并未终结，官营工商业一直未退出历史舞台，而且还处在不断发展中，从而出现了官营工商业和私营工商业并存，官营工商业一直处于垄断与主导地位的格局，这一格局贯穿中国古代社会两千年。

就中国传统文化治理体系而言，现有的文化专制、思想自由等范畴同样无法诠释中国传统的文化治理体系。以思想自由定性中国传统文化治理显然荒谬，但是，以文化专制指认中国传统文化治理同样不妥。中国历代王朝都重视文教，推广教化，中国古典文化的繁荣世所公认。更为重要的是，中国古代社会没有出现西方中世纪宗教力量钳制思想的现象，人们拥有较为宽松的信仰选择，除了以祭天为核心的垄断性信仰外，并无多少禁区。

中国传统政治的上述特性，当然是在中国长期稳定的农耕文明土壤中形成的，其中最根本的一点就是中国古代政治文明独特的发生与发展道路。中华文明有着独特的发生途径与成长历程，传统中的胎记遗存清晰可辨。一万多年前，相当长的一个时期，由于受大理冰期的影响，全球性气温下降，冰川扩张，海平面大幅度降低，渤海、黄海、东海成为新的大陆，朝鲜半岛、日本列岛以及台澎诸岛都与东亚大陆连为一体。在这方新的土地上，我们的先民们拥有了更为广阔的生存空间，自北向南，依次活动着渔猎采集群落、初始农耕群落、高级采集狩猎群落。我们上古传说中的尧、舜、禹、共工、三苗、蚩尤等，都生存于其中。而当时的旧大陆，尤其是北部大陆，由于严寒与干旱，冻土带南移，人口较为稀少。大约一万年前，随着大理冰期的结束，全球性气温转暖，冰川融化，暴雨成灾，海水上涨，接踵而至的洪水淹没了新大陆，也湮没了新大陆上的所有文明。人们的生存空间大大缩小，幸存的群落与群落间发生了旷日持久的冲突，尧、舜、禹与共工、三苗的战争都在此列。[①]

在中华文明的发生史上，存在着一个一直没能解决的问题，那就是早期文明的源头究竟在何处？现在看来，答案应当有了，即这一时期的洪水与战争是中国早期文明的源头。在治洪、御洪的过程中，尧舜禹集团内部开始萌生社会分工、公共权力以及刑罚，尧舜禹的禅代、鲧的放逐以及四岳的存在，都为我们透露出了这样的信息。更为重要的是，洪水进逼所引起的大规模的群体战争同样在促成权力与统治的萌生。《吕氏春秋·荡兵》曾言："人曰'蚩尤作兵'，蚩尤非作兵也，利其械矣。未有蚩尤之时，民固剥林木以战矣，胜者为长。长则犹不足治之，故立君。君又不足以治之，

[①] 齐涛主编：《世界史纲·绪论》，泰山出版社，2012，第1~7页。

故立天子。天子之立也出于君,君之立也出于长,长之立也出于争。"立长""立君""立天子",实际上是国家形成三阶段的写照。尧、舜、禹与共工、三苗的战争,标志着"立长"阶段的开始,也意味着中国早期文明的滥觞。

中国早期文明萌生后所面临的主要压力仍是群体间的冲突与对抗。随着生产的进步、人口的膨胀,这种对抗愈演愈烈。群体内部的组织体系也开始完备。这种组织体系的完备首先是在聚落中实现的,尔后又逐渐延伸,进而形成了早期方国,其时间大约在五六千年前,这也就是古史上所谓的"万邦时代"。随着方国间对抗与联系的逐步加强,方国共同体开始出现,夏王朝的建立标志着更大范围方国共同体的出现,也标志着大一统王朝的萌生。此时的方国共同体并非方国联盟,而是诸方国对方国共同体的主导者的服从与认可;而作为方国共同体主导者的夏,对其他方国也并非征服与掠夺,而是视为同类,致力于人文教化的一统。商之代夏、周之代商,只是一个主导者对另一个主导者的取代,人文教化一统的方国共同体并未改变。在此基础上建立的国家政权已带有浓重的统一国家色彩。经过春秋战国的历史整合,至秦王朝建立,大一统的中央集权王朝已经形成,西方近代意义上的国家已经出现在两千多年前的中国,大一统传统由来已久,根深蒂固。

由于中华文明的萌生缘于冰后期群体间的对抗,其萌生之时,私有财产和贫富分化尚未出现,私有制与阶级也未产生,三次社会大分工更没有展开,氏族血缘组织还未被地缘组织所取代,因此这些历史任务都是由先行出现的国家政权渐次完成的。这一过程,必然要打上国家的烙印。国家政权对社会的控制与管理是全方位的,国家政权之外的其他力量难以生成。

与文明发生的途径相联系,国家产生之时,没有明显的阶级对立和阶级差别,没有内部奴隶,各成员之间的差别更多的是社会分工与角色的不同,社会成员都有一定的参政、议政权利。直到西周春秋时代，实行的仍是国人内部民主制，遇有重大事务，国君往往要与国人相商，甚至与之盟誓。国人废黜国君，另立新君之事也曾发生。战国以来，君权强化，君主专制体制不断发展，但民主制的基因并未中断，社会成员的平等性在一定程度上得以延续。

与文明发生的途径相联系，中国早期社会组织不是以地缘关系代替血缘组织，而是对血缘组织的确认与强化。家庭与家族是基本的社会组织，无论是群落，还是方国、方国联盟以及后代的夏、商、周，其组织结构基础都是家族。在此基础上，国家作为宗法血缘关系下的父家长制大家庭放大后的产物，必然会带来内部的集权化倾向，带来全能的政府职能；群体内部的纽带是血缘关系，又为父家长式的专制奠定了基础。

与文明发生的途径相联系，中国古代的三次社会大分工一直没有完整实现。西周及其以前的时代，土地为宗族所有，实行的是以家族为单位的大田集体劳动，家畜饲养与农业生产是在同一个劳动单位内完成的，纺织和陶器制作等手工业生产也是如此。家族之间和全社会所需的手工业商业活动则由王朝政府承担，此即商周王朝的工商食官制度。在此基础上，形成了独特的土地制度与官营工商制度。

与文明发生的途径相联系，中国早期政治是人文政治，而不是神祇政治，祭祀僧侣集团在中国政治上一直没有取得过主导地位。在文明的萌生中，中国也与西方世界一样，有祭祀与专职的祭祀人员，有通天人之际的"若木"与神山。从红山文化的祭坛到三星堆的神杖，从种种的民间神祇传说到遍布南北的新石器时代的岩画，我们都能感受到神仙世界对世俗世界的影响。但在中国社会，神职人员一直没有成为独立的政治集团，神职首领往往是世俗首领兼而领之，这种情况下的祭祀集团只能是政治的附庸。与之相对应，在中国传统政治生活中，一方面是世俗首领垄断了天人之际的通道，"天之子""予一人"以至后世的封禅大典，充分体现了这种垄断；另一方面，人文与人伦成为基本的价值取向，从周公旦的"敬天保民"，到孔夫子的人文教化，反映的都是这一精神。因而，中国古代社会未曾出现欧洲中世纪宗教的桎梏与束缚，而是成就了中国古代社会的人文繁盛与相对宽松的信仰世界。

从上述内容我们可以清楚看到，中华文明的发生与西方迥异。西方文明的发生，走的是一条符合传统理论的基本道路，即在原始社会的后期，随着生产的进步，有了剩余产品与剩余劳动，又有了私有财产与私有观念，在此基础上，形成了贫富分化与阶级对立，国家机器在阶级对立的基础上应运而生，代表统治阶级的利益，实行阶级统治与阶级压迫。与之同时，原始的氏族血缘关系被打破，以地缘关系编制、管理其国民成为国家形成的重要标志。自国家出现到希腊罗马时代，欧洲社会完成了其政治基础的奠基与政治制度的完善，基于个人权利至上的公民权与财产私有权成为其社会的两大基点，城邦民主政治与自由文化精神构成了欧洲政治文明的基本框架。此后，虽然经历了中世纪的黑暗，但这一基础并未被完全摧毁，在许多方面仍以种种不同的方式在继承与发展，尤其在城乡二元结构下，城市文明崛起，为欧洲社会提供了另一个版本的治理体系。至文艺复兴，则在新的历史时期实现了对希腊罗马文化的融合与创造力的迸发。随着资本主义运动的进展，近代国家、近代法律、近代思想文化以及近代国际秩序逐步形成，从而完成了欧洲文明的构建。

中华文明的发生与欧洲社会已大不同，发生之后，中华文明仍旧沿着自己的基点行进。近百年来，不断有学者将中国的历史进程与欧洲的历史进程相比附，得出了种种结论。就历史的客观性而言，两者虽不乏相似之处，但仍是不同道路上的行进者。如中国春秋战国时期的变革与希腊、罗马的变革实际是同工异曲，中国的秦汉帝国与罗马帝国的强盛也并非一事，中国的封建社会也不能等同于欧洲的中世纪社会等，特别是春秋战国这一特定历史变革时期所造就的中华文明的框架，更是上承远古以来中华文明的发生，下启两千年中华文明的发展，有着独特的内涵与意义。

中国传统政治的特性已述于上，如何总结、提炼由中国传统政治制度与治理体系所凝聚的思想与文化，是这套书系的任务所在，如习近平总书记所指出的：

> 在几千年的历史演进中，中华民族创造了灿烂的古代文明，形成了关于国家制度和国家治理的丰富思想，包括大道之行、天下为公的大同理想，六合同风、四海一家的大一统传统，德主刑辅、以德化人的德治主张，民贵君轻、政在养民的民本思想，等贵贱均贫富、损有余补不足的平等观念，法不阿贵、绳不挠曲的正义追求，孝悌忠信、礼义廉耻的道德操守，任人唯贤、选贤与能的用人标准，周虽旧邦、其命维新的改革精神，亲仁善邻、协和万邦的外交之道，以和为贵、好战必亡的和平理念，等等。这些思想中的精华是中华优秀传统文化的重要组成部分，也是中华民族精神的重要内容。马克思主义传入中国后，科学社会主义的主张受到中国人民热烈欢迎，并最终扎根中国大地、开花结果，决不是偶然的，而是同我国传承了几千年的优秀历史文化和广大人民日用而不觉的价值观念融通的。①

这套"中国传统政治文化书系"就是以习近平总书记所指出的中华民族在几千年历史演进中所形成的关于国家制度和国家治理的丰富思想为纲，从不同方面对习近平总书记所提炼的中国传统政治文化进行阐释。我们要表达的不是政治史，也不是制度史，而是政治史与制度史中所蕴含的文化精神。这种精神通过政治事件、政治制度和政治

---

① 习近平：《习近平谈治国理政》（第三卷），外文出版社，2020，第119~120页。

人物来体现。也可以认为这是一个另类的政治史,是围绕问题说话的政治史。

  为便于更多读者阅读,我们未把这套书系打造成晦涩难懂的理论著作;为保障其科学性与可靠性,也不想把它制作成迎合市场的通俗演义。而是采用"非史""非论"的叙述手法,既不是历史的,也不是理论的;既不是通俗的,也不是高大上的,力求以一种独特的模式,让人们从政治历史中感知传统政治文化精神之所在。在叙述中力避夸夸其谈,从概念到概念,力避事无巨细,面面俱到,而是画出三分,留白七分。用完整的叙事、画龙点睛的提炼,把传统政治文化的基点与内核告诉读者,读者自然可以领会其中的政治精神,构建自己心中的中国传统政治文化。

目录

绪 论 ⋯ 001

第一章 传统天下观与睦邻之道 ⋯ 009
一、天下观的基本构成 ⋯ 010
二、治理天下与睦邻之道 ⋯ 013
三、天下观中的睦邻之道 ⋯ 019

第二章 传统中国观与睦邻之道 ⋯ 021
一、中国观与睦邻之道 ⋯ 021
二、夷夏观与睦邻之道 ⋯ 028

第三章 传统道德观与睦邻之道 ⋯ 039
一、王道为上观与睦邻之道 ⋯ 039
二、文德为主观与睦邻之道 ⋯ 042
三、礼义为大观与睦邻之道 ⋯ 048

第四章 朝贡制与睦邻之道 ⋯ 050
一、朝贡制的理论基础与历史来源 ⋯ 051
二、朝贡制基本内涵、特征与睦邻之道 ⋯ 056

三、朝贡制的历史演变与睦邻之道 ⋯ 067

第五章　羁縻制与睦邻之道 ⋯ 081
一、羁縻制的基本内容与历史演变 ⋯ 081
二、羁縻制的典型实践与睦邻特征 ⋯ 087
三、羁縻制在睦邻交往中的作用 ⋯ 092

第六章　近悦远来与睦邻之道 ⋯ 095
一、传统睦邻交往中的招携怀远 ⋯ 095
二、传统睦邻交往中的厚往薄来 ⋯ 110

第七章　抚裔绥边与睦邻之道 ⋯ 120
一、和平抚裔与传统睦邻交往 ⋯ 120
二、武力介入与传统睦邻交往 ⋯ 126

第八章　经济文化与睦邻之道 ⋯ 138
一、经济贸易中的睦邻之道 ⋯ 138
二、文化交流中的睦邻之道 ⋯ 147

结　语 ⋯ 158
参考文献 ⋯ 166
后　记 ⋯ 169

绪 论

中国传统睦邻交往主要指历代中原王朝与周边部族、属国和邻邦的和平往来。亲仁善邻、协和万邦的思想是中国传统睦邻交往的核心要义，具有悠久的历史渊源和深厚的文化内涵。早在先秦时期，士人追慕上古三代圣王"九族既睦""协和万邦"的理想政治，主张"亲仁善邻，国之宝也""救灾恤邻，道也"，总结出很多有关邦国之间交往的古语名言，如"远人不服，则修文德以来之""有觉德行，四国顺之""德以柔中国，刑以威四夷""大邦畏其力，小邦怀其德""近者悦，远者来"等。它们作为当时中原王朝与周边部族、属国和邻邦之间和谐相处的规范和准则，影响深远。在中华政治文明的历史长河中，政治家与学者们基于对天下构成和治理方式的认识，构建起富有地域文化特色的世界秩序，确立了包括华夷观、王霸观、内外观、君臣观、义利观、礼兵观、德力观、文武观、德刑观、德威观等众多思想在内的中国传统政治文化观念，并设计和推行以君臣关系为核心的朝贡与宗藩制度，包括羁縻、朝觐、纳贡、回贡、册封、赏赐、质子、和亲、互市等诸多内容。这些思想、制度贯穿着整个封建社会，指导着中原王朝与周边部族、属国和邻邦交往，一些交往理念在当今中国的外交中仍发挥着重要的作用。

中国传统睦邻之道的核心要义是"睦邻"。从文字学上讲，"睦"和"邻"可作如下阐释：《说文解字·目部》释"睦"为"目顺也"[1]，《广雅·释诂一》释"睦"为"信也"[2]；《说文解字·邑部》释"邻"为"五家为邻"，《小尔雅·广诂》释"邻"作"近也"[3]。睦、邻连用，本义指邻里关系和顺友好，进而引申为与邻近邦国之间的融洽关系，这里用其引申义。本书主要讲述历史上中原王朝如何与周边属国、部族和邻邦和睦相处、协调矛盾、友好来往，包括政治上的亲近、和睦、友善、爱敬，经济上的资助、援助、致富、互利，军事上的安抚、保护、协调，文化上的扶持、输出、推进、影响等，考察其中的思想理念、实行的制度政策、关键的历史事件和某些重要人物，以及经贸文化往来，可以对中国传统睦邻交往有一个较为系统的认识与梳理。

中国传统睦邻之道本质上是一种"道"。"道"为万物的根本来源，如道家言"道生一，一生二，二生三，三生万物"[4]；也是不同因素对立矛盾的产物，"一阴一阳之谓道也"[5]。道无所不包，无所不在。"道"抽象于器物之上而不离器物，《周易·系辞上》言"形而上者谓之道，形而下者谓之器"，大致可分为观念、制度、器物等几个层次。就此而论，中国传统睦邻之道的基本内容亦包括思想观念、制度模式、人事器技等方面。在思想观念方面，中国传统睦邻交往依托夏夷、邦国构成的天下观，立足华夏中原，治理周边四夷，始终贯彻"天下一家，中国一人"的思想，形成特色鲜明的睦邻交往理念，如华夷有别、王霸并用、德力兼施、内外之分、

---

[1] 汤可敬译注：《说文解字》（第二册），中华书局，2018，第698页。
[2] 王念孙：《广雅疏证》，中华书局，1983，第25页。
[3] 黄怀信：《小尔雅汇校集释》，三秦出版社，2002，第35页。
[4] 汤漳平、王朝华译注：《老子》，中华书局，2014，第165页。
[5] 杨天才、张善文译注：《周易》，中华书局，2011，第571页。

君臣尊卑、先义后利、先礼后兵、文武兼德、德刑分治、德威并行等。在制度模式方面，中国传统睦邻交往的主要制度为宗藩体系下的朝贡制、羁縻制，实践途径包括遣使朝觐、纳贡、回贡、册封、赏赐、质子、和亲、互市等。思想观念和制度模式相辅相成，贯穿整个中原王朝与周边部族、属国和邻邦的交往历程中。中国传统睦邻交往的思想和制度又是通过人物、事件、器物、技术、经贸、文化等形式付诸实践。在人事器技等方面，人物包括官方使节、商人、僧侣和留学生等，事件有战争冲突与和平交往两类，器物包括官方贸易与民间交往中流通的各种贡物、商品等，技术包括附着于器物之上的各种技艺，经贸包括朝贡贸易、边关互市、港口外贸等。以上思想观念、制度模式、人事器技等为本书解读中国传统睦邻之道的主体，具体关系参见以下"中国传统睦邻之道层次图"。在中国传统睦邻交往的实践中，一般由外而内，首先是人物器技，其次是制度模式，最后是思想观念；有时三者互相掺杂，同时传播，难分先后。

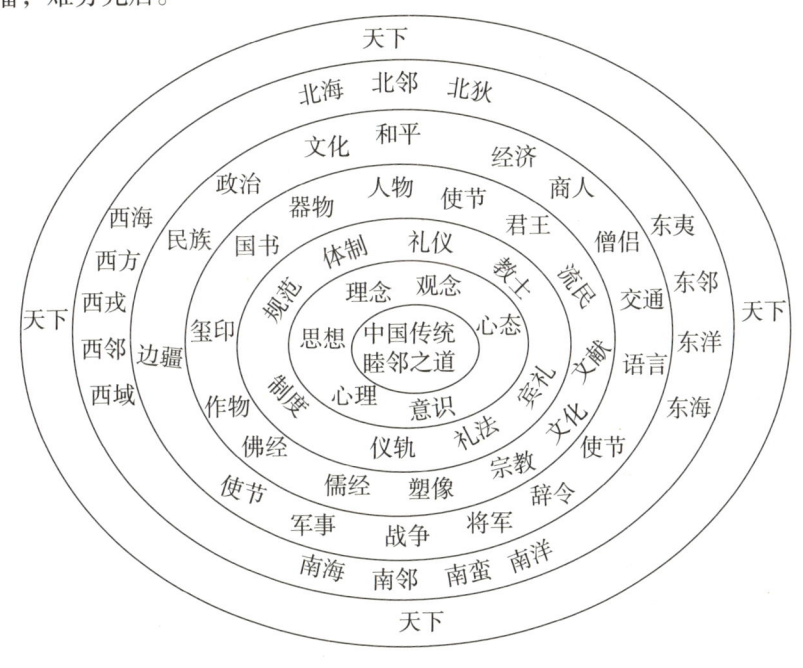

中国传统睦邻之道层次图

中国传统睦邻之道是一种以中国古代中原地区为核心，辐射至周边部族、属国和邻邦的和平交往理念。其内涵丰富，如讲礼义、别夏夷、怀天下、重王道、崇文德、义为先、非功利、交相利、和为贵等，特点鲜明，表现出双重性、礼义性和文化性的特征。

首先，中国传统睦邻之道兼具理想性与现实性。如果单以西方国际关系学中理想主义与现实主义的分析框架探讨中国传统睦邻交往，会存在一些偏差与误解。中国传统对外交往中秉持的理念充满辩证色彩，介于理想与现实之间，追求中和中正、从容中道、不偏不倚，较少极端。它讲求和谐下的平衡，怀柔下的威力；讲求文德武德并举，刑礼并行；讲求和而不同，统一中求同存异。中国传统睦邻之道具有理想性，是因在历史上世界各个相邻邦国之间没有绝对、永恒的田园牧歌式的和睦相处，更多的是以战争、经济、政治、文化等各种手段达到某种相对和平的邻邦交往状态，甚至有时也会出现邻邦交恶、兵戎相加、以强凌弱的情形。中国传统睦邻之道具有现实性，是因为中原王朝与邻邦藩国之间虽然偶尔交恶或交战，但更多的时候，亟待解决的是如何与属国和邻邦和平相处的问题。这与中国传统文化中的实用理性思想比较发达有关，在中原政权与周边部族、属国和邻邦的交往中，统治者多关注双方交界的稳定，而非攫取对方的土地、财富、人力等资源。在长时间的和睦相处与偶发性冲突中，中原王朝始终立足于边疆的安稳，以稳定大局为目的，主动开展对外交往，积极防御侵犯。这种情况在中原王朝实力较弱时表现得尤其明显，强盛时也大致如此。历史上，中原政权扩大疆域主要是通过经济、文化的密切交往，慢慢影响周边地区，再以内属、羁縻或建立郡县等方式使其归入大一统王朝的交往和管理范围之中。中原王朝立足边界稳定，追求以文德使近邦愉悦归服，远邦向化顺从，正所谓近悦远来。然而，周边邦国、部族需要中原的财物和资源，其中有些强势的政权会通过武力侵袭来获取利益，因此两者之间必然存在矛盾。如何兼顾理想与现实、协调双方需求成为摆在中原王朝统治者面前的难题，这也使得中国传统睦邻之道常常游走于理想与现实之间，带有明显的矛盾性和双重性。

其次，中国传统睦邻之道具有浓厚的礼义性。礼义是中国传统礼乐文明的重要组成部分，其核心是敬天爱人、以礼敬人，追求道义，力求中正。在这种文化的滋养下，中国历朝历代统治者对内对外都十分推崇讲信修睦、为政以德的礼义思想，遵行先王之道，致力于实现四海太平、天下大同。中原王朝的政治家受"亲仁善邻，国之宝也""救灾恤邻，道也，行道有福"①等思想的影响，多主张友善待邻、和平解决争端，力求实现与邻邦的和睦相处。尽管历史上某些政治军事家也主张远交近攻，但其最终目的是维系内外关系的平衡。可以说，在中国传统睦邻交往中，历代王朝统治者基本秉持着一种友善的态度，主张以文德为主、礼义至上的中华文明影响邻邦，最终使近者悦、远者来，实现万邦协和、四夷来朝、天下和谐的局面，人人共享太平之福。这与西方文明孕育下的国家战争观和邻邦相处观存在明显的差别。例如，古罗马帝国在相当长的时期内频频发动战争，四处扩张，大肆掠夺邻邦，建立殖民地，为本国积累财富，它的对外交往更像是国家和本国公民的致富途径。同时代的秦汉帝国同样通过兼并战争一统天下，但统治者并不主张穷兵黩武，战胜后多向周边部族、邻邦示好，修文德以来之，厚礼相待。中国古代的睦邻交往中虽间有交战，但总体和睦相处，统治者竭力使四海百姓安宁，不存在通过武力建立殖民地攫取邻国财富或奴役他国民众的情形。因此对中原王朝来说，战争只是追求边境安宁、战略安全、交通安定的辅助手段，其推崇和追求的仍是礼义制度下的大一统局面。

再次，中国传统睦邻之道是建立在深厚的中华邻里文化上的

---

① 郭丹、程小青、李彬源译注：《左传》（上册），中华书局，2012，第55、389页。

产物，表现出独特的文化性。古代中国人十分重视与邻为善，讲求"亲仁善邻""好事邻国""救灾恤邻""邻国相亲，则长有国"。传统典籍或民间谚语中也有诸多关于邻里相亲、和睦相处的格言，如"里仁为美""百万买宅，千万买邻""有良邻，则日见君子""亲望亲好，邻望邻好""千金买户，八百买邻""行要好伴，住要好邻""远亲不如近邻，近邻不如对门"等，可见良邻、好邻、近邻在中国古代社会交往中的重要性。更难得的是，在中国传统社会中，人们不以远近而以相知、交情为标准划定邻里范围，广交朋友。如唐诗中讲"相知无远近，万里尚为邻"（张九龄《送韦城李少府》）、"海内存知己，天涯若比邻"（王勃《送杜少府之任蜀州》），即以深厚的情谊打破遥远距离的局限，不分地理远近，相知即可为邻。受上述邻里文化的影响，中国传统政治文明中的睦邻之道带有浓厚的伦理道德色彩，突出天下一家的和谐局面。在传统文化典籍中，虽然也有看似与睦邻之道不和谐的言论，但多是在战争频仍的乱世之时，统治者为恢复天下大治采取的一些方式。例如，《管子·霸言》认为"国修而邻国无道，霸王之资也"①，一个国家道洽政治而邻国混乱无道，这是该国君主称霸的契机。其实，法家也高度重视与邻国的友好关系，曾明确反对以邻为壑的无道行为。例如，《管子·形势解》讲"明主内行其法度，外行其理义。故邻国亲之，与国信之。有患则邻国忧之，有难则邻国救之"，言英明的君主要对内推行法度，对外讲理明义，如此在有忧患与危难时，邻国才会伸出援手；《韩非子·亡征》言"恃交援而简近邻，怙强大之救而侮所迫之国者，可亡也"，一个国家如果凭借结交强大的外援而轻视邻国、欺侮压迫他国，就是自取灭亡。儒家、道家及墨家更是讲仁柔之道、谦卑之礼，主张兼爱非攻、友邻睦邻，明确指出君主要结好邻邦、不欺近国，可见中国传统睦邻

---

① 李山、轩新丽译注：《管子》（上册），中华书局，2019，第424页。

之道的深厚历史文化底蕴。

中国传统睦邻之道在历史上发挥了独特的作用，作出了巨大的贡献，至今仍然具有理论借鉴价值和现实启示作用。其中蕴含的众多积极因素，如亲仁善邻、协和万邦、救灾恤邻、悦近来远、以德服人、以礼凝之、中道而行、王道文德、德力交用、义利并举、兼爱交利、非攻备战、文武兼备等，都是中国传统政治文化中的思想精华，值得我们珍视和发扬。新时代的中国人从中提炼出亲仁善邻、协和万邦的外交之道，将它作为当代中国政治文化的重要组成部分，突显中国传统对外交往中向善、贵和的精神。中华民族的对外交往文化中含有的和睦相处基因与和平性特征，在当代不同时期的睦邻外交理论、思想和政策中都有充分的体现。如中华人民共和国成立之初提出与远近各国和平共处的五项基本原则，改革开放后主张和平发展，新旧世纪之交提倡睦邻、安邻、富邻政策，如今倡议共建亚洲美好家园、人类命运共同体等，都反映了中华民族亲仁善邻、协和诸邦的处世之道。正因为如此，当代中国人才有足够的底气向外界郑重宣告：中华民族的血液中没有侵略他人、称霸世界的基因，中国人民不接受"国强必霸"的逻辑，愿意同世界各国人民和睦相处、和谐发展，共谋和平、共护和平、共享和平。[1]这既是中国人对外交往的庄重宣示，也是我们践行中国传统睦邻友好相处之道的重要方式。当然，我们本着"爱而知其恶，憎而知其善"的理智态度，客观审视中国传统睦邻之道的理念构建与实践运作，对于天下秩序中的华夷有别观、宗藩君臣观、等级尊卑意识，以及统治者图慕虚华、极重仪式、重官轻民、重政轻经、重义轻利等思想，应当慎思明辨，加以扬弃。

古人向往"天下一家，中国一人"的圣治境界，是就中原与周

---

[1] 习近平：《在中国国际友好大会暨中国人民对外友好协会成立60周年纪念活动上的讲话》，新华网2014年5月15日。

围部族、属国和邻邦形成的天下大治而论的。它是基于天下一家、王道为上、重礼轻利的思想而设计的一种理想世界秩序，曾经借助宗藩体系下的朝贡制、羁縻制，并依靠中原封建王朝相对强大的经济实力、发达的政治制度和先进的精神文明的支持，在某种程度上得以实现，成为东方政治文明的重要构成部分。在当代，我们更希望各国各族人民能平等相对、友好相待、和睦相处，正视双方的核心利益，不妄自尊大，从而回到庄子所言"计中国之在海内，不似稊米之在大仓乎"①的天下。我们亦可化用"四海之内皆兄弟""海内存知己，天涯若比邻""相知无远近，万里尚为邻"等传统文化中的亲缘、友情等因素，来描述当下中国与周边传统邻国和新型邻邦的和平交往关系。中外文明在政治、经济、文化、安全等不同层面加强交流互鉴，特别是我国提倡与邻国共建亚洲美好家园和人类命运共同体，是传承和弘扬中国传统睦邻之道的重要体现。大而言之，对于古今中外、各国各民族文化中有关邻邦交往的思想与制度，我们应秉持古为今用、变通而用、转化而用的态度，在化用中创新，在创新中化用，最终使中国传统睦邻之道焕发出新的生机，熔铸出具有普适意义的中国外交文化体系。

《论语·为政》曰："温故而知新，可以为师矣。"②《礼记·大学》曰："苟日新，日日新，又日新。"③《诗经·大雅》曰："周虽旧邦，其命维新。"④鉴古知今，述往思来，我们在探讨中国传统睦邻之道时，应当吐故纳新、推陈出新，在汲取中国传统睦邻之道思想精华的同时，结合中外邦国交往中蕴含的平等、民主、法制、条约、尚俭等积极因素，重构新时代的中国睦邻之道，为当代中国同周边各国和平交往、和睦相处提供有益的理论借鉴与现实启示。

---

① 方勇译注：《庄子》，中华书局，2010，第259页。
② 陈晓芬、徐儒宗译注：《论语·大学·中庸》，中华书局，2011，第20页。
③ 胡平生、张萌译注：《礼记》（上册），中华书局，2007，第1165页。
④ 刘毓庆、李蹊译注：《诗经》（上册），中华书局，2011，第643页。

第一章 传统天下观与睦邻之道

中国传统睦邻交往的思想观念内容丰富，大致以天下观为整体框架，以中国观为核心要素，以道德观为哲学基础，形成一个完整的体系。天下观涉及天下秩序的结构、功能、演变等，天下分于四海，别于夷夏，一统于中央之国、礼仪之邦。中国观包括华夏观与夷狄观，主张华夷内外有别，力求通过政治、经济、文化的交流使彼此互通互化，在和谐与冲突中实现融合。道德观包括义利观、刑德观、德力观、礼仁观、信义观、圣贤观等，涵盖帝道、王道、霸道，推崇先王之德、仁德玄德和立德正德，还包括道德的中和，如天道人道之中和、王道霸道之中和、德刑德力之中和、义利之中和、威爱恩义之中和、礼仁圣贤之中和、文武兵礼之中和等。这些都是理解中国传统睦邻交往思想与实践的重要范畴。

古人在历史文化积淀和现实经验的基础上理解天下，形成了传统天下观，主要包括：天下的含义、天下的治理、天下观的来源、天下观的构成等。学者从思想史或观念史角度探讨中国传统对外交往的理论基础，首先分析的就是天下、天下观。近来，学界探讨天下观的源流与含义时，着重凸显其因不平等性、差序格局和等级性造成的中国中心论、华夏优越论、天朝上国心态，论断中国古代天下观对中外交往具有消极影响。事实上，天下观在中国古代经历了漫长而复杂的嬗变过程。不管是农耕世界与游牧世界的纠葛，还是明清以来资本主义列强的叩关，都曾对中国传统的天下观、世界观产生了冲击与影响。因此，中国传统思想中的天下观并非静止不变，我们在讨论时需要紧紧抓住主流与核心，避免极端化的片面之论。

一、天下观的基本构成

"天下观"的概念形成，除去史书上的文字记载，还要有现实政治制度的奠基。早在殷商时期，先民创设了内服和外服的国家治理模式，其中蕴含着古人对天下的方位概念。周朝继承商制，将内服和外服拓展为更系统、更详细的服事制，如《尚书·禹贡》所载的五服制、《国语》所载的六服制、《周礼》所载的六服制和九服制等，这为天下观的建构和完善提供了较为稳固的制度和理论基础。服事制是基于一个中心邦国与多个周边属邦而形成的政治体制，呈现出由中心至外缘依次扩展的差序治理格局，包含内外、尊卑、等级、亲疏、远近、君臣、夷夏、宗藩等不同层面、含义有别的理念。以《国语·周语上》记载的五服制为例，它以距离周天子统治中心的远近为标准，分为甸服区、侯服区、宾服区、要服区、荒服区五个区域，由此构成整个天下。

> 夫先王之制，邦内甸服，邦外侯服，侯、卫宾服，蛮夷要服，戎狄荒服。甸服者祭，侯服者祀，宾服者享，要服者贡，荒服者王。日祭。月祀。时享。岁贡。终王。先王之训也，有不祭则修意，有不祀则修言，有不贡则修名，有不王则修德。[①]

[①] 陈桐生译注：《国语》，中华书局，2013，第5页。

从形式上看，这五个区域的划分是在商朝内外服制基础上的改造和发展，呈现出"地不必齐，域不必方"①的特征，这也是西周早期的服事制内容。周人由此构建起的世界秩序、天下格局，贯穿"内其国而外诸夏，内诸夏而外夷狄"②的夷夏思想。五服制的区域划分又可简化为三区：天子区、诸侯区、边远区。天子区指最核心的甸服区，由周天子直接统治；诸侯区指侯服区和宾服区，为周王直辖区之外的诸侯国；边远区指要服区、荒服区，即边远民族或其他政权控制区域。不同区域的统治者对周天子承担轻重有别、疏密不一的义务，如每天祭祀、每月祭祀、四季祭祀、每年朝贡、终身尊奉等。如果这些义务没有履行，周天子会通过"耀德不观兵"与"修刑"相结合的方式来督促各区统治者履行，正所谓"有不祭则修意，有不祀则修言，有不享则修文，有不贡则修名，有不王则修德，序成而有不至则修刑。于是乎有刑不祭，伐不祀，征不享，让不贡，告不王"③。

《尚书·禹贡》也记载有五服制，其明确规定了五服的地理界线，自京师至四方，由近及远，每五百里为一服，分别是甸服、侯服、绥服、要服、荒服。④它将《国语》中所载宾服换为绥服，每服的地理范围和贡物要求更为具体。《周礼》踵事增华，对旧制作进一步修缮，形成新的服事制——服畿制，其中有六服（侯服、甸服、男服、采服、卫服、要服）、九畿（侯畿、甸畿、男畿、采畿、卫畿、蛮畿、夷畿、镇畿、蕃畿）、九服（侯服、甸服、男服、采服、卫服、蛮服、夷服、镇服、藩服）。⑤它们皆是延续五服制而来的，基本按照地理距离的远近区别中心之国与周边之国的内

---

① 顾颉刚：《浪口村随笔》，辽宁教育出版社，1998，第38页。
② 黄铭、曾亦译注：《春秋公羊传》，中华书局，2016，第504页。
③ 陈桐生译注：《国语》，中华书局，2013，第5页。
④ 王世舜、王翠叶译注：《尚书》，中华书局，2012，第88~90页。
⑤ 徐正英、常佩雨译注：《周礼》，中华书局，2014。

外、亲疏关系，并确定中心之国的治理方式和彼此的义务，在内容和思想上与旧制一脉相承。

新服事制存在很多明显的变化。第一，扩充各服数量，详述各服辖区对周天子的不同义务，构建起由天子辖区与周边地区共同组成的天下秩序。王畿核心地位和方圆范围、内外距离、亲疏关系等越来越明确，贡物更为具体。有学者认为，九服制以地之远近划定，非以之前五服制强调宗法和政治关系，将夷狄排除在中原之外，"自此以后，华夏居中心、蛮夷居边缘的地理中心观建构起来"①。此说大致不错，但确切而言，九服制、五服制皆重视宗法与政治，天下观、服事制本身构建的就是一个基于分封制宗法社会的政治文化空间，不能因地理间距的远近而疏忽制度与观念背后的基本属性。第二，引入"畿""藩""邦国"等观念，形成"王畿""邦畿""国畿""藩畿"等词汇，明确从地理位置与附属关系两个层面来界定周天子直接辖区（即"畿"）与庞大的附属区（即"服"），由此萌生了后世中央对地方治理，中原王朝与边疆部族、属国和邻邦交往所遵循的宗藩体系理论。宗主国与藩属两大区域（分内藩、外藩）构成整个天下，通过君、臣（分内臣、外臣）关系联结为一体，形成具有中国传统特色的世界秩序。

这一时期，中国人将天下视作四海之内众多邦国构成的文化共同体，分中心区域与边缘地带两大部分。前者由"中国""中土"的农耕文明族群、华夏诸邦组成，后者则由周边的游牧文明族群、夷狄部落组成。春秋战国时期儒者言"四海之内皆兄弟""圣人耐以天下为一家，以中国为一人"，就是基于当时中原华夏诸国与边地诸族共同构成的天下格局而言的。先秦文献中存在不同的服事制度与天下观念，其根本宗旨与最终目的都是确立处于中心的华夏之国与周边部族、属国和邻邦之间亲疏有别的差序格局，从而形成一

---

① 王玮主编：《中国历代外交问题》，泰山出版社，2009，第35页。

个夷夏并存的同心圆状的等级秩序谱系。

秦以后历代中国人言天下，基本依据先秦天下观，按照不同政治群体之间的亲疏关系，将中心与边缘地区划分为华夏与夷狄两大部分。夏夷分别指活跃在中国历史上的农耕文明族群与游牧文明族群，它们又有华戎、汉胡、华夷、中番、中洋、中外、东西、中西等其他称呼。儒家讲"圣人耐以天下为一家，以中国为一人"，尽管华夏与夷狄在文明开化程度的深浅、经济发展的先后与快慢等方面存在很多差异，但它们同为天下的构成部分，需要一个集德慧术智于一身的圣人来治理，这便是早期儒家的天下观。后人言"王者受命，创始建国，立都必居中土，所以总天地之和，据阴阳之正，均统四方，以制万国者也"[①]，也是从此推演而来的。

总之，古人对天下的认知与表述体现了一种夷夏共处天下、内外同为一家的开放包容精神。他们把内外族群统统包容在天下中，以"天下"定义最大的空间单位。中国古代对外交往思想中的内外，指天下之中的内外。这正如北宋名儒石介言："天处乎上，地处乎下，居天地之中者曰中国，居天地之偏者曰四夷。四夷外也，中国内也。天地为之乎内外，所以限也。"[②]中国居中，属于天下范围无疑；四夷虽居外、居偏，仍属天下；中国与四夷同属天下一家。

二、治理天下与睦邻之道

在"天下观"成形的过程中，古人逐渐探索出了具有中国智慧的传统治理天下之道。尽管先秦时期有"王者不治夷狄"的说法，但在夷夏对峙与整合的过程中，"不治"只是一种相对而言的状态，处理夷夏关系仍然是华夏之邦的重要政事。先秦思想家认为圣王可以君临天下，分别治理夏夷。一方面，他们主张天下的理想主

[①] 李昉等：《太平御览》（第一百五十六卷），中华书局，1960，第759页。
[②] 石介：《徂徕石先生文集》（第十卷），中华书局，1984，第116页。

导者是圣王和贤能君子,讲王者无外、以德兼人、教化天下;另一方面,他们主张对夏夷群体用德刑两种手段,分而治之,正如《左传·僖公二十五年》言"德以柔中国,刑以威四夷"。这种推崇圣王分别治理夷夏的观念成为古人治理天下的核心理念,对后世中原王朝与周边部族、属国和邻邦发展睦邻友好关系产生了深远的影响。

1. 圣治天下与睦邻之道

先秦时期,思想家们认为治理天下者是身居天下之中的圣王、君子,如《荀子·大略》曰:"欲近四旁,莫如中央;故王者必居天下之中,礼也。"[1]

圣王能够治理天下,教化无远弗届,前提是在四海处处皆有圣贤君子,人人认同礼乐文明。宋儒陆九渊言:"东海有圣人出焉,此心同也,此理同也。西海有圣人出焉,此心同也,此理同也。南海北海有圣人出焉,此心同也,此理同也。千百世之上有圣人出焉,此心同也,此理同也。千百世之下有圣人出焉,此心同也,此理同也。"[2]他结合、化用四海、世代与圣人的概念,言处处时时皆有圣人,心同理同。与先秦学者强调先王治理天下的观念相比,宋儒的"天下处处皆圣人"思想补充了圣王治理天下的实现条件。

四海有圣,心同理同,是圣人能够治理天下的思想基础。古人浓厚的天下关怀与天道崇拜、天人合一的思想密不可分。《老子》曰:"人法地,地法天,天法道,道法自然。"《中庸》曰:"天命之谓性,率性之谓道,修道之谓教。"中国传统文化思想中还有不少关于天下、天地、天命、天民、天吏、天心、天运、天德等的论述,都蕴含着宽广的世界胸怀和深厚的淑世情怀。古人推崇"博施于民而能济众""圣人治天下,使有菽粟如水火""以天下为一家""为天地立心"的圣人,强调圣人治天下,这为实现"天下一

---

[1] 方勇、李波译注:《荀子》,中华书局,2011,第428页。
[2] 陆九渊:《陆九渊集》,中华书局,1980,第388页。

家"的睦邻交往局面提供了有力的思想支持。

2. 王道德政与睦邻之道

中国传统政治文化推崇王道，为政以德，德主刑辅。受此影响，古代中原王朝与边地民族、邻近国家交往时，基本施行王道德政，以期天下太平，这体现了传统睦邻之道的道德底色。

王道德政具有悠远深厚的思想渊源。中国古代开明的思想家和统治者大多主张内政外交要为政以德、以德服人、先义后利、德主刑辅。这种治政之道的源头可溯至上古尧舜禹三代，如《尚书·尧典》追忆五帝时期"克明俊德，以亲九族。九族既睦，平章百姓。百姓昭明，协和万邦"。其在西周逐渐成形，如《诗经》言周王及贤臣之德，"有觉德行，四国顺之""申伯之德，柔惠且直。揉此万邦，闻于四国"。春秋战国时期，政治家和思想家们继承和发扬了上古三代及周王朝政治思想中尚德的传统，主张为政以德，推崇德政，其范围涵盖国与国之间的交往。《左传》中记载了不少政治家关于诸国邦交推崇德政的主张：一方面，他们认为大国要礼遇小国，讲仁明义守信，如"崇明祀，保小寡，周礼也""信以行义，义以成命，小国所望而怀也""大所以保小，仁也。背大国，不信。伐小国，不仁"；另一方面，他们认为小国应以德待大国，提出"小国之事大国也，德则其人也""小国无文德而有武功，祸莫大焉""小国之事大国也，苟免于讨，不敢求贶""小所以事大，信也"。先秦诸子对于内政外交以德为先也有很多精辟的探讨。老子讲尊道贵德，大国者当如水一样甘居下流，德谦守卑，礼让对方；主张以慈、俭、不敢为天下先的态度，"大辱若白""受国不祥，是为天下王"的心态，去处理各国关系。孔子讲志道据德，克己复礼，天下归仁；敬己爱人，天下有道；远人不服，修文德以来之。孟子讲交邻邦之道，仁义相待；仁者无敌于天下。荀子主张以德兼人，不事兼并，以礼凝之。这些都反映了先秦时期学者主张邦国交往以德为先，具有鲜明的尚德特征。

在先秦诸子看来，不管大国还是小国，只要继承周代的礼乐文明，都应秉持"远人不服，则修文德以来之"的原则，以礼义凝聚人心，怀柔远近各国。开明的统治者治理天下应该以德服人而非以力服人，施行王道而非霸道。即便时值乱世，中原礼义之邦也应该做到"兴灭国，继绝世，举逸民"①。只有这样，天下才会大治，才能达到"四方之政行""天下之民归心"的和谐局面。先秦思想家主张德治天下、协和万邦，德被历代王朝统治者奉为处理内政外交的重要手段，主要包括仁义礼智信、忠孝慈勇、恭宽厚实、诚信惠爱等。秦汉之后，王道德政被更多地推广应用到中原王朝与周边民族、邻国交往中，成为中国传统睦邻之道的重要组成部分。

中国传统对外交往推崇以德服人，与礼乐文化传统密切相关。在中国传统礼乐文化中，礼以敬为主，仁以爱为主。古人讲求敬天爱人、自卑尊人，礼尚往来、厚往薄来。就礼而论，种类繁多。仅《周礼》《礼记》中就有五礼（吉、凶、宾、军、嘉）、六礼（冠、昏、丧、祭、乡、相见）、七教（父子、兄弟、夫妇、君臣、长幼、朋友、宾客）、八礼（丧、祭、射、御、冠、昏、朝、聘）等各种分类，并且明确指出礼与治理天下的密切关系。如《礼记·礼运》中所说："夫礼，必本于天，肴于地，列于鬼神，达于丧、祭、射、御、冠、昏、朝、聘。故圣人以礼示之，故天下国家可得而正也。"《礼记·中庸》谈及天子治理天下有九大原则（修身、尊贤、亲亲、敬大臣、体群臣、子庶民、来百工、柔远人、怀诸侯），其中与睦邻交往密切相关的是"柔远人""怀诸侯"。"柔远人"要"送往迎来，嘉善而矜不能"，"怀诸侯"要"继绝世，举废国，治乱持危。朝聘以时，厚往而薄来"。"柔"道指天子派人迎送他国使节，表扬行善之国，同情弱小之国；"怀"道指天子存续将绝之国，振兴衰废之邦，平定作乱之国，对来访使节多

---

① 陈晓芬、徐儒宗译注：《论语·大学·中庸》，中华书局，2011，第239页。

加照顾。怀柔远近邦国，本为周天子治理天下之道，自秦汉之后，被历代统治者继承、转化和改造，成为中原王朝与周边民族与国家交往的思想准则。

为政以德、以礼治国是中国传统政治文化的首要内容，我们也要注意到，虽然中国历来在内政外交上尚德、重礼，但绝对不是奉行唯德、唯礼思想，而是主张德力、德威、礼法、德刑并行，从而形成一种辩证的尚德重礼的治理之道。如《尚书·周书·武成》言"大邦畏其力，小邦怀其德"，《左传·僖公二十五年》言"德以柔中国，刑以威四夷"。后人总结"圣王制御蛮夷之道"要"或修刑政，或诏文德""服则怀之以德，叛则震之以威""武威爰震，文德聿修，怀惠畏威，迩安远服"，皆由此来。在中原王朝治理天下、处理邻邦关系的历史实践中，德与力、刑等各种手段常兼而用之。"德"是由礼乐文明、仁义道德构成的一种软实力，"力"则是由先进的政治、经济、军事综合构成的硬实力。实际上，一个国家与邻邦诸国交往，德力二者是缺一不可的。德治与刑治相结合是圣王治理天下、协和万邦的主要手段。德力、德刑相辅相成，最终形成各国和睦相处的局面。古人主张圣王通过德力、德刑相辅的手段治理天下，使中华文明、礼义教化得到推广，四海之内，无远弗届，追求一种"王者无外""天下一体"的理想。在这种观念的影响下，历代王朝统治者多怀有相对开放的胸怀和心态来对待远近邦国。他们认为，应先治理好内政，再通过温和的方式向外推广礼乐教化，与其他国家和民族和睦相处，最终安定天下，即《诗经·大雅·民劳》言"惠此中国，以绥四方"。

圣王实行王道德政的最终目的是天下太平，四夷安定，四海咸宁。纵观历代积极有为的统治者，从武帝追求"四海之内，莫不为郡县，四夷八蛮，咸来贡职"[1]，到唐太宗豪言"自古皆贵中华，

---

[1] 范晔：《后汉书》，中华书局，1965，第3163页。

贱夷狄，朕独爱之如一"①，再到明太祖向往"万国来朝进贡，仰贺圣明主，一统华夷"②，莫不推崇上古三代"无怠无荒，四夷来王"的天下太平理想。这也是先秦思想家和政治家期望的"天下有道""天下归仁""天下大同"的理想政治愿景。在这种理想的引导下，历代中原王朝统治者在与边地民族、域外邦国的政治交往中，常以天下太平为导向，极力促成睦邻友好交往局面。例如，明太祖和成祖数次下诏，对朝贡诸国表示和平相处之意，希望共同营造睦邻友好的氛围，共享太平之福；清乾隆皇帝致英王乔治三世的敕谕中也强调，"永矢恭顺，以保乂尔有邦，共享太平之福"。

古人推崇王道德政，除了太平理想，还体现出浓厚的贵和思想。中国传统文化中讲求"和实生物，同则不继"，探讨不同事物如何相辅相成、和睦相处，这为传统治理天下思想及睦邻交往之道的形成提供了重要的理论基础。例如，《尚书》中讲"协和万邦""燮和天下"；《老子》中讲和光同尘，知和近明，和怨以德；《论语》中讲君子之于天下，"无适也，无莫也，义之与比""礼之用，和为贵"；《中庸》中讲天下中和，"中也者，天下之大本也。和也者，天下之达道也。致中和，天地位焉，万物育焉"。中国传统政治文化中，以和为贵、崇尚和谐的思想对于稳定内外秩序、维护国家统一发挥了积极作用，也影响了当今的中国外交形势。我们在开展睦邻交往时，应积极发扬贵和思想，坚持走和平发展、睦邻友好、和谐共处之路，践行亲、诚、惠、容的外交理念。尚德、崇礼、贵和、德力并行、德刑相辅的邦国交往理念中蕴含着中国传统智慧，是中国传统政治文明中宝贵的精神遗产与理论资源。在当代错综复杂、波谲云诡的世界外交局面与情势中，我们更要创造性地化用仁爱、礼敬、祈福、贵和等思想，将之有机地融入中国对外交

---

① 司马光：《资治通鉴》，中华书局，1956，第6247页。
② 张廷玉：《明史》，中华书局，1974，第1568页。

往实践中，让中国传统文化的精髓在对外交往中展示出来。

三、天下观中的睦邻之道

天下观是中国传统睦邻之道的主要思想。基于家国、天下、圣人综合一体的认识，中国古代天下观具有等级性、亲缘性、中和性、和平性等特征，反映出独特的睦邻交往思想。

自先秦至明清，在中原农业文明与边缘游牧文明交织而成的天下中，历代中原王朝虽长期以上国、大国的心态看待远近诸邦，但亦注重通过邦交姻亲等方式与其建立长期稳定的友好关系。早在西周时期，在礼乐文明框架内，周朝推行分封制、服事制，提倡亲亲与贤贤结合、教化与典刑结合的治政思想，主张"天下一家，中国一人"。国家之间的关系借助姻亲血缘被转化为家人关系，圣人居中国而德治天下，如《诗经·大雅·抑》所言"有觉德行，四国顺之"，《尚书·大禹谟》所言"惟德动天，无远弗届"。传统的天下观被涂抹上了浓重的亲缘文化、道德关怀的色彩。这为中国传统睦邻交往披上一层温情脉脉的面纱，形成了独具特色的对外交往之道。这种独特性还体现在天下观的等级性特征上。

因综合实力的差异，夷夏经常处于不对等的状态，历代中原王朝更注意以礼义教化万邦。如当今学者所言，"在古代中国先民的观念世界里，'天下'并不是一个均衡的、由多国体系构成的世界。它有一个中心，它的中心在中国，它是这个世界的重心，而且是这个世界上唯一的国家。因为中国以外再也没有一个和它对等的国家，有的都是附属于它的国家，比它低一等的国家，或者甚至根本不是国家，只是一些部落和群体"[1]。在这种等级性的影响下，国家与族群之间呈现差序格局，从秦汉至明清，中国与周边邻国或远国之间形成一种宗主、藩属关系，特别重视内外亲疏、等级尊卑之

---

[1] 王玮主编：《中国历代外交问题》，泰山出版社，2009，第42页。

别，遵循中华礼仪，以礼义化外邦。

古代天下观与个人、家族、国家紧密相连，循序渐进，四位一体，所以古人主张为政者先修身、齐家、治国，最后平天下。传统儒家探讨如何治理天下、处理国际关系时，基本遵循这样的思路：从个体关系而推及群体关系。儒家思想主张，从格物、致知、诚意、正心、修身、齐家做起，最后实现治国、平天下的理想目标。如《大学》中言："明明德于天下者，先治其国。欲治其国者，先齐其家。欲齐其家者，先修其身。欲修其身者，先正其心。欲正其心者，先诚其意。欲诚其意者，先致其知，致知在格物。"对于身心、家族、邦国与天下的关怀是儒家一以贯之的道德理论与实践追求，如孔子追慕先王"兴灭国，继绝世，举逸民，天下之民归心焉"，孟子讲"君子之守，修其身而天下平""乐天者保天下，畏天者保其国"，荀子讲大儒之特征"用百里之地，而千里之国莫能与之争胜。笞棰暴国，齐一天下，而莫能倾也"。

正是在这种强大的道德、亲缘文化和家国天下一体思想的影响下，儒家的"四海之内皆兄弟"已成为中国处理国与国之间关系时所奉行的行为准则。天下既指一国境内的地理人文空间，也指远近诸国构成的地理人文空间，涵盖了国内政治与国际政治。历代中国思想家和政治家受儒家亲缘文化的影响，希望与邻国远邦建立良好关系，常常推行和亲政策，维持中原政权与边疆民族睦邻友好、和平相处的局面，双方关系朝着相亲相爱的亲缘关系方向发展。

第二章 传统中国观与睦邻之道

传统中国观经历了不同的变化,具有多重含义。它围绕中国中心、礼乐文化、夷夏有别、夷夏互通互化等观念展开,是帮助我们理解中国传统睦邻之道的核心范畴。

一、中国观与睦邻之道

传统的中国观源远流长,其内涵与外延在不断发展中趋于稳定,与天下的构成、夷夏有别观念密切相关,并形成一种中国核心意识。

1. 中国的含义

顾名思义,中国即中央之国,初指中原。"中国"一词,最迟出现在西周初年。1963年出土的周成王时期青铜器何尊[①]内底铸有铭文"宅兹中国",这是迄今为止关于"中国"一词最早的文字记载。西周时期,"中国"常指与四方相对的中原地区,如《尚书·梓材》记载"皇天既付中国民越厥疆土于先王肆";此时,"中国"也指都城或诸侯国统治区域,如《诗经·大雅·民

[①] 何尊,1963年出土于陕西省宝鸡市宝鸡县贾村镇(今宝鸡市陈仓区),尊内底部铸有122个字,是"何"姓贵族记载周成王营建洛邑王城之事,故得名。

劳》"惠此中国,以绥四方"中的"中国"指王都,《诗经·大雅·荡》"女炰烋于中国,敛怨以为德"和《诗经·大雅·桑柔》"哀恫中国,具赘卒荒"中的"中国"则指某个邦国。至秦汉时期,"中国"一词的含义基本定型,有学者整理出这一时期五大原始意义上的"中国":地域意义上"最早的中国"主要是西周初期的伊洛地区,都城意义上"最早的中国"是西周王朝的都邑,族群文明意义上"最早的中国"应为春秋早中期之交的华夏诸侯分布区,国家意义上"最早的中国"是西汉帝国以后,考古学文化意义上"最早的中国"当为陶寺文化之邦国。①其中,国家意义上的"中国"更具普遍性,对后世影响较大。

从整个历史时期看,在地域范围和文化内涵上不同含义的"中国"又经历了中原之中国、大陆之中国、陆海之中国、东西之中国、世界之中国的变化。梁启超先生指出历史上曾存在三种意义的"中国":史前至秦统一的"中国之中国"、秦统一至清朝乾隆末年的"亚洲之中国"、乾隆末年至20世纪初的"世界之中国"。②许倬云先生继而提出四种意义的"中国":公元前3世纪—2世纪的"中国的中国"、2世纪—10世纪的"东亚的中国"、10世纪—15世纪的"亚洲多元体系的中国"、15世纪—19世纪中叶的"进入世界体系的中国"。③本书所言"中国"基本依照国家层面而论,主要指不同历史时段雄踞中原的统一王朝。根据历史演变和建立者的区别,历代王朝大致可分为源自农耕族群的秦、汉、隋、唐、宋、明等王朝和源自游牧族群的北魏、辽、金、元、清等王朝。④它们作为

---

① 张国硕:《也谈"最早的中国"》,《中原文物》2019年第5期。
② 梁启超:《新史学》,商务印书馆,2014,第80~81页。
③ 许倬云:《万古江河:中国历史文化的转折与开展》,上海文艺出版社,2006。
④ 李大龙:《试论游牧王朝对"大一统"思想的继承与实践》,《西北民族研究》2021年第2期。

中原王朝对外交往的主体，在中国传统睦邻交往中发挥了重要的作用。本书以1840年前的清朝疆域为界限，论述中国历史上大一统王朝与周边部族、属国和邻邦的睦邻交往之道。

2. 中国中心论与睦邻之道

"中国"这一名词的含义在历史上经历了很多变化，但唯一不变的是中国中心观和华夏优越观。这种思想在先秦两汉时期已初步成形，绵延于整个古代大一统王朝的对外交往中。放眼世界，这种唯我独尊、自居中心的优越意识并非中国特有，在世界各地区的历史演进中不乏其例。例如，古希腊人认为，蛮族是天生的奴隶；古代印度雅利安人认为，"蔑戾车"（非雅利安人）的子女被卖为奴隶是合法的；古代亚述国王自称"王中之王""宇宙之王"；古波斯君主自称"天下四方之王"；埃塞俄比亚王国的统治者则自称"万王之王"。① 这些都是自我中心观的体现，体现出强烈的自我认同意识。

在春秋战国时期，"中国"一词的涵盖空间已经从华夏民族活动的中心地带向外扩展，"中国"成为集地理、经济、政治、文化等不同层面的中心于一体的代名词。当时人们标榜中国是发达的物质文明与精神文明集中之地，是文化兴盛和人才济济的地区，如《战国策·赵策二》载赵国公子赵成言："中国者，聪明睿知之所居也，万物财用之所聚也，贤圣之所教也，仁义之所施也，诗书礼乐之所用也，异敏技艺之所试也，远方之所观赴也，蛮夷之所义行也。"② 此言出自赵武灵王与赵成关于改穿胡服骑射的讨论。武灵王想教导百姓改易胡服、练习骑马射箭，以增强赵国的军事实力，但遭到了王叔赵成的反对。赵成认为中国的政治、经济、文化都非常

---

① 何芳川主编：《中外文化交流史》（上），国际文化出版公司，2016，第10页。

② 缪文远、缪伟、罗永莲译注：《战国策》，中华书局，2012，第552页。

发达，是礼乐文明的发源地；改易胡服，就是舍弃优秀文化而学习落后习俗。这透露出中原人士浓厚的中国中心观和文明优越意识。赵武灵王认为夷狄并非一无是处，他们便于作战的"胡服骑射"值得学习。仔细分析上述言论背后的内在含义，便能发现当时中原人士对待夷狄开放和包容的一面。中国传统文化中的"中国中心论"并非以种族或地域划分尊卑贵贱，也并不强求以武力消灭夷狄之国，而是以"华夷一家"的思维格局提倡华夷相互包容与相互学习。换而言之，在战国时期农耕文明与游牧文明的互相影响中，以夷变夏和以夏变夷是彼此文明交流的常态，这也与自春秋以来，"南夷与北狄交，中国不绝若线"①的局面密切相关。无论是夷狄"灭邢亡卫"，还是齐国"存邢救卫"，抑或中原诸国宣扬尊王攘夷，都反映了当时夷夏互变的历史事实。孔子曾说"居处恭，执事敬，与人忠。虽之夷狄，不可弃也"，也暗示了当时人认为夷夏之别主要在于文明德行，而非等级地位的高低。正因为如此，当孔子打算从中原华夏诸邦移居九夷之地时，有人说彼处简陋、无法入住，他的答复是"君子居之，何陋之有"。

古人十分重视礼乐文明的教化。古代中国居于中原地带，依托重要的地理和资源优势，在综合实力上长期处于先进地位，是经济富庶、政治发达、文明开化之邦，这也是古代中国中心论和优越意识产生的重要原因，如唐代经学家孔颖达在注解《左传·定公十年》中"华夏"一词时，言"中国有礼仪之大，故称夏；有服章之美，谓之华。华、夏一也"②。他在界定华夏之义时，十分强调中国的礼义内涵与特征，突出礼义的重要性，此说与上述《战国策》中赵国贵族所论遥相呼应，如出一辙。又如宋初儒者石介以天地之中

---

① 黄铭、曾亦译注：《春秋公羊传》，中华书局，2016，第251页。
② 《十三经注疏》整理委员会：《春秋正义》，北京大学出版社，2000，第1827页。

心来界定中国，言"天处乎上，地处乎下，居天地之中者曰中国，居天地之偏者曰四夷。四夷外也，中国内也，天地为之乎内外，所以限也"，其中隐含的中国文化优越意识，与春秋以来兴起的中国中心论一脉相承。这种看法与石介对历史与时势的综合判断密切关联，在当时以夷变夏愈演愈烈、夷夏之防观念越来越强的时代背景下，有一定的合理性。尽管从现实角度来说，石介的中国中心论是一种遥不可及、难于实现的理想，但也能看出中国古代士人竭力维护中国文化核心地位的良苦用心和文化坚守。

事实上，历朝历代统治者在中原地区建立政权后，无不以中国、华夏、中华自居，以求其正统性被世人认可。正因为如此，在魏晋南北朝、宋辽金元时期，地方割据政权纷立，原本处于边缘的游牧部落首领一旦入主中原建立王朝，多自称是中国正统，追溯自己祖先至三皇五帝时期的圣王。例如，元朝建立后，元世祖忽必烈委派使节传诏于日本，以"中国"自称。如果从夷夏之别为民族差异的角度来看，这种情况的出现是不可思议的；但从夷夏长期相通互化的角度来看，此事有其合理性与必然性。在元代，以夷变夏或夷夏互变的情形还有其他例证，如封建社会统治者崇奉孔子，在元之前赐封的最高称号莫过于圣、王，但将二者合称，则始于元武宗大德十一年（1307年）农历七月十九日加封孔子为"大成至圣文宣王"。

上举元朝自称中国、尊崇孔子二例，说明古人虽曾以文明区分夷夏，但并不认为文明是某一族群独有垄断的私属品，而是共建共享、共同弘扬的公共品。不管以夏变夷，还是以夷变夏，都体现了中华文化和而不同、有容乃大的广博胸怀，这也是中国古代大一统王朝开展睦邻交往的重要前提。不同民族在中原地区建立政权，统治者大多追求"天下一家，中国一人"的治世理想，既保持以天下为一家的宽大胸怀，又借此获得某种优越感与独尊地位，雄视周边部族与邻国。

中国中心论、华夏优越观形成的原因有很多，最根本的是中原地区与边远地带的文明发展先后不一、步调不齐。中原地区为农业文明发祥和发达之地，依托经济、政治、地理、思想、文化等优势形成强大的综合实力，居于其中的人们势必对周边相对落后的地区产生某种优越意识，并将其固定和强化成某种认知惯性，由此影响不同地区的文明交流。换言之，在历史上不同时代，与周边地区的部族、邦国相比，中原王朝都存在某些不可忽略的客观优势。在游牧、渔猎、农耕等多元经济构成的诸国交往圈中，各地物产特色鲜明，而中原地区的地理交通、经济贸易优势突出。这种优势在战国时期就已经表现得非常明显，如《荀子·王制》记载：

> 北海则有走马、吠犬焉，然而中国得而畜使之；南海则有羽翮、齿革、曾青、丹干焉，然而中国得而财之；东海则有紫紶、鱼、盐焉，然而中国得而衣食之；西海则有皮革、文旄焉，然而中国得而用之。故泽人足乎木，山人足乎鱼，农夫不斫削、不陶冶而足械用，工贾不耕田而足菽粟。①

从中可见，当时中原地区处于四海之中，汇聚四方物产，物尽其用，商品流通与往来贸易非常发达，为传统睦邻交往和中华文明发展奠定了坚实的物质基础。此后，中原地区长期处于东亚大陆经济贸易、政治交流、文化交往圈的核心位置。唐宋之后，中国经济重心南移，在南方形成新的区域性政治、经济和文化中心，它与北方旧的中心融为一体，发展出更加灿烂的中华文明，使古代中国在东亚大陆具有明显的文化优势。

3. 丰富的中国观与睦邻之道

一般认为，古人视中国为天下的中心，中原地位显赫，尊列上等，体现了中国中心主义。但从历史实际来看，其说蔽于一隅，

---

① 方勇、李波译注：《荀子》，中华书局，2011，第125页。

忽略了古代中国观的多元性与复杂性，不可尽信。因为早在战国时期，学者对中国就有不同的认识，为之后中国观的多元发展提供了丰富的理论资源。例如，《庄子·秋水》讲："计中国之在海内，不似稊米之在大仓乎？"在庄子看来，中国与其他国家仅构成海内世界，海外还有一个更大的世界；中国对于整个世界来说很渺小，如同米粒与粮仓，显得微不足道。言外之意，即使中国在天地四海之中，但与其他更大区域相比，未必有多优越，更不足自大。因而庄子认为"以道观之，物无贵贱。以物观之，自贵而相贱。以俗观之，贵贱不在己"，可见庄子更希望各国之间谦卑相待，和睦相处，守道而为，不必自贵相贱。又如邹衍提出以"九州"为内核的天下观与中国观。他认为中国是由小九州组成的赤县神州，其外还有大九州，诸州之外环绕着大海；整个天下由九大州、八十一小州和外环的大海构成，中国只是其中一州。《史记·孟子荀卿列传》转引这种说法，言当时儒者认为中国是天下的八十分之一，中国内外皆有九州，海水环绕四周，构成整个天下。庄子、邹衍都认同中国只是天下的一小部分，可见在战国时期人的地理知识与想象世界中，中国中心观并未占据绝对的主导地位。直到秦汉时期建立统一的中央集权制帝国之后，中国中心观才被慢慢凝练、强化，沉淀在官僚士大夫和普通民众的思想意识中。

历史上，中国中心意识形成之后，曾经受到传教士全球观的冲击，但真正发生扭转还是在近代。明末入华传教的艾儒略给中国带来了世界地图，传播五洲四洋的全球观念，这对中国中心论产生了一定的影响。明末学者瞿式耜就曾在《职方外纪小言》中言："按图而论，中国居亚细亚十之一，亚细亚又居天下五之一。"[①] 当代学者认为这是对传统"中国者，天下之中也"观念的理性反思

---

① 瞿式耜：《职方外纪小言》，载谢方校释《职方外纪校释》，中华书局，1996。

与修正。现在看来，这种修正并未使固有的中国中心观发生太大的变化，中国中心意识和中华文明优越感在中原统治者的心中有增无减。直到近代鸦片战争爆发，中国人睁眼看世界，继续明清之际未竟的对外交流事业。他们全面接触西学，了解全球地理与各国国势。在国运衰弱、频受外侮的现实面前，近代中国人在心理上渐渐抛弃了中国中心论和文明优越感，以更加开放、包容的心态看待世界。在这个思想转变的过程中，庄子的海内中国说、邹衍的九州中国说和传教士的全球观都为近代以来中国观念的转变和重新定位提供了重要的思想来源。

尽管古代中国观有丰富的含义，在历史的演进中也发生过一系列的变化，但中国中心、文明优越等意识长期占据思想主流，影响着古代中原王朝的睦邻交往。尽管在各种历史文献中，夷狄常被视作落后的化外之地，但从本质上来看，中国传统政治思想中肯定中国与夷狄共同构成一个由礼义主导的文明世界（即天下），华夏与四夷共存互化，逐鹿中原。

当下，我们亟须摒弃因历史偏见而生的种族隔离与地域歧视意识，致力于建立更包容、开明的由多元文明群体构成的新世界。实现这个理想需要各国加强经济政治文化的交流、理解与融汇，而在这个过程中，古人主张的包容开放、讲求中和、遵循礼义的中国观和天下观，在很多方面能够为之提供有益的历史借鉴与启示。

二、夷夏观与睦邻之道

中国传统天下观认为华夏、夷狄两大部分组成古代中国的天下秩序，华夏居中，四夷各邦居外，彼此亲疏有别，远近不一，承担不同义务，共享一定利益。处于中原者以文明优越者自居，分辨我者与他者的不同，认为"非我族类，其心必异"[1]。但从居于中原

---

[1] 郭丹、程小青、李彬源译注：《左传》（中册），中华书局，2012，第913页。

之内者与居于中原之外者的角度而论，夷夏之间既有差别，又有共性，异中有同，息息相通，共生并存。在地理上，边地夷狄与中原华夏紧密相依，犬牙交错；在历史上，彼此势力盈缩消长，相互碰撞、融合，最终形成一体多元、和谐共生的格局。

1. 夏与夷的含义

（1）夏的含义

关于夏的含义，古今学者从训诂学的角度多有解释。从字形论，夏有中国人、舞容、大禹治水、夏桀被杀等诸多含义；从字音论，夏有"大""华""下""西""羌"等含义。现代学者专门列出各种关于"夏"的来源，有夏水、族名、图腾、石室、西方、诛桀、人形、国号等诸多说法。[1] 其中一种解释将夏与中国人、中国礼仪、形貌之大紧密相连，此说在古代比较流行，如《说文解字·夊部》言"夏，中国之人也"，段玉裁注："以别于北方狄、东北貉、南方蛮闽、西方羌、西南焦侥、东方夷也。"孔颖达注解《左传·定公十年》中的"华夏"曰"中国有礼义之大，故称夏"。《尔雅·释诂上》释："夏，大也。"《方言》载："自关而西，秦晋之间，凡物之壮大者而爱伟之，谓之夏。"不过，以上解释多为夏的衍生义，多是后人重新解释甚至是臆测的结论。

追溯"夏"字本义，当从早期的金文中探索。如学者所见，"夏"的古字形可能是一个双手环握、双足交叠的长面人形。[2] 我们顺着这个思路进一步考察，发现金文中有多个夏字，它们的形体存在某些差异。从字形构造来看，每个字的构件位置摆放和笔画增减不同，但主要组成部分和大致轮廓都包含人的头、手、脚，甚至

---

[1] 李殿元、咸怀亮：《禹羌文化与国家起源》，民族出版社，2017，第142~150页。

[2] 许倬云：《我者与他者：中国历史上的内外分际》，生活·读书·新知三联书店，2010，第6~7页。

发、眼等身体部位，应该指的是人形。徐灏在《说文解字注笺》中认为"夏"字"明乎人身手足头貌之义"，即此字当初是一个与人形有关的会意字。据此推测，造字者当时可能选取了劳作、祭祀、战争等某个特殊场景下的人，如《说文解字叙》所言造字途径之一的"近取诸身"，指的就是在不同活动中的人形。古人将夏与中国人、形貌之大联系而论，认为夏指"中国之人""壮大者而爱伟之"等，都是从其当初指人之意而来的，此为后人理解"夏"字本义的主流观点。夏的其他含义、夏与夷的差别都由此而生，并作了增改涂饰。

夏又可指中原地区和在此建立的王朝，此说是相对于夷而言的。在上古三代，夏曾为大禹和启所在部族和所创王朝的名称，后演变成中原地区诸国的统称。夏成为中原王朝的代称与周朝绍继、复兴夏朝政统的思想密切相关。周朝统治者自称有夏之士，以夏自居，如《尚书·康诰》中言"用肇造我区夏"，《尚书·君奭》言"惟文王尚克修和我有夏"。周称继夏，一方面，是因为周朝为反殷立周寻找正当的历史依据，确立新的政统；另一方面，夏朝曾创立了各种文化，如饮食、历法、巫史文化等，经过殷商时期的继承与发展，更加发达，后被周沿用。所以，周朝统治者在批判夏王桀的暴政之外，更多地推崇夏文化，宣称自己接续夏政而来。在中华文明曙光初显的上古时期，夏初为河洛地区一族一朝之名，后来演变为中国的代称，与边地夷族部落或邦国共同构成天下秩序。

（2）夷的含义

"夷"和"夏"一样，是我们理解中国传统睦邻之道的核心观念——天下观、中国观、夷夏观不可或缺的部分。夷，原指执弓的猎手，形似背负大弓的人形，不含任何情感色彩。它最初反映了游牧渔猎民族的生产方式，后泛指处于中原周边及更远地区的族群。与夷相比，夏则是指中原地区的族群。夷、夏是区别游牧文明与农耕文明的特殊词汇。后来在中国范围不断扩大的过程中，夏、夷仍被用来区分中原与边缘族群或国家的代称，相沿不绝，并衍生出一些类似的其他称谓，如汉胡、汉番、华夷、华洋、中西、中外、东西等，以示中原内外风物、制度与文化有别。从先秦的"王者不治夷狄"至晚清的"师夷长技以制夷"，都反映了中原王朝在睦邻交往中独特的夷夏观。

夷的本义本无明显的褒贬，原指东方的民族，如《说文解字》释"夷"为"平也。从大从弓。东方之人也"。后来衍生出各种含义，有的意含褒贬，有的无关臧否，比较中性。褒义者如《诗经》中《国风·召南》《郑风·风雨》《小雅·节南山》《商颂·那》等篇章中夷、悦互训相通，表高兴喜悦之情。中性者如《尔雅》以"夷"解释"易"，"平、均、夷、弟，易也"，夷与易同音相训，义可互释。同样的例子亦可见于"夷""裔"互释中，如"裔不谋夏，夷不乱华"，夷与裔同音、同义训释，是边缘、外部之意。"夷"还有四方、边远之意，"天子得道，守在四夷"，其中的夷便是天子之国的周边政权或族群，四夷指四边、四周。《说文解字》中又有东夷、西夷、南夷、北夷等说法，皆指中原四方的边远部族。此处"夷"仅就地理位置而论，无褒贬之意。春秋战国之后，人们赋予和阐发夷的各种贬义，将其与狄、戎、蛮并列，但从整体上看，文献记载中"夷"的褒义与中性义居多，否则，很难理解殷周之际或春秋时期的众多人名都带有夷字，如伯夷、管夷吾、罕夷等。

夷作为中原人士对周边游牧民族的统称，起初并无贬意，但在春秋战国、魏晋南北朝和两宋等中原王朝军事实力偏弱时期，或元清等游牧民族建立统一的封建政权时期，中原人士特别注重夷夏之别，严格夷夏之防，力辨华夷优劣，夷的贬义色彩被不断强化和发挥。这在一定程度上满足了某些士人的心理或政治需求，但实际上他们无视夷夏相通互变、民族冲突融合发展的历史规律，这种尊夏攘夷的做法带有严重的偏见。

除了夷字，蛮、貊、戎、狄、胡、藩、羌等单字和四蛮、夷狄、蛮夷、东夷、蛮夷、夷狄、戎蛮、淮夷等词语也常被用来代指中原周边部族，只不过夷的起源较早且流行久远。有时古人还以数字作前缀，显示边远部族数量与类别之多，如《史记·孔子世家》载"武王克商，通道九夷百蛮，使各以其方贿来贡，使无忘职也"，《尔雅·释地》载"九夷、八狄、七戎、六蛮，谓之四海"。有时也在蛮、夷等字前标示不同方位，形成新的名词，作为中原周边民族的代称，如东夷、南蛮、北狄、西戎、东胡、西羌等。这些称呼出现的时间早晚不一，大多集中于春秋战国时期。比如"四夷"出自《尚书·毕命》中"四夷左衽，罔不咸赖"，反映的是周康王时期的国家和民族观念。但以夷专指东方民族，并与其他称呼合并而论，形成完整的"夷狄戎蛮"论，则是在战国时期。《礼记·王制》详细记载了四方民族分别为东夷、南蛮、西戎、北狄，其衣食、言语、嗜欲等生活习俗各不相同。夷在东方，"东方曰夷，被发文身，有不火食者矣"；蛮在南方，"南方曰蛮，雕题交趾，有不火食者矣"；戎在西方，"西方曰戎，被发衣皮，有不粒食者矣"；狄在北方，"北方曰狄，衣羽毛穴居，有不粒食者矣"。夏与夷狄戎蛮各有差别，四方之间亦有不同。《荀子·正论》综合《礼记·王制》之论，突出华夏与四夷（蛮夷戎狄）的主要差别在于仪服之制，认为"诸夏之国同服同仪，蛮、夷、戎、狄之国同服不同制"。另外，荀子沿用前人之说，通过不同辖区与天子之国朝贡关系的亲疏突显夷夏之别，服事制内，华夏为"封内甸服，封外侯服，侯卫宾服"，夷狄则为"蛮夷要服，戎狄荒服"。由此可见，当时人们对中原地区周边部族的生存环境与文化程度有了较多的认识，这也为后世大一统王朝推行睦邻交往政策提供了重要的参照。

夏居天下之中，是中原王朝和中国的代称。夷则散落四方，有东夷、四夷、九夷、西夷、夷人等不同名称，作为周边民族和政权的统称。与戎、狄、蛮、胡、藩、洋等同类称谓相比，夷的起源更早,应用更广。今人常将从春秋时代的"尊王攘夷"到近代的"师夷长技以制夷"所涉及的中国传统对外交往事务概括为"夷务"。古人用夷统称周边游牧民族,使之与中原农耕民族组成的华夏诸族相呼应,形成夷夏、华夷等复合词汇,用以描述古代的天下观、世界观。历史上夷也被用来指代汉族之外任何民族,包括鬼方、猃狁、东夷、西夷、北狄、白狄、南蛮、西戎、西羌、东胡、岛夷、匈奴、突厥、鲜卑、回鹘、女真、蒙古、鞑虏、契丹、番人、洋人等。夷既指中华民族内部的居边地的民族及其政权,也指中华民族外部的远近民族和国家。本文阐释的中国传统睦邻之道,主要对象就是古代中原地区的大一统王朝与周边民族政权、国家的关系。

总之,夷的原本含义与先民狩猎生产和生活方式密切相关,初无褒贬之分。夏的本义也与此类似,指先民农业生产场景或其他活动。这两个字的形成是从早期人类生产、生活的形象场景中抽象而来的。后来,人们将它们分别作为中原王朝与边地族群、邦国的代称,但所谓的双方对立之论未必完全合适。实际上,夏与夷紧密联系,相辅相成,在中国传统天下观和中国观的构成中缺一不可。无夏则无所谓夷,无夷也无所谓夏,无夏夷也就无所谓天下。

2. 夏与夷的差别

在早期中国人眼中,华夏、四夷构成天下,二者之别主要体现在地理、生产、生活、语言等方面,并无高低之分。后来中原士人出于政治的考量给夷增添了某些贬义。早在春秋时期,便有中原诸侯国轻视秦楚等边远诸国之说,视之如戎狄豺狼,如《左传·闵公元年》载"戎狄豺狼,不可厌也;诸夏亲昵,不可弃也"。此说在后世有一定的影响,如南宋理学家胡安国言:"中国之有戎狄,犹君子之有小人。内君子外小人为泰,内小人外君子为否……以羌胡而居塞内,无出入之防,非我族类,其心必异,萌猾夏之阶,其祸不可长也。"①

不过，也有史家保持客观公正的态度，著书专门论述东夷的类别、衣食器用等，此种夷狄观与上述看法恰恰相反。例如，《后汉书·东夷列传》载"夷者，柢也，言仁而好生，万物柢地而出。故天性柔顺，易以道御，至有君子不死之国焉"，将夷分为九种，即"畎夷、于夷、方夷、黄夷、白夷、赤夷、玄夷、风夷、阳夷"，甚至在文中援引古语论证四夷亦注重礼义德化，言"中国失礼，求之四夷者也"。《说文解字》中也有类似记载，如解说"羌"字，论及"唯东夷从大。大，人也。夷俗仁，仁者寿，有君子不死之国"。这些文献在解释夷的含义、类别、习俗等时，多少都带有美化东夷的色彩，也能反映出当时人们的夷狄观。可以说，尽管古代中原人士出于某种政治目的，强调夷夏有别，但并不一味轻视夷狄，更多是以开放包容的心态，促进民族交流与融合。从农耕民族与游牧民族文明互动的历史来看，自先秦至明清，中原王朝与四夷的民族交流与交融情形是常态。中原王朝与周边远近部族或政权通过各种形式交往，彼此在兴衰、安危、起伏中相互转化。正因为如此，历代中原王朝的很多统治者平等对待夷狄，以一视同仁的态度统驭四方，如唐太宗曾言"自古皆贵中华，贱夷狄，朕独爱之如一"。

王者抚驭四夷、协和万邦的思想源自夷夏有别、相通互化的观念。夷夏互化是因为夷夏在政治、经济、文化、思想上存在诸多差别，所以中原士人才有了"裔不谋夏，夷不乱华""蛮夷猾夏，周祸也""《春秋》内其国而外诸夏，内诸夏而外夷狄"等观点。事实上，因为环境恶化、生存需求以及经济发展等缘故，四方夷狄部族的统治者经常率兵进入中原，通过武力扩张地盘或劫掠财富，致使双方战争与冲突不断，但随之而来的是各族之间的融合。从春秋

---

① 胡安国：《春秋胡氏传》（卷一），浙江古籍出版社，2010，第6页。

攘夷、汉胡交融、唐胡竞流至明清礼仪之争、师夷长技等，中原王朝推行怀柔与威慑相结合的待夷之道，这些与夷夏之别的思想渊源紧密相连。

由于夷夏的地理位置差异，相应的治理方式也有差别。古人讲德刑二元之治，强调内外亲疏之别。德、刑就是指文德与武力，即《尚书》中所言"柔克"和"刚克"，"德以柔中国，刑以威四夷"，主张统治者要以仁德怀柔国内人民，用兵威慑服边远的少数民族。如《左传·宣公十二年》载："德、刑、政、事、典、礼不易，不可敌也，不为是征。楚军讨郑，怒其贰而哀其卑。叛而伐之，服而舍之，德、刑成矣。伐叛，刑也；柔服，德也，二者立矣。"清代王夫之言"天子所恃以威四夷者，太上以道，其次以略，未闻恃一身两臂之力也"[1]，以"道""略"威四夷，实际上也是从柔德、威刑两方面而论的。

另外，中原政权对四夷的治理是间接、有限的。古人主张"守在四夷""王者不治夷狄，来者不拒，去者不追"。这种主张重守不重治，崇尚不治之治，表明中原王朝对外夷的关注或经略只是对内政的一种补充和保障，反映了一种防御治边、与邻相处的理念，最终目标是以德怀人，感化邻邦，保证边境稳定。这一睦邻交往思想在历史上得以实践，前蜀贯休在《寿春进祝圣七首·守在四夷》一诗中言"天将兴大蜀，有道遂君临。四塞同诸子，三边共一心。阇婆香似雪，回鹘马如林。曾读前皇传，巍巍冠古今"，形象地反映了当时前蜀与周边邦国睦邻友好、和平交往的情形。

3. 夏与夷的互化

夏夷有别，但二者又不乏相同、相通之处。在历史演进中，夏夷同异并存，相交不绝，互通有无，《左传·昭公十七年》曾言："天子失官，学在四夷。"

---

[1] 王夫之：《船山全书》（第十二册），岳麓书社，2011，第444页。

上述夷夏之别的观念最早可追溯至上古五帝时代,如《尚书·虞书》谈及"蛮夷猾夏",此说盛于春秋,而夷夏相通之说,也大致始于此时。孔子在《论语·八佾》中曾言"夷狄之有君,不如诸夏之亡也",认为夏是文明开化之地,夷狄则相对落后,应以礼乐教化区别夷夏。但是,他也认同夷狄中有忠信礼仁者,不可轻弃,《论语·子路》载"樊迟问仁,子曰'居处恭,执事敬,与人忠。虽之夷狄,不可弃也'"。《中庸》言君子"素夷狄,行乎夷狄",应是从此引申而来的。孟子认为夷夏有别,如《孟子·滕文公上》讲"吾闻用夏变夷者,未闻变于夷者也"[①];但他也说四海皆有圣人,圣人亦可出于夷族,如《孟子·离娄下》言"舜生于诸冯,迁于负夏,卒于鸣条,东夷之人也。文王生于岐周,卒于毕郢,西夷之人也。地之相去也,千有余里;世之相后也,千有余岁。得志行乎中国,若合符节。先圣后圣,其揆一也"。这些都是古人认为夷夏可相通互化的例证。从这个意义上而论,有学者认为"'中国'一词指的是受制于儒家文化的文化实体,原则上向任何人敞开,不分种族,只要他们分享儒家的规范。那些不分享儒家文化的人们则被视为'蛮夷',但原则上每个人都可被'文'所'化'"[②],不乏一定的道理。

韩愈在《原道》中言"孔子之作《春秋》也,诸侯用夷礼则夷之,进于中国则中国之"[③],明确指出:夷狄、中国各有其礼,诸侯行夷礼,则视之为夷;行中国礼仪,则视之为中国。以礼来区别夷夏,继承发扬了先秦儒家的夷夏思想。可见,儒家也认同夷夏在礼义的掌握和应用上有相通之处,夷夏可以互化,这也是先秦文化中和而不同思想发展的结果。儒家提倡君子和而不同、和而不流,如

---

① 方勇译注:《孟子》,中华书局,2010,第97页。
② 贝淡宁:《儒家与民族主义能否相容?》,徐志跃译,《文化纵横》2011年第3期。
③ 韩愈:《原道》,载《全唐文》(卷五五八),中华书局,1983,第5649页。

《中庸》言"万物并育而不相害,道并行而不相悖。小德川流,大德敦化"。后世不少学者也坚持夷夏有同、可相通互化的观点,如《职方外纪小言》中言:"其人而忠信焉,明哲焉,元元本本焉,虽远在殊方,诸夏也。若夫汶汶焉,汩汩焉,寡廉鲜耻焉,虽近于比肩,戎狄也。"

以上主张夷夏相通者的共同之处是:先贤士人以文化因素为准,区分夷夏。此说大大超越了早期夷夏有别观念的偏执与局限,为中外不同族群之间的文化交流与中国传统睦邻交往提供了坚实的思想基础。中华民族文化包含一种和而不同、有容乃大的包容心态与开放胸怀,这与夷夏可以相通互化的思想有密切的关联。正因为如此,历代王朝统治者经常应周边部族、国家的请求,赐予对方书籍、历法、律令、谥号等,借此输出中华礼乐文化。特别是唐宋之后,伴随印刷术的飞速发展,中华典籍对外输出规模宏大,源源不断地传入朝鲜半岛、日本、越南等地,反映出中国古代文化的先进性和中华民族的博大胸怀与开放心态,也成为夷夏相通的典型例证。例如,唐太宗、武则天等皇帝将《温汤碑》《晋祠碑》《晋书》《唐礼》《吉凶要礼》《文馆词林》等文献赐给新罗。在唐朝强盛时,日本派遣唐使、僧侣等来华交流,携带大批儒经、佛典、法典、诗文等书籍文献回国。到了宋代,中华文明迎来儒道释深度融合发展的时代,文化典籍的对外输出达到高峰。例如,北宋大中祥符九年(1016年),宋真宗赐给高丽国《九经》《史记》《两汉书》《三国志》《晋书》《圣惠方》等书,以及诸子文集、历日、御诗等,文化交流蔚然可观。明清时期也有大量汉文典籍流传到域外,民间的书籍交流也相当兴盛。

总之,我们既可从古代夷夏之别论中探析"华夏核心""华夏优越""天朝上国"等反映中国中心论的思想,也能从夷夏相通论中观察到中华民族文化开放包容、文明互补、睦邻交往的一面。古人意识到文化中心和礼乐文明可以转移或转化,具体由华夏主导还是由夷狄主导或者双方合导，会因历史情势而变。正因为如此，唐代韩愈《原道》中讲"诸侯用夷礼则夷之，进于中国则中国之"。清代王夫之在《读通鉴论》《思问录》中，也对"中国"与"夷狄"之间文野地位的更替作过深刻论述，并用唐以来中原渐趋衰落而原处蛮荒的南方迎头赶上的事实，证明中国中心地位的取得与保持，并非天造地设，一成不变，而是依文化先进的不断流变而有所迁衍，如《思问录·外篇》所言"天地之气衰旺，彼此迭相易也"。①

---

① 冯天瑜：《中国文化生成史》（上），武汉大学出版社，2013，第47～67页。

第三章 传统道德观与睦邻之道

中国传统政治文化中推崇道德的思想由来已久。早在夏商周时期，《周易》论立三才之道、成君子之德，《尚书》谈治天下之德、协和万邦之道，《诗经》彰人伦敦厚之德、美俗美政之道。至春秋战国时期，诸子百家将这种思想发扬光大，如管子言以礼德招携怀，老子讲以柔道玄德治世，孔子讲为政以德、君子之道，孙子讲智信仁勇、不战而屈人之兵，墨子讲兼爱非攻、非义不为，韩非子求新圣之道、忠诚之德，这些都不同程度地体现了早期中国政治文明中的道德诉求。受其影响，尊崇王道、推尚文德、重视礼义成为秦汉以后历代中原王朝内政外交的主流思想。在古代中国与周边部族、属国和邻邦的睦邻交往中，王道为上、文德为主、礼义为大的思想观念发挥了重要的指导作用。

一、王道为上观与睦邻之道

在古代中国的治理体系中，王道霸道杂糅，先王道后霸道、尊王道不废霸道是一种常见的治政方式，王道为上是最鲜明的特征。王道指从尧、舜、禹、汤、文王、武王、周公等处一脉相承的先王之道，是一种以道德教化称王天下的政治思想。霸道是以武力威势称霸天下的政治思想。

"王道"一词最早见于《尚书·洪范》的记载中，"无偏无陂，遵王之义；无有作好，遵王之道；无有作恶，遵王之路。无偏无党，王道荡荡；无党无偏，王道平平；无反无侧，王道正直"，含有理智、公平、正直之义。后来儒家又作深入阐发，如《孟子·梁惠王上》言"不违农时，谷不可胜食也；数罟不入洿池，鱼鳖不可胜食也；斧斤以时入山林，材木不可胜用也。谷与鱼鳖不可胜食，材木不可胜用，是使民养生丧死无憾也。养生丧死无憾，王道之始也"，将王道等同于王者富民之道。孟子又言"以德行仁者王，王不待大。汤以七十里，文王以百里"，直接将王道指向王者行仁义之德，认为王者以富养民、行仁爱民，才可治理天下。

继孟子之后，荀子结合霸道，对王道又作了更全面的论述。一方面，他突出王者贵德的一面，言"王者之论，无德不贵，无能不官，无功不赏，无罪不罚""以德兼人者王"，认为王者应仁礼兼备，且仁义威兼具，即"王者先仁而后礼""仁眇天下，义眇天下，威眇天下"。另一方面，他集中论述霸者之道，但多从德性的角度展开，"存亡继绝，卫弱禁暴，而无兼并之心，则诸侯亲之矣。修友敌之道以敬接诸侯，则诸侯说之矣"。荀子将王道、霸道合而论之，明其异同，主张尊王道而不轻霸道，如"义立而王，信立而霸""善日者王，善时者霸""尊圣者王，贵贤者霸""王者富民，霸者富士""王夺之人，霸夺之与"等，这与孟子尊王黜霸的思想截然不同。这些王霸之论既针对一国内政而言，也就诸侯国之间的交往而论。后人讲王、霸之道，基本立足孟子、荀子两者所言，在此基础上进行发挥。客观而论，王道与霸道唇齿相依，相辅相成，既没有纯粹的无实力支撑的王道，也没有纯粹的无道德支撑的霸道。王道霸道兼用是历朝历代统治者推行王道、教化万民的常态。正因为此，有学者认为王道是一个"道德的权力"概念，无道德固然非王道，但唯有道德亦非王道。①

考察中国传统睦邻交往的历史，古人总体上以王道为主，大道先行，主张以德服人、以德兼人，修文德以招徕远人，以礼法仁智来协和万邦，平治天下。《左传·哀公七年》曰："小所以事大，信也；大所以保小，仁也。背大国，不信；伐小国，不仁。"其主张小国事大国，要以诚信为原则；大国事小国，要以仁德为原则。这一思想在孟子与齐宣王的对话中体现得更为明显：

> 齐宣王问曰："交邻国有道乎？"
> 孟子对曰："有。惟仁者为能以大事小，是故汤事葛，文王事混夷，惟智者为能以小事大，故大王事獯鬻，句践事吴。以大事小者，乐天者也。以小事大者，畏天者也。乐天者保天下，畏天者保其国。"②

在孟子看来，不管国家大小，统治者都要以仁德与智慧进行双边或多边交往。仁者以大事小，智者以小事大，就是推行王道。王道基于人法天道而成，是一种以仁智为内核、礼义为外壳的睦邻交往思想。这种思想源自春秋战国，在秦汉得到继承和发扬，之后贯穿于中国传统睦邻之道的交往实践中。如明太祖朱元璋平定中原之后，对外宣称"夷狄奉中国，礼之常经，以小事大，古今一理"③，就是利用孟子的王道思想来处理明朝与周边地区的关系。王道为上，这一睦邻交往思想在朝贡制中体现得更为明显。四夷藩国定期向中国遣使、朝觐纳贡，采用中国年历年号，是以小事大的具体表

---

① 杨国荣：《论儒家王道仁政的软力量》，载范瑞平主编《儒家社会与道统复兴——与蒋庆对话》，华东师范大学出版社，2008，第146页。
② 方勇译注：《孟子》，中华书局，2010，第29页。
③ 《明实录》（卷九十），国立北平图书馆藏红格本影印本，1931年，第1582页。

现；中国皇帝对其国王、使臣的册封赏赐等回礼，则是宗主国以大事小、行乐天之道以保天下的仁义之举。[①]这种王道为上的睦邻交往思想是中国传统政治文明的重要组成部分，影响深远，至今未绝。

二、文德为主观与睦邻之道

在先秦时期，古人讲"德以柔中国，刑以威四夷""大邦畏其力，小邦怀其德""远人不服，则修文德以来之"，探讨邦国交往中德力、德刑并用之道，主张以文德教化为主、武力刑威为辅。崇尚文德、轻武重德、积极备战是以文德为主思想的核心内容，亦是历代中原王朝推行睦邻之道的理论依据。

1. 崇尚文德与睦邻之道

在中国传统睦邻交往中，历代王朝统治者都重视以德感化、招徕远近邦国，体现出一种强烈的尚德色彩。古人从天道信仰的角度讲德治。早在三代时期，华夏先民就主张以德治国、睦邻交往，实现九族修睦、万邦协和，如"克明俊德，以亲九族。九族既睦，平章百姓。百姓昭明，协和万邦""皇天无亲，惟德是辅"。儒家更是推崇"为政在德"，将实行文德作为治理天下的首要原则。《礼记·祭义》言"先王之所以治天下者五，贵有德，贵贵，贵老，敬长，慈幼"，认为先王治理天下，首先要"有德"。"德"，主要指贵老慈幼的孝悌之德、敬人之礼，如《论语·学而》言"孝弟也者，其为仁之本与"。在传统睦邻交往中，古人认为践行仁礼是对外交往的中正之道，讲"亲仁善邻，国之宝也""圣人以礼示之，故天下国家可得而正也"。就此而观，中国传统睦邻交往中崇尚文德的核心是亲仁、明礼，并体现在以下三个方面：为政以德、安邻利民、折冲樽俎。

[①] 王玮主编：《中国历代外交问题》，泰山出版社，2009，第261页。

(1) 为政以德

孔子在《论语·为政》中主张"为政以德，譬如北辰，居其所而众星共之"，言君主以道德治天下则天下归之。除在治理国家内政时遵循道德规范外，为政以德还体现在涉外交往中，《礼记·中庸》提出"为天下国家有九经"，即修身、尊贤、亲亲、敬大臣、体群臣、子庶民、来百工、柔远人、怀诸侯，其中"柔远人""怀诸侯"便是提倡天子之国以"柔怀之道"与诸侯国、远近邦国相交。"柔远人""怀诸侯"具体是指"送往迎来，嘉善而矜不能，所以柔远人也；继绝世，举废国，治乱持危。朝聘以时，厚往而薄来，所以怀诸侯也"。中原之国以宾礼善待远近邦国，如在他国使节来华时，天子不强人所难，不逞强示威，以朝聘之礼相待，赏赐他们丰厚的礼品，使对方高兴而来、满意而去。

单以武力使邻邦臣服并不能达到真正的和睦相处局面，君主自修其身，以德服人，以德兼人，才能"来远人""安远人"。儒家对此有过较多的探讨。孟子认为"以力服人者，非心服也，力不赡也；以德服人者，中心悦而诚服也"，依靠武力无法使人诚心归服，用道德感化才可能使人心悦诚服。荀子认为以德与他国交往，要"以德兼人"，因为"彼贵我名声，美我德行，欲为我民，故辟门除涂，以迎吾入，因其民，袭其处，而百姓皆安，立法施令，莫不顺比"，如果依仗武力、财富与他国交往，则"得地而权弥轻，兼人而国俞贫"，最终国弱民贫，得不偿失。总的来说，儒家主张君主治理天下应以文德怀柔远近邦国，德主刑辅，宣扬德性教化、柔道治理，鲜明地体现出中国传统政治文化中的睦邻交往之道。

(2) 安邻利民

一个国家可以凭借雄厚的经济实力，既让本国民众过上富足的生活，又使邻国民众慕利向义而来。当一国之君残暴无道时，百姓也急切期盼王师义军能除暴安良，解救他们。如孟子论及商族首领汤征伐天下"十一征而无敌"，言商汤与邻邦葛国交往时，先以文德感召，从经济援助入手，帮扶当地民众。史载，当年汤王定都亳地，与葛国为邻，十分善待葛国，赠送牛羊、劳力，帮助其祭祀祖先，以恩惠感化民众，树立德威。因此，汤后来征伐葛国无道之君时，畅通无阻，大获全胜。葛国的民众深受统治者剥削之苦，他们十分期盼商汤军队来讨伐无道的君主，甚至抱怨商军为何不早些来到，如《孟子·滕文公下》载："汤始征，自葛载，十一征而无敌于天下。东面而征，西夷怨；南面而征，北狄怨，曰：'奚为后我？'民之望之，若大旱之望雨也。"商汤在讨伐葛国暴君时，也践行了崇德尚义、安邻利民之道。商军虽兵临葛国城下，但没有屠杀，不伤及无辜，葛国民众照常种田、经商。故而在孟子看来，与邻国相处，睦邻友好是首要的，征伐也是为了顺应天道，诛杀暴虐国君，吊问抚恤那个国家的平民百姓。诛伐他国暴君之战有利于民生，能缓解民众之苦，是正义、利民、为公之事，因此会得民心，战无不胜。

（3）折冲樽俎

折冲樽俎指在国君款待使节的宴席中，政治家们运用某些策略消除外在隐患以实现双方的和谐相处。先秦时期一些著名的政治家都曾借助谈判的手段解决国家争端，如晏子、子贡、蔺相如、苏秦、张仪等。他们凭借智谋和胆识成功地促成联盟，化敌为友，纾解国难，稳定了本国政权。春秋末年，晋平公争夺霸权，欲讨伐齐国，便派大夫范昭出使齐国，打探对方虚实，以决定是否联合诸侯攻之。在宴会上，范昭向齐景公讨酒，故意做出失礼的行为，试探齐国君臣是否明礼。齐大夫晏婴发现后及时纠正，维护了国君尊严，回应了晋国使者的试探。范昭回国后，向国君建议不可攻齐，因为齐国有晏子这样的贤臣，最终晋国放弃攻打齐国。由于晏子在酒宴上的得当表现和有力回击，一场潜在的战争得以和平化解。古代政治家们对国家形势的准确判断、对礼仪的熟练掌握和巧妙运用，尽可能地避免了不必要的交恶或战争，在很大程度上促进了国家之间的和睦交往。

2. 轻武重德与睦邻之道

在中原王朝与周边部族、属国和邻邦的交往中，经常会发生武力冲突，兵戎相见更是频繁，但古人多主张"先王耀德不观兵"，宣扬慎启战端、不妄争斗，不轻言武。耀德即修文德，就是《尚书》所言"柔远能迩，安劝小大庶邦""柔而立""强弗友""高明柔克"，讲求柔远、柔克之德。春秋战国时期，思想家主张慎战、非攻，推崇上兵伐谋、不争之德，不妄言战，体现了中国传统政治文化中轻武重德的思想倾向，为历代中原王朝与邻邦的和平交往提供了重要的思想依据。进一步分析轻武重德思想，可从慎战不争、反对不义、积极备战三个角度来论述。

（1）慎战不争

战争是人类文明演进中不可避免的现象，也是国家和国际大事。春秋时期，人们就认为"国之大事，在祀与戎""兵者，国之大事，死生之地，存亡之道，不可不察也"。战争一经开启，流血千里，死伤无数，对国家发展、社会安定和民众生活产生很多消极的影响，"不得耕耨以养其父母，父母冻饿，兄弟妻子离散""师之所处，荆棘生焉；大军之后，必有凶年"。古人对战争的危害有深刻的体会和认识，极力提倡"慎战""不争"。

春秋时期，诸子百家对慎战不争有精辟的阐述。如道家代表老子认为"夫唯兵者，不祥之器，物或恶之，故有道者不处""不得已而用之，恬淡为上。胜而不美，而美之者，是乐杀人"，主张"以道佐人主者，不以兵强天下""虽有甲兵，无所陈之"，反对战争，赞美不争之德。儒家也强调慎战不争，孔子回答鲁哀公"用兵者其由不祥乎"的问题时，讲"圣人之用兵也，以禁残止暴于天下也"，认为兵战是用来禁止残暴的；孟子认为仁者无敌于天下，追求以德服人；荀子提倡"议兵，常以仁义为本。仁者爱人，义者循理"，主张不以暴力兼人，用兵贵在止兵而非争夺，尊崇义兵、义战；晏子主张"不侵大国之地，不耗小国之民，故诸侯皆欲其尊；不劫人以甲兵，不威人以众强，故天下皆欲其强"，认为应通过武力之外的手段平治天下，才能众望所归。墨家推崇兼爱，主张非攻，大讲圣王兴天下之利而除天下之害，兼相爱，交相利。一个国家如果想要真正强大，就不能以强凌弱，侵犯别国利益，应为彼此带来利益，从而获得他国真诚的尊重，达到共赢；相反，如果一国欺压他国，侵吞其利益，给对方带来伤害，强人就我，就不会赢得他国的尊重，他国也不会希望你强大。慎战不争的主张体现了古人轻武重德的思想。春秋时期，有人将"武"解释为"止戈为武"，认为真正的动武就是为了制止、防止动武，动武有"禁暴、戢兵、保大、定功、安民、和众、丰财"的作用。军事武力是为了禁止暴虐、保持强大、稳定功业、安抚百姓，而不是为了逞能、显威。这些关于慎战不争的论述被后人传承、弘扬，成为中国传统睦邻交往思想的重要组成部分，为国家之间睦邻友好、和平交往提供了思想指导。

（2）反对不义之战

古人主张谨慎对待战争，反对不义之战，但支持为正义而战。如孔子认为，君子治理天下，需要考虑是否合乎礼义，即"君子之于天下也，无适也，无莫也，义之与比"。孔子十分推崇管仲，认为他相齐后以和平手段而非兵车之力九合诸侯，不吝以仁者称之，《论语·宪问》载："桓公九合诸侯，不以兵车，管仲之力也。如其仁！如其仁！"究其原因，"在孔子看来，管仲帮助齐桓公处理诸侯国之间的关系，不靠兵车武力，而用和平相处的方式多次会合诸侯，协商问题与解决矛盾，即使孔子对管仲的其他方面有所不满，也仍然认为管仲的仁是无人能比的。这就是孔子对能以外交的方式来避免战争的赞许"[1]。孔子之后，以仁义与他国交往的思想

---

[1] 王易：《先秦儒家国家关系伦理思想研究》，线装书局，2007，第100页。

得到进一步的继承和发扬,如孟子言品德高尚的君子不为"非礼之礼,非义之义",只有行仁者才可能天下无敌;荀子主张当以仁义之兵行于天下,不能轻易出动王者之兵。道家也反对兵战,老子认为武器是不祥之物,不能穷兵黩武、歌颂美化战争,否则难以取得天下。他讲圣人治理天下,应该执守清静不争之道,认为开明的统治者只有不执着妄争,天下才无人能与他争。墨子主张非攻,以攻伐为不义,认为统治者频繁地发动攻战,会给天下带来巨大的危害。

(3) 积极备战

古人对待战争也保持一种辩证的态度,主张有备无患、谨慎而行。在这种思想的引导下,先秦士人都反对无妄之争、不义之战,但并不反对正义之战。正义之战是具有抗击外来侵略、保护边境安定、援助友邦御侮作用的战争。对于这样的战争,儒家主张积极备战,战之必胜。孔子认为善人教化民众到一定程度时,可以让他们入伍打仗,为国家和道义奔赴战场,正义之战必定战无不胜,攻无不克。子贡指出治国的三大要领为"足食""足兵""民信",兵居其中,足见军事武备对于国家的重要性。此后孟子言"生于忧患,死于安乐",亦是针对积极备战而言的。墨家虽主张非攻,反对不义之战,但也肯定具有防御意义的正义之战,因此墨子有率众止楚攻越、止楚攻宋、止鲁攻郑之举,《墨子·备城门》载"我城池修,守器具,推粟足,上下相亲,又得四邻诸侯之救,此所以持也"[①],讲的就是此理。法家更是将备战与农耕放在一起,作为强国的两大支柱。

积极备战包括两方面:修其兵器,壮大军队;提前谋划,胜于未战。古代思想家更重视后者,主张攻战之前做好充足准备,以政治、经济、军事、交流等综合手段,威慑对方,做到未战而胜算已经在握。《逸周书·大武解》讲柔武、大武之道,言"胜国若化,

---

[①] 方勇译注:《墨子》,中华书局,2011,第425页。

不动金鼓,善战不斗""善政不攻,善攻不侵,善侵不伐,善伐不搏,善搏不战",讲古代将帅、政治家要精通战胜敌方的道理,提前谋划,胜于未战。①兵家也意识到未雨绸缪、以谋略制敌的重要性,孙子讲"上兵伐谋,其次伐交,其次伐兵,其下攻城",核心要义就是通过不见硝烟的无形之战打赢有形之战。

总之,先秦时期各国政治家、诸派思想家对战争的重要性、危害性都有清醒的认识与精辟的论述,提出慎战不争、兼爱非攻、上兵伐谋、不争之德等主张,反对不义之战,主张以德政、富民、交流等手段化解争端,力求不战而胜。这些思想成为后世中原王朝与周边部族、属国和邻邦和睦相处、友好交往的重要指导原则。

三、礼义为大观与睦邻之道

在中国传统睦邻之道中,义利观是非常重要的组成部分。义利观是中国传统对外关系的基本理念,古人推崇重义轻利、先义后利的义利观,但也认同重义不轻利,以达到义利兼顾的理想状态。

春秋时期,人们针对义利关系提出了不同的主张,为中国传统义利观的形成和睦邻交往的开展提供了丰富的思想资源,如晋国大夫丕郑认为"义以生利",晋大夫赵衰认为"德、义,利之本也",楚大夫申叔认为"义以建利",鲁成公之母穆姜认为"利,义之和也""利物足以和义"。至春秋末年,儒墨两派兴起,进一步探讨义利关系。孔子言"放于利而行,多怨""见小利,则大事不成""君子喻于义,小人喻于利",带有重义不轻利的倾向。墨子讲古代圣王治世,不使不义之人富贵,不要亲近他们,即《墨子·尚贤》所载"不义不富,不义不贵,不义不亲,不义不近"。墨子呼吁统治者效法三代先王之治,秉持正义,兼爱天下,兴有益

---

① 黄怀信、张懋镕、田旭东:《逸周书汇校集注》,上海古籍出版社,2007,第104~121页。

于天下生民之利，除无益于天下生民之害。这些思想都比较全面、辩证地阐释了义利关系，经过后世的演化与丰富，构成了中国传统义利观的主体。后来儒家探讨义利关系，汲取春秋时期义利观中的思想养分，明确主张圣人治天下要重利轻义。如荀子讲"先义而后利者荣，先利而后义者辱""用国者，义立而王"，汉儒董仲舒言"仁人者，正其谊不谋其利，明其道不计其功"，清儒颜元讲"正其谊以谋其利，明其道而计其功"。他们的主张虽略有差异，但有一个共同的理念，即遵循礼义而行，约束非分、过分的私利。

　　古人主张重义轻利、先义后利、义利兼顾。这种思想在传统内政外交中都有不同的体现。就睦邻交往而言，历代统治者遵循厚往薄来的原则，希望远近民族和国家慕义而来，通过给予对方丰厚的经济利益达到这一目的。历史上，出于经济、政治的综合考量，中原王朝的某些统治者不时提倡节俭，表现出一种理性态度，主张义利兼顾。基于此，我们不能泛泛地一概而论，认为古代中国一直毫无原则地推行重义轻利的睦邻交往之道，以牺牲本国的利益来发展与周边各国的友好关系。总之，以先义后利、重义轻利、义利兼顾为主的义利观是我国传统政治文化中的思想精髓，是古代中国对外交往的思想准则，亦是中国传统睦邻之道的重要组成部分，这为当前我国开展以亲诚惠容为核心的外交活动提供了理论指导与历史启示。

第四章 朝贡制与睦邻之道

从世界史的宏观角度来看，不同国家与地区文明之间展开交往，形成各具特色的外交体系、外交制度和外交模式。学界一般认为世界上曾经存在朝贡外交、条约外交、殖民外交三种外交体系，据此总结中国传统对外交往具有三大模式，即宗主模式、羁縻模式、邦交模式；古代对外关系有三大模式，即帝国模式、天下模式和朝贡模式。其中，从周礼衍生出的朝贡制度，主导了中原王朝的对外交往形式，是践行中国睦邻交往之道的重要依托，更是维护和平的制度利器。朝贡制又称"册封体制""封贡制"等，是在宗主国、藩属国体系下基于君臣关系而形成的一种政治制度。它被广泛应用于内政外交之中，对历代中原王朝处理中央和地方关系、治理边疆、开展对外交往都产生了深远的影响，是中国传统政治文化的重要组成部分。如学者所见，"从中国传统外交的行为历程与实践模式看，朝贡或封贡的确是一条主线，尤其是朝贡，反映了历代王朝的核心外交理念，也贯彻于形形色色的各种外交往来中"[①]；"如果不谈奴隶，不谈附庸性经济，欧洲是不可理解的。同样，如果不

[①] 王玮主编：《中国历代外交问题》，泰山出版社，2009，第14页。

谈其国内的未开化民族和国外的藩属，中国也是不可理解的"①。本文探讨的朝贡制主要指历代中原王朝与周边民族、国家相处的制度，也是中国传统睦邻交往的主要制度。它的内核是相对稳定且清晰的中原王朝，外缘是相对多变且模糊的四夷诸邦。二者内外相合，形成一个集礼义、权力、利益于一体的宗藩体系。

朝贡制依托中国传统政治思想中的天下观、中国观和夷夏观，在先秦服事制的基础上发展而来。它的核心要素是：中原王朝与周边地区的民族、国家建立宗主国与藩属国关系，确立一种宗藩体系；中原王朝的君主与周边政权的首领之间存在君臣之分、尊卑有别的地位关系；双方以君臣、主宾之礼交往，开展授受名号、互派使节、贡物往还、互市贸易、和亲联姻等活动。朝贡制萌生于先秦，成形于汉唐，完善于宋元，成熟于明清，至清中后期走向衰亡，历经两千多年的演变发展和风雨洗礼，它的基本内涵、特征与演变都是中国传统睦邻交往的重要外在表现。

一、朝贡制的理论基础与历史来源

朝贡制的理论基础来源于先秦时期的家国天下观，制度基础源于西周礼乐文明中的天子服事制。其萌芽于西周，基本定型于秦汉，后经魏晋至明清的漫长演变与完善，在中国与周边国家、政权的交往中发挥了独特的作用。朝贡制的思想内核在中国传统睦邻交往中得到完善，其发展贯穿古代中原王朝的对外交往史，并影响至今。

1. 朝贡制的理论基础

朝贡制的理论基础来自先秦时期的家国天下观。古人的家国天下观强调圣人之治，如《礼记·礼运》言"圣人耐以天下为一家，

---

① 布罗代尔：《15至18世纪的物质文明、经济和资本主义》（第一卷），顾良、施康强译，生活·读书·新知三联书店，1992，第117页。

以中国为一人者"，又如《大学》中所言齐家、治国、平天下的圣人之道。它突出表现了中国古代政治文化的四个重要理念：天下诸国皆可亲、中原之国是核心、圣王之治是关键、诸国一统于礼制。这些理念与古代中原王朝处理与周边国家之间的关系密切相关，也是朝贡制形成的重要思想依据与理论基础。

（1）天下诸国皆可亲

远近诸国各族与中原王朝确立朝贡关系后，就会通过遣使互访、朝觐纳贡、回贡封赏、以子为质、以女和亲、互市贸易等不同途径，在彼此之间建立起政治关系、经济联系，并进行文化交流，形成一个利益紧密相连、命运休戚与共的文明共同体。在朝贡制度的约束下，中原王朝与朝贡国之间常以君臣相称，或以兄弟、父子、舅甥等宗法关系相呼，以宾主相待，以长幼有序之礼相交。中原王朝的统治者创造性地将中国传统文化中的亲缘关系和礼乐文明投射、化用到与周边国家的交往中。在天下一家观念的影响下，中原政权与邻近的国家得以在一个文明共同体——天下中和睦相处。

（2）中原之国是核心

在夏夷诸国构成的天下体系内，中原王朝因其地理优势、经济实力、制度优越和文化高位，常处于核心、轴心地位，居于诸国之首。其最高统治者是君主，其国土被周边的朝贡国环绕拱卫，形成一种内外有别、尊卑有序的辐射状体系。这是一种权力由外向内集约、影响由内而外辐射的区域秩序。

（3）圣王之治是关键

中国古代的理想政治人格是具有高度人文修养的圣王，即内圣外王、修己安人的圣贤、君子。这样的国君如同柏拉图《理想国》中的哲学王一样，究天人之际，通天人之道，有崇高的道德与智慧，具备"有觉德行，四国顺之"[①]的威望，守礼弘仁、威爱并行，

---

① 刘毓庆、李蹊译注：《诗经》（下册），中华书局，2011，第747页。

以德兼人、仁行天下，故而能赢得诸国的信赖与拥戴。

（4）诸国一统于礼制

在天下体系、宗藩框架内，各国通行的交往规则就是礼制。礼制包括礼俗、礼法、礼乐三个层面。"十里不同风，百里不同俗"，礼俗之制主要针对不同地区与民族而言，提倡和而不同，尊重不同地域和民族风俗的差异性，故《礼记·曲礼上》中讲"礼从宜，使从俗"。礼法之制主要针对的是不同文化群体（如夷夏）而言，故有"德以柔中国，刑以威四夷"的说法，这与处理内政之法"礼不下庶人，刑不上大夫"有异曲同工之妙。礼乐之制主要针对四海之内"人同此心，心同此理"的人心治理。与文化、地域或民族的差异不同，它更强调天下四方之民如何在礼乐教化中达到情理和谐的理想境界，如《孝经》言："移风易俗，莫善于乐；安上治民，莫善于礼。"[①]中原之国要想以德服人、以德兼人、仁者无敌于天下，就要将礼乐文明流布于四方，建立大同世界，形成和谐天下。礼俗之制、礼法之制、礼乐之制三者看似各有差异，但却紧密联系，共同组成中国传统礼治文明的主体。中原王朝处理内政或对外关系时，往往礼法、礼俗、礼乐三管齐下，互相配合，实现天下大治、万邦协和。

2. 朝贡制的历史来源

朝贡制从先秦的服事制转化而来。服事制是西周分封制下天子国与诸侯国及边远地区之间的朝聘礼制，亦是中国传统政治文明、礼乐文化的重要组成部分。中国礼乐文化源远流长、博大精深，先秦时期就有"经礼三百，曲礼三千""礼仪三百，威仪三千"的说法，可见礼法约束之多、规模之大、内容之广。在中国早期的礼乐文化体系中，流传着各种类别的礼，有五分、六分、七分、八分、

[①]《十三经注疏》整理委员会整理：《孝经注疏》，中华书局，2000，第50页。

九分等，不一而足。《礼记·礼运》将礼分为八类"丧、祭、射、御、冠、昏、朝、聘"，其中"朝""聘"所规定的就是周天子与诸侯国或边远部族、邦国交往的礼制。《周礼·春官》中将礼分为"吉礼、凶礼、宾礼、军礼、嘉礼"五类，其中的宾礼指中原之国与他国交往之礼。《周礼·春官》中还规定在一年四季和不同场合下，诸侯会见周天子有专门的称谓，"春见曰朝，夏见曰宗，秋见曰觐，冬见曰遇，时见曰会，殷见曰同，时聘曰问，殷覜曰视"。

西周时期，并未形成完整的朝贡制，"朝""贡"二者是分别而论的。"朝"意为朝拜、觐见，指诸侯春天拜见周天子；"贡"意为呈献，指地方献给中央方物。至东汉，史家将二者合而言之，创造了一个专有名词——"朝贡"，主要指地方向中央、诸侯国向周天子、边远地区民族或国家向中原王朝行朝见、献物之礼，如班固在《汉书·叙传下》言"修奉朝贡，各以其职"，是指丝绸之路开辟后，西域诸国与汉朝的友好往来。此后"朝贡"一词频繁出现在各种历史典籍中，作为中原王朝招携怀远的重要制度和睦邻交往的实践途径，为历代王朝所沿用，在中国传统政治文化中具有举足轻重的历史地位。

朝贡制核心内容是朝见与献物，这与先秦服事制中的任土作贡密切相关。《尚书·禹贡》载"禹别九州，随山浚川，任土作贡"，讲上古时期九州各地部落归顺大禹，大禹执玉帛召集万邦会于涂山，此后九州向夏朝进奉方物，即"任土作贡"。可见，贡物制在上古时代已现端倪。规范性的贡物制度则成形于西周。《国语·周语上》记载，周穆公将征犬戎时，祭公谋父进谏，对不同礼仪和贡物匹配作了详细的阐释：

> 夫先王之制，邦内甸服，邦外侯服。侯、卫宾服，蛮夷要服，戎狄荒服。甸服者祭，侯服者祀，宾服者享，要服者贡，荒服者王。日祭，月祀，时享，岁贡，终王，

> 先王之训也。有不祭则修意，有不祀则修言，有不享则修
> 文，有不贡则修名，有不王则修德，序成而有不至则修
> 刑。于是乎有刑不祭，伐不祀，征不享，让不贡，告不
> 王。于是乎有刑罚之辟，有攻伐之兵，有征讨之备，有威
> 让之令，有文告之辞。布令陈辞而又不至，则增修于德，
> 而无勤民于远。是以近无不听，远无不服。

除制定详细的贡物规范，贡物制度的成形还体现在政治约束力上。周朝有邦内甸服、邦外侯服、侯卫宾服、蛮夷要服和戎狄荒服的五服地域划分，并制定了"要服者贡"的礼法，规定蛮夷之邦每年要进献一次贡物，以示臣属归服。如果外邦不按时进贡，周天子会以"有不贡则修名""让不贡""有威让之令"等形式，予以警告或威慑，使对方顺服。周朝的服事制针对中原王朝与周边戎狄之邦交往，强调通过贡物往来、尊敬其王、友好互惠等方式实现友好交往。一旦出现诸侯不服从的情形，周天子则会用威让之令、文告之辞责备对方失礼之举，但仍然坚持自厚薄责、厚往薄来的仁义原则，反对通过刑罚、征伐解决问题。这也反映了早期中国政治文明中睦邻友好的思想倾向。

关于地方和外邦进贡之制，《周礼·秋官·大行人》中有充分且详细的记载，指出不同地区向中原王朝的天子进献贡物，即便在六服（侯服、甸服、男服、采服、卫服、要服）之外的国家统治者也要在任期内觐见天子一次，如"九州之外谓之蕃国，世一见，各以其所贵宝为挚"。西周的服事制以九州区分夏夷，将夷狄之国称为藩国，确立了一种朝贡制度下的宗藩关系。事实上，秦汉之前，真正能依照上述的五服制或六服制对中原之国履行服事、上贡的国家，少之又少。主要因为春秋战国时期，诸侯割据，各自为政，使这一阶段的服事制流于形式。这种情况直到秦汉时强大的中原统一政权建立后才得到改善，在服事制的基础上不断发展出新的形式和

内容，也就是朝贡制。

汉初，朝贡制的某些内容已经出现，如遣使、朝觐、和亲、互市等。汉武帝至宣帝时期，因汉匈关系发生巨大的变化，朝贡制经历了一个发展与成形的关键期。在此期间，匈奴、西域诸国内属归顺汉王朝，诸国首领亲自朝觐或遣使进贡、遣质入朝，中原王朝通过册封、赏赐、互市、和亲等方式表示对其认可和存慰，朝贡制得以创立、成形。东汉时，朝贡制在礼仪形式上又有所拓展，渐趋定型，成为后世依据的范本。

先秦时期周朝与诸侯国及外邦交往的服事制，被后世历代中原统一王朝的统治者继承、借鉴、转化和拓展，并运用到与周边民族和国家的交往中，形成具有东方色彩的政治制度，朝贡制就是先秦的华夏礼制和服事制被应用到中原王朝内外交往中的集中体现。

二、朝贡制基本内涵、特征与睦邻之道

1. 朝贡制基本内涵与睦邻之道

朝贡制是历代中原王朝与周边部落、属国交往的基本制度，后又扩展至更远地区。规范化朝贡制的产生和发展始于两汉，后世经过不同阶段的演变，更加完善。

秦朝虽二世而亡，但为后世留下了丰富的政治制度遗产。汉承秦制，不断完善秦朝内政外交的治理方式，形成更为健全的中央集权制度和大一统的中原王朝。汉武帝时，中原王朝的政治、经济、文化发展达到空前的繁荣。汉朝统治者凭借强大的国力，积极抗御匈奴、拓疆扩土，与周边民族部落、国家开展交往与贸易，《汉书·地理志》言"攘却胡越，开地斥境，南置交趾，北置朔方之州"。特别是丝绸之路开辟后，汉朝的对外交往热情空前高涨，中国传统睦邻交往进入一个新的时代。作为一种处理中原王朝与周边民族、国家关系的制度，朝贡制应运而生。汉朝统治者在中原王朝与匈奴等周边民族政权交往中，借鉴化用先秦的服事制，形成新的

朝贡制。相对而言，先秦服事制多用于天子与诸侯国之间，而汉朝的朝贡制范围更广，体系更严密，内容更丰富，影响也更深远。

朝贡制比服事制增加了很多新的内容，它们的产生与汉朝治理边疆特别是处理汉匈关系密切关联。汉初，边疆战场接连失利，出于恢复国内经济、稳定政局的考虑，中原王朝对周边匈奴势力基本采取以弱侍强、以守代攻的交往策略。在这种情形下，汉朝主动与匈奴和亲，以长城为界划定各自辖域，定期奉送大量财物，派送宗室女子和亲、联姻，并在边境开通关市，与之结为兄弟之国。当时西域诸地政权多以属国的身份臣服于强大的匈奴政权，强势匈奴政权的存在对汉朝边境和京师的安全造成了很大的威胁，此时真正以中原政权为主导的朝贡制还没有形成。

从某种层面讲，早期的汉匈关系是一种由边疆游牧民族政权主导的夷夏交往秩序。在这种秩序形成的世界里，弱势的中原王朝或割据政权向周边强大的游牧民族奉送贡物，主动结好。严格意义上来说，此时的朝贡现象不同于以华夏为主、四夷为属的朝贡制，并不能算是典型意义上的朝贡制。先秦服事制中奉献贡物的对象是中原王朝，汉朝则向匈奴进贡献物，二者之间似乎存在某种宗主与藩属的贡献纳送关系，但从传统政治文化的角度看，这是先秦服事制宗藩倒置的变异存在。朝贡制作为一个体系化的制度或程序，不仅仅包括献纳贡物、和亲、互市，还有定期遣使或亲自朝见、遣纳质子、回贡封赏、赠赐财物等。但是，这些内容并未出现在早期汉匈关系中，更无相应的礼仪辅佐，只有强势政权对弱势政权的压制与劫掠，是一种强权政治的体现。这种情形在后世中原王朝式微、周边政势强大的时期，如隋唐之际、五代十国、宋辽金夏时期，都曾出现过。

在中原政权的实力增强或少数民族入主中原建立统一王朝时，中外交往又呈现出中原王朝主导和影响边远地区的局面，回归典型的朝贡体系内。在汉朝，这种变化从武帝时期开始，至宣帝时期基本完成，传统的夏主夷属结构下的朝贡制也从此确定。从武帝时期开始，汉朝对外发动军事反攻，并联络友邦对抗宿敌匈奴，威之以力，逼迫对方北退。昭宣时期，汉朝继续征伐匈奴，同时接受对方投诚归顺，且赐赏匈奴首领财物，以示尊宠厚待。最终匈奴归服汉朝，被纳入由中原王朝主导的朝贡体系中。

汉初，经过近七十年的经济恢复与发展，汉王朝积累了雄厚的国力，武帝凭借强大的实力，北伐匈奴，东征朝鲜，西讨大宛，南征南越，开发西南，并派遣张骞等使节出访西域等地。边远各国感念汉朝的威势与仁德，纷纷遣使来访，入朝献贡，中外交往局面由此发生巨大的转变。汉宣帝时期，匈奴南北单于先后遣子入侍汉朝。甘露三年（前51年），呼韩邪单于到汉朝朝贡，史无前例。此后，西域三十六国纷纷"修奉朝贡，各以其职"。学界一般认为公元前1世纪中叶，汉匈宗主藩属关系易位以及君臣关系的重新确定，使中原王朝的朝贡关系走向制度化。

有一点需要注意，有学者将公元前51年南匈奴首领"称臣入朝事汉"作为朝贡制确立的标志，匈奴向汉朝朝觐、献贡、纳质，汉朝对其上层贵族给予相应的册封，包括授封、颁印玺、赐冠带等，使朝贡制度的内涵逐渐明晰。①此说大致不错，不过说"封贡体系的内涵逐步形成"，则为时尚早。因为此前汉朝在与西域诸国如大宛、康居、身毒等交往中已出现各国使节往还的现象，特别是大宛遣送质子、进献宝马等。因此，汉朝朝贡制确立的时间点，应再往后推。

（1）朝贡制基本内容

整体而观，汉朝在与西域诸国、北强匈奴、东北朝鲜和倭国、南越、西南夷等交往中，不断完善朝贡制，充实其内容，如藩国朝

---

① 李云泉：《朝贡制度史论：中国古代对外关系体制研究》，新华出版社，2004，第17~19页。

觐进贡、遣质入侍，中原皇帝册封赏赐、纳质迎送，还有彼此互市、和亲等，使其形成某种定制，为汉朝与周边民族和国家开展睦邻交往提供了有力的制度支撑。汉朝朝贡制度的运作主要依靠当时诸卿系统的鸿胪、尚书这两大对外交往主管机构和其余中央地方关涉机构[1]，后世中原王朝的对外交往管理体系、决策机构的发展皆由此而来。汉朝睦邻交往中形成的朝贡制内容大致如下：

① 汉朝藩国朝觐进贡。朝觐进贡指周边地区政权首领亲自或遣使朝见汉帝、纳质入朝。先秦时期便有诸侯或蛮夷定期朝觐周天子的约束，汉朝统治者将其推行于中外交往中，由原来的诸侯国、蛮夷之邦对中原天子的朝觐，变为地方政府、周边民族、域外国家对中原统一王朝皇帝的朝觐。朝觐进贡之制定式于武帝征伐大宛之后，《汉书·西域传上》载："自贰师将军伐大宛之后，西域震惧，多遣使来贡献，汉使西域者益得职。"汉宣帝统治后期，匈奴首领呼韩邪单于入朝献贡，受其影响，其他国家也纷纷与东汉建立朝贡关系。《后汉书·西域传》载："五十余国悉纳质内属。其条支、安息诸国至于海濒四万里外，皆重译贡献。"此外，东夷中倭、朝鲜、鲜卑、乌桓，西南夷夜郎、哀牢夷、白狼等都曾至京师入朝觐贡。

据学者的细化分析，这些朝贡可分不同种类，如为观察了解而来之贡、迫于兵威而来之贡、和亲之贡、通使命文书之贡、慕义之贡、通商之贡等[2]，其繁盛之状，于此可见。就藩属国朝贡物品而言，武帝之后，逐渐丰富，其中乌孙、大宛、朝鲜等国进献的西极马、天马和军马，最引人注目。《汉书·西域传下》记载当时异域方物涌入中原"殊方异物，四面而至"，如"明珠、文甲、通犀、翠羽之珍盈于后宫，蒲梢、龙文、鱼目、汗血之马充于黄门，钜

---

[1] 黎虎：《汉唐外交制度史》，中国社会科学出版社，2019，第53页。
[2] 黎虎：《汉代外交体制研究》（上），商务印书馆，2014，第357~367页。

象、师子、猛犬、大雀之群食于外囿",其中不少是远近各国朝见汉朝皇帝时带来的贡物。

②皇帝册封赏赐。早在夏朝时,便有君主赐封九夷各部诸侯爵位之举。周武王姬发灭商后,封姬姓宗室子弟和功臣为列国诸侯,但此时的赐封对象仅指向国家内部。皇帝册封邻国首领始自汉朝。汉初即有分封归降匈奴首领侯爵的先例,如武帝时封降汉的匈奴太子于单为陟安侯、小王赵信为翕侯等。宣帝时,朝廷封来降的匈奴日逐王为归德侯、乌厉屈为新城侯、乌厉温敦为义阳侯。甘露三年(前51年),呼韩邪单于归降,宣帝"待以不臣之礼,位在诸侯王上",并赏赐数十种礼物以示尊宠厚待,给予呼韩邪单于空前规格的荣宠与赏赐。《汉书·匈奴列传》载:"赐以冠带衣裳,黄金玺盭绶,玉具剑,佩刀,弓一张,矢四发,棨戟十,安车一乘,鞍勒一具,马十五匹,黄金二十斤,钱二十万,衣被七十七袭,锦绣绮縠杂帛八千匹,絮六千斤。"汉对愿意归附的匈奴多厚礼待之:在政治身份上,汉朝给予匈奴首领爵位,赠送象征身份的礼器,形同先秦天子对诸侯的册封,无比荣宠;在经济利益上,汉朝出手大方,赠送衣锦数以千计,厚礼相待。这种以丰厚的封赏招抚归顺者的交往策略,在汉朝早有先例。例如,光武帝时,南匈奴单于"遣子入侍,奉奏诣阙",光武帝给予单于丰厚的物质赏赐,《后汉书·南匈奴列传》载:"冠带、衣裳、黄金玺、盭縜绶,安车羽盖,华藻驾驷,宝剑弓箭,黑节三,骑马二,黄金、锦绣、缯布万匹,絮万斤,乐器鼓车,棨戟甲兵,饮食什器。又转河东米糒二万五千斛,牛羊三万六千头,以赡给之。"中原皇帝通过册封爵位给予邻国部族首领尊位,并赠送数额巨大的礼物,这种封赐尊号、财物的朝贡方式始自西汉并在东汉形成定制,成为此后朝贡制的核心内容。

中原王朝大行册封赏赐匈奴单于,起初是拉拢匈奴的权宜之计,后来随着汉匈的交流深入,逐渐形成惯例。赏赐的类别可细分为荣誉性之赐、回报性之赐、嘉奖性之赐、赂遗性之赐、抚慰性之赐、供养性（援助性）之赐、公关性之赐、利诱性之赐八种，无不彰显中原王朝物产之丰饶、待邻之厚遇。汉朝在迎往送来、招携怀远的睦邻交往中遵循朝贡礼制，厚往薄来、厚待外使、礼遇嘉宾，尽显主客之谊。

鉴于良好的实践效果，原用于处理汉匈关系的赏赐制度被应用到与其他外邦及属国的交往之中。东汉时期，赐封爵号、封赏物资的范围由边地诸国扩展至日本、东南亚、南亚等域外之国，如中元二年（57年），《后汉书·东夷列传》载："倭奴国奉贡朝贺，使人自称大夫，倭国之极南界也。光武赐以印绶。"1784年，日本福冈县志贺岛出土一枚金印，上刻"汉委奴国王"五个阴刻篆字，此印被证实为光武帝所赐之印。当时中国授予朝贡国国王的印章为金印紫绶，与诸侯、宰相的印章规格相类。此后，汉帝封赐邻邦印绶的记载繁多，中原的礼乐文明不断向周边国家辐射。永元九年（97年）和永宁元年（120年），缅甸北部的掸国王雍由先后两次遣使来京朝贡，赠送珍宝，得汉帝赐印绶物。《后汉书·南蛮西南夷列传》载，永元九年（97年），"和帝赐金印紫绶，小君长皆加印绶、钱帛"；永宁二年（121年），安帝封"汉大都尉，赐印绶、金银、彩缯各有差也"。永建六年（131年），日南徼外叶调国派遣使者，前来进献，汉帝亦赐其国君金印紫绶。

汉朝厚赐来朝贡的邻国首领或使者，在解除边境安全威胁、稳定大一统王朝的政权以及形成和平相处的对外交往局面上发挥了积极作用。不过，这种厚赐是建立在强大稳定的经济实力基础之上的。中原统治者也逐渐意识到，不计成本的厚赐并不利于中原王朝的经济发展，相应的限贡政策也随之出现。西汉晚期，汉朝经济形势大不如前，考虑到朝贡支出庞大、入不敷出，当时朝廷对匈奴朝贡人数进行严格限制，匈奴首领多次来信希望增加朝贡规模，以期获取更多的物质赏赐。据《汉书·匈奴传》记载，建平四年（前3

年），单于遣使上书，希望增加朝贡次数和人数，"故事，单于朝，从名王以下及从者二百余人。单于又上书言'蒙天子神灵，人民盛壮，愿从五百人入朝，以明天子盛德'"。《三国志·魏书·崔林传》记载，当时西域各国遣子来朝，间杂胡商，真假难辨，导致接待护送费用过多，时任大鸿胪的崔林向敦煌的地方官员讲明其中利害，希望他们多参照之前接待外使的案例，制定一个规范的朝贡体例，"并录前世待遇诸国丰约故事，使有恒常"①。后世历朝历代的统治者对回赐厚礼也多秉持理性态度，综合经济、政治等各方面因素，确定朝贡回赐的财物数量，并适时制定一些限贡政策。如魏晋南北朝时期，车师前部王朝觐前秦，请求年年朝贡，前秦皇帝苻坚以西域路遥，"令三年一贡，九年一朝，以为永制"②。唐朝时期也曾对海路朝贡的人数作限定，《新唐书·百官志三》载，"海外诸蕃朝贺进贡使有下从，留其半于境；繇海路朝者，广州择首领一人、左右二人入朝"③。明清时期也有类似的针对性限贡举措，有的是因对方路途遥远不便朝贡，有的则出于减轻本国财政负担。可以说，历代开明的统治者都在努力使朝贡制中的经济馈赠回归到理智运行的轨道。

③ 遣纳质子。除朝贡觐见、册封赏赐外，朝贡制的主要内容还有遣纳质子。它指藩属国国王将其子派遣至中原王朝的京师，居住一段时间，以示臣服，双方由此建立起更为密切的关系。汉初，匈奴与月氏两国之间出现了遣质为誓的现象，《汉书·匈奴传》载，"头曼欲废冒顿而立少子，乃使冒顿质于月氏"，但这与中原王朝并无关联，故而不能纳入朝贡制的范畴。在汉朝的睦邻交往中，遣纳质子制度正式始于汉武帝时期。《史记·大宛传》载武帝讨伐

---

① 陈寿：《三国志》，中华书局，1959，第680页。
② 房玄龄等：《晋书》，中华书局，1974，第2911页。
③ 欧阳修、宋祁：《新唐书》，中华书局，1975，第1257页。

大宛胜利而归，立新大宛王，然而大宛国发生内乱，部下杀大宛王立新主，为向汉朝表示归顺，"遣其子入质于汉。汉因使使赂赐以镇抚之"。在宣帝之后，汉朝又接受匈奴、南越、鲜卑、乌桓、车师、龟兹、莎车、康居、乌孙、鄯善、焉耆、拘弥等周边地区国家的质子，准其朝见，给予官职俸禄，侍卫汉帝。从此，遣纳质子成为朝贡制的主要内容。

汉朝继承与发展先秦服事制度，形成以朝见、进贡、赐封、纳质为主要内容的朝贡制，中原王朝借此制度与周边民族、国家确立宗藩主从关系，促进了边疆稳定与睦邻友好交往。此举成为后世朝贡制的范本，被后人称作"汉氏故事""汉故事"，用来形容中原王朝与邻邦诸国的友好相处模式。如《三国志·魏书》载曹魏政权建立后，西域"龟兹、于寘、康居、乌孙、疏勒、月氏、鄯善、车师之属，无岁不奉朝贡，略如汉氏故事"；北魏太祖时，"有司奏依汉氏故事，请通西域，可以振威德于荒外，又可致奇货于天府"等，都可为例证。至宋代，朝贡制已颇具规模，自成一体，如《册府元龟·外臣部·总序》梳理上古尧舜禹三代至唐五代时期的中原王朝与边族、外国的交往沿革，篇目有封册、朝贡、和亲、纳质、盟誓、通好、责让、请求、互市等，核心是朝贡、封赏，这其中的大多数内容在汉朝已经确定，后世在其基础上不断增饰完善。

（2）朝贡关系的基本类型

朝贡制是中原王朝与周边国家或部族基于宗主—藩属关系而建立的一种区域性交往制度。从名实关系上看，朝贡国可大致分为三类：名实相符的朝贡国、名实略符的朝贡国、名实脱离的朝贡国。朝贡关系可相应地分为三类。

就名实相符的朝贡关系而言，两国交往中遵循的朝贡制仪式完整、内容丰富、特征鲜明。其中宗主国与藩属国的宗藩关系稳定，双边交流活动丰富多样，有藩属国遣贵族或使节朝觐天子、互派使节访问、进贡纳贡、回贡赏赐、册封藩属国王贵族、派遣质子、和亲联姻、互市商贸等。在这种朝贡关系中，宗主国需要接受藩属国的朝拜、进贡，册封藩属国国王称号，赐予其年号、年历，回贡赏赐，并派遣使节回访，递交国书。在军事和政治方面，宗主国有保护藩属国安全、调停争端等责任。藩属国的国王要亲自或遣使依照相应的礼仪朝拜中原王朝皇帝，并进献贡物、接受回贡赏赐、接待宗主国使节、派遣质子以及联姻和亲等。宗主国和藩属国之间进行朝贡贸易，互开边市，共同应对外来入侵。明朝时期的朝贡国数量空前庞大，当时与明朝建立名实相符的朝贡关系国主要有朝鲜、琉球、安南等。这些国家一般离中国很近，有的接壤，有的隔海相望。各国统治者经常向明朝称臣，定期遣使朝贡，采用中国年号、年历等。明朝则对其国君予以册封、赏赐，依据贡物进行回赐，奖赏使者。这种朝贡交往具有较强的政治隶属性，是封建君臣、主从关系的一种延伸，体现出强烈的宗藩色彩。这些国家和明朝在政治、经济、文化、军事等各方面的联系紧密，双方交流频繁。

名实略符的朝贡关系是指与中原王朝不产生真实的君臣主从关系，讲求双方对等的经济往来，以私人贸易为主要交往形式，具有较强的随意性。明朝时期，此类朝贡关系国有日本、暹罗、爪哇、满剌加、苏门答腊、真腊、浡泥、三佛齐等。这些国家分布在中国周边，他们在一定程度上认同中国文化，曾接受明朝皇帝授予的封号，时常来华朝贡，与中国在政治、经济、文化、军事等方面的交流也比较频繁，个别国家（如日本），深受中华文化的影响。

名实脱离的朝贡关系是假朝贡之名，行贡赐贸易之实。这些国家一般离中国较远，以海上国家居多。他们遣使来华，大部分是应邀来华观瞻，以彰显中原皇帝威名四扬的功绩。据《明史·外国传》《西域传》等记载，明朝通过朝贡关系确立往来的国家和地区多达148个[1]，但真正确立长期、稳定朝贡关系的国家也就十几个，其他多为偶尔朝贡者或有名无实者。这也从侧面印证了朝贡制在运行过程中，中原王朝统治者更看重其政治象征作用而非强制邻邦、部族归顺。

历代中原王朝不管自身实力强弱，都倾向借助朝贡模式来处理双边或多边政治关系，将朝贡认可作为处理中外关系的重要前提。即便是历史上偏居一隅、军力偏弱的南宋也十分注重朝贡关系，统治者一方面向北方割据政权辽、金二国称臣纳贡；一方面仍以天朝上国自居，招徕东南亚诸国前来朝贡。至明朝，史家更是将一切对外交往统称为朝贡关系，尽管其中名符其实的朝贡国屈指可数。但不管历代王朝与邻国建立何种朝贡关系，双方大体上遵循慕义与求利的原则，通过政治上的君臣礼仪、宗主藩属交往各取所需，这在很大程度体现了一种和平交流的色彩与诉求，可以说朝贡制是传统中国睦邻交往的基本制度与常规模式。

2. 朝贡制基本特征与睦邻之道

历代朝贡制在某些思想观念的影响下运行，虽经历不同时代的演变，也表现出某些超越时空的共性与特征，如强烈的礼仪象征、模糊的边缘、变化的外界、向内聚集倾向、多重作用、多层结构、重德轻武、治理多元等。

朝贡制中最为突出的特征是强烈的礼仪象征性。历代中原王朝统治者以身居天下中心之国为尊，高度重视与各国交往的礼仪，重视政治名义上的认同，看重其象征意义。这种思想在朝贡实践中的极端表现就是重虚名、轻实利，由此衍生出重名义而轻实际、重形式而轻内容、重道义而轻利益、重付出而轻回报、重礼仪而轻财货、重政治而轻经济等诸多弊端。从思想根源上讲，它是中华民

---

[1] 李云泉：《朝贡制度史论：中国古代对外关系体制研究》，新华出版社，2004，第68页。

族传统重义轻利的观念导致的,也是中国传统政治文化中独特的组成部分,从而使朝贡制成为中原王朝与周边国家或部族和平相处的重要保障。如研究者所见,朝贡外交的实质是名义上的宗主认同外交,并不是扩张式的帝国外交,它的目的是造就"四夷顺而天下宁"的大一统局面,造就万邦来朝、八方来仪的盛世,并没有其他帝国那种军事的、经济的功利要求。[①]回顾中外交往历史,不管是汉朝对倭国国王的册封,还是唐朝在归附地区设置数十个羁縻府州,中国传统睦邻交往多注重形式与名义,维持彼此两不相扰、各自独立的平等交往,绝非西方殖民时代那种宗主国对附属国的军事控制、政治强制、经济压制和文化复制。

朝贡制具有多重作用、多层结构的特征。如研究者所见:"朝贡制度从先秦至清末,一直具有多重性特征,如同心圆般层层向外延伸而又紧密相连。其核心层是中央与地方的朝贡关系,主要通过地方向中央交纳土贡来体现;中间层是中央王朝与周边少数民族的朝贡关系;最外层是中外朝贡关系(明清时期又分中国与属国的朝贡关系以及中国与其他国家的朝贡关系)。"[②]以明朝为例,朝贡制的应用对象共有四类:各级地方政府、少数民族土官、属国、其他国家和地区。朝贡制一制多用,从内、中、外三大层面开展,广泛应用于内政外交。

朝贡制具有治理多元、重德轻武的特征。《国语·周语上》论及五服制,认为如果在甸服、侯服、宾服的服事国不按时守职奉贡,天子会对其采取强制手段,如刑罚、讨伐、征战等,但对远方的要服、荒服之邦,只作警告,施以威德,不启战端,即"布令陈辞""先王耀德不观兵"。这种内外有别、刑德并用的治政方式实际上反映了《尚书·武成》所言"大邦畏其力,小邦怀其德"中德力兼施的

[①] 王玮主编:《中国历代外交问题》,泰山出版社,2009,第255页。
[②] 王玮主编:《中国历代外交问题》,泰山出版社,2009,第250页。

思想。源于服事制的朝贡制更是推行远邦怀其德威的策略，学者据此认为朝贡制度重名轻实、重礼仪轻物质的传统从此奠定。

法学家王铁崖在《中国与国际法：历史与当代》中评价朝贡制度，认为其功能"在皇帝看来主要是维护中国作为'中央国家'的安全和不可侵犯性。在贡国方面，它们所获得的利益更多。它们的统治者由于皇帝的册封，使它们的统治合法化，因而它们的威信在人民的面前提高了。它们受到帝国的保护而防止外国的侵略，而且还可以在遭受自然灾害时请求援助。由于朝贡，贡国从皇帝那里得到丰盛的赠品，而且更重要的是，它被允许与中国进行有利的贸易。朝贡关系也加强了双方之间的文化关系"[①]，简要地指出了朝贡制互利双赢的积极作用。事实上正是朝贡制积极推动了中国传统睦邻交往的发展，使历代中原王朝与远近诸国各族的交往持续长久，行稳致远。因时代的早晚、中原王朝文明的盛衰、中外各国实力的强弱、域外形势的治乱等各种因素影响，朝贡制在中外传统政治交往中的作用呈现出不同效果。它既有符合历史发展规律、发挥积极作用的一面，也有晚期僵化、落后无法适应历史发展而显示出消极作用的一面。这些需要我们辩证地看待，客观评价其历史价值。

三、朝贡制的历史演变与睦邻之道

传统朝贡制来源于先秦，成形于两汉。自汉之后，朝贡制经历了不同的演变。以宋为界，可分前后两段：前半段经过魏晋南北朝的完善至唐代基本成熟，后半段经过宋元时期的变形发展至明清时期由盛及衰，直至消亡。

1. 魏晋南北朝时期的演变

这一时期朝贡制的变化主要有：朝贡内容的扩展、主体的南移、海路交通的开拓、官私贸易的兴盛及馆所招待的规模化。这表

---

① 邓正来编：《王铁崖文选》，中国政法大学出版社，1993，第289~290页。

明朝贡制已逐渐完善，为唐朝朝贡制度成熟奠定了坚实的基础。

这一时期，中原王朝在与东北邻国朝鲜、日本的朝贡往来中不断拓展和完善朝见、封赏内容，如新增奉表、授爵多元化等，彼此往来日益频繁，关系紧密。当时朝鲜地区的高句丽国与中国各割据政权的朝贡往来非常密切，从刘宋初至隋朝建立前（420年—580年）的160年间，高句丽来华朝贡143次，其中向北朝政权朝贡102次（北魏79次，东魏16次，北齐6次，北周1次），向南朝各政权朝贡41次（宋22次，北齐3次，梁11次，陈5次），成为当时世界上与中国关系最密切的一个国家。①奉表、授爵与定期纳贡等朝贡制度的典型内容，最早在中朝交往间出现。在朝鲜半岛中，百济和新罗也与中国南北割据政权往来密切，朝贡频率仅次于高句丽。

当时日本与中原王朝也建立了朝贡关系。景初二年（238年），日本邪马台国女王卑弥呼派使节难升米、副使都市牛利携奴隶10人、土布2匹，至魏国都城朝献。魏明帝诏封女王为"亲魏倭王"，分别封两位使节为"率善中郎将"和"率善校尉"，并赐予锦、绢、黄金、刀、铜镜、珍珠等作为回贡。南朝时，日本处于"倭五王"期间，五个割据政权的国王（赞、珍、济、兴、武）为了结好中国、强化统治，先后遣使贡献十数次，自封头衔，请求南朝刘宋皇帝予以承认。《宋书·夷蛮传》记载，倭王珍曾遣使贡献："自称使持节、都督倭百济新罗任那秦韩慕韩六国诸军事、安东大将军、倭国王。表求除正，诏除安东将军、倭国王。"②后来倭王济、武也上表请封，刘宋皇帝先后授予他们安东大将军、倭国王和都督等称号。

在这一时期，海路交通有所扩展，官私贸易兴盛一时。由于长

---

① 全海宗：《中韩关系史论集》，全善姬译，中国社会科学出版社，1997，第142~143页。

② 沈约：《宋书》，中华书局，1974，第2394~2395页。

期南北分裂和西域通道的中断,中原各地割据政权积极发展对外关系,与周边民族、国家的睦邻交往得到空前的发展,出现南北并重的新兴局面。在梁朝时,中外朝贡交往达到了小高峰。《梁书·诸夷列传》记载数十个海南诸国的访华情形:"自梁革运,其奉正朔,修贡职,航海岁至,逾于前代矣。"①当时南朝梁元帝萧绎组织画家,将来华朝贡使者的形貌绘成《职贡图》,并以题记标注各自的国家方位、山川及风土人情。据唐张彦远《历代名画记》载,"诸蕃土俗本末,仍各图其来贡者之状",这些国家"奉正朔,修贡职"。此次交往是一种朝贡名义下的官方往来,经济上是与献贡和回赐相关的官方贸易,不脱离汉班固所言"其慕义而贡献,则接之以礼让"的范畴,但我们也不能忽略这种官方贸易给私人商业贸易带来的影响。《梁书·王僧孺传》载刘宋和萧梁时,广州"舟舶继路,商使交属",海舶"每岁数至",靠南的交州也是商货交集之所,"宝货所出,山海珍怪,莫与为比"。从中可见官私贸易兴盛之一斑。

在这一时期,北魏曾在京师洛阳建四夷馆——金陵馆、燕然馆、扶桑馆、崦嵫馆,另有四里——归正里、归德里、慕化里、慕义里,开辟出专门居住区,主要接纳招待邻近国家(即四夷)归顺北魏的贵族、使节和商人等。中原王朝对周边邦国的使臣极尽厚遇之谊,当时北夷部落酋长曾派遣其子入侍北魏,便允许其秋来春去,免受中原酷暑之热,睦邻友好之道于此可见。

2. 隋唐时期的演变

这一时期隋唐统治者先后统一全国,营造了中原王朝相对稳定的政治环境,朝贡交往持续发展,迎来高峰。此时的睦邻交往在政策导向、开放心态、内容扩充、机构管理、海路转移等方面都得到了发展。

---

① 姚思廉:《梁书》,中华书局,1933,第738页。

隋唐统治者积极主动，实行开放的政策，开怀迎纳周边部族、属国和邻邦。如隋炀帝派裴矩到张掖，主管西域互市和贸易，"四夷经略，咸以委之"。在中外交通畅行后，朝贡交往得以发展，并达到全新的繁荣景象。极盛时，如大业十一年（615年）正月有边疆各族（如突厥、新罗、靺鞨、龟兹、疏勒、于阗、契丹等）和邻邦（如新罗、吐火罗、安国、曹国、何国、穆国等）二十六国遣使朝贡。

唐朝建立之初，经过大规模的西征北伐，解除了边疆突厥势力的长期威胁，继汉之后再次打通与西方国家和各地区的交往。《唐会要·卷一百》记载，贞观四年（630年），"诸蕃君长诣阙，请太宗为天可汗"，唐太宗下诏宣布"今后玺书赐西域北荒之君长，皆称皇帝天可汗"。[①]这一年正是唐朝灭亡东突厥之时，西突厥的隐患依然存在。在这种情况下，得到周围诸国拥戴的政治意义尤为重要，但唐王朝并不据此自傲、蔑视邻邦，《资治通鉴·唐纪十四》记载，贞观二十一年（647年），唐太宗与大臣言治天下心得，言"自古皆贵中华，贱夷狄，朕独爱之如一，故其种落皆依朕如父母"，如此胸怀与自信，与"四夷大小君长争遣使入献见，道路不绝，每元正朝贺，常数百千人"的朝贡盛况密不可分。当时和唐朝建立朝贡关系的有七十余国，这个规模直到明朝才被超越。在唐代的历史文献中，"朝贡"一词频繁出现，已成专门术语，这在很大程度上反映了唐朝的朝贡交往更加成熟。

这一时期，中国和周边国家的交往经历了不少波折，在战争与和平中推进睦邻友好发展。中国与朝鲜半岛国家的关系，就是如此。魏晋南北朝时期，中原割据混乱，中朝之间朝贡交往被打断。与汉武帝在朝鲜半岛开拓疆土、建立郡县制的策略相似，隋朝文帝、炀帝父子试图以武力征服高句丽，但均以失败告终。后来唐朝

---

① 王溥：《唐会要》，中华书局，1955，第1796页。

统治者改变强攻硬征的策略，通过武力支持新罗，助其先灭百济及其联盟倭国，后取高句丽，统一朝鲜半岛。之后，唐朝与新罗长期保持睦邻友好关系，朝贡往还频繁，将中朝关系推向高峰。再如中日之间，在隋初曾发生国书称呼的礼仪之争，后日本与唐朝因争夺朝鲜半岛的控制权爆发了白江口之战，但战后双方也进入了睦邻友好发展的稳定期，并一直持续到明朝。又如唐朝与阿拉伯地区的交往，751年，唐朝将领高仙芝率军至中亚，调解拔汗那国与石国的纷争，随后与阿拔斯王朝东进的军队在怛罗斯相遇，兵戎相见，唐军以惨败告终。此战似乎并没影响中阿之间的友好往来，此后阿拔斯王朝频频派遣使者访唐，双方成为不打不相识、化敌为友的睦邻友好伙伴。

朝贡交往在隋唐时期得到进一步的完善，主要体现在朝贡事务的细密化、管理体制的健全化、海陆交通空前发达等方面，这一阶段的朝贡制趋于成熟，为推进中国与周边民族、国家的睦邻友好交往奠定了坚实的基础。

3. 两宋时期的演变

两宋时期，中原王朝政权发生了巨大的波动，这一时期出现了以夷变夏、宗藩关系易位的非常态朝贡现象，如宋朝因军事失利签订停战和约，先后向辽、金割据政权纳银输绢，称臣纳贡。这种特殊历史状态下的朝贡制也经历了一番变化。

其一，两宋时期统治者对朝贡贸易的态度与政策有变。北宋朝廷十分重视政治色彩深厚、礼仪形式大于实际利益的朝贡贸易，特别是常封赏回赐价值远高于贡物的回礼。如乾兴元年（1022年），交趾所进贡物估价为1682贯，回赐2000贯；天圣六年（1028年），交趾所进香药估价3600贯，回赐4000贯。[1]此举劳民伤财，《宋史·外国列传》批评其"厚其委积而不计其贡输，假之荣名而不责

---

[1] 李云泉：《万邦来朝：朝贡制度史论》，新华出版社，2014，第39页。

以烦缛"①。当然,宋朝厚礼招徕朝贡国,特别是对北方邻邦,其中也掺杂了联合高丽抗衡北辽、拉拢西域诸国牵制西夏等羁縻四夷的目的,只是当时宋王朝国力不济,联盟效果并不理想。南宋朝廷从北方南迁,偏居一隅,十分仰赖海外商贸的税收以支撑国家经济,因而更加重视海外私人商业贸易,因此对政治礼仪色彩浓厚的朝贡贸易较为消极,屡次出现限贡甚至拒贡的情形。如乾道三年(1167年),朝廷只收受占城贡物的10%;淳熙四年(1177年),收安南贡物的30%,后来又降至10%。②建炎三年(1129年),大食国"遣使奉宝玉珠贝入贡",高宗和侍臣商议后,认为"大观、宣和间,茶马之政废,故武备不修,致金人乱华,危亡不绝如线。今复捐数十万缗以易无用之珠玉,曷若惜财以养战士"③,遂令官员拒贡不纳。又如绍兴三年(1133年),"大理国求入贡及售马,诏却之,不欲以虚名劳民也"④。这些限贡与拒贡的诏令在很大程度上表明"南宋朝廷为形势所迫,摈弃了以往借朝贡以粉饰太平的政治外表,使维持朝贡关系所造成的经济负担有所减轻"⑤。南宋时期的朝贡贸易因受政治上的冷遇而衰落,影响远不及北宋。

其二,改革朝贡贸易,使其沿理性发展的方向前进。北宋时期,朝堂上便有针对朝贡耗损弊端的激烈论争。激进一派认为朝贡往来劳民伤财,主张断绝朝贡,如苏轼先后撰写《论高丽进奉状》《乞禁商旅过外国状》《论高丽买书利害札子三首》等公文,强调宋与高丽的朝贡"无丝发之利,而有五害",不如取消。比较温和

---

① 脱脱等:《宋史》,中华书局,1977,第13981页。
② 李云泉:《略论宋代中外朝贡关系与朝贡制度》,《山东师范大学学报》,2003年第2期。
③ 脱脱等:《宋史》,中华书局,1977,第14122页。
④ 脱脱等:《宋史》,中华书局,1977,第14013页。
⑤ 李云泉:《朝贡制度史论:中国古代对外关系体制研究》,新华出版社,2004,第49页。

的一派主张革新朝贡贸易,如陈世卿曾上奏宋太宗,提出改革朝贡贸易,规定海外各国进贡至京的物品仅限于奇珍异宝,如犀、象、珠贝、拣香等,其余部分贡物由海关边境所在州出价购买,非贡物则在征税后流入市场交易。改革方案中还限制各国入京贡使人数,削减贡物数量以控制朝贡贸易规模,严禁番商假冒贡使谋利,同时提出由市舶司管理流入市场的物品,对其征税。此举有利于增加市舶贸易收入,减轻政府财政负担。温和改革派的建议被朝廷部分采纳和推广,宋朝的朝贡政策趋于理智化,有利于中外睦邻友好交往的稳定发展。

4. 元朝时期的演变

这一时期统治者对外崇尚武力征服,强力推行朝贡制,遭到很多国家的抵制,使中国传统睦邻交往陷入低谷。但此阶段中外海陆交通的空前畅通和重商政策的大力推广,为对外经济贸易提供了良好的条件,客观上有利于各国关系的发展。元朝朝贡制最大的变化是出现以强国霸权、武力征服为主要手段的变形朝贡制。元朝作为一个由边疆游牧民族建立、入主中原的封建王朝,某些统治者对外交往也持开放心态,如《元史·世祖纪七》记载,元世祖曾下诏东南地方官员,"诸蕃国列居东南岛屿者,皆有慕义之心,可因蕃舶诸人宣布朕意。诚能来朝,朕将宠礼之。其往来互市,各从所欲"[1]。但囿于文化底蕴较浅与内政外交手段单一,统治者更多以武力的方式去处理各国关系,最终使得中国传统朝贡制的优势没有充分展现,缺点却完全暴露。如元朝曾先后出兵高丽、安南、占城、缅甸等国,迫其称臣纳贡。[2]这种只求权力控制、利益强取的对外战争,毫无礼义可言,最终也不得人心,使中外睦邻交往蒙上了久

---

[1] 宋濂:《元史》,中华书局,1976,第204页。
[2] 李云泉:《朝贡制度史论:中国古代对外关系体制研究》,新华出版社,2004,第55~58页。

难消失的阴影。这种武力征服他国、强行摊派贡物的朝贡交往在元朝十分普遍，引起一些有识之士的警觉。如至元三十一年（1294年），御史赵天麟上书元世祖忽必烈，言朝贡有三种害处，"异物荡心，其害一也；使外国闻之而以国家为有嗜好，其害二也；水陆转运，役人非细，其害三也。有三害而无一利，亦何尚之有"，他主张以德服天下，发挥传统睦邻交往中"不宝远物"的思想，使四夷"承恩而来享，慕道而来王"。①但这些明世之言和改良建议对于崇尚武力的统治者而言，无异于对牛弹琴。忽必烈去世后，后继者缺乏雄才大略，贪求急利，只靠武力博取朝贡的虚假繁荣，很快使中外交往盛极而衰。究其原因，如学者所见，"就元朝与属国的关系而言，朝贡已脱去'怀柔远人'的政治外表，成为蒙古统治者聚敛财富，巩固统治的工具。同时，在元朝的招徕之下，朝贡又是海外商人来华牟利的得力手段"②。

不过，元朝时期中外交通达到空前的畅通，遍布中国和周边属国的驿站为朝贡交往提供了强有力的交通条件。《经世大典·站赤篇》记载，元代"东渐西被，暨于朔南，凡在属国，皆置驿传，星罗棋布，脉络贯通，朝令夕至，声闻毕达"，可见当时有陆站、水站、马站、海站等。这些驿站重要的功能之一就是转运"藩夷贡物"。有的驿站设在边境之地，有的设于沿海藩商贡使聚集之地，如《元史·世祖纪》记载，至元二十六年（1289年），朝廷"自泉州至杭州立海站十五，站置船五艘，水军二百，专运番夷贡物及商贩奇货"，后又增设马站、水站，备当地转运贡赋及接待外国使者进京。

5. 明朝时期的演变

这一时期，朝贡国数量激增，朝贡秩序趋于完善，封建王朝在

---

① 何绍忞：《新元史》，中华书局，1988，第779页。
② 李云泉：《朝贡制度史论：中国古代对外关系体制研究》，新华出版社，2004，第60页。

开放与封闭的对外政策中践行着睦邻交往之道。

其一，朝贡国的数量空前之多。据《明史·外国传》《西域传》记载和统计，明朝史册有载的朝贡国家和地区近150个，其中固有扩大虚饰的成分，但与隋唐宋元时期60个左右的朝贡国相比，此时的朝贡规模已十分庞大。

其二，朝贡程序繁多，流程更加完善。其中，最典型的就是颁布朝贡勘合制度。明朝为杜绝之前假冒贡使、骗取朝廷赏赐的现象，特别颁布了"勘合制"。这一制度类似于一种贸易许可制度，规定凡到中国的贡使必须先验证勘合的真伪，无法验明或造假者拒绝入贡，并移交官府法办。明朝所创的勘合制，是中国古代朝贡制度成熟发达的重要标志。和唐朝一样，明朝也开辟了专门贡道，对各国贡使进京路线作详细规定，陆道海道，各行其道，禁止在贡道之外进行贸易活动。继承前朝遣使外出封贡颁赐的做法，明朝也不时派遣使者去域外招徕朝贡国，确认彼此的宗藩关系。此外，明朝也继承和发展了唐宋时期的一些限贡措施，管理朝贡往来活动。在相当长的一段时间里，统治者曾规定东南亚国家三年一贡，日本则十年一贡，与当时中国关系较为密切的国家（如朝鲜、安南等）则两年一贡或每岁均可朝贡，从而降低朝廷招待贡使、回赐财物的成本。从长远来说，朝贡制度从务虚走向实用，有利于明朝与周边国家、民族发展睦邻友好关系。

其三，朝贡制在开放与封闭的政策引导下曲折发展。历代中原王朝通过朝贡制开展睦邻交往，但受封建社会经济、政治半封闭半开放政策的影响，这种交往具有明显的局限性。但在边境安全没有受到根本冲击的时期，中原王朝统治者始终坚持和平、开放的政策，迎来送往，与近邻远邦和睦相处。明朝的和平开放政策与海禁封闭政策交错进行，影响了这一阶段朝贡制的发展和睦邻友好交往的开展。

明朝开放政策在明初体现得最为明显，太祖、成祖大力招徕海外诸国，来华朝贡。洪武二年（1369年）初，朱元璋接连派遣使者至日本、占城、爪哇和西洋诸国，诏示中国与周边邻国和平友好交往的政策，《明实录·卷三十九》言"曩者我中国为胡人窃据百年，遂使夷狄布满四方，废我中国之彝伦，朕是以起兵讨之，垂二十年。芟夷既平，朕主中国，天下方安。恐四夷未知，故遣使以报诸国"。明成祖朱棣承其父志，也积极拓展对外朝贡关系，常派遣使者出访，最著名的就是郑和七下西洋。它既是中国古代史上空前盛大的航海壮举，也是中国历史上最大规模的朝贡交往。此后，域外远近各国纷纷派遣使者来华，与明朝缔结朝贡关系，由此中国睦邻友好交往迎来了新阶段。

因为需要防范海盗、倭寇等，明朝不时推行海禁政策。明初在海禁一段时间后，又放宽政策，但也并未全部放开，在明中后期，有的地方甚至更加严行海禁，使中外朝贡往来和商业贸易无法通畅。尽管中国历史上也有过对外贸易受阻的情况，如唐中后期和南宋时期，当时中原边境为其他民族所占，交通要道壅塞，使中原王朝与西北诸国无法进行陆路的朝贡交往，但是明朝时期对外交往的阻断与这两次的交往经贸不畅有很大的区别。前者更多地出于客观因素（如战乱）的考虑，而明朝时期政策性影响居多。两者的相同之处是统治者对国防安全的高度重视。古代王朝统治者对内主张稳定压倒一切，对外提防以夷乱华、夏变于夷的混乱局面。这种求稳和防范的心理符合农耕文明基础上建立的君主专制与大一统政权的内在需求，也是华夏中心论与优越感的反映，驱使着历代中原王朝统治者致力于夷夏之防，适时推行禁关政策。不可否认的是，这虽然保全了边境的一时安宁，但对中国的对外交往造成了很大的消极影响。

6. 清朝时期的演变

清朝的对外交往主要继承明制，但随着世界形势的变化，传统朝贡交往和睦邻交往也发生了变化。最明显的就是对外交往对象的转变。此时沙俄向东扩张至清朝边境，成为中国的新邻。在战争与和平的对立融合中，双方积极发展睦邻交往，通过签约与互市等措施，开辟了新的朝贡交往模式。另外，清朝时期，中国与海外国家的交往日益增多，远航而来的欧洲与美洲诸邦成为中国对外交往中新的参与者，并影响到中国与周边国家的睦邻友好发展，中华传统政治文明的发展轨迹也因此发生了变化。

清朝统治者对朝贡制采取了更为谨慎的实用主义策略。他们没有像之前的王朝一样，在初期或盛世热衷于遣使到海外宣谕，招徕各国朝贡。从表面上看，清朝的朝贡只是出于维护传统、延续朝贡事务，实际上反映出清代统治者对朝贡的利弊具有更清醒的认识，限制或规范朝贡往来的倾向更为明显。但和之前的中原王朝一样，清朝乐意将传统意义上的周边朝贡国牢牢控制在自己手中，却不大关心与较远国家的关系。对于近邻沙俄的种种侵犯，如离间西北民族、侵吞东北边疆领地等，清朝采取忍之又忍的态度，甚至割让东北界地，以求平定西北边疆之乱，息事宁人，只有必要时才出手还击，捍卫自己的核心利益。在与沙俄的交往中，清朝统治者尝试综合利用交往条约与传统朝贡制度，通过双轨并行的方式完成新形态下朝贡制度的重构，并辅以准许互市、允其入京从事政治经济文化活动等措施，在最大程度上保证中俄之间睦邻友好关系的持续发展。而对远道而来的西方列强，清朝的统治者却没有给予足够的重视。从表面上看，清朝认为只要处理好与周边国家关系，优先发展稳定的邻邦关系，远国无可无不可，不必主动接触或积极招徕。这在很大程度上体现出封建王朝统治者过于强调实用主义而忽视外界发展形势的狭隘思想。清朝统治者对新邻沙俄和远邦英国、荷兰、葡萄牙、西班牙等国采取不同的交往策略，多与此种态度有关。

随着清政府对西北边疆的征服，中亚许多小国和部落慑于中国威势，纷纷朝贡。乾隆年间，整个东亚、东南亚和中亚腹地多被纳入中华文化圈下的朝贡体系。但从历史发展来看，这种短暂的辉煌只是回光返照。随着清朝周边藩属国不断落入西方列强之手，中国传统朝贡制也缓缓拉下谢幕之布。1511年，马六甲被葡萄牙侵占，中国开始丧失东南亚地区的朝贡国。此后更多的东南亚国家被纳入西方殖民体系之中，中国传统朝贡体系摇摇欲坠。进入近代，东亚朝贡圈中的核心——中国也被裹挟至西方殖民体系与条约外交中，成为列强的半殖民地，由东亚藩属国众星捧月、拱仰之北辰地位，沦为边缘落后、配角之国。中法、中日战争后，中国相继放弃与越南、朝鲜的朝贡宗属关系，传承两千多年的朝贡体系最终消亡，留下一个屡遭外夷欺凌、动乱频仍、内外交困的古老帝国走向近代世界资本主义体系的苍凉背影。

综上所述，朝贡制在汉朝基本定型之后，又经历了不同时期的演变与发展，在睦邻友好交往中发挥了积极的作用，但其潜在的弊端也引起越来越多的关注。古代政治家们也曾尝试改革，陈尚胜先生认为，传统朝贡制的种种变革的表象背后，还隐含着内在理念的演变。

> 通过对历代朝贡制度的考察，我们发现：汉朝的朝贡制度出于防御匈奴势力构建包围圈的目的，带有明显的尚"力"（财力、威力）色彩；而两晋南北朝时期基于自身实力转弱和内部分裂的原因，朝贡制度转向羁縻和尚"德"。唐朝建立后，认真总结了隋炀帝一味恃"力"的对外关系教训，在朝贡制度上将"德"与"力"结合在一起，从而在前期较好地扮演了"华夷共主"角色。而宋朝先后面对与辽朝、金朝对峙的政治格局及其封贡体系，其朝贡制度也因"力"弱而转趋"德""礼"的宣扬。同时，宋朝为了弥补封贡关系不畅所带来外国货物匮乏的缺憾，开始把准许本国商民出海贸易的互市制度作为取得财政收入与联系华夷的主要纽带。元朝初年的朝贡制度，充

分表现了游牧民族尚"力"传统与游牧经济加战时经济的需要。而元朝以及后来明清王朝对外国国王册封封号的删繁就简,意味着"外臣"并不等同于"内臣",反映出对域外国家的认识更加理性。而从汉唐时期朝贡体制的主导,到宋元明清时期朝贡体制与互市体制并用,则反映出中国封建王朝在构筑世界秩序手段上的重大变化。①

"德""力"治理观念的不同组合、轻重配合、合理结合是中国历代朝贡制演变的重要思想因素。在中原王朝与周边民族、国家的交往中,统治者格外重视"德""力"兼用的思想倾向与实践,使得睦邻友好成为中原王朝与不同区域文明之间交往的主流。这与《尚书·武成》载"大邦畏其力,小邦怀其德"所反映的德力兼施思想大体一致,对中国传统睦邻交往产生了深远的影响。以明朝为例,统治者倡导和平交往,并将其列入祖训家法,主张德先力后、德主力辅。明初,太祖朱元璋屡次颁布诏令,对外示好。他下令编订《皇明祖训》,劝诫后世子孙切勿兴兵外侵,将朝鲜、日本等十五个周边的夷国列为"不征之国",告诫后世子孙不得肆意征讨。当然,"不征"并非绝对意义上的不出兵,只是不主动挑起战端,假使对方挑衅,那么回击与威慑是必不可少的。之后,明成祖朱棣数次遣使,诏告邻国以示和平相处之意,并多次委派郑和下西洋,进行睦邻友好交往。在此期间,明朝还经历了与"不征之国"安南的斗争,被迫卷入安南国的内乱。面对海盗侵扰之乱,明朝果断出兵反击,平息边防冲突,使两国和平交往的关系得以延续。所以,明初确定的不征国策,在实践中也遇到了一些问题与挑战,但最终都得到解决。这既得益于明初统治者推行睦邻友好策略,也是

---

① 陈尚胜:《关于中国传统世界秩序的基本理念与制度》,载于王元周《中华秩序的理想、事实与想象》,江苏人民出版社,2017,第67~68页。

因为他们在不征与不得已而征的政策调适中形成的平衡。

随着全球化的发展和清朝严格闭关政策的施行，传统的"朝贡制度"与西方的"条约制度"不可避免地产生碰撞。清朝也沿用了朝贡制度，厚待来朝贡的使臣。与明朝不同，清朝不再频繁地派使臣访问周边小国，转而更注重本国内部的发展。清初不仅实行了海禁政策，为了防止反清复明的威胁，还实行了迁海政策，禁止沿海商民船只私自入海，限制海上贸易。清朝严防内部臣民与外邦勾结，规定了严格的朝贡路线。《大清会典事例·卷五百〇二》记载，道光九年（1829年），皇帝下令："外夷各国贡道，或由水路，或由陆路，定例遵行，未可轻言改易。"此举致使清朝时期的朝贡规模大大缩减。此时的西方国家正在大力发展贸易经济，他们通过操纵关税和法律来保障本国商人的利益，借助战争为本国商人开拓市场，由此发动了一系列非正义的征伐之战，强迫战败国签订不平等条约。乾隆五十七年（1792年），英国派马嘎尔尼使团访问中国，马嘎尔尼提出互派使节、签订通商条约等要求，乾隆皇帝以不能改变中国已确立的制度为由拒绝，仍希望维持以中国为中心的朝贡体系。鸦片战争后，清朝与外国签订了一系列不平等条约，宣告了中国传统朝贡体系的消亡。

从汉朝开始兴起的朝贡制度，是基于儒家宗法礼治下的睦邻交往政策。朝贡关系要求诸国承认中国的宗主地位，用中国的历法，为中国进贡；中国为藩国提供庇护，回赐厚礼，并进行朝贡贸易，双方都获取了丰厚的经济利益。在传统朝贡制度中的中国，不干预别国的内政，更不会侵害别国的领土完整和经济利益，展现了中国传统对外交往中重视睦邻友好、和平共赢的一面，是中国传统睦邻之道的典型代表。

第五章 羁縻制与睦邻之道

羁縻制由汉朝治边制夷的思想策略转化而来,至唐朝形成某种定制,是古代封建王朝治理边区、结交邻国的重要模式。在德主力辅、以夷制夷、绥边抚裔等思想的指导下,中原王朝与边远地区的羁縻府州建立起一种以平等互利、和平友好为主的睦邻交往关系。中原王朝在政治、经济、文化、军事等方面保障羁縻府州的独立性,体现了中国传统睦邻之道。

一、羁縻制的基本内容与历史演变

羁縻制最初是一种治边制夷的思想与策略,起先在汉朝与北邻匈奴部落的交往中产生,后被推广至中国与诸多邻国的交往中。至唐朝,中央政府在地方、边区和域外广设羁縻府州,使羁縻思想成为某种定制。羁縻由思想转化为一种制度,是基于以夷治夷、夏夷有别的理念,寻求一种羁绊牵制对方的间接治理形式,以确保边境稳定。客观上,它有利于中国与周边政权开展睦邻友好交往。中国传统羁縻制的基本内容、流变、实践、特征和作用都体现出睦邻交往思想。

1. 羁縻制的基本内容

"羁縻"一词最早见于汉朝史书,《史记·司马相如列传》明确记载:"盖闻天子之于夷狄也,其义羁縻,勿绝而已。""羁"原指马络头,"縻"指牛缰,合起来指驾驭牛马的络头与缰绳,引申为牵制、拉拢之义。此后,历代正史中多见"羁縻"一词,多针对中原王朝与周边外族政权的关系而论。羁縻制成为中原王朝与周围部族、属国和邻邦相处的一种策略和方式。班固在《汉书·匈奴列传》中屡称"羁縻"或"羁属",是针对西汉对待匈奴的策略而论的,他在书中详细解释羁縻之义,总结圣王制御蛮夷之道:"外而不内,疏而不戚,政教不及其人,正朔不加其国。来则惩而御之,去则备而守之。其慕义而贡献,则接之以礼让,羁縻不绝,使曲在彼,盖圣王制御蛮夷之常道也。"从中可知,羁縻作为一种制御蛮夷之道,大致分三种情况:其一,周边部落武力入侵时,中原王朝奋力抵抗、驱逐;其二,当对方武装撤离后,中原王朝加强防备,守卫边疆;其三,周边部族向往华夏礼乐文明,进贡朝见中原王朝,中原王朝以礼相待,诱之以利,封号赐物,表达和平交往之意。前两者讲的是武力抗衡,后者讲的是文德相待。这与《礼记·曲礼上》中所言"礼尚往来"等思想一脉相承,遥相呼应。纵观汉朝与周边游牧部落的交往,统治者一方面保持彼此内政独立,另一方面以"德""力"拉拢牵制对方,实行羁縻之道。最常见的方式就是授予荣誉封号、赏赐财物、边境互市、联姻和亲等,宣扬和平相处的理念。实际上,羁縻思想作为一种睦邻交往思想,隐含于朝贡制的实施中,二者相得益彰,并行不悖。羁縻思想被后世统治者外化为某种制度,大加推广,在唐代演化为治理边疆、结交邻国的常制,历代绵延不绝。

就睦邻交往意义上的羁縻制度而论,它指"各王朝对于征服或臣服的一些国家实行完全自治的政策。虽然设置州府名目,但不仅任用原有的统治者继续为都督刺史,而且职位世袭,其治下的户口版籍不上于户部"①。羁縻制既是一种具体制度，也是一种整体策略。

朝贡制与羁縻制都是我国传统睦邻交往之道的重要组成部分。朝贡制讲宗主认同交往，是一种和平而非扩张式的国家交往，统治者在政策导向上持开放态度，"王者不治夷狄，录戎者来者勿拒，去者勿追"②，推行王者以德教化四方的对外交往理念。朝贡制度由政治象征意义上的往来认同、贡物纳还和经济互往及文化交流构成。作为与朝贡制并行不悖的一种思想策略和治理模式，羁縻制同样含有和平交往的政治理念，主张以夷制夷，在政治上与邻邦和平相处，通过设置羁縻府州间接维护边疆的稳定。

不同于近现代西方殖民外交以侵略扩张、掠夺殖民地财富为主要目的，封建王朝推行羁縻制，仅是要求属国番邦对中原政权名义上的归顺。这种制度下的中原王朝享有一定的权利，也要履行一定的义务，但并无领土劫掠与武力扩张的野心。这一点从前秦统治者苻坚的一番话中可以得到验证，《晋书·苻坚下》载苻坚言："西戎荒俗，非礼义之邦。羁縻之道，服而赦之，示以中国之威，道以王化之法，勿极武穷兵，过深残掠。"这位入主中原的少数民族统治者在接受中华礼乐文明的洗礼后，已经深谙中国传统政治文化中以礼义来羁縻四夷邻国之道，认为不能穷兵黩武，不应过分掠夺邻邦土地和财物。羁縻制体现出中国传统睦邻交往思想，在中国古代政治史上发挥了积极的作用。

唐朝将羁縻制度的适用范围从西域拓展到中亚等地，并对羁縻制进行了详细的阐释。武德二年（619年），高祖下诏言"画野分疆，山川限其内外；遐荒绝域，刑政殊于函夏。是以昔王御世，怀柔远人，义在羁縻，无取臣属"③，诏书明确指出，因为边疆和邻邦

---

① 王玮主编：《中国历代外交问题》，泰山出版社，2009，第264页。
② 房玄龄等：《晋书》，中华书局，1974，第2914页。
③ 王钦若等：《册府元龟》（校订本），中华书局，1960，第2050页。

情况与内地不同，应如以前的帝王一样，推行羁縻政策。据唐史记载，唐朝先后在周边的突厥、铁勒、回纥等地实行羁縻之治。唐太宗联合回纥平定突厥及属部薛延陀之后，一方面扶持回纥，壮大其势力，借其平衡各方力量，以形成对唐朝有利的边疆稳定局面；另一方面，在北漠设置府州，赐以各族首领官位和财物，让他们率领属民在宜牧宜农之地安顿。从历史上看，羁縻制度的推行保证了中外边界较长时间的安定，促进了不同民族和平相处与友好交往，也极大地促进了中原王朝与周边地区的经济文化往来，如《旧唐书·回纥列传》所言："盖以狄不可尽，而以威惠羁縻之。开元中，三纲正，百姓足，四夷八蛮，翕然向化，要荒之外，畏威怀惠，不其盛矣！"①

羁縻制最显著的特点是威爱兼施、先威后爱。中原王朝与周边民族、国家交往，常常恩威并施，恩主威辅，以期实现"因俗而治""长辔远驭"的中央调控、区域自治局面。统治者会根据具体情况适当调整恩威两种手段的实施时间和轻重。整体上，羁縻制比较重视政治形式、象征意义，并无近代西方殖民主义外交那种经济掠夺、军事控制和政治强制的侵略目的。西汉儒家代表人物董仲舒曾言仁者"正其谊不谋其利，明其道不计其功"，指出施行仁政者应当合乎道义、不谋私利。从某种意义上讲，羁縻制和朝贡制就是统治者将道义仁政理念推及治边与对外交往的结果。这种羁縻思想与制度展现出一种睦邻友好交往的风范，绝少有侵略或扩张的意图。在羁縻思想的指导下，中原王朝在与周边民族和国家的交往中，往往不会干涉对方的内政，保持彼此的独立，努力向善求和，维持某种平衡。经过历代演变和广泛应用，羁縻制在很大程度上促进了中原王朝与周边邦国的睦邻交往，与朝贡制共同构成中国传睦邻交往之道的制度模式。

---

① 刘昫等：《旧唐书》，中华书局，1975，第5216页。

2. 羁縻制的历史演变

羁縻制度中双方相对独立、不干涉内政和文德教化等思想，其渊源可追溯到先秦服事制。作为一种治边驭外的策略与制度，它成形、成熟于汉唐，在元明时期走向衰变，又于清朝改土归流时归于终结。

羁縻制内含修礼不易俗的理念，与先秦的礼治思想、要服制与荒服制一脉相承。礼学经典中明确讲到礼乐教化不以"齐同一地风俗"为目的，允许和而不同，不齐之齐，如《礼记》中所言"君子行礼，不求变俗""修其教不易其俗，齐其政不异其宜。中国、戎夷五方之民，皆有性也，不可推移"。如前面所言，服事制是朝贡制的前身，成形于商周，商有内外服之分，周又分五服、六服、九服，其中要服、荒服就是针对蛮夷治理而言。依古人解释，"要服"之地缺少礼教约束，要"束以文教也"；"荒服"之地政治教化荒芜，应因循当地旧俗而治，"政教荒忽，因其故俗而治之"。礼教中的行礼不变俗、修教不易俗等理念，都是羁縻策略和制度的重要思想基础。

秦汉时期，中原建立起统一的封建王朝，"羁縻"一词频现于汉朝史书，羁縻已作为一种指导策略应用于内政外交中。它通过朝廷在边远地区设属国，设置都护、中郎将、校尉等官职，对周边民族或邻国进行间接管理，以期实现和平交往、安宁和谐的边疆局面。汉朝推行羁縻政策，始于汉武帝时期。汉朝出兵击败北方宿敌匈奴，其疆域和势力范围进一步外扩。汉朝在与周边民族与国家的交往中，主要采用以中原王朝为中心、周边部族政权为附属的朝贡制，此时羁縻思想仅是推行朝贡制的重要指导思想与政治策略。汉朝通过赐予少数民族首领或邻邦国王封号、和亲联姻、开设互市等方法，治理边疆，安定邻邦，其中就体现了羁縻思想中以政治、经济、亲缘关系约束边疆诸国的理念，借此维系双方的平衡关系。

尽管羁縻制与朝贡制存在差别，但两者在实践内容、治理对象和思想基础上有相通之处。羁縻起初是一种方式、策略、思想，后来形成某种定制。有学者认为羁縻思想贯穿两汉朝觐、册封、通使、和亲、互市、纳质等对外交往活动中，这几个方面既是朝贡制的具体内容，也是羁縻思想、策略的实践途径。[1]后来，羁縻思想成为定制，与朝贡制相辅相成，成为中国传统睦邻交往之道的主要制度之一。

隋唐时期，中原再次出现大一统的封建王朝，王朝统治者广泛设置羁縻府州，使羁縻思想制度化。从唐太宗时期开始，朝廷把归降唐朝的东突厥部众分散安置在靠近唐朝边境之处，任命降服的首领、酋长为唐朝官吏，准许其按照民族风俗习惯治理辖区，实现羁縻府州的高度自治。后来唐朝又在其他边境推行这一政策，形成了规模庞大的羁縻府州体系，盛极一时。两宋时期，由于无法抵御北方游牧民族的入侵，羁縻制仅在南方边境推行，影响远小于唐朝。

元朝统治者为强化统治，在全国推行行省制，并加强了对边疆的控制，如在西南地区实行土官制度。这种土官制度是由朝廷任命部族首领正式担任地方官吏，尽管仍具有羁縻属性，但中央政府对边疆有较强的控制权，已与唐朝的羁縻思想相背而驰。元朝末年，时局动荡，边疆的土官凭借庞大势力割据一方，争夺土地、欺凌百姓的事件时有发生。鉴于此，明清两朝开始推行"改土归流"政策，以"流官"代替"土官"，进一步加强中央对地方的控制。自此，延续千年的羁縻制逐渐被直接管制取代，直至消亡。

作为一种政治策略，羁縻思想是中原王朝治理边疆、睦邻交往的重要指导思想。它主张通过德力兼施、德主力辅的手段以夷制夷，因俗而治，推行教化以平衡双方关系，对中国传统睦邻交往具有重要的指导意义，更为当下的中国外交提供了历史借鉴。

---

[1] 袁南生：《中国古代外交史》，湖南人民出版社，2017，第124～140页。

二、羁縻制的典型实践与睦邻特征

羁縻制在唐代得到空前推广。唐高宗时期,朝廷开始在内地、边境和更远的属国设置羁縻州府,规模空前绝后,产生了"中国古代王朝最大规模的一次羁縻活动"[①]。

1. 羁縻制的典型实践

在7世纪中叶,唐朝的管辖地域和影响范围空前扩大。为了更好地管理边境内外的游牧民族和归顺的属国,朝廷根据传统的羁縻思想,在各地设置羁縻府州,以治理归顺的边疆民族。据《新唐书·地理志七下·羁縻州》载:"唐兴,初未暇于四夷,自太宗平突厥,西北诸蕃及蛮夷稍稍内属,即其部落列置州县。其大者为都督府,以其首领为都督、刺史,皆得世袭。虽贡赋版籍,多不上户部,然声教所暨,皆边州都督、都护所领,著于令式……大凡府州八百五十六,号为羁縻云。"从当时羁縻府州的分布(参见表1)来看,唐初的羁縻府州主要针对边疆地区游牧民族的治理与远近各国的交往而设。

表1 唐初设置的羁縻府州[②]

道	所辖羁縻府	所辖羁縻州	主要隶属机构	今大致位置
河北道	十四个府:奚府一,契丹府一,靺鞨府三,高丽府九	四十六个州:突厥州二,奚州九,契丹州十七,靺鞨州三,胡州一,高丽州十四	安东大都护府	约相当于今北至外兴安岭,东到库页岛,南抵朝鲜半岛,西及河北东北及内蒙古东部的广大地区

[①] 齐涛:《中国传统政治检讨》,南海出版公司,2012,第265页。
[②] 张婷婷:《简述唐代的羁縻府州》,《天中学刊》2008年第1期。钟银梅:《唐代羁縻府州制度述评》,《宁夏大学学报》2006年第1期。

续表

道	所辖羁縻府	所辖羁縻州	主要隶属机构	今大致位置
关内道	二十九个府：突厥府五，回纥府九，党项府十五	九十个州：突厥州十九，纥州十八，党项州五十一，吐谷浑州二	安北、单于两大都护府	约相当于今甘肃、宁夏大部，内蒙古北至贝加尔湖及叶尼塞河流域
陇右道	五十一个府：突厥府二十七，回纥府一，党项府一，安西四镇府四，诸胡府二，西域诸部府十六	一百九十七个州：突厥州二，回纥州三，党项州七十三，吐谷浑州一，安西四镇州三十四，诸胡州十二，西域诸部州七十二	安西、北庭两大都护府	约相当于今阿尔泰山以西至咸海，包括中亚阿姆河、锡尔河流域上游地区
剑南道		二百六十四个州：羌州一百六十八，蛮州九十六		约相当于今四川西部及云南大部地区

唐初的统治者继承传统睦邻之道中"怀柔远人"的思想，主张以笼络安抚的羁縻方式与周边地区交往。唐太宗在诏书中明确指出，边疆民族地区的情况与内地不同，为了笼络周边国家与民族，与他们和平相处，应实行羁縻政策，"画野分疆，山川限其内外；遐荒绝域，刑政殊于函夏。是以昔王御世，怀柔远人，义在羁縻，无取臣属"。贞观四年（630年），唐朝战胜东突厥，在安置归降众部时，有人建议将他们迁移到河南兖、豫之间，化牧为农，分散置之，保证边境绝对安全。但唐太宗并不赞同此说，《资治通鉴·唐纪十三》载太宗言："夷狄亦人耳，其情与中夏不殊。人主患德泽不加，不必猜忌异类。盖德泽洽，则四夷可使如一家；猜忌多，则骨肉不免为仇敌。"在唐太宗看来，外族人的感情和中原人无别，猜忌多了，同胞也会变为仇敌，只要厚予对方恩德，四夷便能和睦相处，情同一家。所以他主张以宽大、开放的胸怀，因循当地惯制

而治，不要强制改易其风俗制度。在这种宽容、因循思想的指导下，唐朝在东突厥原辖地设立羁縻府州，委任原首领管理，仅要求其政治与名义上归附唐朝，其他方面保持独立自主。此举较好地安置了周边地区的归顺民族，展现了中国传统政治文化中"君子行礼不求变俗"、以夷治夷的睦邻交往理念。

羁縻制这种柔性绥边睦邻的策略和制度最大的优点在于能够最大程度地尊重双方的民族文化，行礼不变俗，故而能赢得周边民族与国家的高度认可和赞同。他们拥戴唐朝皇帝为天可汗，就是很好的证明。后来唐太宗总结了自己治政的五条成功经验，其中之一就是"自古皆贵中华，贱夷狄，朕独爱之如一，故其种落皆依朕如父母"。这一成绩与当时朝廷推行羁縻制度、设置府州密切相关，展示了当时中国最高统治者友善、仁爱、公平的一面，为中外睦邻交往创造了优越的政治条件。

唐朝的羁縻制范围不仅限于周围邦国，也推广至中原王朝与更远国家的交往中。唐太宗之后，唐高宗数次在中亚地区的多个国家设置羁縻府州。如唐平定西突厥前后，康国、安国、石国、吐火罗、西曹国、东曹国、波斯等遣使来朝，为抵御大食军队东进的侵扰寻求军事庇护，唐朝允诺。显庆三年（658年），高宗派遣果毅都尉董寄生前往河中地区设立都督府，加上之前在此设置的府州，河中地区共三府五州，详见下表2。

表2　永徽、显庆年间在中亚设置的羁縻府州[①]

羁縻府州	国名及今大致位置
大宛都督府	石国（今塔什干）
休循州都督府	拔汗那（今费尔干纳）

[①] 刘统：《唐代羁縻府州研究》，西北大学出版社，1998，第189～191页。张维华主编：《中国古代对外关系史》，高等教育出版社，1993，第90页。

续表

羁縻府州	国名及今大致位置
康居都督府	康国（今乌兹别克斯坦撒马尔罕）
南谧州	米国（今乌兹别克斯坦撒马尔罕东南）
贵霜州	何国（今乌兹别克斯坦撒马尔罕西北）
佉沙州	史国（今乌兹别克斯坦沙赫里夏勃兹）
安息州	安国（今乌兹别克斯坦布哈拉附近）
木鹿州	东安国（今乌兹别克斯坦布哈拉东北）

龙朔元年（661年），唐高宗任命陇州南由县令王名远为吐火罗道置州县使，持节到吐火罗，置十六羁縻州府而归，王名远著《西域图记》记载此事。此后，董寄生与王名远数次前往西域各国，设置羁縻府州，唐朝在西域建立了稳定的羁縻统治。

在羁縻府州的设置实践中，羁縻思想被转化为一种对外交往制度，对维护中外睦邻友好关系起到了积极的作用。在这些府州的运行中，唐朝尽可能保持当地原有的生产、生活方式和风俗习惯，以原来的首领或贵族为府州的统治者，任都督、刺史，允许官职世袭，贡赋版籍不上户部，减轻当地的经济负担。唐朝极少干涉当地行政，只求共同营造安定的边境。这些邻国接受唐朝的羁縻府州设置后，纷纷投桃报李，与唐朝保持友好交往，在一定程度上维护了当时中国西部边疆安西、北庭等地的稳定。

2. 羁縻制的睦邻特征

盛行于唐朝的羁縻制，具有边远地区治理的独立性。中原王朝与周边民族和国家政治平等交往，经济互利，军事互助，宣扬了和平交往的理念，体现了鲜明的安边睦邻特征。

在政治方面，唐朝奉行"因俗而治""厚往薄来"的原则，尽量保持羁縻地区政治、经济的独立。唐朝对羁縻府州采取了与普通州县不同的管理方式。普通州县一般实行的是州、县二级制，而在羁縻府州地区则主要设置都督府、州、县三级制。在羁縻府州内，唐朝政府保留了原先部落首领管理本地区的习惯，不改变原有的社会政治制度和管理方式，所有羁縻府州的都督、刺史均由该地的首领担任。如贞观二十年（646年），回纥归附于唐后，唐太宗在回纥设立六府、七州，府所置的都督与州置刺史均由回纥部原先的首领担任。《旧唐书·回纥传》载："以回纥部为瀚海府，拜其俟利发吐迷度为怀化大将军兼瀚海都督，时吐迷度已自称可汗，署官号皆如突厥故事。以多览为燕然都督府，仆骨为金徽府。"可见，唐朝尽可能地维持羁縻府州地区的政治原貌，尊重当地习俗惯制，用温和的方式处理双方关系，使各部落首领和远近各国统治者恪守藩臣之礼，共同守护封疆。

在经济方面，羁縻府州的贡赋版籍不需呈报户部，仅向所属的都护府或都督府缴纳一定数量的赋税，服一定的徭役。唐朝一般不向羁縻府州地区直接征收大量赋税，统治者秉承"厚往薄来"的原则，只要求这些府州定期向朝廷进献一些本土物产，朝廷还会回赐大量财物，作为回礼奖赏。同时，双方互设关市，开展贸易，这大大地促进了当地的经济发展。对于强盛的唐朝来说，与羁縻府州交往的重点并不是物质经济利益，而是政治认同与边防安定，体现出我国古代亲仁善邻、厚往薄来的睦邻交往理念。

在军事方面，羁縻府州保留当地部落或国家的军事武装，但要服从唐朝调遣，为唐朝边境安全提供有力的保障。朝廷对羁縻府州独立的军事力量进行必要的规定与限制，如要求他们除在本地守卫疆土外，不得擅自行动，必须听从唐朝中央政府的命令，服从地方都护或节度使的调遣。各羁縻府州有义务协助唐朝在边疆或偏远地区开展军事行动，出兵援助或提供军用物资。贞观九年（635年），突厥、契苾曾发数万骑兵，协助唐朝平定高昌。唐肃宗即位后，曾借助回纥兵力平定安史之乱，《旧唐书·回纥传》载："遣故邠王男承寀封为敦煌王，将军石定番，使于回纥，以修好征兵。"唐朝对待羁縻府州保留兵马的态度，正如李靖答唐太宗所言：对这些兵卒要用恩信安抚，用衣食周济，让他们逐渐如同汉族士兵。他还建议把汉人军队撤回中原，任命一些熟悉少数民族军队的将领来监督节制，一旦遇到朝廷派兵出讨的紧急情况，都督府可派遣兵马援助。可见，唐朝保留羁縻府州相对独立的军事力量，并进行有效的管理和利用，最大限度地避免或减少了边境的武装冲突，促进了中原王朝与周边民族、国家的和平交往。

在羁縻制的具体实施过程中，唐朝针对不同地区的具体情况，灵活应用不同策略，确立双方关系。由于羁縻府州之间实力存在差距，唐朝在设立具体羁縻府州时多因地制宜，恩威不同。对于西域、陇右等军事实力强大的民族建立起来的政权，统治者一般先以武力征服，然后设置羁縻府州；对于南部和西南地区的蛮、俚等相对弱小民族政权，则少用武力，多施恩惠，即先设置羁縻府州，通过招抚少数民族首领，使其民众慕义而来。此外，羁縻府州设置后也会根据实际情况有所调整，比如唐朝在较发达地区和次发达地区分别设置直隶州和羁縻州，当次发达地区社会经济发展以后，便改羁縻州为直隶州。唐朝统治者从不同的实际情况出发，设置羁縻府州，恩威并施，尽可能避免与周边民族、国家交恶甚至动武。这在最大程度上保障了中原王朝和羁縻地区的稳定，有利于中外睦邻友好关系的确立与发展。

三、羁縻制在睦邻交往中的作用

唐朝在与周边民族或国家的交往中，广泛设置羁縻府州，使羁縻思想成为一种制度，促进了各民族、各国之间睦邻友好关系的发展，在政治、经济、军事、文化方面发挥了重要的作用。

对于唐朝与周边地区的政治而言，设立羁縻府州，安置内附于中原政权的部众，扩大了朝廷的控制范围，保障了边疆地区的稳定，促进了各国之间睦邻友好往来。《新唐书·地理志》记载了开元天宝年间（742年—756年）唐朝的边疆情形，言"东至安东，西至安西，南至日南，北至单于府，盖南北如汉之盛，东不及而西过之"，可见唐朝羁縻范围之广。唐朝在兴盛时期大力推行羁縻制，允许边远地区保留原有的政治体制，避免或减少了战事，恢复了边疆的安定。

对于唐朝与周边地区的经济而言，羁縻制度为经济发展提供了有力的保障。因为地域、资源和制度等方面的限制，唐朝周边的许多地区仍处于生产力发展相对落后、生活水平相对低下的状态。与此同时，中原王朝已经建立起较为成熟的中央集权君主专制国家，以雄厚的小农经济作支撑，经济文化发展达到繁荣的局面，具有相当大的经济优势。唐朝借助羁縻府州制，因俗而治，在保持这些府州原有的经济模式的基础上，施以经济援助，进行文化交流，使当地进一步发展。唐朝不向羁縻府州征收大量赋税，只要求其定期进奉一些物产，并赏赐大量财物作为回礼。同时，彼此开设朝贡贸易与互市贸易，互通有无。边境贸易加快了羁縻府州与中原王朝之间的物质交流，促进了边疆和域外地区经济的发展。如唐朝与回纥开展绢马互市贸易，回纥用马匹等特产换来丝绢，然后转手销往中亚地区，获取巨利。

对于唐朝与周边地区的军事而言，羁縻府州的设立与推广大大地减少了唐朝边境的战乱，在边境形成一道坚厚的屏障，拱卫保护中原王朝。如前所述，羁縻府州可以保留原有军队，听从唐朝中央或地方机构的调遣。由此，唐朝不但有效地利用了当地武装来守疆卫土，减少了边境的战乱，维护了自身的统治，也增强了唐朝绥边睦邻的力量。

对于唐朝与周边地区的文化而言，不同民族、国家之间借助羁縻府州进行多元而深入的文化交流。它既推动了中原文化朝着更加开放多元的方向发展，也丰富了羁縻府州地区的民族文化内涵。在地域上，唐朝文化既是中华文明的延续，也是中原文化与周边民族文化交流的成果。羁縻府州极大地拓展了不同地区民族和国家文化交流的渠道，使中原与周边地区的交往逐渐增多。许多外来的宗教信仰传入中原，不同民族的音乐、绘画、舞蹈等也渐为中原民众所熟悉和接受，融入民众的日常生活中，充实了中原文化。唐朝在长安设国子学，在羁縻府州设郡学，面向中原和邻邦部族，招收优秀学子就读。《资治通鉴·唐纪十一》载贞观十四年（640年），国子学机构"增筑学舍千二百间，增学生满二千二百六十员"，当时"四方学者云集京师，乃至高丽、百济、新罗、高昌、吐蕃诸酋长亦遣子弟请入国学，升讲筵者至八千余人"。中原内外各地学子齐聚京师，学习中华文化，积极促进了边地民族和邻邦的文化教育发展。羁縻制的推行、相关府州的设置使不同地区的文化有更多的机会进行全面深度交融，通过和平交流减少文化隔阂，加深文化认同，为中国传统睦邻友好交往创造了良好的文化基础。

唐朝在边远地区推行羁縻制，设置大量羁縻府州，并形成某种定制，在绥边睦邻上具有重要的作用。虽然在具体的实行过程中，这种制度也曾因辖区广远、管理松散等缘故，暴露出诸多弊端与缺陷，甚至出现某些羁縻府州首领骄横自满、不时拥兵反叛的情形，但总体上该制利大于弊。作为唐朝与不同地区文明群体的和平交往策略，羁縻府州制的实施极大地促进了中外睦邻友好关系的发展。

第六章 近悦远来与睦邻之道

历代中原王朝屡次派遣不同规模的使团出使周边地区，开展政治、经济、文化、军事等方面的交流与合作，晓谕远近各国。使者们身负朝廷使命，历经艰险，奔走四方，如张骞出使西域、王玄策出使印度、郑和船队七下西洋等。他们不遗余力地对外宣扬中原王朝的和平交往理念，招徕域外使节来访。通过使节往来，中原王朝与周边诸国建立起较为稳固的宗藩关系和朝贡关系，以期团结善邻、制服恶邻、结识新邻、绥边安邻，最终四邻和睦、天下太平。中原王朝统治者以近悦远来的开放心态，与邻国近族交往，礼遇来使，封赏友邦，招携怀远，妥善处理各种特殊情况，践行着中国传统睦邻之道。

一、传统睦邻交往中的招携怀远

1. 张骞两次出使西域

秦汉至明清时期，历代中原王朝立足于绥边安邻、睦邻友邦，不断地派遣使团，与周边民族或国家开展各种层面的交往。汉武帝时期的张骞出使西域就是中国传统睦邻交往的典型成功例证。张骞两次出使西域，走访各国，开启了中原王朝与西域友好交往的大门，为汉朝的边疆安定和对外交流作出巨大的贡献。

张骞出使西域与汉初中原王朝内外社会环境密切相关。就内而言，当时汉朝经过七十余年的休养生息，综合国力不断增强；而北疆长期遭到匈奴部落的袭扰与劫掠，一直为汉朝大患。就外而言，匈奴长期雄踞北方草原地带，他们吞并周边游牧部落，在西域设置僮仆都尉，驻扎军队，管辖诸国，军事实力过于强大。汉初，匈奴不时南下入侵汉朝边塞，抢掠境内的军民财物，时时威胁着边境安全。迫于敌强我弱的实力差距和国内动荡不安的政治形势，当时的汉朝统治者大多采取隐忍退让的策略，希望通过和亲、互市建立相对稳定的关系，以求边疆的短暂和平，但收效甚微。因此，汉武帝即位后一直在寻找机会改变传统策略，力求通过彻底击退匈奴，解除边境安全隐患。《资治通鉴·卷二十二》载，汉武帝曾对大将军卫青说："汉家庶事草创，加四夷侵陵中国。朕不变更制度，后世无法。不出师征伐，天下不安。"汉武帝得知西迁的大月氏和匈奴是世仇，于是便想派使臣出使西域，打通与西域诸国的联系，联合大月氏夹攻匈奴。建元三年（前138年），张骞积极响应朝廷号召，率领使团，出访西域，开启了一段汉王朝与西域诸国友好相处的历史佳话。

张骞第一次出使西域时，一路跋山涉水，出生入死，充满凶险。他们刚出边关不远，就被匈奴发现并拦截扣押。匈奴单于十分欣赏有勇有谋的张骞，授予他官职并安排婚配，但是张骞始终没有忘记自己的使命，一直寻找机会逃走。最终，被软禁十年的张骞带领残存的部下趁守备松懈逃了出来。他们继续顺着塔里木盆地北沿的焉耆、龟兹、疏勒等地西行，跨过葱岭，途经大宛国并得到大宛国王的帮助，历经坎坷后找到了大月氏的部落。不过，此时的大月氏已过上了安居乐业的生活，并不想卷入汉朝与匈奴的战事。张骞在此逗留一年都未能说服月氏人，无奈之下，只好动身返国。考虑到之前被扣押的风险，张骞此次返程有意避开匈奴，改为沿盆地南缘东行，但还是被匈奴骑兵发现，又被扣留了一年多。好在此时匈奴内乱，他们趁机逃出，回到了当初的起点——长安。张骞此行历时十三年，使团从出行时百余人仅归还数人。汉朝此次遣使西域，虽然没有实现联合大月氏抗击匈奴的初衷，但从中了解到西部边远地区的情况，得知大宛等西域诸国有意结识汉朝，为后来彼此正式交往奠定了良好的基础。

在张骞第一次出使西域期间，汉朝与匈奴的军事交锋连续不断。从元光二年（前133年）至元狩四年（前119年），汉武帝屡次派遣军队，先后发动漠南之战、河西之战、漠北之战，征伐匈奴，迫其北退，双方强弱攻守之势发生很大变化。为了稳定边疆，汉武帝在掌控河西地区之后，继续推行联盟西域、牵制消除匈奴的计划。他接受张骞的建议，希望拉拢乌孙等国组成强大的同盟，东西夹击匈奴，以彻底根除边患。于是张骞再次受命，率领庞大的使团出使西域。

张骞等人这次西行，一路比较平安，抵达乌孙后，将汉朝准备的厚礼赠送给乌孙国王，并提议和亲结好，共同对抗匈奴。但此时乌孙国内政治动乱，贵族之间勾心斗角，上层贵族们担心遭到匈奴打击报复，不敢轻许，只同意遣使回访。元鼎二年（前115年），乌孙使者携礼随汉使至长安，朝见汉帝。次年，为汉朝的对外交往事务奔波一生的张骞去世。元封三年（前108年），乌孙借助汉朝的势力摆脱了匈奴控制，并迎娶汉家公主，响应汉朝睦邻友好、共御外敌的倡议。受此影响，西域其他国家纷纷遣使，朝见汉帝，都受到了盛情款待，中国迎来了历史上与周边民族、邦国和平交往、相互交流的高峰。

如果从张骞两次出使西域的历程和结果来看，联合西域诸国抗击匈奴是汉武帝遣使西域的首要目的，这在张骞在世时并没有实现，但这并不意味着张骞出使西域的失败。"失之东隅，收之桑榆。"对于汉朝而言，与西域远近各国联络、建立正式政治交往、确立长远的战略同盟，才是最大的收获。从历史上来看，张骞出使西域为汉朝与西域诸国形成抗击匈奴的联盟、长期和平交往奠定了坚实的基础。

汉朝遣使在西域推行睦邻友好交往的政策，主观上孤立、打击了匈奴势力，客观上促进了中外文化交流，特别是张骞在出使乌孙的同时，又派遣副使前往中亚地区的大宛、康居、大月氏、大夏、安息、身毒等国，极大地扩展了汉朝的对外交往范围，宣扬了中原王朝的国威。这些国家积极响应汉朝的结交邀请，纷纷派遣使节来华，携礼建交。这些外来使团受到隆重接待，他们感受到汉朝的富强和热诚，将之宣告给各国的民众。之后，各国使节踏着这批使者的足迹，往还于中原内外，共同开启了亚洲地区文明交流的新纪元。古今史家将张骞出使西域称作"凿空"之举、"人类历史上一件值得纪念的大喜事"，欧洲史学家狄雅可夫评价时认为其"在中国史的重要性，绝不亚于美洲之发现在欧洲史上的重要"。

张骞两次出使西域对中国传统睦邻交往的发展具有突出的贡献和重要的意义。

首先，张骞出使西域重新开辟了中西陆路通道，便于汉朝与周边民族、国家正式交往。这条横跨帕米尔高原、连接东亚与中亚的陆路通道，在先秦时已被一些游牧部落、民间行商和冒险家们开辟和利用，传世文献中周穆王西巡的传说、《山海经》中的某些记载和新疆出土的相关考古资料可作为证明。汉武帝时，朝廷派遣张骞等使者出访西域，以官方的名义正式打通了这条中西交通要道，即闻名后世的丝绸之路。这条丝绸之路促使中原王朝和西域国家间的正式交往越来越多，各国使节和商团往来不断，双方经济贸易随之兴盛，这极大地丰富了中国对外贸易的面貌，促进了中国与西域地区的友好交往。西域诸国也常派使节，跟随汉使，拥入长安，开展朝贡交往，如安息派使者进献鸵鸟蛋和幻术师，大宛周边的骥潜、大益、姑师、扜罙、苏薤等国纷纷遣使来华、进献方物。这些使者途经西域,来到长安,目睹汉朝富庶强大,归国后向统治者汇报所见所闻,间接地宣传了中原王朝,带动了更多国家遣使来访,形成中外使节"赂遗赠送,万里相奉"的壮观局面。张骞出使西域让这条古老的中西通道重新焕发了光彩,对中原与西域地区各国睦邻友好交往产生的积极影响绵延至今。

其次,张骞出使西域促进了汉朝与周边国家、地区的物质技术交流,为中外睦邻友好交往奠定了坚实的物质基础。在张骞出使西域后,中原与西域的陆路逐步畅通,商人大量进入中原地区,开展商业贸易,东西之间的物质与技术交流空前兴盛。史载汉武帝之后,"商胡贩客,日款于塞下""驰命走驿,不绝于时月""殊方异物,四面而至"。葡萄、黄瓜、石榴、绿豆、大蒜等外来物品传入汉朝,扩充了人们的饮食品类;从大宛、乌孙等地传来的优良马匹增强了汉朝的战备力量;西域的绘画、雕刻、舞蹈、音乐、杂技等也不断东传,丰富了民众的文化生活。同时中原地区的丝绸、漆器、铁器、竹器、铜器、井渠和相关技术等也逐渐西传,为当地民众的生产、生活提供了极大的便利,其中东方的丝绸更是备受贵族阶层欢迎。

张骞出使西域为后世中原王朝经营西域、发展睦邻友好关系积累了宝贵的经验。张骞出使西域后,中原与西域的政治、经济、文化联系日益密切,并逐渐形成由汉朝主导的和平交往局面。《汉书·郑吉传》言:"汉之号令班西域矣,始自张骞而成于郑吉。"随着匈奴内部分裂和势力衰落,汉朝对西域诸国的影响越来越大,彼此间的交往更多,关系更密切。同时,汉朝通过经略丝绸之路,势力与影响范围不断向西扩展,逐步在西域建立起威望。不过,在张骞出使西域之后,汉匈之间对西域的争夺仍然非常激烈,如匈奴曾控制楼兰、车师等国,他们经常唆使这些国家出兵,劫杀汉朝使节或商团,掠夺财物,阻挠西域通道,阻碍中原王朝与西域诸国的联系交往。为此,汉武帝于元封三年(前108年)命赵破奴率领骑兵及郡兵数万人，攻破楼兰、车师，并在酒泉至玉门关一带设立亭障，加强沿线控制，保证中西通道安全。太初元年（前104年），汉武帝又派遣李广利率军征伐威胁丝路商团安全的大宛，威慑西域诸国。两战之后，西域大小诸国纷纷表示顺服，遣使朝贡，西域诸国与汉朝的经济、政治、文化交流得以畅通。后来，汉朝又将亭障西延，在渠犁、轮台等地设校尉，管理屯田；设置西域都护，统辖西域。这些都为汉朝与邻国的友好交往、商业贸易提供了有力的保障。在张骞出使西域期间及之后相当长的时间里，汉朝与西域远近各国派遣使节互访，开启了汉朝睦邻交往的新时代。如今，我国提出共建"一带一路"倡议，"一路"就是在张骞等人当年走过的陆路基础上发展而来的。这也充分表明，中国历来主张与邻为善、以邻为伴，倡导共建亚洲美好家园等睦邻交往政策，与周边各国建立起全方位的友好合作、战略伙伴关系，最大程度地利用近邻地缘优势为双方带来巨大的利益，促进彼此的长远发展。

2. 王玄策三次出使印度

历代中原王朝对外派遣使团，不乏以交流文化、结识新邻为主的出使活动，唐代王玄策率领使团出访印度就是如此。古代中国与南亚各国的交往历史悠久，但官方的正式沟通和往来，至唐朝才得以实现。借助于民间力量的推动，王玄策三次出使印度，中原大唐与南亚天竺最强盛时期互动交流，彼此迎来睦邻友好发展、和平交往的高峰。

王玄策率领使团，取道西南，三次出使印度。当时中国和印度都是区域大国，中原地区的唐朝统治者致力于稳定内政，经营四夷，拓展对外交往；印度地区中天竺的统治者戒日王，通过四十多年的征战，一统五天竺，建立起以曲女城为首都的戒日王朝。东亚唐朝与南亚戒日王朝双雄对峙遥望，起初并无官方往来，直到唐僧玄奘赴天竺取经、求学，双方才开始有使节往还。王玄策三次出使印度就是在这种时代背景下应运而生的。

史载，大唐高僧玄奘长期游历天竺，一心求取真经。大约在贞观十五年（641年），戒日王接见了玄奘，了解到东方唐朝的概况。玄奘称赞两国国王皆有"圣德"，戒日王十分高兴，想结识这位唐朝统治者。他随即遣使至唐，上书自称摩伽陀王，表示愿与唐朝往来交流。唐太宗接见使者，亲授玺书抚慰，随即命令云骑尉梁怀璥等持节护送戒日使者回国，由此开启了中原王朝与印度的正式官方往来。当唐使护送团队到达印度后，戒日王询问身边大臣："自古曾有摩诃震旦（按：梵语中的"摩诃"意为大，"震旦"指中国，合言即大中国）使者来过我国吗？"众人回答从未有过。于是，戒日王亲自率领臣下，迎接唐使，并派使二度访唐。太宗感念其诚意，决定礼尚往来，再遣使臣回访。随后，王玄策等人被朝廷派遣，回访印度。东亚与南亚两个文明古国由此书写了中印传统睦邻友好交往的新篇章。

据学者考证，王玄策等人通过吐蕃—泥婆罗—印度道，至少出使印度三次。其间发生的故事见证了中印睦邻友好交往的辉煌。

（1）王玄策第一次出使印度

贞观十七年（643年），王玄策以前融州黄水县令和副使的身份，随同正使李义表率领的二十二人团队，出使印度，主要目的是护送摩伽陀使者回国。唐使一行人抵印后，受到摩伽陀国戒日王的热情招待。《旧唐书·西戎列传》记载，戒日王"遣大臣郊迎，倾城邑以纵观，焚香夹道"，并拜受唐朝敕书，再派使者赴唐，进献火珠、郁金香、菩提树等异域珍宝。王玄策等使节受邀，游览天竺各地，参观佛教圣迹，与僧众交流，立碑刻石，以记其事。贞观二十年（646年），使团返回唐朝。随后，印度地区其他国家纷纷遣使，与唐朝建立起基于朝贡制的邦交关系，史载"四天竺国王咸遣使朝贡"。

（2）王玄策第二次出使印度

贞观二十一年（647年），王玄策以正使、右卫率府长史的身份，与副使蒋师仁率三十人的团队再次出使印度。意外的是，唐朝使团在进入中天竺时，受到摩伽陀国反叛势力的侵扰。

当时，摩伽陀国戒日王刚刚去世，权臣那伏帝阿罗那顺篡位。他一改以往的亲唐政策，命令部下围攻并扣押来使，劫掠财物。双方激烈交战，唐使被俘，被押送至摩伽陀国都城。在途中，王玄策趁看守松懈之时，悄悄逃脱。他连夜奔往泥婆罗、吐蕃，借调八千余名精锐骑兵，并发檄文召唤邻近的唐属藩国，召集近万兵力，挥师直指阿罗那顺驻地——茶博和罗城。在城外，王玄策巧用火牛阵，击溃敌方象军，又借助云梯、抛石车等军事武器，一举攻城，叛军仓皇而逃。王玄策乘胜追击，追杀叛军，俘获阿罗那顺，消灭了其残余势力。远近城邑首领见势不妙，纷纷表示归降。之后，王玄策把借兵还给吐蕃、泥婆罗，将阿罗那顺押送至长安，斩首示众，以彰唐朝国威。后来，太宗去世，下葬昭陵，玄阙所列14尊藩王石像中就有阿罗那顺雕像，以示皇威浩荡，无远弗届。

此事在南亚地区产生了极大的影响，印度诸国震惊于唐朝国威和唐使的智勇，一时"天竺震惧"。王玄策在唐朝强大国威的支持下，凭借自己的才智和胆识，向吐蕃、泥婆罗借调精兵，铲除摩伽陀国乱臣，化解唐朝使团险境，保障天竺一方平安，为中印友好交往提供了有力的保障。印度各国目睹了摩伽陀国叛乱势力在唐朝、吐蕃合力征伐下迅速垮台，震慑于唐朝的军威，意识到向唐朝示好的益处。正因为此，此后相当长的一段时期内，天竺各国与唐朝往来频繁，成为中外友好往来的一段佳话。王玄策此次出使印度，临危不惧，平定叛乱，扬唐国威，受到唐高宗的褒奖，被封为朝散大夫。

（3）王玄策第三次出使印度

显庆二年（657年），王玄策受唐高宗派遣，第三次率团踏上出使印度的征程，主要任务是代表唐朝送佛袈裟到印度。显庆四年（659年），王玄策等人到大婆栗阇国，受到国王的热情接待。国王为唐使安排杂技表演，《法苑珠林·日月篇》载："其五女传弄三刀,加至十刀,又作绳技,腾虚绳上,著履而掷,手弄三杖刀盾枪等,种种关伎,杂诸幻术,截舌抽肠等,不可具述。"显庆五年(660年),唐使团赴摩诃菩提寺,赠送佛袭装,获赠大珍珠、象牙佛塔、舍利宝塔等回礼。在寺主安排的送行宴会上,大家依依不舍,"西行五里""泣涕而别"。此后,王玄策又赴王舍城、耆阇崛山,礼阅佛祖"圣迹",在归国途中,流连于迦毕试国古寺,带回一片"广二寸余,色黄白"的佛顶骨,后被供养于皇宫之内。

此外,有学者根据义净的《大唐西域求法高僧传》等相关记载考证,认为王玄策曾经第四次出使印度,奉令前去寻找求佛多年的唐僧玄照,二人返回时途经泥婆罗、吐蕃,据说还拜见了文成公主。此次出使史料记载过少,很多学者对此持怀疑态度。但不可否认的是,王玄策多次出使印度,极大地促进了中印两国之间的佛教文化交流,拓展了中原王朝的对外交往范围,在中国古代的对外交往史和文化发展史上发挥了不可忽视的作用。

在近二十年(643年—661年)的时间里,王玄策数次率领使团出访印度,平定邻邦叛乱,积极从事文化交流活动,促进了中印之间的深入了解,推动了双方友好关系的空前发展,宣扬了唐朝德力兼施、和平为上的对外交往理念,影响深远。

其一,王玄策三次出使印度,双方互遣使节,使中印之间的官方交往迎来空前的发展。王玄策出使印度之后,其他国家陆续遣使来唐朝,通过朝贡的形式确立交往关系。如第一次使印后,摩伽陀国遣使来唐贡波罗树等;第二次使印后,迦摩缕波国遣使入唐朝贡;第三次使印之后,印度五天竺国王皆遣使来长安朝贡,进献方物。在政治、军事上,中印相互倚重,成为彼此交往的动力和保障。如开元八年(720年),大食和吐蕃联合,东侵唐朝边境,南天竺国王尸利那罗僧伽派遣战象和兵马,帮助唐军征讨来犯之敌,共御外侮,被玄宗赐为"怀德军"。中印各国遣使交往,互为援助,都与王玄策使印奠定的友好交往基础有密切关系。

其二，王玄策三次出使印度，推进了中印更为深入的友好交往。王玄策出使印度后，唐朝与印度往来频繁，如护送来唐使者回国、走访印度诸国、巡礼各地佛教圣迹、赠送道家经典、引进制糖技术、礼遇佛教高僧等，涉及政治、经济、军事、文化等诸多方面。其间偶有战争发生，但也是为了消弭动乱、维护和平，无碍和平交往的主流。相对稳定和平的交往推动中印关系不断发展，为双方的政治、经济和文化繁荣奠定了坚实的基础。

其三，得益于王玄策出使印度的推动，中外佛教文化交流迎来发展高峰。从起源上讲，中印交往始于佛教交流。起初由入印求佛的唐僧玄奘向戒日王介绍唐朝，戒日王遣使访唐，后有王玄策等出使印度，丰富佛教文化交流活动。佛教东传得益于唐朝与印度各国的友好交往，佛教文化交流也促成了中印友好交往。后来佛教进一步中国化，形成汉传佛教的一脉，大量的佛教文献一脉单传，保存于汉字典籍中。

其四，王玄策出使印度为唐朝带来大量的新知识与技艺，促进了中原人士对边疆与域外地理的认知。在地理交通方面，唐朝先后与泥婆罗、吐蕃和亲，使西藏至尼泊尔和青海至西藏的路线得以开通，并连为一体，形成青海—西藏—印度的交通路线，开辟了中国古代由中原地区至印度的最近路线。王玄策通过这条新线出境入印，据亲身见闻，将沿途所见记载于《中天竺国行记》一书中。此书现已失传，仅部分内容残留于《法苑珠林》一书中。《中天竺国行记》为后人了解当时中印交往概况提供了重要的参考资料，如书中记载泥婆罗国西南有水火池，"若将家火照之，其水上即有火焰于水中出。欲灭以水沃之，其焰转炽。汉使等曾于中架一釜，煮饭得熟"，其所描述的应该是生产和利用石油的方法，这是当时中原王朝对尼泊尔地区矿产的较早认识。此外，王玄策还从印度引进了制糖技术，据《大藏经》中《续高僧传·玄奘传》记载，唐太宗派王玄策等人前往印度，"并就菩提寺僧召石蜜匠，乃遣匠二人、僧八人，俱到东夏，寻勒往越州，就甘蔗造之，皆得成就"。这对提升唐朝的制糖水平发挥了重要的作用。《新唐书·西戎列传》载太宗安排专人试用熬糖法，"即诏扬州上诸蔗，拃沈如其剂，色味愈西域远甚"。

王玄策数次率团出使印度，依靠唐朝强大的国力，积极开展交往活动，果断处理突发情况，极大地促进了中印之间的政治交往和文化交流，推动了双方睦邻友好、和平发展的进程。

3. 郑和率使团七下西洋

历代中原王朝派遣使团近悦远来，除与周边国家发展睦邻友好关系外，也重视与较远国家的关系，最典型的例子就是郑和率使团七下西洋。明初，明成祖朱棣派遣郑和率领一支庞大的船队，载着成千上万的船员和大量财物，走访诸国。在远程航行中，明使肩负朝廷招远徕近的使命，对外宣德怀柔，协调解决各国之间的矛盾与问题，促进了中外友好往来、和平相处，缔造了中国古代睦邻交往史上又一段佳话。

明朝建立伊始，天下初定，百废待兴，北疆元朝残余势力仍是新生王朝的巨大威胁。有鉴于此，明太祖颁布《皇明祖训》，告诫后代，要与周边国家和民族友好相处，不可贪功兴兵，伤害人命，言"四方诸夷，皆阻山隔海，僻在一隅，得其地不足以供给，得其民不足以使令。若其不自揣量，来扰我边，则彼为不祥。彼既不为中国患而我兴兵轻伐，亦不祥也。吾恐后世子孙倚中国富强，贪一时战功，无故兴兵，致伤人命，切记不可"。随后，明成祖朱棣继承其父遗训，推行和平交往，屡次派遣海陆使团，交聘域外。其派郑和下西洋主要是为了宣扬国威，希求与南洋外藩属国建立朝贡体系。

郑和率领船队下西洋，主要前往东南亚、印度洋及沿岸海域，最远航至红海沿海和非洲东海岸，足迹遍及30多个国家和地区，大致历程如表3所示。

表3　郑和七下西洋历程概览表①

序次	出国时间	归国时间	所经主要国家和地区
一	永乐三年（1405年）冬	永乐五年九月（1407年10月）	占城、暹罗、旧港、满剌加、苏门答腊、爪哇、锡兰、古里
二	永乐五年（1407年）冬	永乐七年夏末（1409年夏末）	占城、暹罗、浡泥、爪哇、满剌加、锡兰、加异勒、柯枝、古里
三	永乐七年（1409年）冬	永乐九年六月（1411年7月）	占城、暹罗、爪哇、满剌加、阿鲁、苏门答腊、锡兰、小葛兰、柯枝、阿拨、把丹、甘把里、溜山、古里
四	永乐十一年（1413年）冬	永乐十三年七月（1415年8月）	占城、爪哇、满剌加、苏门答腊、锡兰、柯枝、溜山、古里、阿鲁、彭亨、急兰丹、忽鲁谟斯、木骨都束、麻林、天方
五	永乐十五年（1417年）冬	永乐十七年七月（1419年8月）	占城、爪哇、满剌加、锡兰、柯枝、古里、阿丹、彭亨、剌撒、木骨都束、麻林、卜剌哇、忽鲁谟斯、苏禄、沙里湾泥
六	永乐十九年（1421年）冬	永乐二十年八月（1422年9月）	占城、暹罗、满剌加、榜葛剌、锡兰、溜山、古里、阿丹、祖法儿、剌撒、柯枝、木骨都束、卜剌哇
七	宣德六年十二月（1432年1月）	宣德八年七月（1433年8月）	占城、满剌加、苏门答腊、暹罗、锡兰、溜山、小葛兰、加异勒、柯枝、古里、忽鲁谟斯、祖法儿、剌撒、阿丹、木骨都束、竹步、天方

中国传统睦邻之道以修文德、尚德化、厚往薄来、怀柔远人等思想为主导，贯穿中原王朝与周边民族、国家的交往之中。整体而观，郑和下西洋以礼与力外宣德化，以利与力怀柔远人，集中体现了中国传统睦邻之道的思想精华：德力兼施、德主力辅。

以礼与力外宣德化，指中原王朝统治者借助礼制与兵力，将中

---

① 张维华主编：《中国古代对外关系史》，高等教育出版社，1993，第287页。

华文明传播于化外之地、远近各国，如记载郑和下西洋的《御制弘仁普济天妃宫之碑》中所言"恒遣使敷宣教化于海外诸番国，导以礼义，变其夷习"。宣德化的首要途径是对外宣传礼义教化。在中国传统睦邻交往中，中原王朝常以经济富饶、政治完善、文明先进之邦的形象示外。中国历代统治者站在礼乐文明的角度看待世界，以平治天下为目标，强调人伦道德、尊卑等级，认为夏夷、中外之别虽然体现在人种、民族、地域、经济、政治、观念等方面，但根本差异在于礼义教化。他们认为这种礼义文化的差异并非不可逾越的鸿沟，可以经过交流学习互通有无。郑和率船队下西洋，基本秉持宣扬礼教德化的理念，以此开展各种对外交往活动。他们每到一地，先宣读明朝皇帝敕谕，陈明宗藩与君臣关系，明确内外尊卑之别，并赏赐愿意归顺的国王封号、印章、冠服、书籍、财物等，宣示皇恩国威；有时还会勒碑纪念，以彰功德，并带领藩国民众祭祀山河，打井惠民等。如永乐十五年（1417年），郑和赴柯枝国，代表朝廷封赐柯枝国国王，应其所请，在山上刻石纪念，铭文中用"同情""同欲"概括天下生民，表明明朝平等对待各国的态度，鲜明地体现了明朝与远近各国和睦相处的交往理念。

宣德化的另一实践途径是通过和平或武力手段调解诸国争端。明初，位于中南半岛的占城不断受到北部安南国的侵扰，占城国王多次遣使向明朝求救。占城一直是中国西南的友好藩属，朱元璋建立明朝不久，占城即遣使来朝，两国一直交好。面对安南不断向北骚扰明朝边境、向南侵占占城土地的情况，明成祖朱棣果断施以援手。在郑和第一次下西洋时，首站便到达占城。明使团在安南、占城沿海巡弋，大造声势以迫使安南从占城撤兵。永乐五年（1407年），明成祖遣兵与占城一起讨伐安南，协助占城夺回了被安南侵占的土地。此后，占城与明朝始终保持着藩属、朝贡的关系，双方密切友好往来。永乐七年（1409年），郑和率团再访问占城，国王组织五百余人的仪仗队，击皮鼓、吹椰笛、持短枪、舞盾牌，以最高规格的礼仪欢迎明使，表达敬谢之意。再如，满剌加国曾被暹罗武力威胁，要求每年上缴四十两黄金。满剌加国王遣使上报明朝，希望明朝能出手相助、主持公道。明成祖听闻此事后，命郑和赐予满剌加国王银印与冠带袍服，划定与他国的疆界，使其在一段时期内免于暹罗的勒索之苦。宣德六年（1431年），满剌加使者觐见明宣宗，称国王打算访华朝贡，但受到暹罗国的阻挠，久难成行。次年夏天，郑和率使团下西洋时特意在两国间停留月余，调解彼此矛盾，使他们重归于好。郑和下西洋的过程中，数次调停邻邦之间的矛盾纠纷，既体现了明朝强大的综合国力和使团高超的对外交往能力，也宣扬了中国传统政治文化中崇德尚礼的道德观念，为双方的经济文化交流营造了良好的环境。

以利与力怀柔远人，指明朝使团与海外诸国进行互惠互利的贸易，并凭借强大的军事力量保护各国经商活动。如果说宣扬文德主要从政治上体现中国传统政治文化中与邻为伴、协调矛盾的睦邻交往理念，那么怀柔远人则主要从经济上展现传统中国与邻为善、富邻惠邻的思想，二者都是促使各国和睦相处的重要途径。据史载，郑和船队每到一国，除了赏赐藩国的君主之外，还与官方或民间进行大规模的贸易活动，互通物料有无。他们在满剌加采集沉香，在溜山国购入椰子，在柯枝国买进珍珠宝石等，同时将中国的丝绸、玉器、瓷器等卖给对方。这些来自中国的物产被异域国王与商民视作珍宝，争相购买，中外贸易呈现出繁荣昌盛的景象。如郑和船队抵达位于阿拉伯半岛的祖法儿国后，其君主谕令国民拿出本国所产的乳香、血竭、芦荟、安息香、酥合油、木别子等，来换中国的丝绸和瓷器。明朝的船队和官商遵守诚信，也赢得了他国人民的尊重和信赖，为顺利开展贸易创造了良好条件。当时中国船队与当地官府先将交易的货物议定价格，签好合同，到贸易之日，或贵或贱，都不再更改。此外，郑和船队还在满剌加设立了海运中转站，建造库藏仓厫，允许各国船只在此装卸货物，修整船队，此举更为彼此贸易往来提供了有力的安全保障。郑和出使西洋中的贸易往来，填补了明初海禁以来海外贸易的空白。此次出使，经济上互惠互利，政治上德化文教，受到海外诸国的欢迎，成为中国传统睦邻交往史上耀眼的篇章。

为保障远洋航行的顺利进行，郑和使团配备了强大的武装力量，但主要为了防御海盗袭扰，从未借此侵犯他国领土、损害他方利益。在抵御和反击海盗劫掠、帮助邻国平定叛乱、协调两国交恶的过程中，明朝使者始终秉持以德为主、以力为辅的理念，除暴安良，济困扶危，化险为夷。如永乐三年（1405年），郑和率使团到达爪哇国，恰逢西王、东王内战正酣，使团中一百多名船员不幸被误杀，一时举国哗然。西王连忙上表道歉，愿以六万两黄金作为赔偿，当面谢罪，弥补明使的损失，但后来只拿出一万两赔偿金，剩下的无力偿付。明成祖得知后，以其既能知过，不计往怨，免除了剩余的赔偿金，尽显中原王朝的宽大胸怀。又如永乐五年（1407年），郑和船队返航，经过苏门答腊岛的重要港口城市旧港，遇到海盗的袭扰。当时以陈祖义为首的团伙，长期盘踞于此，劫掠来往船商财物。这次陈祖义瞄准了明朝船队，表面假装归顺合作，暗地却大搞破坏，阻挠船队正常活动。郑和预料他无意归顺，遂发兵攻打，活捉陈祖义，押其回朝，斩首惩恶。旧港周边各国的国王、商人听说后，无不震慑，纷纷赞叹明朝天子的威望。之后，在相当长的时间里，东南沿海的海盗几乎销声匿迹，中国船队在南洋畅行无阻，此举也保障了其他国家的官船商船往来，惠及中国内外。

郑和七下西洋，明朝使团遵循朝贡礼仪，奉行和平主义方针，与周边各国互遣使团，推行睦邻友好之道，其间也发生了很多感人的故事。在郑和下西洋之初，不少国家的国王受邀，随着明朝船队来华访问，建立交往关系，加深彼此了解。当时，文莱、满剌加、苏禄、古麻剌朗四国的国王先后率团访明，最具代表性的是满剌加国国王的访问。永乐九年（1411年），为了感谢明朝对其统治的支持，满剌加国王拜里迷苏剌率五百余人的庞大使团来华；此后，其继任者分别携带家眷，三次来华朝贡，觐见明帝。来华使团携带金缕、珍珠、宝石等本国特产，向明朝皇帝称臣朝拜。明朝皇帝赐宴、赐财、赐物、赐封号，热情款待使团。明朝对愿意建立交往关系的国王十分优待，甚至国王去世，朝廷都遣使吊唁存慰，拨发俸禄，厚礼安葬，并赐予墓地。永乐十五年（1417年），苏禄国东王巴都葛八答剌曾与西王、峒王率三百四十多人的使团来华，归国途经德州时，东王因病去世。明成祖听闻后，十分悲痛，诏令以王礼厚葬东王于当地，亲撰祭文，深切悼念，并修建陵园祠庙，准予东王妃葛木宁及次子温哈剌、三子安都鲁等留守陵墓，赐予其俸禄祭田。之后，苏禄王墓经多次维修，存留至今，现位于山东德州境内，成为中外睦邻友好交往的重要见证。外国使团来华，无论人数多少，贡物丰寡，明朝都给予礼遇、厚待，尽其宗主之谊，充分体现了我国传统睦邻之道中济困扶危、抚恤友邦的精神。

汉、唐、明三朝遣使招携怀远的典型实践，是历代中原王朝与周边民族、国家友好往来、和平相处的历史缩影。中国古代统治者以德力兼施、德主力辅的方式外宣德化、怀柔远人，招携怀远、近悦远来。他们派遣使者与近邦远国建立起政治交往关系，开展经济贸易，进行文化交流，并通过和平的方式协调解决诸国矛盾，避免双方交恶，保障邻国边境安定和交通安全，充分展现了中国传统政治文化中崇尚和平、德力兼施、宽厚仁爱、抚恤友邻的睦邻交往精神。

二、传统睦邻交往中的厚往薄来

中国历朝历代统治者对来访的外国使者，多以礼相待，厚往薄来，给予外使各种款待，如回赐丰厚财物、赐予荣誉称号、提供各种文化交流便利等。厚礼相待、重义轻利是中国传统睦邻交往之道的重要内容。

1. 礼遇厚待外来使团

历代中原王朝与周边民族、国家建立起稳定的朝贡关系，对慕义觐见的外国使节多以厚礼相待。外使觐见中原王朝统治者，进献本地方物，以示归属、臣服；朝廷给予丰厚的回馈，赐赠来访者各种财物、封号、书籍等。双方礼尚往来，各取所求，满足彼此经济、政治、文化等方面的诸多需求，促使中原王朝与周边远近各国、各民族之间友好交往、和睦相处。

历代中原王朝礼遇厚待外来使团，并设置了完善的官方接待体系。早在汉朝，我国就建立起一套以大鸿胪、主客曹为核心的专职机构，辅以其他机构，专门负责处理中原王朝与周边部族、属国和邻邦的交往事务，该对外交往体系至后世逐渐完善，中原王朝礼遇外来使臣的规格体制更为成熟，为中国传统睦邻交往提供了有效的政治保障。中原王朝统治者曾以赏赐、厚遇的方式优待外国使者，如汉武帝东巡时会带上外国使者，展现国富民强之势，极尽地主之谊，《汉书·张骞李广利传》载："乃悉从外国客，大都多人过之；则散财帛赏赐，厚具饶给之，以览示汉富厚焉。大角氏，出奇戏诸怪物，多聚观者。行赏赐。酒池肉林，令外国客遍观各仓库府臧之积，欲以见汉之广大。"《汉书·匈奴传下》记载，甘露三年（前51年），匈奴首领呼韩邪单于率众入京，朝觐汉宣帝，汉朝大加赏赐，赠"黄金二十斤，钱二十万，衣被七十七袭，锦绣绮縠杂帛八千匹，絮六千斤"；黄龙元年（前49年），呼韩邪单于再次来朝，汉朝"礼赐如初，加衣百一十袭，锦帛九千匹，絮八千斤"。这种厚赐外国使节、厚待属国的做法后来被历代中原王朝所继承，成为一种接待外宾的惯例。如景初二年（238年），日本半岛上邪马台国王派遣使节难升米等来魏国，进献男女十人、班布二匹。魏明帝赐予卑弥呼倭王称号，授予金印，使臣皆授官职，并赠绛地交龙锦五匹、绛地绉粟罽十张、蒨绛五十匹、绀青五十匹作为回礼，又另赐绀地句文锦三匹、细班华罽五张、白绢五十匹、金八两、五尺刀二口、铜镜百枚、珍珠和铅丹各五十斤，无不显示中原王朝礼遇来使、厚往薄来的思想。

至唐朝，中央和地方各级对外交往机构与制度更加完善，为中原王朝迎送远近各国来使提供保障。在中央，由鸿胪寺和礼部主客司官员专门负责接待外国使节，其他部门协助。鸿胪寺承担迎来送往、拟授官位、设宴款待、医药丧葬、招待监督使臣、管理来华的质子和留学生、衔命出使等多项工作，主客司则负责管理外国使者的入朝审批和待遇、食料供应、返程钱粮补助、市易管理、官爵授受等。地方州县的行政机构也要求分担某些对外交往职责，主要是迎送使节，包括入境检核、核准进京员额、护送进京、礼送返国等。在入境口岸，唐朝专门设置招待外使的宾馆驿站，如新罗使节在登州港入境，被安排在新罗馆，从登州至长安，沿途有驿馆负责外使食宿。

在众多使团来访中，最具影响力的当推日本的遣唐使。为了学习中国文化、谋求政治认同，日本曾十九次派遣使者来唐交流。除去4次任命而未成行或中途而返、2次陪送唐使返国、1次迎接遣唐使返国外，日本正式抵唐的遣唐活动共12次，概况详见表4。

表4 遣唐使派遣概况表[①]

期数	次数	出发时间	归国时间	使臣、留学生（僧）姓名
一	1	630年	632年	大使犬上御田锹、副使药师惠日
	2	653年	654年	大使吉士长丹、副使吉士驹
	3	654年	655年	押使高向玄理、大使河边麿、副使药师惠日
	4	659年	661年	大使坂合部石布、副使津守吉祥

---

① 王立达：《七—九世纪日本"遣隋使""遣唐使"的派遣经过及其影响》，《新史学通讯》1956年第11期。

续表

期数	次数	出发时间	归国时间	使臣、留学生（僧）姓名
二	5	665年	667年	大使守大石、副使坂合部石积
二	6	667年	668年	送唐客大使伊吉博德、副使笠诸石（至百济而还）
二	7	669年	不详	大使河内鲸
三	8	702年	704年	执节使粟田真人、大使高桥笠间、副使坂合部大分
三	9	717年	718年	押使多治比县守、大使大伴山守、副使藤原马养；玄昉、吉备真备、大和长冈、阿部仲麿
三	10	733年	734年至739年	大使多治比广成、副使中臣名代
三	11	751年	752年至753年	大使藤原清河、副使大伴古麿，吉备真备
四	12	759年	761年	迎入唐大使高元度
四	13	761年	未成行	大使仲石伴、副使石上宅嗣、藤原田麿，至难波，将发遇风，毁一船，遂未成行
四	14	762年	未成行	送唐客大使中臣鹰主、副使高丽广山，因风不顺而止
四	15	777年	780年	代理大使小野石根
四	16	779年	781年	送唐客大使布势清直
四	17	804年	805年至806年	大使藤原葛野麿、副使石川道益；空海、橘逸势、最澄、义空等
四	18	836年	839年至840年	大使藤原常嗣（其中140人途中遇难）
四	19	894年	未成行	大使管原道真、副使纪长谷雄，因闻唐乱，遂中止

分析这些遣唐活动，我们可以看到日本前期的遣使出于文化交流，后期更偏向政治交往。其中涌现出很多杰出的人才，他们学习了大量的唐朝文化，回国后为日本政治、经济、文化的发展作出了巨大贡献。如遣唐留学生南渊清安、高向玄理等仿中国的井田制在日本施行班田制，促成日本的大化革新；吉备真备等人借汉字创造日本假名字母；膳大丘将尊孔仪式带回日本；等等。

这些日本遣唐使抵达唐朝边境后，受到当地的热情招待，当地官员将他们迎进馆舍，安排食宿，并上报朝廷。在获得朝廷同意后，地方政府派遣专差，护送规定数额的使节进京。唐朝对海外诸国使团的人数有严格的限制，《新唐书·百官志》载："海外诸蕃朝贺进贡使有下从，留其半于境；由海路朝者，广州择首领一人、左右二人入朝。"关于使节进京的细节，日本留学僧圆仁所著的《入唐求法巡礼行记》中记载了相关情况："盐官判官元行存，乘小船来慰问。使等笔上国风。大使赠土物，亦更向淮南镇去。从江口北行十五里许，既到镇家，镇军等申云'更可还向于掘港庭'。即将镇军两人归于江口。垂到江口，判官元行存在水路边申云'今日已晚，夜头停宿'。随言留居，劳问殊深，兼加引前之人。"可见，唐朝官员对日本遣唐使多给予细致的照顾。入京后，使节会在唐宫麟德殿等处接受皇帝的召见和宴请，此后由大鸿胪和礼部主客司等机构安排使团在京的衣食住行和各种活动。除了接待，唐朝政府还会为日本遣唐使提供其他便利和保护，比如提供护送，免除日本遣唐使的通行税、住宿税等各种费用，为在旅途中生病或受伤的遣唐使提供医疗救护等。开元五年（717年），应日本使节请求，唐玄宗特许他们拜谒孔子庙堂。这些举措皆表明唐朝对日本遣唐使的高度重视，也反映了唐朝强大的综合国力，促进了唐朝和日本之间的政治和经济交流，彰显了中原王朝面向东亚地区的睦邻交往之道。

此外，在日本、新罗等国的遣唐使团中有不少特殊的使者——留学生和留学僧。唐朝统治者秉承传统文化中"圣人耐以天下一家"的治世理念，为他们提供各种生活、学习的便利。唐朝最高学府是国子监，其下分设国子、太学、四门、律、书、算六馆，皆允许留学生进修，学习中国的经书、史学、法律、书画和算术等。当时日本、新罗等国的留学生一入学，他们的衣食住行等费用均由鸿胪寺供给。唐朝还为留学生专设降低难度的宾贡考试，使之能顺利通过科举入仕，委其以官职，如新罗人金云卿、崔致远，日本人阿倍仲麻吕（唐名为晁衡）等都通过宾贡考试及第，入仕事唐。

对于来唐求经问学的外国僧人，朝廷将他们安置在西明寺、礼泉寺、慈恩寺、龙兴寺、镇国寺等地进行学习，并给予各种优待。除了提供免费的食宿，朝廷每年赐绢二十五匹、发放四季衣服，还为他们提供购书专款。当时政府规定在唐留学超过九年的人可被编入中国僧籍，所受待遇与本土僧侣完全相同。各地寺院也热心接待来唐留学的僧侣，认真传授佛法，悉心解答他们提出的疑问，使佛教文化得到更广泛的传播。这些留学生或僧人在中华文化熏陶下，受到良好的教育，学成归国后大部分成为日本的栋梁之材。如开元五年（717年），吉备真备随同第九批遣唐使入华。留学期间，他博览经史诸学，通晓多种技艺，研究唐代的天文、历法、音乐、法律、兵法、建筑、语言、书法、围棋等均有造诣。在中国求学十八年后，吉备真备归国。此后他积极投入日本文化的改革中，并借汉字创造了假名字母，推动了日本文明的划时代进步。日本史家讲遣唐使团时，言"我朝学生播名唐国者，唯大臣及朝衡二人而已"，其中大臣即吉备真备，朝衡则是同期入唐的留学生阿倍仲麻吕。和吉备真备一样，阿倍仲麻吕在青年时期来华。他勤奋好学，"问礼于老聃，学诗于子夏"，广泛学习中华文化，后参加科举考试，成为当时唯一参加科举考试、进士及第的外国留学生。他的博学多才深得唐玄宗的赏识，被御赐唐名晁衡，先后委以司经局校书、秘书省长官秘书监等要职。他的才华也使李白、王维等名家折服，他们惺惺相惜，以诗歌唱和，结下了深厚友谊。这些遣唐留学生不远万里来华求学，潜心学习当时先进的唐文化，为日本的政治、经济、文化发展和中日文化的交流都作出了巨大的贡献，构成了中外睦邻友好交往史上一道亮丽的风景线。

不独唐朝如此，中国历代统治者基本遵循礼遇厚待外使的原则，接待四方来宾，极大地促进了睦邻交往。例如，宋朝优待东南亚各国使团，为他们安排了详细的接待流程。使团抵境，先由市舶司迎接，入驻广州怀远驿或泉州来远驿。部分使者经准许后，转赴京师，沿途由州军负责食宿，且有"妓乐迎送"。入京后也会受到隆重礼遇，来使有时还会受邀参加正旦朝庆、上元观灯、封禅大典、游览寺观等国家盛宴。各国使团返国时，朝廷会以相应的礼仪送别。此外，朝廷赐给邻国使节的财物十分优厚。崇宁三年（1104年），宋朝回赐占城银绢各一千匹两，宽衣一对，二十两缕金带一条，细衣著一百匹，金花银器二两，衣著一百匹；永乐十五年（1417年），苏禄国东王、西王和峒王率三百四十多人的大型使团来访，上呈金缕表文，进献珍珠、宝石、玳瑁等方物，明朝回赠使团成员每人一副镶金玉带，赏赐使团百两黄金、两千两白金、三百匹绢、一万绽纱、三千贯钱等；雍正四年（1726年），苏禄国使节抵达福建边境，清朝下令沿途地方官护送照看，乘马、饮食等一切从厚供给，以示加惠远人之意。外国使节来华携带的土产、货物，朝廷都准许他们依照成例投入市场贸易，免征贸易关税。历代统治者与邻国贡赐往还，礼遇款待使者，厚往薄来，促进彼此政治、经济、文化等各方面的交流，为中国传统睦邻友好交往创造了良好的实践条件。

朝廷并非一味款待、厚施所有来使，对某些具有侵略意味、来者不善的使团，也会谨慎处理，清初与沙俄使团的交往就是如此。在中俄签订《尼布楚条约》后，俄商来华贸易迎来高峰。康熙三十二年（1693年），义杰斯受彼得大帝之命率四百余人的使团来华，但其态度十分傲慢，在国书中把中国皇帝放在俄皇之下。清朝拒绝受理国书和其他对外交往事项，但仍遵循礼仪给予沙俄使团足够的礼遇，准许他们在京贸易。鉴于来访俄使团成分复杂、人数众多且常在沿途滋生事端等问题，清朝下令：俄国来华人数以二百名为限，隔三年来京一次，沿路食宿自理，在京居住期间衣食费用自理，限期八十日内启程返国，所带货物不用纳税，犯禁之物不准交易。这些措施既能让利于外国使团，满足其需，又能保证中原王朝的内部治安，在一定程度上消除了一些潜在风险，为中国传统睦邻交往提供了安全保障。

2. 妥善处理特殊情况

历史上中原王朝与远近各国交往频繁，外来使团数量规模庞大，有时会发生使节病故、进贡不义之物或地位之争等特殊情况，对此中原王朝统治者高度重视，妥善安置使臣，处理突发情况，使中国传统睦邻友好交往得以平稳进行。

面对来华使节病故的情况，朝廷一般会妥善处理后事。外国派遣使节来华，有的逗留少时便回国，有的作为人质留下，待期满或选择合适时机再回国。如唐朝新罗王子金仁问，常年宿卫于唐，奔走于两国之间，为双方的政治、军事交流与合作架起了桥梁。因功勋卓著，他曾被唐朝授予左领军卫将军、上柱国、临海郡开国公等官爵。延载元年（694年）四月，金仁问在洛阳辞世，武则天闻讯，异常悲痛，感念其在两国政治、军事交流与合作方面的功绩，赐予厚葬，命司礼寺陆元景等人护送其灵柩回新罗。永乐十五年（1417年），苏禄国东王、西王和峒王搭乘郑和船队，率团访问明朝。在回国经过德州时，东王巴都葛八答剌忽染风寒，一病不起，不久去世，应其家属请求，就地入葬。明成祖下令以王礼厚葬，亲撰碑文，以示尊崇与悼念，并允准他的亲人留下守墓。朝廷拨给他们钱粮，赐给田宅，免除税役。雍正十三年（1735年），苏禄国王来华，前往德州拜谒祖茔。应其所请，清朝准许守墓者的后裔入中国籍，分为温、安两姓，并责令地方政府保护和修缮王墓，拨专款供其墓祭。如今，苏禄国王墓仍然保存完好，陵墓、墓碑和墓前的石人、石马等石雕静立在那里，供后人凭吊，正所谓"世有国人共洒扫，每勤词客驻轮蹄"。这些都体现了中国传统睦邻交往中厚待来使、济危扶困的理念。

有些国家使节通过不正当的途径获取财物，朝贡给中原王朝，统治者遵守"志士不饮盗泉"之德，拒辞不受。如乾道三年（1167年），占城国劫掠大食国商人财物，从中抽出部分向宋朝进贡。此事被揭露后，宋孝宗拒绝接受这批赃物，将已经被运到临安的贡品原封不动地退回。但鉴于两国长期以来的友好关系，朝廷同意由泉州市舶司依照惯例出资购买，同时责令占城国王释放被拘留的大食商人，"令尽释见拘大食人还本国"。

遣使来华的国家数量众多，其中不乏出现来使因礼仪相争的情况。天宝十二载（753年），唐朝在国都长安举行元旦庆典，邀请各国使节参加朝贺，鸿胪卿将新罗使节安排在日本使节之上，日本遣唐副使大伴宿祢古麻吕对此表示强烈不满。他认为新罗是日本的朝贡国，席位应在日使之下。唐朝礼官及时协调了两国使者的位置，温和地化解了一场潜在的风波。乾元元年（758年），大食国酋长闹文带领六人的使团，与回纥的八十人使团一同觐见，在宴请大殿的门前因谁先进入产生了争执，各不相让。唐朝礼官协调双方使者分为左右两列，从东西门同时进入，使此事得以妥善解决。再如宋朝时期，占城与交趾两国经常交战，朝廷下令：每月初一皇帝在文德殿接见时，两国使者分东西立，以示一视同仁；每月十五日，安排交趾使者入垂拱殿，占城使者入紫宸殿；在宴会时，让他们分东西而坐，以免双方产生冲突。

藩属国使者有时也会提出无理要求，中原王朝对此坚持原则，坚辞其请。如弘治十年（1497年），安南国要求参照赐予安南国王的衮冕，承认其国王而非大臣的地位。明孝宗认为安南名为国王，实为中国外臣，拒绝紊乱祖制，以申明小国事大之义，此举有力地维护了中原王朝在传统对外交往中建立起的朝贡关系。

中原王朝多以近悦远来的开放心态和宽厚心胸与远近各国开展官方友好往来。历代统治者礼遇来使,封赏友邦,招携怀远,厚往薄来,妥善处理各种特殊情况,为中国传统睦邻之道的实践提供了有力的支持。中国传统睦邻交往文化中提倡的厚往薄来、主客两便的思想,也传承、发扬和化用在当代中国睦邻交往的理论与实践中。

第七章 抚裔绥边与睦邻之道

古代中原王朝统治者以道德与武力两种手段治理边疆、结交邻邦，正所谓"怀之以恩信，警之以威武"。中国传统政治文化讲求先德后力，先礼后兵，德礼为主，兵威为次。历代王朝一方面高举和平、仁义的大旗，与近族邻国建立起朝贡体系下的睦邻交往关系，抚裔绥边；另一方面结交友邦、抵御外侮，武力绥边，救灾恤邻。古代中国通过和平与武力相结合的策略，在中原王朝与远近诸国之间筑起富有弹性的樊篱，为彼此和平相处、睦邻交往提供强有力的保障。

一、和平抚裔与传统睦邻交往

1. 和平仁义与传统睦邻交往

和平与仁义是中国传统睦邻之道的主旋律，不少中原王朝的统治者将其奉为圭臬，以抚裔绥边、安邻睦邻。唐初统治者对高丽、突厥的交往策略就是典型的例证。鉴于隋朝数次远征高句丽导致国力衰微、加速灭亡的教训，唐高祖、唐太宗两位唐初统治者开始从平等、和平、仁义的角度审视中原王朝与周边邻国的关系，坚守仁义、宽恕之道，善待诸国，体现出睦邻友好的和平对外交往精神。

武德五年（622年），唐高祖致书高句丽国王，申明和平相处之意，"方今六合宁晏，四海清平，玉帛既通，道路无壅。方申辑睦，永敦聘好，各保疆场，岂非盛美"，建议双方互相遣还因隋末战乱流落他国的民众，希望"务尽抚育之方，共宏仁恕之道"。高句丽积极响应，将一万多中国流民礼送回唐。唐高祖曾对身边的大臣言"名实之间，理须相副。高丽称臣于隋，终拒炀帝，此亦何臣之有！朕敬于万物，不欲骄贵，但据土宇，务共安人，何必令其称臣，以自尊大。可即为诏述朕此怀"[1]，表示愿与邻邦平等相处，不必令其称臣于唐。但诸臣坚持传统文化中宗藩内外有别、君臣尊卑有序的礼制观，认为宗主国与番邦并驾齐驱不合礼法。从现代外交的角度看，这位大唐王朝的开国皇帝提倡与邻邦平等交往，极具先进性与理想性；尽管因大臣的反对，此番理想并未付诸实践，但其主张的以史为鉴、和平抚裔、追求平等的思想弥足珍贵，值得后世借鉴。

受唐高祖平等交往思想的影响，唐太宗对周边民族与国家经常保持宽容态度，平等视之，以礼相待。他秉持中国传统的政治理念，追求"天下一家，中国一人""岂弟君子，民之父母"的理想，宣扬四海一家、华夷不二，正如《资治通鉴》中记载太宗言"王者视四海如一家，封域之内，皆朕赤子""夷狄亦人耳，其情与中夏不殊。人主患德泽不加，不必猜忌异类。盖德泽洽，则四夷可使如一家"。唐太宗曾总结治理天下、四夷皆服的成功经验，其中"自古皆贵中华，贱夷狄，朕独爱之如一，故其种落皆依朕如父母"之言突显其开明的华夷观，与先秦夏夷相通互化的思想一脉相承。这一思想便体现在唐朝处理与突厥部落的关系中。隋唐之际，中原王朝政权更迭，突厥部落整合各方势力，达到新的兴盛，时常侵扰中原边境。李唐王朝建立后，结束了中原地区割据分裂的状态。随着自身实力的逐渐增强，唐朝与东突厥的关系经历了从依附

---

[1] 刘昫等：《旧唐书》，中华书局，1975，第2360页。

到独立、从容忍到反击的变化，但始终不变的是以德睦邻的初衷与以道义相交的期许。起初，突厥实力强大，始毕可汗曾献马援军助唐攻城，故而居功自傲，后颉利继任可汗，"有凭陵中国之志"，频繁侵扰唐朝边境。唐初的统治者忙于平定中原和稳定朝纲，无意也无力与突厥对抗，故隐忍不发，任其横行，还通过赏赐、互市与和亲等方式维持边疆稳定。随着中央政权的稳固和多年休养生息，唐王朝的经济、军事实力逐渐强大，面对突厥长期的侵扰和威胁，开始尝试进行反击。在东突厥突利、颉利两位可汗发生内讧后，唐朝抓住时机，对向唐朝示好的突利可汗给予礼遇厚待，对无意友好且频繁率兵入侵的颉利可汗进行还击。当时北疆游牧部落连年遭遇雪灾，大批牲畜被冻死，民众饥饿受困，而颉利可汗对内横征暴敛、对外频繁用兵，导致众叛亲离，东突厥逐渐走向衰落。在这种背景下，唐太宗决定出兵征伐，连战告捷，最终生擒颉利可汗，解决了积年不决的边境安全问题，保证了唐朝与周边地区和平交流、友好相处的对外交往环境。

对于愿意归顺的突厥颉利可汗，唐太宗抱着"凡有功于我者，必不能忘，有恶于我者，终亦不记"的宽大胸怀，既往不咎，多加善待。唐太宗把颉利可汗和家人安排在太仆机构，由专人提供衣食，又授其虢州刺史，赐予专用的住宅和田地，使其安度晚年。后来可汗去世，太宗诏其属下，依照突厥礼俗，安排可汗在灞水旁火葬，谥"归义王"封号。对因战败归降的突利可汗，唐太宗也是厚礼相待，授官封王，赐予食邑，安排其部落回到原来生活的地区，但责令其不可随意扰边。众多突厥部落感念唐王朝的宽大仁慈，纷纷归顺，万国来朝，蔚为壮观。唐朝平等、开放的对外交往策略还体现在对归顺百姓的安置上，当时朝廷众臣对归顺部落提出三种安置策略：迁往内地，遣回河北之北，依东汉旧例置于河套之地。唐太宗综合考虑双方情况，最终采纳了第三种建议，将归降部落遣返至黄河以南，将黄河南边宜农宜牧的肥美之地划分给突厥，保障他们的生活来源，维护边疆的安全。同时，唐朝还在沿边之地设置多个都督府，委任突厥各部落首领为将军、中郎将等官职，允许他们治理内务。在高宗初年，唐朝出现"突厥尽为封疆之臣""自永徽已后，殆三十年，北鄙无事"的安宁局面。

唐太宗坚持以德绥边安邻，先文后武，先礼后兵，其处理近族邻国关系的方式得到诸邻国的广泛认可。贞观四年（630年），唐朝征服东突厥后，四夷（东夷、南蛮、北狄、西戎）国君来朝，集体请尊太宗为天可汗，四夷称其万岁。不过，太宗并不唯我独尊，而是赐给各国君长玺书，也尊称他们的首领为天可汗。正因为太宗以仁义之道善待近国邻族，保持一视同仁的宽广胸怀，唐朝出现了"四夷大小君长争遣使入献见，道路不绝，每元正朝贺，常数百千人""绥之以德，使穷发之地尽为编户"的睦邻交往盛况。

不仅唐朝统治者高扬仁义之道对待近族邻国，而且历代中原王朝开明的统治者基本遵循"尊贤而容众，嘉善而矜不能"的君子交往之道，高扬扶弱抑强、除暴安良的人道主义精神，与周边地区的国家和民族和睦相处、友好往来。雍熙三年（986年）至端拱元年（988年），占城发生内乱，先后有五百多位占城流民流落至海南岛、广州避难，后来应占城国王要求，宋朝派使者护送难民回国。明朝时期，郑和率船队七下西洋，他们每到一地，会先向当地国王赠送丰厚的礼物，宣读本朝国书，招徕他们派遣使者前往中国建立友好关系。清朝时期，朝鲜国内连岁荒歉，民生艰难，康熙帝闻讯后，即令官兵从奉天调运大量贮积粮食，输往中江，同时准许中国商人运米粮入朝鲜。历代中原王朝统治者十分尊重邻国领土主权，在对外交往中，从未恃强凌弱或乘人之危占有他国土地，攫取邻邦财富。乾隆十九年（1754年），苏禄国王上奏朝廷，请求将其国土、丁户编入中国版籍，被清朝婉言谢绝。上述史实，可见中原王朝无意对外扩张，反而对弱小之国频繁施以援手，力主促成各国和平相处的睦邻交往局面。

2.协调矛盾与传统睦邻交往

历史上,四夷之间常出现冲突、矛盾。面对此种情况,历代中原王朝便发挥宗主国的作用,秉持以和为贵的原则,协助双方和平处理分歧、化解矛盾。在处理邻国之间的矛盾时,中原王朝多采取保持中立、不干涉内政的态度,只有必要的情况下,才会适度进行军事干预,以防止双方的矛盾升级。历代中原王朝对外出兵必须保证师出有名,遵从正道,为义而战,主要目的是禁残止暴、匡扶正义。唐朝初年,唐高祖综合运用政治、军事手段协调朝鲜半岛的高句丽、百济、新罗三国之间的矛盾就是一个典型的例证。武德九年(626年),百济、新罗遣使至唐,状告高句丽国王发兵入侵,掠夺财物,还堵塞了两国入唐朝贡的道路。于是,唐高祖派遣使臣朱子奢前往协调三国矛盾。后来,百济与新罗为争夺地盘互相攻伐,唐太宗也派遣使节前往劝说,希望双方和睦相处。但是百济国王阳奉阴违,依然我行我素,甚至变本加厉,与北边的高句丽联合掠夺新罗的领土。新罗无力抵抗,国家危在旦夕,频频向唐求援。考虑到政治形势,唐太宗还是希望用和平的手段解决争端,再次遣使前去劝解,警告高句丽、百济立即停止攻伐,否则将兵戎相见。在多次劝说无果、和谈无望的情况下,唐朝决定出兵援助新罗,合击高、百二国,以战求和。其间又有日本势力的加入,问题久不得解,朝鲜半岛动荡不安、生灵涂炭。龙朔三年(663年),唐朝与新罗联军在白江口打败日本和百济的联军,后又攻破高句丽,最终帮助新罗收复失地。之后,唐朝加强与新罗的联系,多次派遣使团,参与其国王继位、吊唁、册封等事务,新罗也频频派遣使团来唐朝贡、贸易和学习交流,中朝迎来了睦邻友好交往的高峰。

宋朝与南疆交趾、占城的关系也是中原王朝武力绥边、协调矛盾的典型案例。交趾位于越南北部,其境与宋朝接壤,经常派遣使节到宋朝进行朝贡贸易。占城"北抵交趾,南抵真腊",因其航海业发达、物产丰富,与宋朝频繁进行香料贸易。占城因国力较弱,且地理位置优越,长期受到交趾的侵扰。太平兴国六年(981年),交趾国王黎桓上书愿将九十三名占城俘虏进献朝廷。宋太宗为表宽厚,安排广州官员接收了他们,多加抚慰,并赠送衣食财物,之后便将他们遣送回占城。景德三年(1006年),交趾国王黎桓去世,其诸子争权,一时众心离叛,举国陷入一片动乱中。交趾国军队头目黄庆集、黄庆蛮率兵投宋,请宋朝出兵,表示愿为前锋,但朝廷以为"今幸乱而伐丧,不可",明确拒绝。后来交趾境内上千民众数次逃亡至宋,请求内附,宋朝皆安排衣食送其回国,并告诫交趾统治者要体恤民众,勿滥杀同胞。元祐七年(1092年),占城国王上奏朝廷,希望宋朝讨伐交趾,并愿意率兵协助,以解决恶邻侵扰之苦,但宋朝仍以"不绝臣节,难以兴师"为由婉言拒绝。这种保持中立、协调争端的对外交往态度收到一定的成效,交趾、占城两国虽战争不断,但大体稳定,这在一定程度上保证了中国南疆的安定。

当然,中原王朝并非毫无底线地求和,当本国的利益受到侵害、宗主权威被藐视的时候,统治者会毅然出兵,维护中华民族的正当权益。北宋建立后,与交趾国基本保持和平交往,很少有冲突。但随着国力的强盛,交趾统治者渐生侵宋之心,时常在宋朝边境掠夺骚扰。熙宁八年(1075年),交趾国发六万军兵大肆入侵宋朝的广南西路,其兵分三路,连侵宋朝廉、白、邕、钦四州,掳掠近千官员,将邕州城内的近六万军民屠戮一空。宋朝朝野大震,决定予以反击。宰相王安石亲自起草《讨交趾榜》,调兵前往桂州、潭州。次年二月,宋朝又任命郭逵为安南道行营都总管,率领大军南下,一举收复邕州、廉州、钦州等全部失地,直入交趾境内,斩其指挥官洪真太子。随后宋军主动撤出交趾,不贪图对方领土,不滥杀无辜,班师回朝。这次出兵有力地反击了交趾侵占宋朝边境的不义之举,保卫了我国的领土,是维护主权的正义之战。讨伐成功后,宋朝主动撤军,不事报复,更是用实际行动践行了"命将致讨,服则舍之"的和平绥边策略,维持了南疆和睦相处的局面。

除了政治调停之外,中原王朝有时也会应某些国王的请求,在宗藩框架内协调解决邻国之间的贸易冲突,但绝不过多干涉别国内政。乾隆十二年(1747年),苏禄商人与吕宋商人发生经济纠纷,苏禄国王请求清朝派兵制裁对方,但乾隆帝认为这是他国内政,不便干涉,只回复:"只可听其自行办理,未便有所袒护。以后如遇如此事情,惟有晓以大义,俾知中国体制,不敢分外干求。"

有一点值得注意,历史环境错综复杂,中原王朝统治者在调解邻国矛盾时也有举措不当的情况,造成了一定的消极影响,如唐朝时发生的怛罗斯之战。天宝九载(750年),同为唐朝藩属国的拔汗那国与石国爆发战争,应拔汗那国国王请求,唐朝将领高仙芝发兵讨伐,攻破石国,俘获了石国国王。石国王子西走,向大食求救,企图联合大食国袭击唐朝的安西四镇。天宝十载(751年),唐军与大食军队在怛逻斯兵戎相遇,双方发生激烈交战,最终唐军惨遭失败而归,大食国也遭受了重创。这场因调解失败而引起的域外大国之战,使双方损失惨重,甚至间接影响了彼此政权的命运,为唐朝后期安史之乱的爆发和王朝衰落埋下了伏笔。老子讲"兵者,不祥之器,物或恶之,故有道者不处",告诫统治者在协调邻国之间、中原王朝与邻国的矛盾时,不可轻忽慎战思想。

综上可见,当邻国之间发生经济、政治、军事上的矛盾与冲突时,中原王朝统治者常以宗主国的身份出面协调争端,采用和平方式使双方化解矛盾、解决冲突。这种协调一般通过书面文书的方式对双方进行劝解,动之以情、明之以理、威之以武,这在很大程度上维护了中原王朝的宗主国地位,也为不同时期中原王朝构建睦邻友好关系提供了强有力的支持和保障。

二、武力介入与传统睦邻交往

历代中原王朝立足稳固边疆,对外交往推崇睦邻友好之道,奉行和平的边疆政策。不过，这种和平交往的局面有时也会被不和谐的因素打破，如面对频繁阻碍中原王朝与周边远近诸国正常交往的顽邻、恶邻，统治者往往选择出兵征战，援助友邦平定叛乱，讨伐不守藩礼的外臣。但是，古代中原王朝一般不轻易大动干戈，对外用兵讲求道义，要求师出有名，故多为绥边、抚裔、睦邻而战。其大致可分为两类：一是捍卫自身战略利益、威慑邻国之战，如西汉武帝时期的大宛之战；二是援助藩属邻邦、反抗侵略之战，如明代万历年间的援朝抗倭。它们都集中体现了中国传统睦邻之道中慎战而不忘战，以战止暴禁残、除暴安良、济危扶困等战争理念和仁道思想。中原王朝通过武力威慑、出兵援邻来稳定边疆、安定外番，确保中国与周边地区的和平、稳定，在客观上促进了中外各国睦邻友好关系的发展。

1. 武力绥边与传统睦邻交往

大宛之战是发生在中原汉朝与西域大宛之间的一场战争，有着复杂的历史背景。当时匈奴内部的各种势力此消彼长，阻挠汉朝和西域各国的交往。汉朝的统治者借助强盛的国力，四面拓土固边，迎击追袭匈奴，先后发动河南、河西、漠北之战，使匈奴无法雄霸西域、凌轹汉边。同时，汉武帝派遣张骞出使西域，联络大月氏、乌孙等国，合击匈奴，根除边患。虽然汉朝没有实现对外联盟的初衷，但意外地结识了大宛等国，由此打开了中原王朝与西域各国正式交往的大门。此后，汉朝依托强大的实力，与各国频繁展开政治、经济、文化交流，影响力不断向西渗透。当时西域地区政治格局复杂，有三十多个大小不一的邦国分布于帕米尔高原东西两侧。其中，大宛凭借得天独厚的地理位置，占据汉朝前往中亚的必经之道，成为汉朝联盟打击匈奴、经营西域交通的重点拉拢对象。汉与大宛建立了长期的友好关系，大宛也是汉朝的重要贸易伙伴之一。不过，汉王朝同大宛的关系起初并非一帆风顺，也经过了战争与和平的洗礼。

张骞首次出使西域时，曾至大宛拜访国王，得到了对方鼎力支持，借此顺利抵达大月氏，据《史记·大宛列传》载："居匈奴中，益宽，骞因与其属亡乡月氏，西走数十日至大宛。大宛闻汉之饶财，欲通不得，见骞，喜，问曰'若欲何之'。骞曰'为汉使月氏，而为匈奴所闭道。今亡，唯王使人导送我。诚得至，反汉，汉之赂遗王财物不可胜言'。大宛以为然，遣骞，为发导绎，抵康居，康居传致大月氏。"大宛久闻汉朝富饶，欲通不得，见汉使来到，深表欢迎。大宛大小属邑有七十多个，人口有几十万，是一个农牧业兴盛的国家，物产丰饶，尤以出汗血宝马著称，张骞回国时便将这一情况报告给了汉武帝。当时汉朝与匈奴的战争正如火如荼地进行着，汉武帝十分渴望得到抗疲劳、蹄坚硬、能日行千里的汗血宝马。太初元年（前104年），汉武帝派使者携带重金和一匹黄金铸马，前往大宛，以求换取汗血宝马。但双方发生了冲突，大宛国王不愿意交换。汉使愤怒不已，一气之下，当众砸碎金马，扬长而去。大宛王见汉使离开，又认定汉朝远在东方，无法派军前来，便命属邑的郁成王拦截击杀使团，劫取财物。大宛又暗中联络匈奴，阻隔西域交通，破坏汉朝与西域各国的贸易往来。求马被拒，使者被杀，这对于长期致力安定边境、宣扬国威的汉武帝来说，是一种严重的无礼与挑衅之举；而大宛国又与匈奴暗中勾结，威胁着汉朝经营西域、进行中外交往。为了获取良马扩充军事实力、削弱匈奴的势力、重振大汉在西域的威信、畅通中西交往通道，汉武帝决定西征讨伐，大宛之战由此而起。

太初元年，汉武帝任李广利为贰师将军，征发天下民丁、刑徒等，与六千胡骑集结成军，踏上西征之路。从长安至大宛路程遥远，长达八千里，沿途劳顿不堪，寒冻、缺水、断粮等恶劣的自然环境和脆弱的后勤补给始终困扰行军，西域各国害怕匈奴报复，又拒绝提供补给，汉兵"道远多乏食"。有的士兵冻伤或逃亡，汉军人员流失严重，在到达大宛前，就已经人困马乏、士气不振，军队战斗力急速下降,如强弩之末势不能穿鲁缟。故而在攻打郁成国时,面对顽强抵抗的郁成守军,汉军攻城不克,损失伤亡惨重。李广利只得率残部败归,生还者只有千人。面对如此结果,汉武帝大怒,严令军队不许退回关内,原地待命,准备再征。

在备战期间,汉朝将军赵破奴攻打匈奴,不幸全军覆灭,致使汉朝北部边防形势莫测。接连的败局在朝内引起了争议,许多大臣认为应停止征伐大宛,专心安定北疆,但武帝从经营西域、孤立匈奴和拓展对外交往空间的长远发展考虑,主张继续西征。他力排众议,令李广利继续攻打匈奴,打算用远征胜利的战果维持汉朝对西域的经营,同时震慑邻邦,防止其他国家心生轻慢,效仿大宛疏远侵害汉朝。从表面上看,武帝一意孤行地诉诸武力,有穷兵黩武之嫌,和汉朝与远近邻国友好交往的初衷大相背离,但面对他国的失礼与挑衅,汉朝希望通过征伐大宛以树立威信,也是势之所迫。

太初三年(前102年),李广利率兵再次西征。此次远征,汉朝汲取上次教训,做好了调兵遣将、征集物资的充分准备:召集六万军士,同时征发酒泉和张掖的十八万甲卒,屯田待命,配"牛十万""马三万余""兵弩甚设";为解决"道远多乏食"的问题,汉军在沿线城邦留下部分兵卒,建立物资补给点。李广利率大军再次到达大宛东部的郁成国后,没有像上次那样强攻蛮干,而选择只派一支小分队围城而不攻,切断其对外联系。大部队则绕道急行,直抵大宛国都贵山城下。针对都城依山而建、易守难攻的特点,汉军精心设计了攻城方案,大宛国都被围困一个多月,城内上下人心惶惶。大宛贵族认为是国王毋寡藏匿宝马、杀死汉使造成国内生灵涂炭,暗地密谋杀死了毋寡,派使臣献上毋寡首级求和,表示"汉毋攻我。我尽出善马,恣所取,而给汉军食"。他们还宣称,如果汉军不接受归降,执意攻城,将杀光宝马,联合他国抵抗到底。最终汉武帝接受大宛要求,下令停止进攻,立贵族昧蔡为新大宛王,令其子入汉充当人质。汉军取大宛宝马数十匹、中等以下马三千余匹后，李广利挥师东还，沿途降服郁成国。太初四年（前101年），汉军结束远征，班师还朝。

战争没有赢者或输者，只有生者和死者。从此次远征结果看，汉朝获得心仪之马，基本实现稳定边疆、畅通丝路、抗击匈奴的战略性目标，但也为此付出了巨大的代价，损耗了大量的民力、财力、物力。数万将士伤亡，生还者只有当初出征人数的十分之二，不少士卒永留西域。汉武帝在《轮台罪己诏》中言及远征士兵伤亡，"汉军破城，食至多，然士自载不足以竟师，强者尽食畜产，羸者道死数千人。朕发酒泉驴橐驼负食，出玉门迎军。吏卒起张掖，不甚远，然尚厮留甚众"，可见其深刻认识到了战争给国家和民众带来的无尽伤害。天汉元年（前100年），大宛贵族认为国王昧蔡"善谀，使我国遇屠"，于是发动政变杀死昧蔡，立毋寡之弟蝉封为国王，并派遣蝉封之子入汉朝为质，同时允诺每年向汉朝进贡两匹汗血马。对此，汉朝并未再强势介入，只派遣使者前往安抚，并承认蝉封的王位。此后，汉朝与大宛的稳定交往关系维持了相当长的时间，直到东汉末年才因中原战事而渐疏远。大宛之战后，汉朝在西域树立起强大的威望，震慑了想要依附匈奴的西域诸国，各国纷纷遣子弟入汉朝贡，与汉建交，西域各国与汉朝的交往日益繁荣。

从战争的正义性而论，有人认为"此战之引起完全是武帝欲得大宛汗血宝马"，是非正义的；也有人认为"此战役对匈奴在西域势力是重大摧毁，从此西域各国归汉，丝绸之路打开，中西交通开辟，从而有益于东西方经济文化的交流"，应是正义的。[①]客观而论，两说各有所偏，前者夸大了历史人物主观愿望在具体历史事件中的独特作用，忽略了历史宏大背景的重要作用；后者则重视战后效果而忽略战争本身危害。在战争爆发之前，汉朝先是通过和平手段，派遣使节，希望以重礼换取对方宝马，但未能如愿。紧接

---

① 卢苇：《中外关系史》，兰州大学出版社，1996，第39页。

着遣使被劫杀，汉朝的尊严与威望遭到冲击。之后，大宛与匈奴暗通款曲，密谋对抗汉朝，故有天子一怒，发兵远征。从国家战略层面讲，对当时的汉朝来说，汗血宝马是十分重要的战略资源。此前西域诸国长期受匈奴的控制，匈奴借其势力，时常侵扰汉朝边境，阻碍西域诸国与汉朝的交往。即使在汉军发动三次战役屡败匈奴之后，匈奴余威仍存。征服大宛可使汉朝获取良马，增强自身对抗匈奴的实力。同时，大宛位处交通要塞，征服它就能从地理上切断匈奴与其盟友的联系，削弱匈奴的势力。当然，汉朝也付出了巨大代价，中间攻城略地，既造成不可计数的人员流亡，也消耗了大量的财力和物力，对汉朝及西域诸国的民众造成莫大的伤害，这些注定大宛之战不可能是纯粹的正义之战。

从战争的必然性而论，大宛之战与当时汉朝的对外交往需求及国家发展形势密不可分。在张骞出使西域至大宛之战爆发的三十多年（前139年—前104年）里，汉朝与西域远近各国互派使者，交往频繁，其中最突出的是丝马贸易。因为路程遥远、国力有限，汉朝主要依靠丝绸贸易、使节往还展现某种实力，维持双方关系。这就使西域某些国家滋生了轻慢之意，时常劫掠汉使商队，还暗中联合匈奴入侵汉朝。大宛拒绝赠送宝马、郁成国劫杀来使将彼此的矛盾彻底激化，汉朝决意以此为契机，远征大宛，强化自己在西域的威望，掌握对外交往中的主动权。

此次大宛之战的胜利为汉朝在西域开展更深入、更广泛的和平交往打开了新的局面。一方面，汉朝借助远征胜利形成强大的军事威慑，使西域诸国认识到中原政权强大的实力，这在一定程度上减少了他国挑衅汉朝、恶意交战的可能。另一方面，西域诸国迫于武力威胁，在汉朝与匈奴的争斗中保持中立或偏向匈奴的态度开始发生转变，他们意识到可以依靠汉朝摆脱匈奴的控制或骚扰，维护自己的安全与经济利益，便纷纷与汉展开交往。如战争结束后，西域康居国心生敬畏，主动向汉示好；葱岭东侧的龟兹迫于汉军压力，表示归顺；乌孙国见势而变，也依附汉朝，请求共同对抗匈奴。可以说，大宛之战后，汉朝基本将西域各国纳入反击匈奴的战略版图之中，确立了东、西、南三面夹击对手的格局，为后来王朝彻底消除北方边患奠定了坚实的基础。这极大促进了中原王朝与西域诸国和平交往，向西而进的丝绸之路得以畅通，各地物资由此源源不断地进出西域，被运送至东西方各国，中外文明交流迎来新的发展高峰。

2. 武力援邻与传统睦邻交往

中原王朝借助朝贡关系与邻邦建立起宗藩体系下的交往关系，作为宗主国的中原王朝，除对诸藩属国多加礼遇，积极开展政治、经济、文化交流外，也自觉发扬大国精神，锄强扶弱、除暴安良，维系各国之间的稳定局面，明朝援朝抗倭之战就是武力援邻的典型实践。从1592年至1599年间，日本两度发动侵朝战争，力图吞并朝鲜。明朝多次派军增援邻邦，与朝鲜人民同仇敌忾、并肩作战，最终帮助朝鲜击退外敌，书写了一段中朝睦邻友好、共御外侮的历史佳话。

在战争爆发前，中朝日各国发展情形不一。此时明朝正值万历年间，朝廷通过一条鞭法等改革政策，使国内经济持续发展，社会一派繁荣之象。但自改革重臣张居正去世后，朝堂朋党之争渐盛，皇权旁落，兴盛一时的表面下隐藏着衰弱，乱势若隐若现。此时朝鲜的统治者与明朝素来交好。1392年，高丽将领李成桂发动政变建立了新的政权，决定向明朝称臣，奉明朝为宗主国，请明朝皇帝朱元璋赐国号。朱元璋引用"朝日鲜明"之意，命名其为"朝鲜"。在此之后，李氏朝鲜与明朝之间建立了长期稳定的朝贡关系，国内政局稳定，百姓安居乐业。因举国上下承平日久，此时的朝鲜也面临诸多危机，国内党争不断，政治腐败，海防松散，武备废弛，"人不知兵二百余年"。这为日本举兵入侵提供了可乘之机。而日本在经历一百多年动荡不安的战国时代（1467年—1573年）后，由丰臣秀吉率兵消灭割据政权，完成了统一。此时日本国内百业待兴，对内土地分封不均引起武士的不满，对外与明朝的关系时断时续，起伏不定。以丰臣秀吉为首的统治者为了转移国内矛盾、获取更多的资源和财富，悍然发动侵朝战争，并扬言"誓将唐之领土纳入我之版图"，由此展开了一场耗时七年的战争。

明朝援朝抗倭战争大致可分为三个阶段。第一阶段（1592年4月至1593年7月），明朝出兵收复平壤，取得初步胜利，后在碧蹄馆之战中受挫，但仍奋力击退日本海军，双方处于胶着状态。第二阶段（1593年7月至1596年底），双方议和封贡，持续三年多，但因中日期望与要求相差悬殊，日本假意逢迎，最终和议告吹。第三阶段（1597年1月至1599年4月），因和平谈判失败，丰臣秀吉第二次入侵朝鲜，发生陆海激战，最终以中朝联军胜利退敌结束。① 下面将按这三个阶段介绍此次武力援邻。

第一阶段（1592年4月至1593年7月） 战争爆发前夕，丰臣秀吉借口明朝政府拒绝通商，派使者通告朝鲜，希望借道进攻大明，请其协助，但被素来与明朝交好的李氏朝鲜统治者断然拒绝，遂怀恨在心，伺机报复。1592年，日本兵分三路入侵朝鲜。由于国内政治混乱、军备不整，朝鲜节节败退，汉城、开城、平壤等要地先后失守，大片领土沦陷，朝鲜国王李昖仓皇出逃，向宗主国明朝求援。丰臣秀吉被一时的胜利冲昏头脑，妄想一举攻占明朝，迁都北京，进而征服亚洲，建立帝国。藩属国朝鲜受到侵略，危在旦夕，作为宗主国的明朝自认为有保护属国的责任，"为我藩篱，必争之地"，很快就调兵遣将，援朝抗倭。

1592年，第一批援军抵达平壤城外，但因不熟悉地理环境，又连遇大雨，初战不利。后明朝又加派第二批援兵入朝，与朝鲜军队会师平壤，协同抵抗日军。在此期间，有人主张和谈，但因日本

---

① 孙卫国：《兵部尚书石星与明代抗倭援朝战争》，《朝鲜韩国历史研究》2013第2期。

要求以大同江为界分治朝鲜，明朝认为此举不妥，和谈无果而终。之后明朝积极备战，从江苏、浙江、四川和辽东等地征调兵马，给予朝鲜更多支援，希望通过武力打击日军嚣张气焰，制止其入侵。1593年2月6日，明军与朝鲜友军联合作战，三日之内，大破平壤，杀敌万余，取得大捷。日军纷纷南撤，龟缩在汉城，观望形势。中朝联军乘胜南下，追击逃敌，收复北方失地，直逼釜山。在汉城附近的碧蹄馆一地，明军先锋精锐与日军展开了激烈的正面交锋，双方损失惨重。此战之后，日本遣使至北京，请求"和平谈判"。明军暂停南攻，万历皇帝表示同意和谈，双方撤兵朝鲜，仅留存少量兵力驻扎在朝鲜和朝鲜沿海。朝鲜战争的第一阶段就此结束。

第二阶段（1593年7月至1596年底） 在此期间，中日两方进行和谈，战争进入相持阶段。明朝提出了三大和平条件：册封日本为明朝藩属、日本从朝鲜撤军、送还被掳掠的朝鲜官民。丰田秀吉假意接受，暗中谋划，以和谈做幌子趁机备战。1594年，日本撤出王京，退至釜山。明军下令撤兵，只留一万多官兵，协助朝鲜防守与训练军队。此时丰田秀吉并未打消侵占朝鲜的野心，他暗中征召兵役，购买军船，在朝鲜沿海和日本训练骑兵，扩充军队实力，同时在朝鲜釜山加固要塞，酝酿新的侵略计划。1596年，日本撕毁和平协议，将奉命前来册封的明使驱逐出境，并在朝鲜内部制造内乱，导致朝鲜水师大军李舜臣被下牢狱。日本第二次侵朝之战一触即发。

第三阶段（1597年1月至1599年4月） 1597年，日本再次入侵朝鲜，直逼汉城。朝鲜局势陡然生变，形势危急。明朝再派大军，援朝抗倭。兵部尚书邢玠等奉命率四万大军入朝作战，重创日军。1597年底，明军兵分三路包围驻扎蔚山的日军。此前日军在蔚山苦心密谋多年，军队战斗力强劲，再加上部分明军将领贪求事功、好高骛远，此战进行得十分艰辛，明军攻势受挫，在损失惨重后侥幸逃脱。明军在蔚山一战虽未得胜，但也震慑了日军，此后日军多采取防守策略，不敢贸然进攻。后来明朝廷改派其他将领，并增派江南水军，加强海上兵力援助，攻势渐猛。这一阶段的战事双方互有胜负，僵持不下，长年疲于奔命的日军厌战情绪高涨，朝鲜又坚壁清野，断绝日军就地获取粮草之路，并派兵干扰对方的后勤补给，形势于日极其不利。1598年，丰臣秀吉病亡，日军士气大挫，开始准备撤退。中朝联军乘胜追击，一举击退了日军，大获全胜。1599年4月，明军班师回朝，宣告援朝抗倭之战结束。

此战中，中朝人民患难与共，涌现出很多感人事迹，如明朝老将陈璘与自己的儿子身先士卒，奋勇杀敌；老将邓子龙率兵追击倭船，突围歼敌，不幸阵亡。中朝两国携手合作，同仇敌忾，抵御外侮，明朝将士舍生取义、锄强扶弱，用鲜血与生命换来正义之战的胜利，书写了中朝患难相助的伟大友谊。

此次援朝抗倭之战中，明朝除派遣大量军队、运送物资接济外，还在军事战备上给予朝鲜一定的支持。如派专人帮助朝鲜制造武器，传授剑术；设立训练都监，教习戚继光《纪效新书》，培训士兵；挑选精锐，传授炮车战法、剑枪诸艺，训练炮手、射手、杀手；教授朝鲜工匠制造铁铳、焰硝等。[①]在战争结束后，明朝仍留下数千官兵，继续帮助朝鲜训练兵士，防守要塞，续写中朝友好交往的历史。

明朝援朝抗倭战争以中朝联军的胜利告终，史家称"东洋之捷，万世大功"。今人也给予高度评价，"明朝在1592至1598年援朝抗倭的战争支援了邻邦朝鲜，击退了日本侵略者，粉碎了丰臣秀吉先吞并朝鲜再侵略中国的狂妄计划。中朝人民在抗击共同敌人的斗争中用鲜血凝成了友谊，在两国友好关系历史上写下了宝贵的一页"[②]。

明朝援朝抗倭战争具有深远的历史影响，值得我们反思和借

[①] 周一良：《明代援朝抗倭战争》，中华书局，1962，第30~31页。
[②] 周一良：《明代援朝抗倭战争》，中华书局，1962，第31页。

鉴。从东北亚地区国际关系发展而论，明朝援朝抗倭，惩恶扬善，反对强权政治，保护弱小国家，伸张国际正义，展现了中国古代以仁义之道结交邻邦、帮助友邦抵御外侮的睦邻思想，更为此后东北地区数百年间和平稳定的政治格局打下了坚实的基础。如某些学者所见，通过这场战争，中国解除了自元以来二百多年间日本倭寇的侵扰威胁，也"为东亚赢来了三百年和平岁月"[1]。但从这场战争对各国的影响而论，这场援朝抗倭之战是三方皆败的局面。就明朝而言，断断续续的七年外援之战削弱了国家经济和军事力量，这间接导致明朝无力控制东北日益强大的女真部落，使其愈发壮大并对明朝形成了致命的威胁。就朝鲜而言，战胜复国、山河依旧是一大幸事，但战争损耗使国内政治、经济形势更加恶化，其在之后明朝与女真之间的较量中飘摇无定，国势一蹶不振。就日本而言，丰臣秀吉去世，其家族失势，政权崩塌，被德川家康家族取代，进入德川幕府时代，也埋下了此后三百多年间日本对外扩张思想日益猖獗的隐患。

尽管此战的影响各有利弊，但不可否认的一点是，明朝援朝抗倭之举是中国传统对外交往史上的光辉事迹，尽显中原王朝的睦邻交往之道。作为宗主国，明朝积极维护藩属国的安全，尽其保护外臣之国的义务，维持稳定的朝贡交往和睦邻关系。从长远发展来看，中朝日三国在地理上山水相连、毗邻而居，自古以来彼此之间交往频繁，和平往来始终占据主流。当近邻朝鲜受到侵扰时，历代中原王朝多会从安定边境和睦邻友好的角度出发，全力协助，共御外侮，并极力协调邻国纷争，以和平相处为宗旨，牢固地确立一种睦邻绥边的战略格局。

总之，在边境安全、宗主权威、对外贸易等核心利益受到严

---

[1] 万明：《朝堂与战事之间：明朝万历援朝之战官将群体的初步考察》，《烟台大学学报（哲学社会科学版）》2017年第3期。

重威胁时，中原王朝会凭借自己的实力，奋起捍卫本国和藩属国的权益。中国传统睦邻交往的用武之道立足于以武止戈、禁暴止乱，放眼长远的战略利益，以绥边、安己、睦邻为导向，救危扶弱，稳定大局。中国传统文化中有关于武力兵威的丰富论述，如武有七德"禁暴、戢兵、保大、定功、安民、和众、丰财"，"以戈止武""有文事者必有武备""惊之以威武""大邦畏其力""兵者凶器""兵者不祥之器""兵以威敌，服而舍之"，对用兵动武的危害、作用、目的都有清醒的认识，进而形成一种具有辩证思维的兵战思想。在中国传统睦邻的实践中，这种思想时隐时现，影响着历代中原王朝的对外交往，至今仍不乏重要的启示意义。

第八章 经济文化与睦邻之道

从秦汉至明清，历代中原王朝立足于维护宗藩君臣之谊，以市治边、以利驭夷，开展厚往薄来的朝贡贸易、互补互利的互市贸易，推行开放的外贸政策，促进对外文化交流。民间商人通过互市与外商贸易交往，密切中原地区与周边地区的经济文化联系；中外僧侣学者互相传经布道，不断推动中外文化的交流，实现区域文明的互鉴、互哺与升华，推动"儒道释"三教合一的区域文明圈的形成。在官方和民间的共同努力下，中外睦邻交往延绵不绝，在物质、制度与精神等各个层面的交流长盛不衰，一度出现"殊方异物，四面而至""商胡贩客，日款于塞下""梯山航海，以通互市"的盛况，之后代有传承与突破。中原王朝敦睦友邻，对外开展经济文化交流，双方互通有无、互惠互利、和谐相处，促进了中国传统睦邻交往的发展。

一、经济贸易中的睦邻之道

古代中原王朝与周边邻邦开展经济交流的方式主要包括官方朝贡贸易和民间互市贸易。朝贡贸易偏重政治利益，以彰显统治者意识为目的。在统治者看来，历代中原王朝与外国朝贡使团和商旅的相处之道就是"其慕义而贡献,则接之以礼让"。"礼让"通常指朝廷在礼仪上款待、在回礼上厚赠来使。互市贸易更注重经济利益,体现民众内在的需求,但也会受统治者"以损中国无用之货,易远方难致之物""天子不自有,凡诸蕃辅之"等互市思想的影响。宋代之前,官方经济交流占据主流地位;自宋之后,民间经济交流得到长足发展,在中国对外贸易中发挥了巨大的作用。从对外经济文化交流政策的走向看,中原王朝的对外交流趋向在有限的开放政策中不断地追求更大的开放范畴,具有鲜明的经济兼容、文化包容特色。从经济、文化友好交往的角度来看,两好搁一好,双方平等互利,成为中原王朝与周边部族、邦国之间睦邻友好、和平相处强有力的外在保障。历代中原王朝以开放包容的心态,优待远近诸国的使臣、商人、留学者和侨居中国者,是中国传统睦邻友好交往事业得到持久发展的重要前提。

1. 对外经济贸易的睦邻政策

以自然经济为主的古代中国绝非全然封闭,一味排斥对外交往,而是一个半封闭半开放的经济体。历代中原王朝推行的是一种开明与专制杂糅、开放与限制杂糅的经济策略,对内对外都是如此。历代的统治者重视发挥商业的产品流通、充实财政和对外交流的作用,鼓励商业贸易,特别是在对外贸易方面,很多王朝的统治者出于宣扬国威、安定边疆、疏通内外、充实财政等考量,都秉持一种比较开放的态度,积极促进外贸交易,以利国民生计、固边抚邻。强盛如汉唐自不必说,即便是军事积弱的宋朝,甚至是割据一方的地方政权,也都积极推行开放的对外贸易政策,鼓励海外通商。

在政治开明、经济开放的双重力量推动下,中国历史上数次出现中外贸易往来繁荣的盛况,如汉朝的"殊方异物,四面而至"[①]"商胡贩客,日款于塞下",唐朝时"我无尔诈,尔无我虞。彼以好来,废

---

① 班固:《汉书》,中华书局,1964,第3920页。

关弛禁，上敷文教，虚至实归。故人民杂居，往来如市"[1]，元朝时"海外岛夷无虑数千国，莫不执玉贡琛，以修民职；梯山航海，以通互市"[2]。唐朝时期，统治者十分鼓励对外贸易，积极招徕外商，给予他们各种优待。太和八年（834年），唐文宗诏告地方官员："南海蕃舶，本以慕化而来，固在接以恩仁，使其感悦。"诏令特别强调要经常给予在岭南、福建、扬州的蕃客存恤和慰问，并规定除必要的舶脚、收市进奉之外，其他货物可自由流通售卖，不得加征重税。对于长期定居在中国的外商，唐朝设置安置这些外商的旅店——新罗馆，为他们提供衣食、安置住处。当时许多新罗商人迁入扬州、楚州、泗州、海州、密州、登州、青州等地，还在当地形成以新罗商人为主的侨民聚居区——新罗坊。唐朝曾规定，如有外商在华去世，财产会由官府暂管，待其父兄子弟前来认领。唐后五代十国时的南汉，坐拥广州通商港口，更是大力招徕海外商人，甚至一度废除市舶制，推行自由贸易，因而富甲一方，国库殷实。

宋朝是发展对外贸易、开市招商的典范。宋朝统治者为了充实国库、稳定南疆、对抗北方割据政权，积极推动对外贸易。清嵇璜、刘墉等编《续通典》中记载宋朝重视互市的原因："宋辽金疆宇分错，敌国所产，各居其有，物滞而不流，人艰于所匮。于是特重互市之法，和则许之，战则绝之。既以通货，兼用善邻，所立榷场，皆设场官，严厉禁，广屋宇，以易二国之所无。而权其税入，亦有资于国用焉。"北宋初年，宋太祖赵匡胤平定南汉，承其旧制，设置广州市舶司。之后，朝廷派遣使团，携带诏书与金帛之礼，分四路出海前往东南亚邻国，采购当地的香料、药材、犀角、象牙、珍珠等物产，积极招徕外商。南宋时期，朝廷偏安南方

---

[1] 王维：《送秘书晁监还日本国》，载《全唐诗·卷一二七》，中华书局，1999，第1288页。

[2] 汪大渊：《岛夷志后序》，载《岛夷志略校释》，中华书局，1981，第385页。

一隅，经济上更加倚重海外贸易，"经费困乏，一切倚办海舶"，统治者推行更多鼓励外贸的措施。如宋高宗时期，朝廷规定对成功招诱外商者给予补官、升迁等奖励。宋商人蔡景芳曾联络大食商人贩运价值三十万缗的乳香，使官府大获其利，他因招诱船货有功被补官为承信郎。另外，对福建、广州负责通商的舶务监官设置贸易奖罚制度，对抽买乳香达到一百万两的官员升官位一级；而招商不力、经营不善甚至收入亏损的市舶司官员，则会被降官职。同时，宋朝尽力保护外商的权益，营造良好的经商环境。对于遇难流落中国的外商，朝廷会给予生活资助，并择时机遣送回国。如淳熙三年（1176年），一艘日本商船遇到海险，漂泊至明州，船上一百多人因缺粮少食，流落到临安府行乞。宋孝宗得知后，下诏令地方官员施以援手，赠予每人一天五十文钱、二升米，并安排他们跟随到日本的船只回国。此后，屡次有日本商船遇难漂流到江浙沿海地区，宋朝都会给予他们钱、米等必需品的救济，礼送他们回国。当时朝廷规定：外国商船遇风遭灾，漂泊至沿海，地方官员要组织人力，及时营救，帮助修船；如果船主不在，市舶官员要负责清点货物，代为保管，等待他们的亲属认领；商船遭到严重损坏的，官方对船上待贸易的货物一律免税。此外，如果外商受到地方官吏的敲诈、勒索等不公正待遇，可以越级上诉，朝廷一经查实，必严惩不义之举。为防止官商勾结、贪污受贿，损害经商环境和国家财政利益，朝廷禁止市舶司官员参与海外贸易或收购进口物品。宋朝还在杭州、明州、温州、泉州等通商港口设置怀远驿、来远驿等招待机构，专供外商休息。

尽管南宋朝廷在与北方少数民族政权的交往中处于劣势，但在南海远近各国之中仍有相当的影响力，经常受邀出面劝止邻国的劫掠行为，保障外商来华的交通安全。南宋朝廷曾应浡泥国所请，屡下诏令劝诫占城不可截留浡泥前往中国的商船，并为入华经商的船队保驾护航，确保海路贸易平安无虞。当邻国违犯宋朝的禁令和条约,私自进行互市贸易时,朝廷会选择拒绝或中止与该国通商。乾道八年(1172年),占城派人来中国买马,马匹属于宋朝禁止出口贸易的物品,边境官员拒绝出售。占城来者不善,眼见买卖不成,改为私下抢掠,危害中国民众。朝廷即刻发布诏令,强烈斥责,重申南疆互市外贸禁售马匹,警告占城不可造次。

明朝是中国海外贸易发展的又一个高峰,也是中原王朝对外贸易逐渐走向衰落的开始。明朝初年,太祖朱元璋出台贸易政策,允许自由经商,大力支持外商来华经营,"不问成千成万,水路旱路,有明白文印,都放他通来,由他往江西、湖广、浙江、西番做买卖去"。对于远道而来的异国商人,朝廷都给予免税的优待,"暂尔鬻货求利,难与商贾同论,听其交易,勿征其税"。洪武四年(1371年),朱元璋又诏谕福建行省免除占城海舶货物的商税,以示"怀柔"。同年,又下令免除了高丽、三佛齐的海舶关税。明成祖朱棣继续推行积极的对外贸易政策,多次派遣使节赴西域、下南洋,开展朝贡贸易、互市交易,亦多次减免朝贡交易物品的赋税,让利于外商。当时日本和南洋商人竞相来华,与中国开展贸易,中国古代对外经济交往达到新的高度。后来明朝不堪屡禁不绝的边境倭寇侵扰,加上统治者守旧苟安的思想,在反复的开关、闭关中,限制与邻国的朝贡、互市贸易,将中国传统对外经济交往的途径缩小甚至壅塞。清朝进一步强化了这种保守的贸易策略,闭目塞听、抱残守缺,在对外经济交流方面长期囿于以市治边、以利驭夷的框架中,无法实现真正的互惠互利式中外经贸交流,最终在全球化的贸易潮流中走向没落。

2. 朝贡贸易中的睦邻交往

确立朝贡关系是中原王朝在政治、经济、文化等层面推行睦邻交往的重要途径,历来占据中国古代对外交往的主流地位,其中的朝贡贸易也是睦邻交往的重要实践。就经济而言,宋朝之前,朝贡贸易是中国对外贸易的主要途径;宋代之后渐趋没落,并被互市贸易取代。这种朝贡贸易，一般由朝廷主导，交换的商品限于贵族生活和礼仪用品，奉行厚往薄来的原则，政治招徕、怀柔四夷的色彩浓厚，如唐朝与新罗两国之间通过朝贡贸易交换的商品种类就很多。据高丽政治家金富轼的《三国史记》和其他相关文献资料记载，唐王朝对新罗输出的商品有彩素、锦彩、绫彩、五色罗彩、绫罗、瑞文锦、绢、帛等高级织物，锦袍、紫袍、绿袍、紫罗绣袍、押金线绣罗裙衣、金带、银带、银细带、锦细带等各类衣带，金器、银器、金银细器物、银碗、银榼等金属工艺品，《道德经》《孝经》和各种佛经等书籍，茶种籽、甲具等。新罗向唐朝输出的商品有朝霞绸、朝霞锦、大花（小花）鱼牙锦、鱼牙绸、三十升纻衫缎、龙绡、布等各种织物，金、银、铜等金属，金钗头、鹰（鹞子）金（银）锁镞子、镂鹰铃、金花鹰（鹞子）锴铃子、金（银）镂鹰尾（鹞子尾）筒、瑟瑟细金针筒、金花银针筒、金（银）佛像等金属工艺品，人参、牛黄、茯苓等药材，马、果下马、狗、击鹰、鹞子等牲畜和海豹皮等毛皮。[①]由此可见，两国官方交换的礼品和商品数量非常可观，新罗对唐朝输出的多为当地土产品，唐朝出口的多为手工艺品和文化产品，尤其是中原茶树、种茶方式、茶艺技术的东传，广泛地影响了新罗普通民众的经济与生活。唐与新罗之间开展的商品贸易，在很大程度上推动了两国经济、文化交流与发展，有助于双方加深了解，体现了和平友好的睦邻交往之道。

朝贡贸易讲求礼尚往来，厚往薄来，这是古代中国与邻国进行官方经济往来的准则。朝贡贸易中，邻国进贡之物主要是本国土特产，如高丽贡金银器、绢、布、马、刀剑、人参、硫磺，交趾、占城、三佛齐等贡象牙、犀角、玳瑁、珍珠、驯象以及各种香料、香木。宋朝会对贡物"估价酬值"，然后回赐给朝贡国远高于估值的金银、铜钱和丝织品等财物。如乾兴元年（1022年），交趾送

---

① 杜瑜：《海上丝路史话》，中国大百科全书出版社，2000，第69~70页。

来的贡物估价为1682贯,宋真宗下诏回赐2000贯;天圣六年(1028年),交趾进香药估价3600贯,朝廷回赐4000贯。北宋时期,朝廷对朝贡贸易不加限制,赏赐无度,各国贡使从中尝到甜头,纷纷慕利来华。在络绎不绝的贡使中,掺杂了借朝贡之机谋利的不法商人。他们假冒贡使,在骗取宋廷一笔优厚的赏赐后,私自在民间经商,谋取商业利润。后来朝廷意识到这种情况的危害性,便开始修正朝贡政策,限制进京贡使人数、贡物数量和朝贡贸易规模,严禁外商假冒贡使,要求除估值贡物外的货物入市贸易均需交税。即便如此,前来朝贡和贸易的使节依然络绎不绝,对宋朝的财政造成了一定的负担。南宋时期,朝廷再次限制贡使进京进行朝贡贸易,削减或拒收贡物以节省财政支出,有时甚至关闭贡使进京的大门,责令他们在边境互市。至此,朝贡贸易逐步走向没落。

这种依附于朝贡制度的贸易往来受政治影响较大,在封建王朝后期经常出现兴勃亡忽的情况。主要原因在于朝贡贸易始终坚持厚往薄来,让厚利于人、纳大义于我,朝贡主体双方经济利益不对等,需要中原王朝强大持久的国力作支撑,长此以往便会影响本国的财政,故而难以长久维系。因此,朝贡贸易在中原王朝国力衰微时衰落是必然的趋势。与此相对,基于平等往来的沿海市舶贸易和边境互市追求义利兼顾、人我互惠的交往原则,更具有现实价值,因此逐渐取代了朝贡贸易的地位,走向了中外贸易舞台的中心,成为中外经济往来的主流。

3. 互市贸易中的睦邻交往

互市是中原王朝与周边民族、国家遵循各取所需的原则开展交易、经济往来的贸易方式。相比朝贡贸易,互市贸易更为自由,更重视实际利益和民生所需。古人将互市分为西北互市、东南海市(东夷马市)、西夷茶市、江南海夷市舶。简而概之,互市大致可分为陆地与海上两种形式。陆地互市指中原王朝与邻近国家在边境进行贸易,目的侧重于稳定边疆和平,政治性较强;海上互市则指中原王朝与海外国家在东南沿海地区进行商业贸易，务求实利，以资国用，经济色彩较浓。互市贸易虽受官方的管理和约束，甚至在某些方面与朝贡贸易难以区分，但整体上仍属于民间贸易，带有浓厚的商业色彩。

边境设置互市具有显著的利民安边作用，为彼此睦邻友好相处提供了稳定的环境。古代互市一般遵循"通彼货贿，敦其信义"的原则，通过"择走集之地，行关市之法"，为边地民众生产和生活提供物资交流机会，具有"底宁边鄙，休息中夏"的作用，被古人视作"和戎"之术。中原王朝的互市始自汉初朝廷与南越国之间的经济交往，在汉朝与匈奴的相处中得到完善并广泛应用。在汉武帝强力征伐匈奴时，仍不时通过"明和亲约束，厚遇通关市，饶给之"的方式，满足匈奴对贸易的需求，进行马匹与丝绸交易，双方各取所需、互惠互利，这为后期汉匈的和平相处提供了深厚的历史条件和坚实的经济基础。在西汉中后期和东汉时期的北部边境，汉匈之间经常互市，进行牛马、丝绸等物的交易。此后，互市曾因匈奴的频繁侵扰而中断。东汉明帝时，北匈奴单于许诺不再侵略边境，请求重新开通互市贸易，朝廷答应对方请求，恢复互市。汉朝以后，互市贸易在历代中原王朝与远近诸国的经济交往中相沿不绝，成为一种贸易传统。

历代中原王朝与远近诸国开展贸易，基本以本国丰富的物产为交易对象，彼此货物具有互补性，比如汉朝与匈奴开设互市，进行丝马贸易。唐朝之后，满足民用的商品在互市外贸中所占的比重越来越大。以宋朝与朝鲜的民间贸易为例，当时中国向高丽输出的商品中有茶、酒、书籍、乐器、蜡烛、钱币、孔雀、鹦鹉等本土物产和香药、沉香、犀角、象牙等进口产品，高丽对宋王朝输出的商品有贵重的丝绣品和饰物，文席、扇子、白纸、毛笔、墨等民用小物件。其中高丽的纸、墨、扇、漆等受到宋朝士人和工匠的青睐，中国的药材、茶、酒、书籍、乐器、蜡烛等同样非常受高丽民众的欢迎。

明清时期，海上交通便利，海外市场对中原王朝的贸易需求十分旺盛，民用商品在边境互市和海外贸易中更为活跃。以明朝时期运送到吕宋的商品为例，时任马尼拉总督的摩加曾列出明朝商人带到马尼拉的商品清单：

> 成捆的生丝、两股的精丝和其他粗丝；绕成一束的优质白丝和各种色丝；大量的天鹅绒，有素色的、有绣着各种人物的、有带颜色的和时髦的，还有用金线刺绣的；织上各种颜色、各种式样的金、银丝的呢绒和花缎；大量绕成束的金银线；锦缎、缎子、塔夫绸和其他各种颜色的布；亚麻布以及不同种类、不同数量的白棉布。他们也带来了麝香、安息香和象牙。许多床上的装饰物、悬挂物、床罩和刺绣的天鹅绒花毯；锦缎和深浅不同的红色花毯；桌布、垫子和地毯；用玻璃珠和小粒珍珠绣成的马饰，珍珠和红宝石，蓝宝石和水晶。金属盆、铜水壶和其他铜锅、铸铁锅。大量各种型号的钉子、铁皮、锡和铅；硝石和黑色火药。他们供给西班牙人小麦粉、橘子酱、桃子、梨子、肉豆蔻、生姜和其他中国水果；腌猪肉和其他腌肉；饲养得很好的活鸭和阉鸡；大量的新鲜水果和各种橘子、栗子、胡桃。大量的各种好的线、针和小摆设、小箱子和写字盒；床、桌、靠背椅和画有许多人物、图案的镀金长凳。他们带来了家用水牛、呆头鹅、马和一些骡和驴；甚至会说话、会唱歌、能变无数戏法的笼鸟。中国人提供了无数不值钱，但很受西班牙人珍重的其他小玩意儿和装饰品；各种好的陶器、制服、珠子、宝石、胡椒和其他香料，以及我谈不完也写不完的各种稀罕东西。[①]

[①] 李金明：《明代海外贸易史》，中国社会科学出版社，1990，第124页。

综上可见，当时中国互市贸易中的商品丰富多样，蔚为可观。这种情况在清朝时期中俄边境的贸易中仍然有充分的体现。如在恰克图互市中，中国产的南京布、大布非常畅销，深受俄国民众的欢迎与喜爱。18世纪俄国革命家A.H.拉吉谢夫曾在信中写道："南京布因其价格低廉，而不仅在西伯利亚，而且也在俄国全境为中等境遇的人们，特别是妇女所穿用。然而大布至今还仅在西伯利亚行销，在俄国尚几乎未曾为人所知。所有城乡百姓都用它作衬衫，富裕的人们每天都穿，而其他人是喜庆日子才穿。"[1]

在中外睦邻交往的历史进程中，来自民间的经济交流占据了一席之地。民间百姓遵循互惠互利、诚信友善的原则，积极开展贸易往来，为彼此的经济发展和生活进步提供了巨大的便利。

二、文化交流中的睦邻之道

中国传统政治文化推行包容开放、和平友好的睦邻交往政策，与远近各国开展全面深入的交流，除政治、经济、军事方面的交往外，文化交流也值得我们重视。与其他方面的交往相比，文化方面的交流悄然无声，但其影响更具穿透力，闪耀在中国睦邻交往的过去、现在甚至将来。不同地区的文明互鉴、互哺，共享文化交流成果，推动了各国的历史进程与文化融合，形成了繁荣的亚洲文明圈。

1. 对外文化交流的睦邻政策

从秦汉至明清，历代中原王朝秉承怀柔远人、以德化外的思想，奉行积极向上、包容开放、和平友好的对外交往政策，招徕优待邻国使者、商人、僧侣以及学者，同周边国家和民族开展各种形式的文化交流。最具代表性的中外文化交流是唐朝时期众多遣唐

---

[1] 孟宪章：《中苏贸易史资料》，中国对外经济贸易出版社，1891，第139~140页。

使的到来。唐王朝热情招待来华学习的外邦民众，设置诸多优待政策，极大促进了中华文明在世界范围内的传播。

依法保障侨居者待遇。开元二十五年（737年）颁布的《唐户令》明确规定："化外人归朝者，所在州镇给衣食，具状送奏闻。化外人于宽乡附贯安置。"唐朝的《赋役令》还规定"外藩人投化者复十年"，即免去入华外国人十年的租赋。侨居中华的外国人只要得到中国政府批准，出具公文，登记自己的个人信息、行程目的地和所带物品，即可持证明在中原王朝内畅行无阻。

支持入华者聚居自治。唐朝时期，在登州、莱州、青州、密州、淄州、泗州、海州、楚州、扬州等地出现多个来华者聚居的新罗村、新罗坊，大者数百余人，小者三五十户。唐宋时期，来自大食、波斯等地的商人在广州、泉州城内外形成较大规模的聚居地，朝廷专门建立外国侨民社区——番坊、番巷，委任本族人作为番长，处理番坊内部事务，协助市舶司招徕更多的外商来华贸易。当地官府十分尊重外商的宗教信仰和生活习惯，允许大食、波斯商人在广州聚居区内建立寺庙、学校等文化教育机构，实现侨民聚集区的高度自治。

优待各国商人。唐德宗时期，因削藩政策导致诸藩王兵变，很多外国使节和商人无法回国，长期滞留长安，朝廷为他们发放补给，并提供各种生活便利。交趾、占城等地的经商环境因战乱持续恶化，当地的侨民纷纷移居到广州、泉州经营生意，唐朝多给予其优待。唐朝的优待政策给外商留下了良好的印象，唐末阿拉伯商人苏莱曼曾称赞"中国人在商业上和公事上，都讲公道"[1]。

保障侨民司法自由。对于在华侨民的民事纠纷，唐朝有具体的法律规定，如果涉案方来自相同国家，则依据当事人所在国法律

---

[1] 苏莱曼：《苏莱曼东游记》，刘半农、刘小慧译，华文出版社，2016，第39页。

裁决；如果来自不同国家，则根据唐朝法律断案。这种立法综合运用了属人、属地原则处理不同的涉外纠纷，充分尊重了外国侨民权益，体现了中原王朝司法管理的包容性。

优待来华僧侣、留学生。除了使者、商人之外，唐朝统治者对新罗、日本等国的僧人和留学生多加优待。唐朝礼遇外来传经的僧侣，极尽优待之事，其中涌现了一批学识渊博、知恩图报的僧侣，如开元三大士：善无畏、金刚智与不空。他们游历四方，远道来唐，从事译经活动，并将异域文化传入中国。唐玄宗敬爱他们的传道精神，礼奉他们为国师，他们对唐朝怀有深厚的感情。特别是不空法师，他感念唐朝的礼遇，将自己的命运与朝廷的前途紧密相连，曾在安史之乱中冒险为肃宗传递消息，唐代宗时又被授封为鸿胪卿、肃国公，堪称"中国佛教史上最有权势的僧侣"[1]。另外，唐朝十分重视国外留学生，免费为这些学子提供衣食、住宿等。唐初曾扩建学舍上千间，最多时能容纳八千多人，为来求学的学子提供生活便利。同时，为更好地促进双方交流，唐朝还准许留学生入朝为官，并为这些留学生设立专门的科举考试科目——宾贡科，新罗人金云卿、崔致远，日本人阿倍仲麻吕，大食人李彦升、波斯人李珣等都曾通过宾贡考试入朝为官，施展自己的才华。这些来华学子有的学成回国建设自己的国家，有的则终老于唐，他们都是中国文化有容乃大的见证者，也是中国传统睦邻交往之道的亲身体验者。

2. 对外文化交流与睦邻交往

（1）物质文化交流中的睦邻交往

在中原王朝与远近诸国的物质文化交流中，各种方物和工艺品等经过初次交流、再次回流的方式，丰富了物产品类与生产技术，促进了双方生活水平的提高，推进了中外在物质文化层面的睦邻交往。

---

[1] 张维华：《中国古代对外关系史》，高等教育出版社，1993，第140页。

中外互相交流的物产名称具有鲜明的地域和时代特征。外传至邻国的物品常被冠以"秦""汉""唐""华""吴""蜀"等象征中原王朝的字，如唐朝传入日本的各种仿制农具、手工业品、服装、建筑等器物，被当地人称为唐镬、唐锄、唐箕、唐犁、唐锻、唐织、唐绘、唐塑、唐陶、唐纸、唐装、唐庙、唐城等。这些外传物品经过当地民众的学习、使用和改进，具备了更大的使用价值和更丰富的文化信息，通过相互交流传向双方社会的各阶层。

古代中国地大物博、物产丰饶，经济发展水平较高，在对外物质文化交流中，常占据主导地位。如汉唐时期中国的铁器农具、衣饰丝织品等传到东北亚、东南亚，极大地改善了当地民众的生产方式和生活面貌，促进了周边民族、国家的经济繁荣。清朝中期，俄国十分依赖中原王朝出产的大黄。当时生活在高寒地区的俄国人喜食生鱼，需用大黄去除腥膻气味，而中国的山西等地盛产大黄，常被商人运至边境恰克图进行贸易。这种特产输出甚至在维系中俄贸易上发挥了一定的作用，有时俄国在边境互市中擅增关税，清政府便通过限禁大黄出口的方式要求公平交易，促使双方经济交往恢复正常。

中外物质文化交流对中国也有巨大的影响。从邻国传至中国的物产有植物、动物、矿物、手工业产品等，种类繁多，数目庞大。以植物为例，食用类居多，兼有药用类和装饰类，食用类植物有葡萄、苜蓿、石榴、甘蔗、黄瓜、南瓜、香菜、胡芹、生姜、芝麻、核桃、土豆、茄子、西红柿、红薯、花生、玉米、辣椒、菠菜、黄蓝、烟草等，药用类的有白芥、胡葱、蓖麻、豆蔻、胡黄连、马钱子、藿香等，装饰观赏类的有茉莉、菩提树、郁金香、海枣、水仙、无花果等。传入中国的动物有各类马（如大宛马、乌孙马、朝鲜马等）、狮子、孔雀、长颈鹿、鸵鸟等，香料如乳香、丁香、沉香、檀香、金颜香、苏合香油、安息香等，珍宝如象牙、犀角、玳瑁、夜光璧、明月珠、珊瑚、琥珀、朱丹、青碧等。外来物产既有为贵族阶层享用的奢侈品，也有国家战略资源如马匹等，更有普通民众的日常用品。其中不少外来器物附加了一定的技术成分，如天竺医药、甘蔗制糖、玻璃制造术等，促进了中国传统工艺的进步。

由域外传至国内的物品多冠以"胡""番""洋"等字，与历代中原王朝对边远民族的习惯性称呼有关。有的冠以某国或某族之名，如"高丽""倭""安息""大秦""回回""荷兰""佛郎机"等。唐宋时期，入华的物品前冠以"胡"字的，主要从西域等陆路通道传入，如胡食（胡荽、胡葱、胡蒜、胡瓜、胡豆、胡桃、胡麻、胡饼、胡萝卜）、胡乐（胡笛、胡箛、胡箜篌、胡笛、胡舞）、胡服、胡帐、胡床、胡座、胡黄连、胡椒等。《后汉书·五行志》载："灵帝好胡服、胡帐、胡床、胡坐、胡饭、胡箜篌、胡笛、胡舞，京都贵戚皆竞为之。"晚唐诗人元稹在一首诗中屡言异域风物："自从胡骑起烟尘，毛毳腥膻满咸洛。女为胡妇学胡妆，伎进胡音务胡乐。火凤声沉多咽绝，春莺啭罢长萧索。胡音胡骑与胡妆，五十年来竞纷泊。"这都鲜明地反映了当时异域物产文化风靡中土的情形。明清时期，首字带"番"的外传物品渐多，主要指从海上通道传入中国的美洲瓜果蔬菜，最初称呼它们为番薯（红薯）、番茄（也称番柿、西红柿）、番麦（玉米）、番椒（辣椒）、番豆（花生）、西番莲（百香果）、番南瓜（南瓜）、西番菊（向日葵）、番荔枝（菠萝）、番木瓜、番石榴等，这与东南沿海地区民众对域外物种的特殊称呼有关。清代之后，外来物品前多被冠以洋字，如洋芋（马铃薯）、西洋表、西洋葡萄酒、西洋自行船、西洋烟壶、洋白菜（甘蓝）等。这些外来物品多由邻国传至中国境内，极大丰富了古代中国人的日常物质生活，其影响涵盖衣食住行的方方面面。

（2）制度文化交流中的睦邻交往

在中外文化交流中，中国历朝历代的制度传入邻国，如历法记时制、衣冠礼制、谥号制、年号制、职官制、田赋制、市舶制、科考制、法令制等，被广泛地借鉴和应用于当地的社会、政治、经济中，并以中原王朝为中心，形成了中华传统文化制度圈。唐朝时期，新罗、日本曾取法中原制度，建构本土制度，举国上下研习诗书，言行效仿唐人，被当时中国人视作"君子之国""礼义之邦"。宋朝时期，高丽国因仿制中原王朝建制，有"小中华"的美誉。明清时期某些邻国也常以小中华自居，并引以为傲。这些深受华风濡染的邻国共处中华文化圈内，彼此崇礼尚德、和睦相处，为中国传统睦邻友好交往的大范围展开创造了文化条件。

以唐朝时期的日本为例，日本不断派遣使者来华，学习、借鉴唐朝的制度。7世纪中叶，日本开始大化革新，大力参照中国制度进行各种改革，如仿照井田制、租庸调制，推行班田制、租庸调制；参照三省六部、御史台，设置八省、弹正台等；特别是以唐律《武德令》《贞观令》《永徽令》为蓝本，编纂颁布《近江律令》《天武律令》。日本在此基础上不断完善，最终编纂了日本史上第一部划时代的法典《大宝律令》，其形式与精神皆依《唐律》。此后，宋元明清时期的法制仍然是日本法律改革的重要依据，中国传统政治文化中的中华法系在东亚地区产生了广泛而深远的影响，成为世界五大法系之一。

又如新罗，也跟从中国的制度体系，学习、借鉴大量政策，如仿效唐朝均田制，订立丁田制和租庸调制；中央仿唐尚书省设执事省，仿御史台设司正府，地方设置州郡县，治理政务；沿用唐历，行唐年号，服唐衣冠，仿照科考设读书出身科等。新罗之后，高丽王朝统一朝鲜半岛，仍沿袭唐制。

再如明清时期，马六甲仿照中国市舶制度，设置进出口贸易管理机构，设四位贸易大臣分别掌管外来各国的商贸，为外商提供住宿和寄放货物之处，分配货栈，征收商税，然后允许外商货物投入市场交易。

（3）思想文化交流中的睦邻交往

自魏晋南北朝至明清时期，中国的书籍、文字、宗教、思想、艺术等不同形态的文化相继传入邻国，推动了当地文明的发展，书籍文化与佛教文化的交流进一步促进了双方的睦邻友好交往。

① 书籍文化交流与睦邻交往

在历代中原王朝迎送来华使者时，中国皇帝会应邻国使节或国王的请求，赐赠给使团各种经史文学典籍或时兴之作。这在很大程度上促进了中外文化传播交流，为古代中原王朝的睦邻交往提供了深厚的精神支持和强大的思想动力。

早在魏晋南北朝后期，就有中原南方割据政权向邻国使者赠送书籍的先例。据《梁书·诸夷传》载，梁中大通六年（534年）、大同七年（541年），百济数次遣使贡献当地方物，请赐"《涅槃》等经义，《毛诗》博士并工匠画师等"，梁武帝一并赐之。此后，朝廷赐赠外使书籍的交流活动越来越多。宋朝书市贸易繁荣，外国的使者和商人可以来华购书。书籍成为紧紧联系中原王朝与邻国文化交流的纽带，为中外友好交往作出了独特的贡献。

在古代，通过政治或经济途径获取中国书籍最多的邻国，当推朝鲜和日本。就朝鲜而论，武德七年（624年），唐高祖派遣沈叔安出使高句丽，随从道士为当地学者讲《老子》；贞观十七年（643年），唐太宗应高句丽国王所请，赐《道德经》；贞观二十二年（648年），新罗入唐，太宗赐新撰《晋书》；垂拱二年（686年），新罗国王再次遣使来朝，上表请唐礼等文献，武则天赐赠《吉凶要礼》《文馆词林》；天宝二年（743年），唐玄宗遣魏曜出使新罗，吊祭已故国王，并赐御注《孝经》。日本更是频繁来华求经问典。隋大业四年（608年），日本遣使小野妹子率团来华，朝见隋炀帝，"买求书籍"；唐永徽三年（652年），日本第二批遣唐使回国后，大使吉士长丹因多得文书宝物而获封赏；开元十四年（726年），第九批遣唐使利用唐朝赏赐的财物，购买大量书籍，运回日本。入唐的外国留学生、留学僧也是书籍外传的重要媒介。如日本留学生吉备真备归国，携带《唐礼》《大衍历经》《大衍历立成》《乐书要略》等典籍，多达150余卷；留学僧玄昉回国曾携带5000余卷佛教经论，据说相当于唐代大藏经的总数。

邻国使节、学生、僧人从唐朝带回大量的书籍，除了传统经典，还有当时流行的作品。如唐朝士人张鷟才华非凡，曾在科举八科考试中皆列甲等，写得一手好文章，被时人视为天下第一，深得文士青睐。在新罗和日本，张氏的作品也有大量的爱好者。两国使者入唐后，都会四处打听，购买他的文章，带回国内，供学士赏析。又如长庆年间（821年—824年），源寂禅师奉令出使新罗，发现当地人传诵唐朝学者冯定的文章《黑水碑》《画鹤记》。大中四年（850年），新罗曾准备大量财物，奏请唐朝赐予或准许购买当朝学士冯涓的撰记作品，新罗民众以得之为荣。

在古代中国周边地区，邻国借助使者、学者和僧人不断引进各种汉字书籍，学习中华文明。中原王朝与邻国使节通过请书、赐书、购书等方式，进行文化交流，促进了中华文明的传播，为双方交流奠定了深层的文化认同，继而形成东亚中华文明圈。

② 佛教文化交流与睦邻交往

一些佛教文献、音乐、建筑、雕塑、绘画等经过中国消化吸收后，传入朝鲜、日本，并和先行传去的儒学、道教文化合一，深深地影响了当地的宗教与文化发展。其中涌现出很多著名的僧人、学者，他们为中外睦邻友好交往贡献自己的才智，在文化交流中与中国民众结下了真诚友谊。

唐朝高僧玄奘克服重重困难，一路西行去佛教发源地印度学习佛法。玄奘曾游历中原各地，参访名师，学习佛经。他感到各师所说不一，各种经典不尽相同，于是决定西行求法，以解迷惑。贞观三年（629年），朝廷因饥荒允许百姓自行求生，玄奘即从长安出发，前往印度求学佛道。他遍游印度各地佛学名刹，虚心请教高僧，研习佛教要义，最终学有大成。在归国前，他曾受邀请，先后在那烂陀寺、曲女城讲习佛法，因论述精妙、说理通畅而闻名天竺。玄奘用自己的聪明才智、勤奋劳苦、博学大德，展示了中国人的优良风貌和优秀品质。他归国后，翻译各种佛经，培养佛学人才，并撰写《大唐西域记》，介绍西行路上各国的地理知识、风土人情，为中印文化和平交流、睦邻友好交往作出了杰出的贡献。

唐朝时，很多中国人为中日两国人民的交流作出了贡献，其中最著名的是高僧鉴真。鉴真前半生精通戒律之学，名闻江南。54岁时，鉴真毅然接受日本学僧荣睿、普照的邀请，前往邻邦日本传播佛学。在天宝元年（742年）至天宝十一载（752年）间，他五次东渡失败，自己也不幸染眼疾，致使双目失明，但他始终不忘东传佛法的初心。直到天宝十二载（753年），在克服重重困难后，鉴真搭乘日本遣唐使归国之船，成功到达日本。在随后客居东瀛的十年里，鉴真积极教授佛教经典，开创日本律宗；主持修建唐招提寺，传授干漆塑像法；讲授中医药知识，撰写《鉴真上人秘方》。他还带去了各种佛经、书法、画像等，为日本佛教文化的发展倾其所有、鞠躬尽瘁。鉴真晚年致力于中国佛法与文化的东传，促进日本文明的发展，在中日文化交流、睦邻交往中作出了巨大的贡献，受到两国民众的尊敬和怀念。

中原王朝与远近诸国的文化交流史上，不只有中原本土高僧外出交流的事迹，也有朝鲜、日本、印度等邻国僧侣来华求经的身影。佛教自魏晋南北朝时期传入中国，与中华文明相结合后逐渐发展，至唐朝达到一个高峰。唐朝时期，新罗屡屡派遣僧侣、学者，赴唐求法，圆测、金乔觉、惠超是其中的杰出代表。出身新罗王族的圆测，于贞观元年（627年）来唐，参与长安的佛典汉译工作，撰写佛教著作，最终圆寂于唐。惠超在开元十一年（723年）入唐，后赴印求法，访师求经，返唐后入寺研究经典，圆寂于唐。金乔觉定居在池州府青阳县九子山，传经悟道，教授徒弟，后于贞元十九年

（803年）圆寂于此，据说其肉身三年未腐，被生徒视为地藏菩萨化身，称作"金地藏"。

在中外文化交流中，来华求学的留学生和使节也是一支非常活跃的力量。他们的学习、生活甚至事业都与中原王朝息息相关，请益学问，和睦相处，与中国人民结下了真挚的友谊，成为中国传统睦邻交往的历史见证者。开元四年（716年），年仅17岁的阿倍仲麻吕随日本遣唐使团入华，凭借自己的聪颖和勤奋，很快进入太学，后又以优异成绩高中进士，入仕为官，随侍皇帝，并被赐名晁衡。在唐期间，他结识了当时李白、王维等人，常常与他们宴聚畅饮、诗歌唱和，彼此建立了深厚的友谊。晚唐时期，新罗人崔致远入唐求学，曾入仕为唐朝官员，后归国在朝鲜大力推广汉文化，开创了朝鲜汉学兴盛的新局面，其文集《桂苑笔耕》流传至今，被奉作经典。

这里需要特别指出，中原王朝与远近诸国的文化交流并非单边交流，而是双向互哺。初期侧重输出或输入，后期发生回流现象，最终文化互哺，实现文明互鉴。双向交流包括两个方面：一方面，中国的文化传至邻国，经过创新再造，形成更发达的文化，回流至中国；另一方面，传至中国的文化，经过再创与发展，生成更新的文化，回流至邻邦。中外文化在互相交流融合中得到再创与更新，在回流中得到互鉴，双方共享交流成果，合力促进中国传统睦邻交往的发展。

对从中国回流或传播到邻国的再创文化而言，从印度传来的蔗糖和制糖术、茉莉花、佛教文化等经中原王朝的发展和创新，促进了中外文明进步。唐朝之前，中国本土通过榨取甘蔗汁制作饴类食品和石蜜，但流程复杂且产量有限。唐太宗派人前往印度学习制糖法，并在扬州等地试用新工艺，制造出了色味更佳的石蜜，一度远销邻国。从印度传入中国的茉莉花，通过不断的培育发展，产生了本土品种，并传至国外，广受国外民众欢迎。从印度入华的佛教文化，与中原王朝的文化融合形成了汉传佛教，独创禅宗，后东传至朝鲜、日本，并在当地形成本土佛教派别，弘扬光大了佛教文化。

就从邻国回流到中国的再创文化而言，丝绸、纸张、纸扇、墨、漆和印刷加工技术在汉唐时期外传至朝鲜、日本等地，在当地经改进后生产出具有当地特色的产品，如高丽纸、高丽扇、高丽墨、高丽漆、倭漆、倭缎等。这些物品通过朝贡和贸易等方式回流至中国，风靡一时。源自中国的丝绸技艺，在日本、朝鲜等邻国经过文化的碰撞与创新后生产出各具特色的精美丝织品，后进献于中原王朝。

中国与远近邦国在器物、制度、艺术、思想等方面进行了深入的文化交流与文明互鉴，这一交流过程由中外使节、艺匠、商人、僧侣、学者等共同合力完成，推动了彼此经济、政治和社会文明的发展，为各国和平相处、共同进步奠定了坚实的基础。

结语

　　中国传统睦邻之道的核心是亲仁善邻、协和万邦，主要内容由思想观念、制度政策与实践途径构成。本书前五章主要论述中国传统睦邻交往的基本观念和制度，介绍天下观、中国观、夷夏观、道德观和朝贡制、羁縻制的历史来源、主要内容、特征和意义，探析治天下、睦邻邦的王霸之道、文武之道、义利之道；其他几章主要论述中国传统睦邻思想观念和制度政策的表现形式与实践途径，介绍有代表性的往来使节、绥边战事、经济贸易、文化交流等。

　　不同观念、制度之间既存在横向共时性的内在联系，又存在纵向历时性的不断演变。中国古代某些传统思想观念与区域性世界秩序，特别是制度的建构，有着密切联系。如学者所见，"中国传统的天下观，构成中华秩序的核心观念，服事观和华夷观对于朝贡制度产生着重要作用，义利观则对互市制度产生了重要影响，而王霸观对于中国封建君臣对外决策发挥着价值观作用"[1]。从历史上来看，天下观、服事观、华夷观、义利观、王霸观等思想观念是历代

---

[1] 陈尚胜：《关于中国传统世界秩序的基本理念与制度》，载于王元周：《中华秩序的理想、事实与想象》，江苏人民出版社，2017，第67~68页。

中原王朝推行睦邻之道、友好交往的根本思想依据，发挥着重要的作用，影响深远。其中，朝贡制度虽然经历各种变化与调整，但礼义中国的观念一以贯之，成为中国传统政治文明的坚实内核，具有独特的理论价值和历史贡献。学界对此已有一些关注和探究。我们结合前人研究成果和自己体会，略作补充。

第一，新近研究成果表明，朝贡制无法完全概括中国传统睦邻绥远、悦近来远的制度。从睦邻交往的模式上看，与朝贡制相辅相成的有宗主模式、羁縻模式、邦交模式，以及天下模式、帝国模式。这些观点与结论固然有待推敲，但在多维角度研究和还原中国与周边地区睦邻交往的实践方面迈出了可贵的一步。我们认为基于宗藩体系下的朝贡制、羁縻制是中国传统睦邻交往的主要制度。

第二，从治理天下、睦邻交往的角度看，中国传统思想文化中提倡王霸、文武，主张义利兼顾，特别注意分清轻重缓急。务求中正中和、中道而行的中庸思想与方法虽不免具有理想性，但它确实能够在很大程度上保证历史上甚至当代中国与邻国之间维持长期和平交往，少走极端，促使某些制度或政策在执行中得到适当的调整和尽量的完善。

第三，中国古代的天下观、夷夏相通论、华夷文明互化论、礼义中国论、中国仓廪论、四海皆有圣人论等，都是具有丰富内涵寓意和广阔诠释空间的观念，它们在历史上发挥了重要的作用。时至今日，这些理念和上述的治天下之道术形成某种文化思想，对我国在睦邻交往中增强民族文化自信、建设具有本土特色与世界气派的外交理论、同亚洲邻国共建美好家园和命运共同体等方面，仍可提供宝贵的理论资源与历史借鉴。

需要特别指出的是，在考察中国传统睦邻之道时，我们应该充分认识到它的内涵与外延的多重性、复杂性。中国传统睦邻之道主要指历代中原王朝在与周边部族、属国和邻邦的交往中形成的一套以和睦相处为主旨的原则、策略、制度、政策、方式，它是基于中国传统文化中丰富的天下观、华夷观、宗藩观、君臣观、内外观、德力观、王霸观、文武观、义利观、远近观、同异观、情理观、邻居观、伦理观等思想观念而形成的。

以远近观而论，在传统文献中，既有儒、道、墨家常讲以仁义、谦下的文德招徕四夷的理论，也有兵、法、纵横家讲以武力威之、远交近攻的主张，还有杂家折中而论的文武、德威、礼兵、礼刑并用的观点，但各家最终的主要目的是"近亲远慕""近悦远来""安四邻""邻国亲我"等。诸家百虑一致，殊途同归，指向天下一统、和平、安定，只是实现方式有所差别。战国时期，秦相魏冉提出"越近攻远"，纵横家范雎主张"远交近攻"，后者被用作处理秦与远近诸国关系的主要原则，最终促使强秦兼并各国、一统天下。在战火纷飞的战国，魏冉的观点虽带有一定的睦邻与和平色彩，但过于理想，难以实践。范雎的观念则相对现实，虽与睦邻思想稍有背离，但更多指向天下一统，顺应了当时的历史发展需求。纵观战国时期的历史，睦邻交往在战争频仍的环境中实现的可能性更小，基本不占主导地位。在中原统一王朝的背景下，由中原政权主导的政治交往中，睦邻思想才可能有更好的实践机会，促成中外各国和平稳定的友好相处局面。

与纵横家主张远交近攻不同，儒家一般主张与远近各国和平相处，为政以德，如孔子言"远人不服，则修文德以来之""近者悦，远者来"，后孟子提倡"仁者天下无敌"。在儒家学派中，思想比较折中、稳健的当推荀子，他提出大国与远近各国交往应兼用王道、霸道。荀子主张王者举仁义之师，治理天下，使近国亲近他的和善，远国仰慕他的道义，不用武力而使远近各国臣服。他也讲霸者使面临灭绝的国家得到保存，保卫弱国而禁止强国施暴，但不能有兼并他国领土之念。此外，在战国晚期成书的《管子》中，编者杂糅各家思想，凝练出更全面的睦邻相处之道。如重视睦邻，认为先王不以勇猛治理边境，则边境安定、邻国相亲；先王治理天下的关键在于处理好与远近各国的关系，"召远在修近"，主张以礼义对待远国与近国，"远者以礼，近者以体"，最终使"近者亲之，远者归之""远者来而近者亲"；内政与外交关系密切，认为明君只有做到"德利百姓，威振天下"，才可能"近无不服，远无不听"。这些与儒家讲先治国后平天下、内平外成和近悦远来的思想相近。同时，《管子》也讲与邻国交往要综合利用道德、形势、武力等因素，使"远国之民望如父母，近国之民从如流水"，正所谓"钩之以爱，致之以利，结之以信，示之以武"，使他国"怀其文而畏其武"。这种以德睦邻的思想在后世传承不绝，深深地影响到中国古代睦邻交往的思想与实践。

纵观历代中原王朝与周边属国、邻邦的交往，占据主流的是和平相处、友好往来，但也重视边疆安全与对外交往的战略利益，提倡积极防御。在礼义文化的影响下，中国反对扩张或掠夺他国异族，常斥责这种行为是无道的不义之举。这种思想的形成有很多缘由，如地理环境相对封闭、农耕经济自足性较强、君主集权政治内向保守性突出、文明优越性较显著等，但从民族文化思维与底色来看，中华文明中以和为贵、义之与比、贵仁尚柔、重文轻武、尊道贵德的思想观念是最根本的原因。它们深深地影响着中国传统文明的和平发展路向，影响着历朝统治者的睦邻交往思想、政策和实践。

此外，中外文明古国对待属国、邻邦的思想存在很大的差异。以中国秦汉王朝与西方古罗马帝国的对外战争为例，将它们粗略对比后会发现，在中国秦汉时期，各国各地区政权之间固然发生不少具有扩张甚至是侵略意味的战争，但绝大部分情况指向一统天下，恢复上古三代先王治世的协和万邦、民众安定、燮和天下的太平盛世。在平定天下后，中原王朝对待周边属国、部族和邻邦的军事部署多以防守为主，出兵讲求师出有名，主张仁义之战，不轻启战端。当时西方地中海地区的古罗马帝国则进行扩张战争，在区域性统一后建立起横跨欧亚非三洲的庞大帝国。其主要目的在于掠夺他国资源，为本国贵族与民众带来可观的财富和奴隶。西方殖民形式的交往强调自己本族的私利，全然不顾其他，实属不义之举。统一和平的文化取向是秦汉帝国绵延四百年、秦制汉政影响数千年、中华文明延续不绝的重要原因；相比之下，罗马、希腊、北印度、埃及等其他地区的文明不时中断，与外族入侵或本族入侵他国招致灭顶之灾有极大的关系。

有西方学者曾经指出中国是"一个民族国家，同时又是世界上唯一一个有真正独特文明的国家"，在古代，因为地理隔绝等原因，"中国认为，它不需要外部世界，在许多方面中国超出了它，任何扩张和文化改宗的企图都是毫无意义的。从另一角度讲这也是防御，即一个深信自己文化优越的民族筑起壁垒，锁起国门，以防止野蛮人的侵入"。[1]事实也的确如此。纵观整个中国传统政治文明的发展，历代政治家和统治者无不以追求在和平中谋发展为治国理政、对外交往的主要宗旨与最高目标，反对通过战争谋求帝国霸权，甚至欺凌周边异族他国，也不会刻意改变、摧毁消灭周边属国、部落和邻邦。中原王朝对待邻近国家或部落、民族的主要相处之道就是：以文德徕之、以仁政化之、以礼义待之、以利益诱之，必要时辅之以武力威慑，保持彼此边界安宁，相安无事。如西方学者卡赞斯坦所言："尽管中国的理念在东亚地区发挥着压倒一切的主导作用，但中国在对外关系中很少施压或者发起干涉性战争以试图改变其他国家的基本实践。事实上，实用主义是中国和邻国关系的主要特征。中国关注的是边疆的稳定，只要稳定得以维护，周边没有威胁，中国乐于各邻国自行其是。"[2]在中国传统政治文明中，

---

[1] 兹比格涅夫·布热津斯基：《大失控与大混乱》，潘嘉玢、刘瑞祥译，中国社会科学出版社，1994，第206页。

[2] 彼得·卡赞斯坦主编：《世界政治中的文明》，秦亚青等译，上海人民出版社，2012，第109页。

古人有一种理想追求，希望各国各族和平共处、人人安乐，实现"礼义以为纪"的小康社会与"讲信修睦"的大同世界，期待天下安定、永世太平。从古至今，传世典籍中宣扬"九族既睦""协和万邦""天下一家，中国一人""共享太平之福"的理想世界，它们也是无数中国政治家追求的治世目标，其遗风余烈，至今不绝。如20世纪90年代初，在冷战结束之后，我国提出更为明确完善的睦邻友好政策，主张彼此和睦相处。作为大国，中国尽可能地实践富邻安邻策略，与周边国家保持亲诚惠容的态度，在政治经济文化上谋求共同发展。国家领导人在东南亚举办的国际会议上提倡中国与东南亚诸国共建美好家园，从情感认同的角度强化中外睦邻友好关系，拉近彼此心理距离，使周边国家能够更好地加深认同和互相亲近。从某种意义上而言，这些对外交往之举都是中国传统睦邻之道讲情分、明情谊、重情义的思想在当代的升华和发展。

在我国传统睦邻交往的历史中，礼义文德为主要指导思想，义利共赢是基本常态。这在很大程度上保证了相对稳定的外部环境，使中华文明通过融合夏夷、自身优化、长期延绵不绝，形成蔚然可观的睦邻交往之道。其中很多精华思想、理念传承至今，在当代中国开展睦邻外交、共建区域和谐发展的家园和天下共享太平之福的人类命运共同体中，仍然发挥着独特作用。

日本学者曾指出："中国所确定的秩序并不是由于中国的征服和强制而片面强加于人的。隋唐时代，以中国为中心，周围像卫星般环列着向往中国的各民族的君主国家，纷纷向中国朝贡。这是统一东亚的世界帝国，是具有东亚特殊形态的世界帝国，不同于主要依靠征服而建立的罗马世界帝国。"[①]事实上，不单是隋唐王朝以文明而非武力征服的方式确立区域性帝国秩序，在历代中原王朝一统天下之后，统治者大致都按照这样的方式经略周边，即通过

[①] 堀敏一：《隋唐帝国与东亚》，韩昇、刘建英译，云南人民出版社，2002，第7页。

文明主导的方法、模式与邻国相处,实现帝国的建立和稳定发展。确切而论,中国古代王朝以礼乐文明教化为先,推崇王道德政,辅之以武力威慑,确立与邻国的稳定交往关系;西方各个时期出现的帝国则多以武力征服与殖民统治为先,推崇威力、强权,以文明教化为辅,形成对邻国的控制。古代中国人崇尚礼义,讲和为贵、道义为上,明显有柔和的一面,其优势在于它代表一种文化软实力。可以说宣扬暴力、威武、强权从来不是中国传统文明所长,甚至是常为人所不齿的。中国人反对胜之不武,提倡不举不义之兵,即便不得已而举,也要先礼后兵。源于两希文明的西方古国,统治者更多地尊崇强力,讲硬性的实力、刚性的武力、量化的兵力、显性的威力,常对异族他邦的民众施以残忍的暴力,使之沦为奴隶。在武力的先导下,强势的统治者对邻国远邦的异族人民强行输入本国文明,虽然在客观上有利于落后地区文明的发展,但对当地文明、社会、人民造成的巨大伤害和破坏也不容小觑。我们只有明白了这一点,才更容易理解为何睦邻友好思想会成为中国传统政治文明的主流,为何中国文明没有侵略他人的基因,也可以更好地化解当今甚嚣尘上的中国"威胁"论的文化误解。当然,世界上其他国家和民族的文化中也不乏睦邻友好、和平相处的主张,但相较而言,中国传统睦邻之道的历史更为悠久,影响更为深远。

  当今世界正经历百年未有之大变局,中华文明曾历经新石器时代文明加速发展之变、传说时代绝地天通之变、殷周之变、周秦之变、唐宋之变、近现代之变等诸多变革,但当下信息时代的各种新变是前所未有、无迹可寻的全新变革。现在人类进入到一个各种矛盾空前交织、冲突异常激烈的时代,全球性经济文化融合与大范围的政治军事分裂并存,人们享受和平发展与面临战争威胁的冲突较之以往都更激烈。各种文明群体秉持的相处理念多有不同,导致区域性冲突走向全面化和剧烈化,与人类生死存亡密切相关的疫情、环保问题突出地摆在不同国家面前。在这一过程中,中国传统睦邻之道、群际交往理念显示出独特的历史厚度和价值高度。古人主张亲仁善邻、救灾恤邻、好事邻国、邻国相亲、共享太平之福的邻国交往之道，主张近者悦远者来、远人不服则修文德以来之、兼相爱、交相利的各国相处之道，主张天下一家、四海之内皆兄弟、于和而不同中追求天下大同的天下和谐之道，主张天地一体之仁、仁者自爱爱人、仁者无敌于天下的仁德相待之道，都体现了华夏先贤对人类理想的相处之道的有力擘画与深沉追求。当今国人提出文明交往应当"各美其美、美人之美、美美与共、天下和美"，共建人类命运共同体和美好家园，都离不开充分借鉴和合理汲取中国传统睦邻交往、和平相处思想的精华。

眼下，中国同世界各国都面临着人类文明史上亘古未有的大变局，都有着密切关注、迫切关心人类前途命运的共同心理需求。世界从未像今天一样，融合为一个联系空前频繁、紧密的命运共同体。人类需要发挥更多的潜能与智慧，构建和实践和而不同、天下大同的国际秩序，共同走向协和万邦、燮和天下的大同世界。有鉴于此，我们应该在兼顾中华文明的民族性与世界性、传统性与现代性的基础上，发扬天下为公、民胞物与、四海兄弟的天下精神，保持"海纳百川，有容乃大"的宽广胸怀，在充分消化、汲取中国传统睦邻之道的思想精华的前提下，批判性地关注、创造性地化用世界其他文明体中和平交往、睦邻友好思想的精华，构建当代中国睦邻交往理论体系，开展具有中国特色的世界外交新格局。

万物一马，天下一家。人类文明家园本来就是一体多元，百花齐放，不同文明各有千秋，需要在互相学习借鉴中共同进步，创造人类文明成果，共享人类智慧带来的福祉。如当代学者所言，我们应坚持弘扬平等、互鉴、对话、包容的文明观，以文明交流超越文明隔阂，以文明互鉴超越文明冲突，以文明共存超越文明优越。亲仁善邻、协和万邦作为中国传统睦邻交往、文明相处之道的核心，在今天和未来的中国外交舞台上仍然闪耀着其独特的理论与智慧之光。

参考文献

蔡东杰，2013. 中国外交战略传统及其变迁[M]. 台北：五南图书出版股份有限公司.

陈乐民，1995. 西方外交思想史[M]. 北京：中国社会科学出版社.

陈尚胜，2002. 五千年中外文化交流史[M]. 北京：世界知识出版社.

陈尚胜，2008. 儒家文明与中国传统对外关系[M]. 济南：山东大学出版社.

陈向阳，2004. 中国睦邻外交：思想·实践·前瞻[M]. 北京：时事出版社.

渡边信一郎，2008. 中国古代的王权与天下秩序[M]. 徐冲，译. 北京：中华书局.

费正清，2010. 中国的世界秩序：传统中国的对外关系[M]. 北京：中国社会科学出版社.

耿忠杰，2015. 天下、朝贡、帝国：中国古代对外关系模式之比较[D]. 吉林大学硕士学位论文.

黄枝连，1992. 天朝礼治体系研究（上卷）亚洲的华夏秩序——中国与亚洲国家关系形态论[M]. 北京：中国人民大学出版社.

黎虎，2014. 汉朝外交体制研究[M]. 北京：商务印书馆.

李红姗，2022. 亲仁善邻，协和万邦：中国制度中的外交思想［M］. 北京：外文出版社.

李云泉，2004. 朝贡制度史论：中国古代对外关系体制研究［M］. 北京：新华出版社.

李云泉，2014. 万邦来朝：朝贡制度史论［M］. 北京：新华出版社.

廖仁郎，2021. 百年大变局视野下中国睦邻外交政策研究［D］. 吉林大学博士学位论文.

刘宏煊，2001. 中国睦邻史：中国与周边国家关系［M］. 北京：世界知识出版社.

刘统，1998. 唐代羁縻府州研究［M］. 西安：西北大学出版社.

卢苇，1996. 中外关系史［M］. 兰州：兰州大学出版社.

裴默农，1994. 春秋战国外交群星［M］. 重庆：重庆出版社.

齐涛，1992. 丝绸之路探源［M］. 济南：齐鲁书社.

丘进，2008. 中国与罗马：汉代中西关系研究［M］. 合肥：黄山书社.

王玮，2009. 中国历代外交问题［M］. 济南：泰山出版社.

王小红，何新华，2014. 天下体系：一种建构世界秩序的中国经验［M］. 北京：光明日报出版社.

王易，2007. 先秦儒家国家关系伦理思想研究［M］. 北京：线装书局.

王贞平，2017. 唐代宾礼研究［M］. 上海：中西书局.

邢义田，2011. 天下一家：皇帝、官僚与社会［M］. 北京：中华书局.

徐杰令，2004. 春秋邦交研究［M］. 北京：中国社会科学出版社.

许倬云，2010. 我者与他者：中国历史上的内外分际［M］. 北京：生活·读书·新知三联书店.

阎学通，徐进等，2009. 王霸天下思想及启迪［M］. 北京：世界知识出版社.

叶自成，2003. 春秋战国时期的中国外交思想［M］. 香港：香港社会科学出版社有限公司.

叶自成，龙泉霖，2013. 华夏主义：华夏体系500年的大智慧［M］.

北京：人民出版社．

袁南生，2017. 中国古代外交史［M］. 长沙：湖南人民出版社．

袁澍，2017. 中国与南海周边关系史［M］. 兰州：甘肃人民出版社．

张健，2013. 先秦时期的国礼与国家外交：从氏族部落交往到国家交往［M］. 北京：文物出版社．

张维华，2013. 中国古代对外关系史［M］. 北京：高等教育出版社．

张宇燕，2019. 习近平新时代中国特色社会主义外交思想研究［M］. 北京：中国社会科学出版社．

郑彭年，2016. 丝绸之路全史［M］. 天津：天津人民出版社．

中共中央党史和文献研究院，2020. 习近平关于中国特色大国外交论述摘编［M］. 北京：中央文献出版社．

周书灿，2012. 七雄并立：战国前期的"国际"格局［M］. 郑州：河南人民出版社．

周一良，1962. 明代援朝抗倭战争［M］. 北京：中华书局．

朱小略，2021. 中国古代外交导论［M］. 上海：上海远东出版社．

朱云影，2007. 中国文化对日韩越的影响［M］. 桂林：广西师范大学出版社．

后记

本书系"中国传统政治文化书系"之一，缘于2020年仲冬业师马新先生来电所嘱。在次年仲春参加完书系研讨会后，我依据初定提纲，按照编委要求，开始梳理资料，撰写初稿。自己原计划依托曾经为本科生开过的相关课程讲义及平时积累的资料，充实框架，完成此书。但在下笔撰写过程中，我渐渐发现有不少待思考和解决的问题，特别是如何处理中国历史上传统民族与对外交往关系，认识中外睦邻交往的复杂性、变化性，从政治思想角度探讨睦邻文化理念与实践，理解中国传统对外交往文化的独特性与中外交往理念的相通性等，令人费解，苦思不得，陷入其中，剪不断、理还乱。之后，我又翻阅、研习学界相关著述，多有启示，稍获其解，但于义仍觉未安，迟迟不敢下笔，或写而复改，做了大量无用功，影响了书稿的撰写进度。此外，屡受疫情干扰和眼疾袭扰，加上日常工作与生活琐事的缠绕，书稿有时进展奇慢，歉疚难安，与日俱增。后经多位师友同道的指点与督促，我又邀几位青年学友参与个别章节资料整理与初稿撰写，奋力笔耕，竭尽驽钝，不舍昼夜，于2022年仲夏完成初稿。此后，我综合各位专家的建议，增删部分章节内容，调整结构与标题，修缮细节，复经程强兄等各位编辑数次辛勤修订，于2023年仲夏定稿。

  书稿正式撰写始于大疫纷扰的往年春天，完成于纷扰消散的今年仲夏。在写作过程中，自我身心感受到从未有过的无奈、彷徨与收获，甘苦自知，一言难尽。不管是时代所赐，还是群体所加，抑或个体所困，每个人经历的苦难都会变成一种隐形的财富，让自己更加清醒、冷静、谦逊、慈悲，而不是更加糊涂、狂热、孤傲、无情。也许这就是古训"先难而后获，可谓仁矣"的真谛。

  书稿的完成离不开各位师友的亲切指导和大力支持。在撰稿过程中，我们受教于总主编先生的大力指导，参考借鉴了学界同仁的相关研究成果，并就中外邦交思想比较，以及书稿提纲、章节、目录等问题，向王玮、黄仁国、贾文言、王振霞、任军锋等师友请益，均致诚谢。全书提纲的拟定、绪论和多数章节的撰写及参考文献的整理均由本人完成。在相关资料的整理、某些章节初稿的撰写和成稿的校订中，刘瑞琦、王琇清、孙芙蓉、张晓琼、杨超、周立宏、杨玉萌、宋逸飞、曹聪、田学慧、袁子阳、焦睿韬、杨璐、葛宣飞、王铭泽等青年学友多有襄助，鼎力支持，敬致诚谢。尽管最终成稿的框架、内容与初稿截然不同，但很多成书环节饱含着诸多学友的思考与辛劳，感铭不已。最后，家中年近古稀的母亲和公务繁忙的爱人承担琐碎家务，照料教导孩子，为我腾出很多时间，专心学习和工作，亦致诚谢。只是年届不惑，碌碌无为，书剑不成，愧对厚爱。

  因撰写时间与作者学养所限，本书的结构、章节、内容和表述都存在很多讹误或不通之处，敬请同仁批评指正。

2023年仲夏初 曲园谨记

编委会

主　编　杨　进　巨　梦　张　琴
副主编　高玉杰　王　烜　李　煜
　　　　杨　雪

前言
PREFACE

在当今数字化、信息化飞速发展的时代，广播电视与出版业作为文化传播的重要力量，正面临前所未有的机遇与挑战。随着信息技术的不断革新，特别是互联网、大数据、云计算、人工智能、5G等新兴技术的广泛应用，传统的广播电视与出版业的边界逐渐模糊，两者的融合已成为文化产业发展的必然趋势。这种融合不仅是技术层面的结合，更是内容生产、传播渠道、用户服务等多维度的深度融合。它不仅有助于提升广播电视与出版业的传播力和影响力，还能更好地满足人民群众日益增长的精神文化需求，推动文化产业的高质量发展。近年来，国家相关部门也出台了一系列政策，鼓励和支持广播电视与出版业的融合发展，为两行业的深度合作提供了政策保障和发展机遇。

然而，广播电视与出版业的融合并非一帆风顺。在融合过程中，两行业面临诸多挑战，如市场竞争的加剧、用户需求的多样化与个性化、传统观念与体制的束缚、技术融合的难题、内容融合的困境、版权保护与运营的挑战等。这些挑战不仅考验着两行业的智慧和勇气，也对融合发展的策略和路径提出了更高的要求。

为了更好地应对这些挑战，推动广播电视与出版业的深度融合，我们需要深入探讨两行业融合的现状、问题与对策。本书以"广播电视发展与出版业融合"为主题，深入探讨了在数字化背景下广播电视与出版业如何通过技术革新、内容创新和模式创新实现深度融合，以及这种融合对两个行业的未来发展所带来的影响和机遇。本书旨在为广播电视和出版业的从业者、管理者以及学术研究者提供一个全面了解两个行业融合现状和趋势的平台，探讨融合过程中的创新实践和面临的挑战，以及如何把握融合带来的新机遇，推动行业的高质量发展。本书的出版价值在于：提供一个跨学科的视角，促进广播电视和出版业的知识交流与整合；为行业从业者提供融合实践的指导和参考，帮助他们把握行业发展趋势；为学术研究者提供研究资料和分析框架,推动相关领域的学术研究;增强公众对广播电视和出版业融合现象的认识和理解,提升文化素养。

总之,本书希望通过系统的分析和研究,为两行业的融合发展提供有益的思路和方法,推动广播电视与出版业在新时代的高质量发展,为文化产业的繁荣和文化强国建设贡献智慧和力量。

目 录
CONTENTS

第一章 广播电视综述 ·· 1
   第一节 广播电视的概念与意义 ································ 1
   第二节 广播电视的发展历程 ···································· 4

第二章 广播电视技术及其发展 ································ 14
   第一节 广播电视的技术基础 ···································· 14
   第二节 广播电视的数字化技术 ································ 29

第三章 广播电视节目的传输及播出研究 ··················· 33
   第一节 广播电视节目的数字传输 ····························· 33
   第二节 广播电视节目的数字播出 ····························· 40

第四章 广播电视节目的编排与制作 ·························· 52
   第一节 广播电视节目及其类型 ································ 52
   第二节 广播电视节目的编排策略 ····························· 61
   第三节 广播电视节目制作流程 ································ 66

第五章 广播电视节目中的声音与画面 ······················· 79
   第一节 声音的属性 ·· 79
   第二节 音乐性的声音在广播电视传播中的应用 ········· 86
   第三节 语言性的声音在广播电视传播中的应用 ········· 92
   第四节 图像传播的魅力解读 ···································· 98
   第五节 声画互动的魅力解读 ···································· 101

第六章 编辑学基础 ·· 104
   第一节 编辑学概述 ·· 104
   第二节 编辑工作的基本流程 ···································· 108

第三节　我国的编辑机构及其管理体制 …………………………… 117

第七章　出版业的发展 ……………………………………………… 125
　　第一节　传统出版与数字出版 ………………………………………… 125
　　第二节　出版业的商业模式 …………………………………………… 131
　　第三节　出版内容的多元化 …………………………………………… 138

第八章　广播电视发展与出版业融合的趋势、挑战与维度 ……… 144
　　第一节　广播电视与出版业融合的趋势 ……………………………… 144
　　第二节　广播电视与出版业融合的挑战 ……………………………… 152
　　第三节　广播电视与出版业融合的维度 ……………………………… 157

第九章　广播电视发展与出版业融合的原则、模式与路径 ……… 164
　　第一节　广播电视发展与出版业融合的原则 ………………………… 164
　　第二节　广播电视发展与出版业融合的模式 ………………………… 171
　　第三节　广播电视发展与出版业融合的路径 ………………………… 178

参考文献 ……………………………………………………………… 185

第一章 广播电视综述

第一节 广播电视的概念与意义

一、广播电视的概念

(一) 广播电视技术与物理层面的定义

从纯粹技术和物理性能的角度看,广播电视是一种通过电磁波或导线传导方式传送声音和图像的电子信息传播媒介。它是一种电子通信手段,能够实现远距离、大规模的信息传播。具体来说,只传送声音的媒介称为声音广播或电台广播,简称广播;既传送声音又传送图像的媒介,则称为电视广播,简称电视。

(二) 广播电视作为大众传播媒介的属性

广播电视是人们凭借电子音像技术有意识地建立的大众传播媒介,其主要功能是向有需求的观众传送专门制作的声音和图像节目。这种媒介具有以下特点:

第一,覆盖面广。广播电视信号可以覆盖广泛的地理区域,使广大受众能够接收到信息。

第二,实时性强。能够实时传播新闻、事件等信息,具有较强的时效性。

第三,视听结合。不仅可以传达声音信息,还可以展示图像,实现视听结合,使信息更加生动、形象。

第四,互动性强。现代广播电视已经逐步实现数字化和网络化,增强了与受众的互动。

(三) 广播电视的学科属性

广播电视学是一门涉及面广、比较复杂的学科。它不仅包括电子技术和设备实际应用的理论，还与新闻学、传播学、社会学、哲学、心理学等学科相互融合。因此，广播电视学应该建立在新闻学、传播学的基础上，并与社会学、哲学、心理学等学科相互融合起来，形成一个综合性的学科体系。

(四) 广播电视的社会属性与自然属性

广播电视具有社会属性和自然属性。社会属性是指广播电视是社会发展、科技进步的产物。在我国，广播电视事业是社会主义新闻事业的重要组成部分，是为中国广大人民传播新闻、引导舆论、服务社会的舆论工具。广播电视事业作为舆论宣传的重要阵地，它是党和人民群众的耳目喉舌。自然属性是指广播电视是通过无线电波或导线传送声音、图像的大众传播媒介。作为电子媒介，广播电视是当今人类进行信息交流的重要中介，以节目为最终产品。

广播电视作为一种重要的现代传播媒介，以其广泛的覆盖面、实时性、视听结合的特点以及传播信息、宣传教育、娱乐休闲和服务社会等功能，在社会发展中发挥着重要作用。它不仅是技术的产物，更是社会发展的产物，具有重要的社会意义和价值。

二、广播电视的意义

广播电视作为现代信息传播的重要手段，不仅在技术层面实现了信息的快速、广泛传播，更在社会、经济、文化等多个领域发挥着深远的影响。以下从多个方面深入探讨广播电视的意义。

(一) 广播电视是国家经济体系中不可缺少的一部分

1. 推动经济增长

广播电视行业本身是一个庞大的产业，涵盖广播电台、电视台、有线电视网络、卫星电视运营商、互联网电视平台及电视节目制作公司等多个要素，构成了一个多元而复杂的产业生态。这些产业环节不仅创造了大量的就业机会，还带动了相关产业的发展，如广告、影视制作、设备制造、通信技术等。例如，广告收入是广播电视行业的主要经济来源，通过广告投放，企业能够扩大品牌影响力，促进产品销售，从而推动经济增长。同时，广播电视节目制作和播出也带动了文化产业的繁荣，促进了创意经济的发展。

2. 促进产业升级

广播电视行业的发展推动了相关技术的创新和应用。从模拟广播到数字电视、高清电视，再到超高清和智能电视，以及无线、有线、直播卫星与互联网、移动通信的协同覆盖、深度融合，形成融媒体、跨屏传播的新模式。这些技术进步不仅提升了广播电视的画质和音质，还为节目的制作和传播提供了更多的可能性，推动了整个行业的升级转型。例如，5G 技术的应用为广播电视的传输和互动提供了更高效的支持，提升了用户体验，也为行业带来了新的发展机遇。

（二）广播电视是社会进步和发展的直接推动力

广播电视作为大众传媒的重要组成部分，具有强大的信息传播能力。它能够及时、准确地传播国内外的新闻动态、社会热点、科技进展等各方面的信息，使广大受众能够迅速了解社会的变化和发展。同时，广播电视还承担着舆论引导的重要职责，通过宣传党的方针政策、传播正能量，引导社会舆论，维护社会稳定。例如，在重大事件和突发事件中，广播电视能够第一时间发布权威信息，澄清事实真相，引导公众正确看待问题，增强社会凝聚力。

（三）广播电视是促进国家文化建设的重要动力

广播电视通过传播各种文化内容，对公众的价值观念产生深远影响。它能够通过节目内容传递正能量，弘扬社会主义核心价值观，引导公众树立正确的道德观、价值观和人生观。例如，通过播放优秀的文艺作品、纪录片、新闻报道等，广播电视可以传递积极向上的精神风貌，激发公众的爱国情怀和社会责任感。同时，广播电视还可以通过专题节目和讨论活动，引导公众关注社会热点问题，形成正确的社会舆论导向。

广播电视用丰富的文化内容提高全民文化素质，既能传播传统文化，又可以介绍当代文化、世界文化，开阔百姓的视野。例如，广播电视播放各类文化艺术节目、纪录片、专题讲座等，引导观众认识不同地域的艺术形式和思想观念，提高观看者的文化鉴赏水平和审美能力；广播电视采取举办各类文化活动、读书活动等方式，鼓励观众参与文化活动，提高自身文化素养。

第二节 广播电视的发展历程

一、广播电视的发展

（一）声音广播的诞生

声音广播的诞生是现代通信技术发展的重要里程碑。1893年，在匈牙利的布达佩斯，有人将700多条电话线连接在一起，定时进行新闻广播，形成了正式的有线广播。这一尝试为后来的无线电广播奠定了基础。随后，无线电技术和设备的发展，为无线电广播的出现提供了技术支撑。

1920年11月2日，在美国匹兹堡，KDKA电台正式开播，成为世界上第一座定时广播的无线电电台。KDKA电台的开播标志着声音广播时代的正式开启。此后，声音广播技术迅速发展，逐渐覆盖全球。早期的无线电广播采用调幅（AM）方式，工作于长波、中波和短波波段，频率范围是150 kHz~30 MHz。调幅广播技术不断完善，其接收机简单、廉价，适合于固定和便携式接收，因此，在很长一段时间内成为主要的广播形式。

然而，调幅广播也存在一些局限性，如抗干扰能力弱、音质不够理想等。1941年，第一个调频（FM）广播电台在美国开播，调频广播工作于87~108 MHz。与调幅广播相比，调频广播具有更高的抗干扰能力、实现高保真度广播、可播出多套节目等优势。此外，调频波段较宽，易于实现立体声广播，因此，逐渐成为主流的广播方式。

进入20世纪90年代，随着数字技术的发展，声音广播技术开始由模拟方式向数字方式过渡。欧洲国家于20世纪90年代中开发出数字音频广播（DAB）系统，成为国际电信联盟（ITU）认可的地面数字音频广播系统。

DAB 系统工作频段为 30 MHz 以上，适合于固定、便携式和移动接收，能提供 CD 质量的音频信号和大量数据业务。目前，除了欧洲之外，DAB 在世界其他一些国家和地区也得到了一定的发展。

数字声音广播是将模拟声音信号转换为数字信号进行处理和传输的广播方式。数字系统可以采用纠错编码技术，消除传输过程中的噪声和干扰，保证传输可靠性。此外，数字系统还可以采用数据压缩技术，提高频谱利用率。数字传输系统是一种多媒体广播系统，不仅可以传送声音广播节目，还可以传送数据业务、静止或活动图像等。数字声音广播与模拟声音广播相比，具有较大优势，预计在 21 世纪将得到快速发展和广泛应用，最终完全取代模拟声音广播。

(二) 电视的产生及发展过程

电视的发明和发展是现代科技史上的重要篇章。电视的发展历程可以分为多个阶段，从最初的机械电视到现代的数字高清电视，每一个阶段都标志着技术的重大突破和创新。

1. 机械电视的诞生

电视的发明可以追溯到 19 世纪末和 20 世纪初的一系列技术突破。1883 年，德国电气工程师尼普科夫发明了"尼普科夫圆盘"，这是一种机械扫描装置，能够将图像分解成一系列线条。1908 年，英国的肯培尔·斯文顿和俄国的罗申克夫分别提出了电子扫描原理，为电视技术奠定了理论基础。1923 年，美籍苏联人兹瓦里金发明了静电积贮式摄像管和电子扫描式显像管，这些发明为电子电视的诞生奠定了基础。

1925 年，英国发明家约翰·洛奇·贝尔德根据"尼普科夫圆盘"制造出了第一台能传输图像的机械式电视机。贝尔德的机械电视系统虽然图像质量有限，但成功实现了图像的传输和接收，因此，贝尔德被誉为"电视之父"。

2. 电子电视的兴起

1927 年，美国贝尔电话实验室进行了纽约与华盛顿之间的有线传送电视节目的尝试。1928 年，美国纽约三家广播电台进行了世界首次电视广播实验，标志着电视艺术的问世。1930 年，电视图像和声音同时发播的技术得以实现，电视开始逐渐走向实用化。

1936年11月，英国广播公司（BBC）在伦敦的亚历山大宫正式开办电视广播，这是世界上第一个定期播出的电视服务。1939年，美国和苏联也分别建立了电视台，电视开始在更多国家普及。然而，第二次世界大战的爆发对电视业发展产生了重大影响，许多国家的电视广播被迫中断或暂停。

3. 战后电视的快速发展

战后，电视技术迅速恢复并发展。1946年，英国广播公司恢复了固定电视节目。1951年，美国电视机数量达到了一千多万台，并成立了数百家电视台。1958年，中国建立了自己的电视台，电视开始在中国普及。

20世纪50年代，彩色电视技术逐渐成熟。1954年，美国全国广播公司（NBC）和哥伦比亚广播公司（CBS）首次采用NTSC制式播出彩色电视节目。随后，法国和联邦德国分别研制成功SECAM制和PAL制两种新的彩色电视制式。彩色电视的出现极大地丰富了电视的视觉效果，推动了电视的普及。

4. 数字电视的兴起

20世纪90年代，数字电视逐渐兴起。数字电视具有更高的图像质量、更强的抗干扰能力和更多的功能。1998年，美国开始播出数字电视节目，标志着数字电视时代的到来。此后，数字电视在全球范围内迅速普及，逐渐取代了模拟电视。

数字电视不仅提高了图像和声音的质量，还支持多种新的功能，如高清电视（HDTV）、交互式电视、数据广播等。高清电视提供了更高的分辨率和更好的画质，极大地提升了观众的观看体验。交互式电视则允许观众通过电视进行互动，如参与投票、玩游戏等。数据广播则可以将各种数据信息通过电视传输，为观众提供更多的服务。

二、我国广播电视的发展历程（1978—2025）

1978年到2025年，中国广播电视以坚实的脚步迈过47年的历史。回顾1978年中国改革开放的缘起，目睹40多年中国广播电视发展的沧桑巨变，对于这段置身于其中的"历史"，我们仍记忆犹新。以下将从多个关键词入手，阐释中国广播电视发展40多年的深刻变化，愿为广播电视大发展、快发展提供启示和借鉴。

(一) 舆论导向——提高新闻舆论引导能力的新要求

广播电视作为主流媒体，始终承担着舆论引导的重要使命。1978年改革开放以来，中国社会经历了深刻变革，思想观念日益多元化。在这样的背景下，广播电视不断强化舆论导向功能，确保新闻报道的正确方向。

1. 坚持正确的政治方向

广播电视始终把坚持正确的政治方向放在首位，宣传党的路线方针政策，传播正能量。通过新闻报道、专题节目等形式，凝聚社会共识。广播电视作为党和人民的喉舌，始终围绕中心、服务大局，大力弘扬社会主义核心价值观，弘扬中华优秀传统文化，引导人民为实现中国梦奋发向前。

2. 提升舆论引导能力

随着新媒体的崛起，舆论环境变得更加复杂。广播电视不断探索创新，提升舆论引导能力。一方面，加强新闻报道的时效性和准确性，及时发布权威信息，回应社会关切；另一方面，注重舆论引导的艺术性和亲和力，通过生动的故事、鲜活的案例，增强新闻的感染力和说服力。广播电视通过多种方式，如专题报道、系列报道、深度调查等，提升新闻报道的质量和影响力。

3. 应对新媒体挑战

新媒体的快速发展对传统广播电视的舆论引导提出了新的挑战。广播电视积极应对，通过融合媒体平台，拓展传播渠道，提升传播效果。广播电视通过"头条"建设和"首页首屏首条"建设，创新新闻宣传内容形式和方式方法。同时，广播电视还通过新媒体平台，如客户端、网站等，实现多平台传播，增强传播的覆盖面和影响力。

(二) 主持人——深化广播电视改革的新标志

主持人在广播电视节目中扮演着重要角色，其专业素养和形象直接影响节目的质量和观众的接受度。改革开放以来，广播电视主持人制度不断深化，成为广播电视改革的重要标志。

1. 主持人职业化

20世纪80年代以来，广播电视主持人逐渐走向职业化。通过严格的选拔和培训，培养了一批专业素养高、形象气质佳的主持人。主持人不仅具备扎实的专业知识，还具备良好的语言表达能力和舞台表现力，能够有效地引导节目进程，提升节目的质量和影响力。

2. 主持人多样化

随着广播电视节目的多样化发展，主持人的类型也日益丰富。从新闻节目到综艺娱乐，从专题报道到直播互动，不同类型的节目需要不同风格的主持人。这种多样化的趋势不仅满足了观众的多样化需求，还提升了节目的吸引力和收视率。

3. 主持人品牌化

进入21世纪，广播电视主持人品牌化成为发展趋势。通过打造具有影响力的主持人品牌，提升节目的知名度和收视率。主持人品牌化不仅提升了主持人的个人影响力，还为所属媒体机构带来了更高的品牌价值和经济效益。

（三）民生新闻——广播电视与大众沟通的新平台

民生新闻是广播电视新闻报道的重要组成部分，它关注社会热点、民生问题，贴近百姓生活，成为广播电视与大众沟通的新平台。

1. 关注社会热点

民生新闻注重关注社会热点问题，及时反映社会动态。通过报道教育、医疗、就业、环保等民生问题，引起社会关注，推动问题解决。例如，许多地方电视台通过民生新闻节目，对社会热点问题进行深入调查和报道，揭示问题的本质，推动相关部门采取措施加以解决。

2. 贴近百姓生活

民生新闻贴近百姓生活，关注普通人的故事和需求。通过讲述身边的故事，增强观众的共鸣和参与感。例如，地方电视台通过民生新闻节目，报道百姓身边的热点问题，让公众能够及时了解社会动态，增强社会的透明度。

3. 增强互动性

民生新闻通过增强互动性，提升观众的参与度。通过热线电话、短信、社交媒体等形式，让观众能够直接参与到新闻报道中，表达自己的观点和诉求。例如，许多地方电视台通过新媒体平台开展互动活动，如在线投票、评论、直播互动等，增强了观众的参与感和互动性。

(四) 专业化——广播电视适应市场经济的新策略

1. 节目专业化

广播电视通过节目专业化建设提升节目的质量和影响力。通过打造专业化的节目团队，提升节目的制作水平和专业性。例如，许多地方电视台通过组建专业的节目制作团队，提升节目的质量和水平，增强了节目的吸引力和影响力。

2. 频道专业化

广播电视通过频道专业化建设，提升频道的竞争力。通过打造专业化的频道，满足不同观众的需求。例如，许多地方电视台通过开设专业频道，如新闻频道、综艺频道、体育频道等，形成了多个具有广泛影响力的品牌频道。

3. 管理专业化

广播电视通过管理专业化建设，提升管理效率和水平。通过引入现代管理理念和技术，提升管理的专业化水平。例如，许多地方电视台通过引入现代管理理念和技术，提升了管理效率和水平，增强了自身的竞争力。

(五) 品牌战略——提高广播电视核心竞争力的新举措

1. 打造品牌节目

在内容中发展，取得节目的高度。打造品牌节目，依托品牌节目提升节目质量，打响节目影响。品牌的建设是提升节目质量，增强节目高度的重要手段。以广播电视丰富多彩的节目为基础，通过广播电视的引领带动，依托品牌节目提升节目的质量，深化节目的高度。例如，中央广播电视总台打造的新闻类、文化类、综艺类等高质量的节目，积累了大量的观众。

2. 打造品牌频道

广播电视以品牌频道提升竞争力。打造品牌频道，利用频道的专业化和多样性节目设置，满足大众的看台需求，进而增强频道的吸引力和影响。如中央广播电视总台开设了包括新闻、综艺、体育等多个专业频道，在品牌频道打造上已经形成了品牌效应，其节目更容易在市场中脱颖而出，促进品牌频道的建设，提升品牌频道的影响力。

3. 打造品牌形象

广播电视通过打造品牌形象，提升自身的整体影响力。品牌形象不仅包括节目内容和频道设置，还包括媒体的整体形象和价值观。通过塑造积极向上、权威可信的品牌形象，广播电视能够增强观众的信任感和认同感，提升自身的社会影响力。例如，中央广播电视总台通过多年的品牌建设，形成了"权威、专业、创新、亲民"的品牌形象，赢得了广大观众的信任和支持。

（六）电视剧——构建社会主义核心价值观的新载体

1. 弘扬主旋律

电视剧是重要的文化产业，弘扬主旋律，传播正能量，增强公民国家认同感和民族自豪感。主旋律电视剧反映了中国共产党光辉事迹、中华人民共和国成立以来取得的辉煌成就和改革开放的伟大实践，强化了中国社会的发展进步，提高了社会主流意识形态的地位，塑造积极开朗、虚心坦荡、重视实干的优秀民族性格，引导观众树立正确的世界观、人生观、价值观。

2. 推动文化创新

电视剧通过推动文化创新，提升文化软实力，增强文化自信。通过创新故事、创新内容，推动文化创新，加强文化软实力。电视以多样的故事形式和内容，推动文化传播。如许多电视剧通过融入传统文化元素和现代的科技手段来展现中国文化的魅力，提升文化软实力。如"海的女儿"通过融入传统文化元素，提升中国文化软实力，通过创新表现手法和叙事手法，其以独特的创新表现形式，让观众获得了与以往大不相同的视觉感受和情感体验，启示了传统文化，为传统文化的创新提供了现实基础。

（七）数字电视——广播电视数字化传播技术的新变革

1. 技术升级

数字电视技术升级是广播电视数字化传播技术重要标志。模拟信号向数字信号转变后，信号传输稳定，质量更高，效率也有所提高。数字电视可使电视机的图像更清晰、色彩更丰富，还可实现高清、超高清、3D等技术，数字技术的运用还提升了广播电视设备硬件和软件的更新换代速度，为广播电视行业注入活力。

2. 传输方式多样化

相较于模拟电视而言，数字电视的传输方式更加多样化，如有线电视、卫星电视、地面数字电视、互联网电视等，不同传输方式的结合便于数字电视的范围拓宽，为了能够满足不同地区人群的不同需求。例如，卫星电视便是通过卫星将信号传播出去，便于偏远地区人群观看电视，同时能够使全国范围内的观众都能收看到电视节目。另外，互联网电视是一种极为便捷的电视观看方式，人们足不出户便可通过互联网观看电视节目。

3. 内容创新

数字电视的出现带进了很多新的内容，例如，借助数字技术可以创造更高水平的节目，以增强多形式内容的表现力，使节目的创意和水平达到峰值。借助虚拟现实（VR）和增强现实（AR）技术可以产生全新的内容，为观众带来更为全面的体验。借助数字技术还能够对内容进行传送，从而在传播市场上起到竞争的作用。例如，活跃的短视频直播服务不仅拥有广泛的市场范围，还被广泛使用，展现出极为重要的作用。借助数字技术加强交互，使电视的核心体验能够进一步加强，例如，可以在拍摄时设置互动按钮。

1978年以来，中国广播电视一直朝着国际化的方向迈进，通过舆论导向、主持人、民生新闻、舆论监督、专业化、品牌战略、电视剧、数字电视等的探索与尝试，广播电视不仅实现了技术层面由模拟到数字的全面转型，更实现了内容层面由单一到多元的丰富发展。中国广播电视必定将继续深化改革创新，为实现中华民族伟大复兴的中国梦做出新的更大贡献。

三、现代广播电视的发展新趋势

1978年至2025年，中国广播电视在改革开放的浪潮中经历了从传统媒体到融合媒体的深刻变革。随着互联网和移动技术的飞速发展，广播电视行业迎来了新的发展机遇和挑战。以下从多方面探讨现代广播电视的发展新趋势——广播电视与多种媒体在内容形式上的互补融合。

(一)传播功能的优势互补

广播电视与新媒体在传播功能上各具优势,通过优势互补,可以实现更广泛的传播效果。广播电视具有权威性、公信力和大范围覆盖的特点,而新媒体则具有即时性、互动性和个性化的特点。例如,中央广播电视总台通过"央视新闻"客户端、"央视频"等新媒体平台,实现了传统媒体与新媒体的优势互补,提升了新闻报道的时效性和互动性。

(二)传播信息的有增无减

随着媒体融合的推进,广播电视与新媒体在传播信息上实现了有增无减的效果。一方面,广播电视通过新媒体平台扩大了传播范围,提升了信息的传播效率;另一方面,新媒体通过与广播电视的合作,丰富了内容来源,提升了内容质量。例如,许多地方电视台通过新媒体平台发布新闻、专题报道等内容,不仅增加了信息的传播量,还提升了信息的传播效果。

(三)传播时效的随机更新

新媒体的即时性和互动性为广播电视的传播时效带来了新的提升。通过新媒体平台,广播电视可以实现随机更新,及时发布最新的新闻和信息。例如,广播电视通过新媒体平台实时发布重大事件和突发事件的信息,增强了新闻的时效性和影响力。同时,新媒体平台的互动性也使得观众可以及时反馈信息,增强了传播的双向性。

(四)传播媒体的超级链接

广播电视与新媒体的融合,使得传播媒体之间的超级链接成为可能。通过超级链接,观众可以更方便地在不同媒体之间切换,获取更多的信息和内容。例如,中央广播电视总台通过"央视新闻"客户端,实现了与电视、广播、网站等多平台的超级链接,使观众可以通过客户端观看电视节目、收听广播、浏览新闻,提升了用户体验。

(五)传播受众的日益分化

媒体融合的推进促使传播受众的分化趋势日益明显。不同年龄段、不同兴趣爱好、不同地域的受众对信息的需求和偏好各不相同。广播电视通过新媒体平台，可以更好地满足受众的个性化需求。例如，许多地方电视台通过新媒体平台推出针对不同受众的专题节目、短视频等内容，提升了受众的满意度和忠诚度。

现代广播电视的发展新趋势表明，媒体融合已经成为不可逆转的趋势。通过广播电视与多种媒体内容形式的互补融合，广播电视行业不仅提升了传播效果和经济效益，还实现了内容生产的创新和多样化。未来，随着技术的不断进步和市场的不断变化，广播电视行业将继续深化媒体融合，探索新的发展模式和盈利模式，为观众提供更加丰富、多样化的信息和内容，为社会的发展和进步做出更大的贡献。

第二章　广播电视技术及其发展

第一节　广播电视的技术基础

一、广播的技术基础

声音广播就是生活中通常所说的广播，是指通过无线电波（无线广播）或导线（有线广播）向广大地区传送声音节目的大众传播工具。[1]广播作为一种重要的信息传播媒介，其技术基础在广播的发展和应用中起着至关重要的作用。广播技术的发展不仅推动了声音传播的高效性，而且提升了听众的收听体验。下面将从声音的产生和传播、广播声音的分类和作用、声电转换、电声转换以及声音信号的数字化过程等方面进行详细阐述。

（一）声音的产生和传播

1. 声音的产生

声音是由物体的振动产生的。当物体振动时，会使周围的介质（如空气、水等）也产生振动，从而形成声波。声波是一种机械波，它通过介质的压缩和稀疏传播。在广播中，声音的产生主要来源于各种声源，如人声、乐器声、自然声音等。这些声源通过振动产生声波，进而被广播设备捕捉和处理。

2. 声音的传播

声音的传播需要介质，常见的传播介质包括空气、水和固体。在空气中，声波以纵波的形式传播，其传播速度约为340米/秒（在标准大气压和温度下）。声音的传播距离和强度会受到多种因素的影响，如介质的密度、温度、湿度以及声源的强度等。声音在广播中通过空气传播到听众的耳朵，而广播设备则通过各种技术手段来增强声音的传播效果，如使用麦克风、扬声器等设备来放大和传播声音。

---

[1] 刘昕.GIS系统电视新闻领域应用探讨[J].现代电视技术，2012(8)：114-116.

（二）广播声音的分类和作用

广播中的声音可以分为语言、音乐和音响三大类，每种声音在广播节目中都扮演着重要的角色。

1. 语言

语言是广播中最重要的声音形式之一。它用于传递信息、讲述故事、进行访谈等。语言的表达方式和内容直接影响听众的理解和感受。在广播节目中，语言的清晰度、语速、语调和节奏等都是需要精心设计的，以确保信息的准确传达和听众的良好体验。

2. 音乐

音乐在广播中具有多种作用。它可以增强节目的情感氛围，为节目增添艺术感染力。音乐的选择和编排需要根据节目的主题和风格进行，以营造出合适的氛围。例如，在轻松的访谈节目中，可能会选择轻快的音乐来营造愉悦的氛围；而在严肃的新闻节目中，则会选择庄重的音乐来增强节目的权威性。

3. 音响

音响是指除语言和音乐之外的各种声音效果，如自然声音、环境声音、特效声音等。音响的运用可以增强节目的真实感和沉浸感。例如，在描述自然场景时，加入鸟鸣声、风声、雨声等音响效果，可以让听众更加身临其境地感受到场景的氛围。

（三）声电转换

声电转换是广播技术中的一个重要环节，它是指将声音信号转换为电信号的过程。这一过程通常通过麦克风来实现。麦克风是一种声电转换器件，它利用电磁感应、压电效应或电容变化等原理将声波转换为电信号。不同的麦克风类型（如动圈式麦克风、电容式麦克风、驻极体麦克风等）具有不同的性能特点，适用于不同的应用场景。

声电转换的质量直接影响广播信号的质量。高质量的麦克风能够更准确地捕捉声音的细节和动态范围，从而为后续的处理和传输提供更好的信号基础。在广播制作中，选择合适的麦克风并正确地使用它，是确保声音质量的关键。

(四)电声转换

电声转换是声电转换的逆过程,即将电信号转换为声音信号。这一过程通常通过扬声器来实现。扬声器是一种电声转换器件,它利用电磁力或压电效应将电信号转换为声波。扬声器的性能直接影响声音的还原效果,包括频率响应、相位响应、失真度等参数。

在广播系统中,扬声器的选择和布置需要根据使用环境和听众的需求进行优化。例如,在广播电台的演播室中,通常会使用高质量的监听扬声器,以确保声音的准确还原;而在户外广播系统中,则需要选择具有高功率和高指向性的扬声器,以确保声音能够覆盖更广泛的区域。

(五)声音信号的数字化过程

数字技术的发展使得声音信号的数字化处理已经成为广播技术的重要组成部分。声音信号的数字化过程包括采样、量化和编码三个步骤。

1. 采样

采样是指将连续的模拟声音信号在时间上离散化的过程。采样的频率决定了声音信号的频率分辨率。根据奈奎斯特定理,采样频率至少应为信号最高频率的两倍,以避免混叠现象。广播中常见的采样频率包括 44.1 kHz、48 kHz 等,这些采样频率能够满足高质量音频信号的处理需求。

2. 量化

量化是指将采样后的离散信号在幅度上离散化的过程。量化的过程会引入量化误差,影响声音信号的动态范围和信噪比。量化位数越高,声音信号的动态范围越大,信噪比越高。广播中通常使用 16 位或 24 位的量化精度,以确保声音信号的质量。

3. 编码

编码是指将量化后的离散信号进行压缩和编码的过程。编码的目的是减少数据量,提高传输效率。常见的音频编码格式包括 PCM、MP3、AAC 等。广播中选择合适的编码格式需要综合考虑声音质量、数据量和传输带宽等因素。

声音信号的数字化处理不仅提高了声音的质量和传输效率,还为广播的后期制作和编辑提供了更大的灵活性。通过数字化处理，广播节目可以更方便地进行剪辑、混音、特效添加等操作，从而提升节目的制作水平和艺术效果。

二、电视的技术基础

（一）电视技术发展历程

电视技术自诞生以来，经历了漫长而复杂的发展过程。早期的电视技术基于机械扫描原理，通过机械装置实现图像的分解与重建。然而，这种机械扫描方式存在诸多局限性，如图像清晰度低、设备复杂等。随着电子技术的兴起，电子扫描技术逐渐取代了机械扫描，成为电视技术的核心。电子扫描利用电子束在荧光屏上的快速扫描，实现了图像的高效传输与显示，极大地提升了图像质量与传输效率。此后，电视技术不断演进，从黑白电视到彩色电视，从模拟电视到数字电视，每一次变革都为观众带来了更优质的视觉体验。数字电视技术的出现，更是将电视技术推向了新的高度，不仅提高了图像和声音的质量，还实现了多种交互功能，为电视技术的未来发展奠定了坚实的基础。

（二）电视技术的基本构成

电视技术的基本构成主要包括图像的摄取、传输和显示三个核心环节。图像摄取是通过摄像设备将现实场景转化为电信号的过程，这一过程依赖于摄像管或现代的固态成像器件，如电荷耦合器件（CCD）或互补金属氧化物半导体（CMOS）传感器。这些成像器件能够将光信号转换为电信号，从而实现图像信息的数字化。传输环节则是将摄取到的图像信号通过各种传输介质（如电缆、微波、卫星等）传输到接收端。在传输过程中，为了保证信号的质量和传输效率，通常需要对信号进行调制、编码等处理。显示环节是将接收到的图像信号还原为可视图像的过程，这主要依赖于显像管或现代的平板显示技术（如液晶显示、等离子显示、有机发光二极管显示等）。这些显示技术通过不同的原理将电信号转换为光信号，从而在屏幕上呈现出清晰、生动的图像。除了这三个核心环节，电视技术还包括音频处理、同步信号处理、色彩处理等多个重要组成部分,这些部分协同工作,共同构成了完整的电视技术体系,为观众提供了丰富多彩的视听享受。

(三)图像顺序传送原理

1. 图像分解与像素化

图像顺序传送是电视技术中实现图像传输的关键技术之一。在发送端,图像首先被分解为像素,即将一幅完整的图像分割成许多细小的单元,这些单元被称为像素。像素是构成图像的基本单元,每个像素都包含图像在该位置的亮度和色彩信息。图像分解为像素的过程是通过摄像设备完成的,摄像设备利用光电转换原理将光信号转换为电信号,进而实现图像信息的数字化。

像素的数量和质量直接影响图像的清晰度和细节表现。像素数量越多,图像就越清晰,细节也就越丰富。例如,一张高分辨率的图像通常包含数百万个像素,而一张低分辨率的图像可能只有几千个像素。在电视系统中,图像的像素化过程是通过摄像管或固态成像器件实现的。摄像管通过光电效应将光信号转换为电信号,而固态成像器件则利用半导体材料的光电特性实现光信号到电信号的转换。

图像分解为像素后,这些像素的亮度和色彩信息被依次转换为电信号,并通过传输通道发送到接收端。在接收端,这些电信号被还原为像素信息,并在显示设备上重新组合成完整的图像。这个过程需要精确地同步控制,以确保发送端和接收端的像素信息能够准确对应,从而实现图像的正确显示。

2. 逐行扫描与隔行扫描

图像顺序传送的核心技术之一是扫描方式的选择,主要有逐行扫描和隔行扫描两种方式。

(1)逐行扫描

逐行扫描是一种从左到右、从上到下依次扫描图像像素的方法。电子束在荧光屏上按照固定的路径逐行移动,将图像的每一行像素依次扫描并转换为电信号。逐行扫描的优点是图像质量较高,能够提供更清晰、更稳定的画面,尤其适合高分辨率的图像显示。然而,逐行扫描需要较高的扫描频率,这就增加了传输带宽的需求,同时也对电子设备的性能提出了更高的要求。

在逐行扫描过程中，电子束的移动轨迹形成一个矩形的扫描光栅。每一行扫描称为行正程，电子束从左到右扫描图像像素；而电子束从右到左返回到下一行的起始位置的过程称为行逆程。同样，电子束从上到下扫描整个图像的过程称为帧正程，而从下到上返回到图像顶部的过程称为帧逆程。行扫描周期和帧扫描周期分别由行正程时间和行逆程时间、帧正程时间和帧逆程时间组成。

逐行扫描的另一个重要特点是它能够有效避免图像闪烁现象。由于逐行扫描以较高的频率连续扫描图像，人眼能够感知到一个连续的画面，而不会出现闪烁感。这使得逐行扫描在现代高清电视和计算机显示器中得到了广泛应用。

（2）隔行扫描

隔行扫描是一种将图像分为奇数行和偶数行分别扫描的方法。在隔行扫描中，电子束首先扫描图像的所有奇数行，形成一帧图像的一半，称为奇场；然后扫描所有偶数行，形成另一帧图像的一半，称为偶场。奇场和偶场交替显示，从而形成完整的图像。隔行扫描的优点是能够在较低的扫描频率下实现图像的传输，从而降低了传输带宽的需求，同时也减轻了电子设备的负担。

隔行扫描的原理是利用人眼的视觉惯性。人眼对亮度变化的感知有一个缓冲过程，当奇场和偶场交替显示时，人眼会将它们融合为一个完整的图像，而不会察觉到图像的分割。然而，隔行扫描也存在一些缺点，如行间闪烁、并行现象和锯齿效应等。行间闪烁是奇偶场之间的亮度差异导致的，尤其是在图像中有快速运动的物体时，这种现象更为明显。并行现象是指在图像的某些区域，奇偶场的像素没有完全对齐，导致图像出现重影。锯齿效应则是由于隔行扫描的行间距较大，使得图像的边缘看起来不够平滑。

尽管隔行扫描存在一些缺点，但它在传统的电视广播系统中得到了广泛应用。这是因为隔行扫描能够在有限的带宽下实现图像的有效传输，同时又能满足观众对图像质量的基本要求。随着数字电视技术的发展，逐行扫描逐渐成为主流，但在一些特定的应用场景中，隔行扫描仍然具有一定的优势。

图像顺序传送原理是电视技术的基础，它通过图像分解与像素化，以及逐行扫描与隔行扫描等技术，实现了图像的高效传输与显示。这些技术的发展和应用，为电视技术的进步奠定了坚实的基础，也为观众带来了更加丰富多彩的视觉体验。

(四) 电视信号的传输

1. 模拟信号传输原理

模拟电视信号的传输是电视技术早期的核心环节，其传输过程涉及多个关键步骤，主要包括信号的调制、传输介质的选择以及信号的接收与解调。

(1) 信号调制

模拟电视信号的传输首先需要将图像信号和声音信号进行调制。调制的目的是将低频的图像和声音信号转换为高频的电磁波信号，以便在无线或有线传输介质中有效传输。调制方式主要有调幅（AM）和调频（FM）两种。图像信号通常采用调幅方式，即将图像信号的幅度变化转换为高频载波信号的幅度变化；而声音信号则采用调频方式，通过改变高频载波信号的频率来传输声音信息。这种调制方式能够有效避免信号在传输过程中的干扰，同时提高信号的传输质量。

(2) 传输介质

模拟电视信号的传输介质主要有无线传输和有线传输两种方式。无线传输通过发射天线将调制后的电磁波信号发射到空中，接收天线接收信号后进行解调还原。这种方式的优点是覆盖范围广，能够实现大范围的信号传播，但缺点是容易受到自然环境和建筑物等因素的干扰，导致信号质量下降。有线传输则通过同轴电缆等物理介质传输信号，这种方式能够提供更稳定的信号传输效果，但传输距离相对有限，且需要铺设大量的电缆基础设施。

(3) 信号接收与解调

在接收端，接收天线或有线电视终端设备接收调制后的电磁波信号，然后通过解调器将信号还原为原始的图像和声音信号。解调过程是调制过程的逆过程，通过特定的解调技术，将高频载波信号中的图像和声音信息分离出来，再经过放大、滤波等处理后，送入显像管或扬声器进行显示和播放。在整个传输过程中，信号的质量和稳定性受到多种因素的影响，如调制解调技术的精度、传输介质的特性以及环境干扰等。

2. 数字信号传输原理

数字电视信号的传输是现代电视技术的重要发展方向，与模拟信号传输相比，数字信号传输具有更高的传输效率、更强的抗干扰能力和更好的图像质量。数字信号传输主要包括信号的编码、调制、传输以及解码等环节。

(1) 信号编码与压缩

数字电视信号在传输前需要进行编码和压缩处理。编码的目的是将图像和声音信号转换为适合数字传输的二进制数据流。常用的编码标准有MPEG-2、MPEG-4和H.264等，这些标准通过复杂的算法对图像和声音信号进行压缩，去除冗余信息，从而大大减少了数据量，提高了传输效率。例如，MPEG-2标准能够将数字电视的原始数据压缩到1/100左右，这使得在有限的频带宽度内能够传输更多的节目内容，同时也降低了存储和传输成本。

(2) 数字调制

数字信号的调制是将编码后的数字数据流转换为适合在传输介质中传输的信号形式。常见的数字调制方式有正交振幅调制（QAM）、键控移相调制（QPSK）和残留边带调制（VSB）等。QAM调制方式具有较高的频谱效率，适用于有线电视网络传输；QPSK调制方式对信噪比要求较低，适合卫星广播；VSB调制方式则具有较好的抗多径传播效应，适合地面广播。不同的调制方式根据传输介质的特点和应用场景进行选择，以确保信号的稳定传输和高质量接收。

(3) 传输方式

数字电视信号的传输方式主要有地面传输、卫星传输和有线传输三种。地面传输通过地面数字电视广播网进行信号传输，信号通过发射塔传输到用户的电视天线，再经过解码器解码后显示在电视机上。卫星传输则是借助卫星进行信号传输，将数字电视信号发射到卫星上，再通过卫星信号接收器接收并解码显示在电视机上。有线传输则是利用有线网络进行数字信号的传输，数字电视信号通过光纤或同轴电缆传输到用户的终端设备，再通过解码器解码显示在电视机上。这三种传输方式各有优缺点，根据不同的需求和应用场景进行选择。

(4) 信号解码与还原

在接收端，数字电视信号通过解调器将调制信号还原为数字数据流，然后通过解码器将数字数据流解码为原始的图像和声音信号。解码过程需要严格按照编码标准进行，以确保信号的准确还原。解码后的图像和声音信号经过数字到模拟转换（D/A 转换）后，送入显示设备和扬声器进行显示和播放。数字信号传输的优点在于信号在传输过程中不易受到干扰，能够保持较高的图像和声音质量，同时还可以实现多种交互功能和增值服务，如电子节目指南、视频点播等，为用户提供了更加丰富的视听体验。

电视信号的传输技术从模拟到数字的演变，不仅极大地提高了信号传输的质量和效率，还为电视技术的未来发展提供了更广阔的空间。随着技术的不断进步，未来的电视信号传输将更加智能化、高效化和多样化，为观众带来更加精彩的视听享受。

(五) 电光转换原理

1. 显像管的电光转换机制

显像管是早期电视技术中实现电光转换的关键器件，它将电信号转换为光信号，从而在屏幕上呈现出可视图像。显像管主要由电子枪、荧光屏和偏转线圈等部分组成。

电子枪是显像管的核心部件之一，其作用是发射电子束。电子枪由阴极、控制栅极和加速极等组成。阴极在加热后会发射电子，控制栅极用于调节电子束的强度，加速极则将电子加速，使其具有足够的能量轰击荧光屏。电子束在加速过程中，经过聚焦极的作用，被聚焦成细小的束流，以确保在荧光屏上形成清晰的图像。

荧光屏是显像管的另一重要组成部分，它涂覆有荧光粉。当电子束轰击荧光屏时，荧光粉受到激发而发光，从而形成图像。荧光粉有不同的颜色，通过控制电子束的轰击位置和强度，可以实现彩色图像的显示。荧光屏的发光原理基于荧光粉的光电效应，即荧光粉在吸收电子束的能量后，会以光的形式释放出能量，从而产生可见光。

偏转线圈的作用是控制电子束的运动方向,使其能够在荧光屏上进行扫描。偏转线圈分为水平偏转线圈和垂直偏转线圈,分别用于控制电子束在水平方向和垂直方向的偏转。通过在偏转线圈中通入锯齿波电流,电子束可以在荧光屏上形成逐行扫描或隔行扫描的光栅。扫描过程中,电子束按照一定的规律在荧光屏上移动,将图像的每一行像素依次点亮,最后形成完整的图像。

显像管的电光转换过程是一个复杂的物理过程,涉及电子的发射、加速、聚焦、偏转以及荧光粉的发光等多个环节。这些环节相互配合,实现了从电信号到光信号的高效转换,为观众呈现出清晰、生动的图像。

2. 现代显示技术的电光转换

随着科技的不断进步,现代显示技术逐渐取代了传统的显像管显示技术,成为主流。现代显示技术主要包括液晶显示(LCD)、等离子显示(PDP)、有机发光二极管显示(OLED)等,这些技术在电光转换原理上各有特点。

(1) 液晶显示(LCD)

液晶显示是目前应用最广泛的显示技术之一,其电光转换原理基于液晶分子的光学特性。液晶分子具有特殊的排列结构,能够在电场的作用下改变其光学性质,从而实现对光的控制。

液晶显示器主要由液晶面板、背光源和驱动电路等部分组成。液晶面板由两片玻璃基板和夹在其中的液晶层组成,液晶层中充满了液晶分子。背光源提供均匀的光源,通常采用冷阴极荧光灯(CCFL)或发光二极管(LED)作为背光源。驱动电路则负责控制液晶分子的排列状态,从而实现图像的显示。

在液晶显示器中,液晶分子的排列状态可以通过施加电场来改变。当电场作用于液晶分子时,液晶分子会沿着电场方向重新排列,从而改变其对光的折射率。通过控制液晶分子的排列状态,可以实现对光的透过或遮挡,从而在屏幕上形成不同的灰度和色彩。

液晶显示器的电光转换过程是一个间接的过程,即通过控制液晶分子对背光源光的透过率来实现图像的显示。这种显示方式的优点是功耗低、体积小、重量轻,适合大规模生产和应用。然而,液晶显示器也存在一些缺点,如响应速度较慢、视角有限等。

(2) 等离子显示 (PDP)

等离子显示是一种自发光显示技术,其电光转换原理基于气体放电产生的紫外线激发荧光粉发光。等离子显示器由多个等离子单元组成,每个等离子单元包含一个气体放电腔和荧光粉涂层。

在等离子显示器中,气体放电腔内填充有惰性气体,如氖气和氙气。当施加电压时,气体发生放电,产生紫外线。紫外线激发荧光粉涂层,使其发出可见光,最终实现图像的显示。等离子显示器的每个像素都是一个独立的发光单元,因此,具有很高的对比度和色彩饱和度。

等离子显示器的电光转换过程是一个直接的过程,即通过气体放电直接产生光。这种显示方式的优点是响应速度快、对比度高、视角宽,适合大尺寸显示。然而,等离子显示器也存在一些缺点,如功耗较高、寿命有限等。

(3) 有机发光二极管显示 (OLED)

有机发光二极管显示是一种新兴的显示技术,其电光转换原理基于有机材料的电致发光特性。OLED 显示器由有机发光层、电极和基板等部分组成。

在 OLED 显示器中,有机发光层由多层有机材料组成,包括空穴注入层、空穴传输层、发光层、电子传输层和电子注入层等。当在电极之间施加电压时,空穴和电子分别从阳极和阴极注入有机发光层中,在发光层中复合形成激子,激子释放能量时发出光子,进而完成图像的显示。

OLED 显示器的电光转换过程是一个高效的直接发光过程,具有响应速度快、对比度高、色彩鲜艳等优点。此外,OLED 显示器还具有柔性、轻薄等特点,适合应用于各种新型显示设备中。然而,OLED 显示器也存在一些技术挑战,如寿命和稳定性问题,尤其是在大尺寸和高亮度应用中。

现代显示技术的电光转换原理各具特点,从液晶显示的间接发光到等离子显示和有机发光二极管显示的直接发光,每种技术都在不断优化和改进,以满足不同应用场景的需求。这些技术的发展不仅提高了显示质量和性能,还为未来显示技术的创新提供了广阔的空间。

（六）电视图像的重现

1.电子束扫描与荧光屏发光

电视图像的重现是电视技术的关键环节之一，其核心在于将接收到的电信号通过显示设备转换为可视图像。在传统的显像管电视中，这一过程主要依赖于电子束扫描与荧光屏发光的原理。

电子束扫描是显像管电视实现图像重现的基础。电子枪发射的电子束在偏转线圈的作用下，按照一定的规律在荧光屏上进行扫描。电子束按照图像信号的强度变化，逐点轰击荧光屏上的荧光粉，使其发光。

荧光屏是显像管电视的重要组成部分，其表面涂覆有荧光粉。荧光粉在受到电子束轰击时，会吸收电子束的能量并以光的形式释放出来，从而产生可见光。可见，荧光粉的发光特性决定了图像的亮度和色彩。

电子束扫描与荧光屏发光的协同作用实现了电视图像的重现。电子束按照图像信号的规律逐点扫描荧光屏，荧光粉在电子束的轰击下逐点发光，最终形成完整的图像。这一过程需要精确的同步控制，以确保电子束的扫描与图像信号的传输保持一致。同时，荧光屏的余辉特性也对图像的显示效果产生了重要影响。荧光粉在停止受到电子束轰击后，会逐渐停止发光，这一过程称为余辉。适当的余辉时间可以消除图像的闪烁感，使图像看起来更加稳定。

2.数字显示技术的图像重现

随着数字显示技术的发展，传统的显像管电视逐渐被液晶显示（LCD）、等离子显示（PDP）、有机发光二极管显示（OLED）等现代显示技术所取代。这些数字显示技术在图像重现原理上与传统的显像管电视有显著不同。

数字显示技术在图像重现过程中，还涉及复杂的图像处理技术。这些技术包括信号解码、解压缩、色彩校正、对比度增强等，以确保图像的高质量显示。

第一，信号解码与解压缩。接收到的数字信号首先需要进行解码和解压缩处理。解码过程将编码后的数字数据流还原为原始的图像和声音信号，解压缩过程则将压缩后的数据恢复为完整的图像信息。

第二，色彩校正。数字显示技术需要对图像的色彩进行校正，以确保显示的色彩准确无误。色彩校正包括对色彩空间的转换、色彩平衡的调整等，以适应不同的显示设备和应用场景。

第三，对比度增强。为了提高图像的视觉效果，数字显示技术通常会对图像的对比度进行增强。对比度增强技术通过调整图像的亮度和暗度，使图像的细节更加清晰、色彩更加鲜明。

第四，动态范围优化。数字显示技术还支持动态范围优化技术，如HDR（高动态范围）技术。HDR技术通过扩展图像的动态范围，使图像的高光部分和阴影部分都能呈现更多细节，从而提供更加逼真的视觉体验。

（七）电视技术中的同步与控制

1. 行同步与场同步

在电视技术中，同步是确保图像正确显示的关键环节。同步信号的作用是保证发送端和接收端的扫描过程在时间和空间上保持一致，从而使图像能够准确地重现。行同步和场同步是电视技术中两种基本的同步方式。

（1）行同步

行同步是指在水平方向上对电子束的扫描进行同步控制。在发送端，电子束按照一定的规律从左到右扫描图像的每一行，形成行扫描信号。为了使接收端能够准确地跟踪发送端的行扫描过程，需要在每一行的开始处插入一个行同步信号。行同步信号是一个特殊的脉冲信号，它标志着每一行扫描的起始位置。接收端的电子束在接收到行同步信号后，开始进行扫描，并在行同步信号的引导下，与发送端的行扫描保持一致。

行同步信号的频率通常很高，以确保图像在水平方向上的清晰度。例如，在传统的电视系统中，行同步信号的频率约为 15.75 kHz。行同步信号的精确控制对于图像的质量至关重要。如果行同步信号出现偏差，会导致图像在水平方向上出现扭曲、重影或滚动等现象，严重影响图像的可观看性。

（2）场同步

场同步是指在垂直方向上对电子束的扫描进行同步控制。在发送端，电子束从上到下逐行扫描图像，形成一帧完整的图像。为了使接收端能够准确地跟踪发送端的场扫描过程，需要在每一帧图像的开始处插入一个场同步信号。场同步信号是一个特殊的脉冲信号，它标志着每一帧扫描的起始位置。接收端的电子束在接收到场同步信号后，开始进行场扫描，并在场同步信号的引导下，与发送端的场扫描保持一致。

场同步信号的频率相对较低，通常为 50 Hz 或 60 Hz，这取决于电视系统的制式。场同步信号的精确控制对于图像的质量同样至关重要。如果场同步信号出现偏差，就会导致图像在垂直方向上出现扭曲、重影或滚动等现象，对图像的可观看性产生严重的影响。

（3）行同步与场同步的协同作用

行同步和场同步在电视技术中协同工作，确保图像在水平和垂直方向上的正确显示。行同步信号和场同步信号通常被嵌入图像信号中，通过特定的电路进行提取和处理。在接收端，同步信号提取电路能够从接收到的图像信号中分离出行同步信号和场同步信号，并将其送入同步控制电路。同步控制电路根据这些同步信号，调整电子束的扫描频率和相位，从而实现行同步和场同步。

行同步与场同步的协同作用不仅保证了图像的正确显示，还能够有效避免图像的闪烁和抖动现象。通过精确的同步控制，电视系统能够在人眼的视觉暂留时间内完成图像的扫描和显示，从而使观众看到一个稳定、清晰的图像。

2. 时钟信号与数据控制

在现代数字电视技术中，时钟信号和数据控制是确保图像信号准确传输和显示的重要环节。时钟信号为数字电路提供了精确的时间基准，而数据控制则确保图像数据的正确传输和处理。

（1）时钟信号

时钟信号是数字电路中的核心信号，它为所有数字操作提供了精确的时间基准。在数字电视系统中，时钟信号的频率通常较高，以满足高速数据处理的需求。例如，在高清数字电视中，时钟信号的频率可能高达数百兆赫兹。

时钟信号的作用主要体现在以下几个方面：

第一，数据采样。在发送端，时钟信号用于控制图像数据的采样过程。图像数据在每个时钟周期内被采样并转换为数字信号，从而实现图像的数字化。

第二，数据传输。在传输过程中时钟信号用于同步数据的发送和接收。

发送端和接收端的时钟信号必须保持一致，以确保数据能够在正确的时间点被发送和接收。

第三，数据处理。在接收端，时钟信号用于控制图像数据的解码和处理过程。图像数据在每个时钟周期内被解码并转换为适合显示的格式。

时钟信号的精确性对于数字电视系统的性能至关重要。如果时钟信号出现偏差，会导致数据采样错误、数据传输错误和数据处理错误，从而影响图像的质量。因此，数字电视系统通常采用高精度的晶体振荡器来生成时钟信号，并通过锁相环（PLL）等技术来确保时钟信号的稳定性和精确性。

(2) 数据控制

数据控制是确保图像数据正确传输和处理的关键环节。在数字电视系统中图像数据以数字信号的形式传输，需要通过特定的控制信号来确保数据的完整性和准确性。

数据控制的主要内容包括：

第一，数据编码与解码。在发送端，图像数据需要进行编码处理，以适应传输介质的特性。编码过程包括数据压缩、纠错编码等操作。在接收端，接收到的数据需要进行解码处理，以恢复原始的图像数据。编码和解码过程需要严格遵循相同的协议和标准，以确保数据的正确性。

第二，数据同步。在传输过程中需要确保发送端和接收端的数据同步。这通常通过在数据流中插入同步信号来实现。同步信号可以是行同步信号、场同步信号或帧同步信号，它们用于标记数据的起始位置和结束位置，从而确保接收端能够正确地解码数据。

第三，数据校验。为了确保数据的准确性，数字电视系统通常采用数据校验技术。数据校验可以通过计算校验、使用循环冗余校验（CRC）等方式来实现。接收端在接收到数据后，通过校验算法验证数据的完整性。如果发现数据错误，可以要求发送端重新发送数据，或者通过纠错编码进行自动纠错。

时钟信号与数据控制在数字电视技术中协同工作，确保图像信号的准确传输和显示。通过精确的时钟信号和严格的数据控制，数字电视系统能够在高速传输和处理过程中保持图像数据的完整性和准确性，从而为观众提供高质量的视觉体验。

第二节　广播电视的数字化技术

一、数字化技术在广播电视中的应用优势

(一) 提升节目画面的质量

传统的广播电视技术需要依赖模拟信号完成广播电视节目的传输，而模拟信号在长距离传输过程中，较易出现不稳定，导致画面清晰度下降。网络数字化信号输出形式更为简便，仅具有"0"和"1"两种信号的输出形式，在信号传输过程中可以实现在同等的传输空间覆盖范围内，容纳数量更多的信号位点，使得信息数据的传送质量、传输速度更有保障；而且网络数字化广播电视技术在二维滤波压缩频带等技术的支持下，可将外界环境因素的干扰降到最低，提高信号传输的稳定性，保证广播电视节目信号的传输质量，确保电视节目图像呈现更好的清晰度，提高受众观看质量[1]。

(二) 实现远程编辑，提高工作效率

目前，数字化技术已在各个领域中普及，并得到广泛应用。而数字化技术在广播电视中的应用也大大促进了广播电视行业的发展[2]。目前，同步数字体系、数字视频广播技术以及光纤和同轴电缆相结合的混合网络技术在广播电视中的应用，使广播电视各项数据信息传递稳定性增强，使编辑工作更加简单、高效，更有利于促进广播电视远程编辑工作的实现，让远程编辑真正落到实处。在数字化技术的支持下，可打破传统时间与空间上的限制，使数据信息编辑及下载更为便捷，可通过网络将节目制作需要的相关内容与信息传输给工作人员，而相关人员编辑处理好的信息与内容又可以通过网络进行传输、选取，并加以利用，能够更好地避免外界环境的干扰，保证信息传递的有效性与安全性，有效调控相关人员的实际劳动强度，减轻工作负担[3]。

---

[1] 周应彪.基于数字化转型的广播电视节目制作技术应用[J].电视技术，2023，47(12)：91-93.
[2] 谭立仁.广播电视安全播出技术的发展与展望[J].中国宽带，2021(5)：24.
[3] 刘瑞娟.浅谈农村广播电视网络优化策略[J].中国新通信，2021，23(6)：85-86.

(三) 具备可共享的海量资源

数字化技术在广播电视行业的应用，可充分实现多项资源的近距离与远距离共享[1]。数字化技术可对广播电视节目所需要的信息进行有效分配，实现远程编辑，优化原有操作步骤及流程，同时可通过网络实现工作人员的线上协同作战，实现数据与信息即时性共享，完全不受时间与空间限制，有效提高广播电视制作的工作效率及质量。同时数字化技术的应用能够对信息传递过程进行优化处理，提高输出信号的传递速率，使其操作更加方便，信号传输更加稳定。

在此过程中发挥网络数据化技术的作用，有效编辑处理不同类复杂程度较高的网络资源，有效保证输出信息传递过程中更为灵活，能够集中打破先前输出信息传递区域与传递空间要素的影响，对高效率信号传递可发挥关键性的促进作用[2]。

(四) 实现实时处理

近年来，数字化技术在各个领域中运用已趋于成熟，促进了各个领域的快速发展，而各领域的发展又对数字化技术形成正反馈，在数字化技术发展进程中起到重要作用。广播电视节目原有的信息传递主要依赖于模拟信号的传输，过程烦琐，所能够获取的节目效果有限。而基于互联网的信息化技术平台，促进了广播电视的数字化发展，能集中优化原有的信息传递模式，确保离散性特征的信号在数字化技术运用中实现高效处理，加速现阶段我国广播电视数字化发展的进程。

现阶段各行各业要想获取网络数字化发展方向，需要掌握社会多类信息，基于电视广播集中整合与编排处理当前社会发展中的各项热点问题。在电视广播中规范化应用数字化技术可以实现分散化数据的高效编排与处理，使多类信息资源均能够得到有效利用，集中调控与整改信息传递及编排中的各项要求，确保信息制作与传递过程更具有科学性、稳定性[3]。应用数字化技

---

[1] 杨衍刚. 网络数字化广播电视信息技术分析[J]. 西部广播电视, 2021, 42(16): 238-240.
[2] 冯蕊. 网络数字化时代的广播电视技术发展研究[J]. 电视技术, 2019, 43(11): 19-21.
[3] 黄伟. 网络数字化时代的广播电视技术发展研究[J]. 人文之友, 2020(7): 83.

术能实现多项数据信息有效传递交流,全面提升广播电视制作质量,进一步促进电视节目整体质量的提高[①]。

除此之外,在信息传递交流中,数字化技术参与才能够及时进行修改及针对性策划。为了能高效减少信息传递中干扰因素产生的不利影响,需要注重基于二维信号和滤波信号的有效压缩,而数字化技术为这一功能的实现提供了有力支持,全面提升广播电视音频信号的整体利用率。

(五)有效节约播出成本

对于广播电视节目观众而言,从传统广播电视技术向网络数字化广播电视技术的转变过程,其仅需增加配置一个简易的机顶盒即可,因此,其实际需要支付的经济成本较低,可以承受。

对于各级广播电视节目制作播出单位而言,从传统广播电视技术向网络数字化广播电视技术的转变过程尽管需要一定程度的技术设备更新和应用程序更新,但其实际投入的经济成本也处在可控范围。

二、数字化技术在广播电视技术中的发展

(一)使广播电视技术实现更加充分的发展

数字化技术应用于广播电视中,在未来会呈现快速、全面的网络化发展趋势。应用数字化技术对传统广播电视技术进行创新,并将二者有机结合,可使广播电视节目的编辑工作及内容修订工作更加便利,进而能够减少广播电视节目在传输过程中的信号损耗、信号失真等问题发生[②];对于突破受众在收看广播电视节目过程中的时间与空间限制方面发挥重要作用,可更好地实现广播电视这个特定媒体的最佳传播价值。

同时,随着网络技术的快速发展,可借助网络数字化信息化技术的共享性特点,进而有效降低广播电视节目的经济成本,提升广播电视的观看率。

[①] 孙学燕.网络数字化广播电视技术的优势及发展前景探析[J].科技创新导报,2020,17(30):81-83.
[②] 白智彪.网络数字化广播电视技术的实现分析与研究[J].电视技术,2018,42(5):20-24.

(二) 丰富广播电视节目的内容构成体系

数字化技术与广播电视技术有机结合，能够为广播电视节目制作播出人员提供有效且便捷的信息资讯收集获取渠道，丰富广播电视节目内容的同时，对其进行有效创新，支持我国广播电视媒体事业长期获得良好的收益。在广播电视节目创新升级过程中，制作人员应该加强对周边热点、实时资讯的关注，并且要紧跟百姓潮流，做受众喜欢观看的广播电视节目类产品，持续提高广播电视节目的收视率，促进广播电视的有序健康发展。

广播电视是国家媒体宣传事业的重要传播工具，在媒体传播中占有重要地位，而数字化技术的应用，势必会促进广播电视技术的快速发展。为此，在网络信息化技术快速发展的背景下，广播电视领域从业者应当积极持续参与推进创新改良工作，通过对现代网络信息化技术以及数字化技术的结合运用，全面彰显数字化技术优势与特征，创新传统电视节目形式，做满足受众需求的多样化广播电视节目类产品，使广播电视更加互动化、立体化，从而更好地促进我国现代广播电视事业的不断创新与发展。

第三章 广播电视节目的传输及播出研究

第一节 广播电视节目的数字传输

一、节目传输概述

电视广播将由多角度摄像现场画面音视频信号,通过卫星或地面的专用通信线路把视频信号传送到电视台,经过导演切换控制;或者录制好的电视节目,再用另外的通信线路传输到发射台,由发射台通过有线或无线信号方式播出,观众通过电视机实现图像和声音的接收、观看。

(一) 电视广播的传输形式

从传输形式电视广播可分为三种类型,即卫星、有线和地面无线。从其传输技术的特点来看,卫星电视广播覆盖是跨地域的,是覆盖区域最大、受众面最广的一种传输形式。有线电视是20世纪90年代兴起的并被迅速发展的电视广播传输方式,最主要的原因是有线电视解决了城市建筑对电磁波反射的问题,提高了收视质量,而且有线电视相邻频道的应用扩展了频谱资源的利用率,增加了节目数量,极大地满足了经济发展过程中人们对文化娱乐消费的需求。无线电视广播(亦称地面广播)是以上三种广播中最为传统、历史最为悠久的电视广播方式。

(二) 不同传输形式的服务对象

由于卫星电视广播是跨地域的覆盖和传输,覆盖区域大、受众面广,绝大部分卫星电视用户不会试图从卫星电视节目中仅获得本地新闻,这决定了卫星电视的主要服务对象是跨地域或者国际化。有线电视是通过电缆的传输,针对的是本地域内或者说是城市范围内的固定接收。一般本地的内容通过有线电视的传输,是最为经济的传输方式,由于有足够的频率资源,有线电视有足够的条件去收转其他传输形式传输的内容。电视地面广播的主要受众也是针对本地区的，在有线电视普及的经济发达地区，地面广播形式渐渐成为有线电视的一种补充。[①]

(三) 电视广播传输的数字化进程

在我国，卫星广播已经全部数字化，卫星电视的个人接收的政策还没有放开。有线电视的数字化正在全国开展，我国有关政策规定，有线电视必须传送无线电视广播的内容。自 2007 年 8 月 1 日起，数字电视地面广播标准实施。数字电视技术的应用在经济较为发达的地区较易获得推广，而在我国，这部分地区的有线网络都已得到建设，绝大部分家庭通过有线来收看电视。此外，电视移动接收的应用已提出，并逐步被人们关注和接受。

二、广播电视节目传输的技术基础

(一) 数字图像传送原理

图像信号是自然界发出的光通过物体反射后，进入人眼睛形成的物理信号，属于模拟信号方式。如果需要对图像信号进行数字化处理、传输和存储，事先必须完成图像信号的光/电转换和模拟/数字转换；由于人的眼睛只能识别模拟物理信号，所以处理完毕后的数字信号还需要还原为模拟图像信号，即完成数字/模拟转换和电/光转换。

图像压缩技术可以在图像不失真或少失真的情况下，降低图像数据传输率、减小占用信道带宽、减少占用数据存储介质空间，是图像信息处理的重要内容。

(二) 数字图像传送基本概念

1. DVB 业务

DVB 是一种基于信源编码为 MPEG-2 的数字广播技术，这种技术有三种标准：第一，DVB—S，它多用在卫星转发器上，带宽为 2672 MHz；第二，

---

① 余兆明，李欣. 数字电视传输与组网技术 (第 2 版) [M]. 北京：北京邮电大学出版社，2021：124-140.

DVB—T，它是针对地面广播的；第三，DVB—C，它主要用在有线电视上。DVB—C数字视频广播系统的信号通常采用QAM（正交幅相调制）的方式进行传送。

2.比特率和波特率

比特率是指二进制数码流的信息传输速率，单位是bit/s，简写成b/s或bps，它表示每秒传输多少个二进制元素（每一个二进制元素称为比特）。波特又称调制速率，是针对模拟数据信号传输过程中，从调制解调器输出的调制信号每秒钟载波调制状态改变的数值，单位是s/s，称为波特（baud）率。因此，调制速率也称为波特率。

3.信源编码

模拟音视频信号要变成数字信号，通常要通过信源编码和信道编码两个过程才能完成。最常用的信源编码方式是脉冲编码（PCM），它需要经过取样、量化和编码三个过程。经过取样量化以后的样本脉冲信号仍有许多不同的幅值，将它们直接传输仍会受到噪声、失真等严重影响，还需要经过编码，变成只有一个确定幅度的一系列脉冲，即所谓数据传输流。

普通模拟电视信号经A/D变换后，其码率为216 Mbps，要传送这一码率的数字信号要求带宽为144 MHz，为此要进行压缩处理。MPEG-2就是一种压缩式数字编码标准。MPEG-2编码属于信源编码范畴，它是DVB数字视频广播的音视频信源编码标准。这种信源编码以压缩信源数码率为目的，主要方法是找出各样值的相关特性予以去除，从而达到对音视频数据码率压缩的目的。

4.数据冗余

上面说过，视频信号经过A/D变换后，其码率为216 Mbps，传送这一信号的带宽为144 MHz，这样大的数据和信道带宽带来了存储和传输的难题。实际上，在这些大量的数据中，有一些是带有信息的，而另外一些则几乎不携带什么信息，存在着很大的信息冗余。我们把这些大量数据的总量称为数据量，把携带信息那部分数据称为信息量，而把不携带信息的那部分数据称为冗余量，在信源编码时，力求去除那些冗余，以提高信号传输与存储的效率。

5.数据压缩

既然数据中存在信息冗余，就有可能对图像数据量进行压缩，针对数据冗余的类型不同，可以有多种不同的数据压缩方法。常见的专用图像压缩技术有：JPEG、MPEG、H.26I、小波变换等。MPEG-2 标准采取混合编码的方式来去除这些冗余，从而达到压缩码率的目的。

6.信道编码

采用合适的调制方式和纠错方法，以提高数据传输效率，降低误码率是信道编码的任务。信道编码的本质是增加通信的可靠性。数字信号在传输中往往由于各种原因，使得在传送的数据流中产生误码，从而使接收端产生图像跳跃、不连续、出现马赛克等现象。所以通过信道编码这一环节，对数码流进行相应处理，使系统具有一定的纠错能力和抗干扰能力，从而极大地避免码流传送中误码的发生。误码的处理技术有纠错、交织、线性内插等。

（三）数字信号的传输

我们知道，数字信号在时域上呈离散性的且都只有两种状态 1 和 0，在短距离传送时（100 m 以下），可采用基带传输，当要进行远距离传输时，就要采取载波传输方式了。载波传输系统是把数字信号调制到载波上，再送入传输信道中，它同基带传送相比，仅是在数字信号的输出端增加一个调制器，在数字输入口前增加一个解调器，而其他部分则完全相同。

1.基带传输系统

在数字传输系统中，信道编码器输出的代码还需经过码型变换，变为适于传输的码型。常用的基带传输码主要有双极性不归零码、单极性不归零码、双极性归零码、单极性归零码、曼彻斯特码等。

在基带传送系统中，通常采用多路复用技术，多路复用是将来自不同信息源的各路信息按某种方式合并为一路，通过同一信道传送给接收端，接收端再按相应方式分离出各路信号送给不同用户。多路复用的方式有频分复用、时分复用、码分复用、波分复用、时间压缩复用等。其中更多地使用时分复用技术，所谓时分复用，是将各路信号利用同一信道的不同时隙来进行通信，因为时分复用传输时，各路信号不在同一时间上传送，不容易产生交调和互调失真，所以时分复用系统的非线性失真指标要求不高。

在时分复用系统中要使用两个主要器件：一是复接器，它的功能是把几路信号按时分复用的原理合成一个合路数字信号；另一个是分接器，它与复接器功能相反，是把合路信号还原为几个支路的数字信号。把复接器和分接器装在一起，称为数字复接设备。数字复接必须解决两个问题：一个是同步，一个是复接。同步由定时系统和码速调节单元组成。定时系统的内部时钟给复接器提供时间基准信号，码速调整单元是把码速不同的各支路调整成与复接器定时信号完全同步的数字信号，复接则是把各支路信号汇接成一路信号。

2.数字信号的载波传送

当数字信号要进行较长距离的传送时，就要采用载波传送的方式了。数字信号的载波传送与基带传送的主要区别就是增加了调制与解调的环节，是在复接器后增加了一个调制器，在分接器前增加了一个解调器。

数字信号只有几个离散值，这就像用数字信号去控制开关选择具有不同参量的振荡一样，为此把数字信号的调制方式称为键控。调制方式有幅度键控（ASK）、频移键控（FSK）、多进制数字调制（PSK）。

（1）幅度键控（ASK）

幅度键控可以通过乘法器和开关电路来实现。载波在数字信号1或0的控制下通或断，在信号为1的状态下，载波接通，此时传输信道上有载波出现；在信号为0的状态下，载波被关断，此时传输信道上无载波传送。那么在接收端我们就可以根据载波的有无还原出数字信号的1和0。对于二进制幅度键控信号的频带宽度为二进制基带信号宽度的2倍。

（2）频移键控（FSK）

频移键控是利用两个不同频率F1和F2的振荡源来代表信号1和0，用数字信号的1和0去控制两个独立的振荡源交替输出。对二进制的频移键控调制方式，其有效带宽为 $B = 2xF + 2Fb$，xF 是二进制基带信号的带宽，也是FSK信号的最大频偏。由于数字信号的带宽即Fb值大，所以二进制频移键控的信号带宽B较大，频带利用率小。在相移键控中，载波相位受数字基带信号的控制，如二进制基带信号为0时，载波相位为0，为1时，载波相位为 π，载波相位和基带信号有一一对应的关系。

3. 多进制数字调制

上面所讨论的都是二进制数字基带信号的情况。在实际应用中，我们常常用一种称为多进制（如4进制、8进制、16进制等）的基带信号。多进制数字突出的优点：一是多进制数字信号含有更多信息，使频带利用率更高；二是在相同的信息速率下持续时间长，可以提高码元的能量，从而减小由于信道特性引起的码间干扰。由于篇幅的关系，这里只讨论用得最多的一种调制方式：多进制相移键控（MPSK）。

多进制相移键控又称为多相制，因为基带信号有 M 种不同的状态，所以它的载波相位有 M 种不同的取值，这些取值一般为等间隔。多进制相移键控有绝对移相和相对移相两种，实际中大多采用四相绝对移相键控（4PSK，又称 QPSK）。四相制的相位有 0、$\pi/2$、π、$3\pi/2$ 四种，分别对应四种状态 11、01、00、10。

其中第一项是同相分量，第二项称为正交分量，所以 QPSK 又称为正交相移键控调制。

由上述可知，QPSK 的频带利用率是相应二进制数字调制的2倍，但这是以牺牲功率利用率为代价的。因为随着进制的增加，各码元之间的距离减小，不利于信号的恢复，特别是受到噪声和干扰时，误码率会随之增大。为解决这个问题，我们不得不提高信号功率（即提高信号的信噪比来避免误码率的增大），这就使功率利用率降低了。为此是否有一种方法使频带利用率增加而各码元之间的距离又不太小呢？这就引入了 QAM（正交幅度调制）。QAM 的特点是各码元之间不仅幅度不同，相位也不同，它属于幅度与相位相结合的调制方式。在 QPSK 中，各码元的幅度相同，只是相位不同，所以其平均功率较高，QAM 由于各码元的幅度不同，所以平均功率较小。因此在平均功率相同的情况下，QAM 各码元的电平取值可高于 QPSK 各码元的取值，从而使信噪比得到提高。

（四）数字化传输的优点

1. 频道利用率高

数字压缩技术是将模拟信号经过抽样、量化，变成数字信号，再经取样压缩编码，驱除信号冗余度，以一定压缩比将信号频带压窄，将其调制到载波上，这样就提高了频谱的利用率。接收则以相反的过程进行接收、解调、解码、数字/模拟转换，视频处理后还原成视频信号。

电视系统一般采用 MPEG-2 压缩传输标准，它可以将速率为 200 Mbps 的数字视频信号压缩到 5～15 Mbps。在这种标准下，如果对压缩信号采用 64QAM 调制方式，则 CATV 在每个 8 MHz 带宽的模拟电视频道内能传送的码率为 37 Mbps，扣除 FEC 等因素占用的码率，净速率＞32 Mbps。如果每个频道的平均速率为 4～2 Mbps，则一个 8 MHz 模拟电视频道就可同时传输 8～16 套电视节目，10 个模拟频道就能传输 80～160 套电视节目。由此可知，广播电视数字化后可以成倍甚至成十倍地增加频道的利用率。

2.接收门限电平低，传输距离远

原广电部 GY/T106—1999 标准中提出了有线电视广播系统技术规范，下行模拟传输系统要求载噪比 C/N ≥ 43 dB。欧广联（EBU）给出了图像信号的 5 级评分标准，若要达到 4 级以上的良好质量，则要求信噪比 S/N ≥ 36.6 dB。在模拟信号的传输中，为防止信号的衰落，必须有 6 dB 的衰落储备量，因此模拟调幅微波传输链路中系统设计的载噪比 C/N 必须 ≥ 49 dB。在模拟调频微波传输链路中，由于 S/N 存在 18 dB 调频改善系数，所以 C/N ≥ 31 dB 就够了。同样的模拟链路，如果采用数字压缩编码方式，中频调制器采用 64QAM 正交幅度调制，在留有 6 dB 储备量之后，只需 C/N ≥ 28 dB 就能得到 DVD 的图像质量。

若采用 QPSK 相移键控调制，则只需 C/N ≥ 18 dB 就可以得到高质量的图像质量。模拟调幅（AM）微波与 64QAM 调制数字微波相比，门限下降了约 20 dB；模拟调频（FM）微波与 QPSK 调制数字微波相比，也相差约 10 dB。从上述分析不难得出数字微波比模拟微波传输距离远的结论。如果原设计模拟 MMDS 微波传输距离为 40 km，在同样的有效发射功率、同样的反馈、同样的路由前提下，采用数字 MMDS 微波传输后，就能轻易覆盖 100 km 以上的距离。

3.图像质量好，抗干扰能力强

由于采用了数字滤波、数字存储及再生中继技术，排除了噪声和失真积累的影响，改善了图像的信噪比，彻底消除了亮度干扰，接收机的载噪比 C/N 在门限值以上时，几乎可以得到无损伤的还原，即使经过多级中继、转发,也不会降低图像质量,因此数字电视传输的图像质量远远高于模拟电视传输的图像质量。

第二节 广播电视节目的数字播出

一、播出系统的发展

播出系统经历了早期漫长的手动播出到自动播出,随着新技术的快速发展和广泛应用,播出系统正在全面向数字播出过渡。

(一) 从手动播出到自动播出

手动播出系统仅由录像机和切换开关组成,录像机的启动以及切换开关均由人工完成。其主要缺点是节目切换不准确、播出不准时。将计算机技术引入播出系统就实现了自动播出。早期的自动播出系统只是在手动播出系统中加入计算机,由计算机控制设备的启动和切换,保证了节目准时播出。后来引进了计算机自动控制网络,除完成自动控制节目自动播出外,还能实现对台内设备的统一管理和集中使用。应用计算机自动播出使电视节目播出的技术手段上了一个台阶,但由于还需人工将磁带放入录像机,故严格来讲,这是一种半自动播出。后来将机械手引进播出系统,实现了电视节目的全自动播出。

(二) 从模拟播出过渡到数字播出

随着数字技术的发展,播出设备的发展趋势正在向播出数字化、网络化,即向硬盘播出系统或制播一体网方向发展。

实现数字播出有三个关键技术值得注意:一是数字节目的大容量存储与管理;二是数字节目的高速备可达 3~20 倍速;三是与数字中心存储相连的多频道安全可靠的数字播出、广告播出、时延和 VOD(视频点播)。电视硬盘自动播出系统是一种特殊的计算机网络系统,它不仅要具备不间断地处理大量音视频数据录入和输出的能力,而且要求系统具备高可靠性,包括数据的高可靠性,随之进一步采用制播一体网将播出系统与非线性制作系统相连。该方式在传输时节省了数字与模拟之间的转化过程，提高了信号的传输质量，降低了信号的损失，为实现全系统的数字化、网络化奠定了基础。电视广播的真正数字化是从节目制作、播出、发射直至接收机的全系统的数字化。播出系统向网络化发展是一种必然趋势。

二、自动播出技术

电视自动播出系统的发展可分为三个阶段：第一阶段，采用单机控制的播出控制系统；第二阶段，采用网络化自动播出控制系统；第三阶段，采用带中心存储的播出控制系统，即播出系统配备媒体资源管理中心，是数字播出系统的发展方向。

目前，电视自动播出主要采用以下两种方案：[①]

其一，以数字切换台为核心，自动播控软件也以它为主控对象，数字录像机作为节目源，用自动播出系统控制数字录像机与播出切换台协调动作，实现自动播出。这种方案称之为传统自动播出系统，它存在录像机卡带、定期更换磁鼓、更改节目表过程复杂等缺点，逐步被硬盘播出所取代。但是，考虑到节目资料和设备的继承性，在硬盘播出系统中都设计了硬盘播出、硬盘和磁带混合播出和磁带播出三种方式可以选择的控制系统。

其二，以音视频服务器为核心，利用数据库技术进行管理，通过计算机网络传输控制和管理信息，并对设备进行监控，通过高速视频网络传输播出节目素材；自动播出系统控制音视频服务器与切换台协调动作，实现数字播出。这种方案日益普及，其中服务器是关键设备。而服务器的组合又有两类结构：一类采用主备音视频服务器方式；另一类采用 Media Cluster 方式，也称为服务器集群方式。现在的多通道硬盘播出系统均采用服务器网络存储方案。

[①] 张冬梅，朱峰，郭勤. 广播电视发射技术与信号传输 [M]. 延吉：延边大学出版社，2018：125-143.

三、网络化全数字播出系统

(一) 设计要求

在设计多频道播出系统时，一方面要以安全可靠为系统设计的第一要素；另一方面，要充分考虑技术先进性和实际应用需求，设计一个适应未来发展、支持多频道交叉混合播出，具有高度灵活性、稳定性的数字化、网络化播控系统。因此，在设计播出系统时，应着重从以下八个方面考虑：

1. 适用性

一般电视台有多个自办频道，每天有上百小时的节目播出，还有多个演播厅以及卫星、微波、光纤等各类直播信号源，因此，播出系统不仅要能满足自办频道的播出要求，还要满足各类外来信号源的直播调度和多个演播现场的联动直播的要求。

2. 高可靠性

播出系统要求运行安全可靠，特别是像新闻综合频道每天24小时不间断播出，更要求系统具有极高的可靠性，因此，在设计总控系统、分控系统和硬盘系统时，所有的主干设备（例如矩阵、切换台、视音分配器、A/D、D/A、嵌入、解嵌器等）全部采用主、备运行，机箱配主、备双电源板，且主备、电源来自不同电源箱。每个分控的播出控制系统采用主、备同步自动运行，确保播出安全可靠。

3. 先进性

系统设计要充分采用当今数字电视、计算机网络领域先进成熟的技术成果。因此，播控系统应以标准清晰度数字矩阵（兼容高清）、数字切换台等设备为主干，以硬盘服务器播出为主、录像机播出为辅。将来视发展情况，可以建立数据流磁带或DVD光盘库作为近线播出库。考虑到现代数字视频设备绝大多数提供嵌入音频功能，为充分利用这一功能降低音频设备费用，同时考虑到嵌入音频可避免数字音频传输延时、提高信噪比和简化播控系统等因素，系统采用数字音频嵌入方式。

4. 高质量

系统要具备高技术质量，通道技术指标要达到国标甲级以上，系统设备定位在"国际知名品牌,业内主流产品"。

5.易维修维护

在24小时不间断播出的情况下,要求系统便于维修维护,支持热插拔、在线维护、在线扩展功能。

6.网络化

要求系统能够实现播出设备状态设置的网络化管理和播出过程的网络化管理与控制。

7.可扩展性

系统设计要留有发展的余地,可以方便地进行扩展,以适应未来开办数字电视制作、播出的发展需求。

8.经济性

系统设备在满足使用功能要求的情况下,要具有较高的性能价格比,同时,在播出中心建设过程中,尽量考虑与现有设备相衔接,充分利用现有设备,做到物尽其用。

在此基础上,确定播控系统的基本框架。

(二)播出系统的构成

下面以某电视台集数字电视技术、嵌入音频技术、硬盘播出、计算机网络技术综合应用于一体的六频道网络化硬盘数字播控系统为例,介绍数字播出系统的构成。

该数字播出系统由总控系统、分控系统、硬盘系统和自动播出控制网络系统组成。

1.总控系统

总控系统的职能是负责进出播控中心的台内外各种信号源的接收、分配调度、传输,并对所有信号进行处理、检测、监视。对各类共用信号进行调度、分配。主要信号流向为:向六个频道分控系统提供现场直播(包括延时播出)外源信号;向硬盘播出系统提供外源上载信号;向各演播室提供返送信号和外源信号,实现多个演播室之间的现场直播和异地联播;向各技术区提供同步信号和标准时钟信号。

在进入总控系统的各类信号源中,有来自全台各数字演播室、新闻中心、广告中心、转播车、数字光纤、卫星直播信号等数字外来信号计60路左右；有来自播控中心内部6个自办频道播出系统返回的主备信号、硬盘系统、录像机、延时系统、数字机动输入信号等约50路内部数字信号。因此，在规模上选用CONCERT096×96数字视频矩阵作为总控主调度矩阵，用CONCERT064×64数字视频矩阵作为总控备调度矩阵。主调度数字视频矩阵承担台内、外96路信号源的接收、分配调度及检测、监视等，备调度数字视频矩阵用以完成重要信号如8路模拟外源经处理后的数字信号、15路硬盘系统的播出及审编信号、10路应急用录像机（与上载录像机共享）输出信号、6大演播室来的数字信号等的应急调度。

总控主调度矩阵通过12路主ROUT送往6个数字分控系统，用于现场直播信号的调度；6路输出信号送给6套数字延时系统（含Sea Change延时系统）；有32路数字信号返回给各演播室；总控主调度矩阵与备调度矩阵间有2条路由相连；总控备调度矩阵也通过12路备ROUT送往6个数字分控系统，用于现场直播信号的播出；同时提供6个频道的应急播出信号源（含延时后信号）。

进入总控的所有模拟信号均先进入模拟外源矩阵，利用原有SMS7000系列32×16模拟视、音频矩阵作为外来信号源的调度，这样就可以把模拟信号隔离在数字矩阵之前，只需要用少量的母线来完成模数转换和音频嵌入功能就可以了。来自模拟演播厅、模拟微波、卫星接收机的模拟信号、模拟光纤信号、模拟延时信号等经SMS7000矩阵调度后，通过8条EXT母线输出，经带帧同步子模块的A/D转换器及模拟音频嵌入器处理后，送往CONCERT096×96数字视频矩阵，一些重点信号如卫星、现场直播及延时播出等信号则经CONCERT064×64数字视频矩阵进行二次调度作为备用信号。

为了确保播出信号达到国标甲级要求，在设备硬件上全部采用10比特以上数字设备并按ITU—R.BT.601数字演播室音视频有关标准来验收。同时，充分利用产品的监测口来构建以太网监测系统对全系统设备工作状态进行动态监测和设置。通过对不同机箱重新定义IP地址，并用RF4.0软件对每一块A/D、D/A、数字视频分配器、数字帧同步、数字音频嵌入器、数字音频解嵌器等处理模块进行参数设置。当信号达不到技术指标参数要求时给出报警提示，且可对每个模块工作状态进行监测，如对输入、输出无信号，模块温度过高等异常情况进行报警。

针对自办6套节目现场直播较多（平均每天3~4场，同时有2场直播）的状况，配置6套延时播出系统，其中，3套分别为PROFILE系列的PDR312、PDR324、PDR316，都具备两路数字信号输入输出口，延时时间从几秒至数小时可调；数字延时系统2套，模拟延时系统1套，视频10 bit量化，硬件延时，延时量可调，最大为30秒。另外利用Sea Change的1个编码板和1个解码板用于直播节目的延时及节目插播，这样可以满足3个频道同时直播时采用主、备延时系统同步播出的需要。

2.分控播出系统

分控系统负责本频道的节目播出和监听、监看工作。

播出系统有六套自办节目每天播出120小时以上，其中，新闻综合频道是24小时连续播出，这就要求播出系统首先必须具备高质量、高性能和高可靠性。因此，系统采用六套M-2100标准清晰度数字播出切换台和六台QUARTZ16×2切换开关组成6个频道的主、备播出切换系统，主切换台和备切换开关的信号源完全一致，受自动播出系统控制进行同步自动播出。其中，M-2100切换台具有嵌入音频处理功能，可以在播出过程中，对伴音电平进行调整。在M-2100切换台和16×2切换开关的下游安装了一个数字视频二选一切换开关，用以实现主、备播出信号的自动倒换，该开关也可进行手动控制，一旦出现故障，可以通过Bypass（旁路）实现链路故障转移。

考虑到经济因素，在实际使用中可采用四个控制面板控制六台M-2100主机的方式。其中，主播出频道新闻综合频道和影视频道采用每个面板控制一个M-2100主机的方式，文体、教科及生活、信息频道均采用一个面板控制2台M-2100主机的方式。此外，系统还配备了WHOLER、TEK601和TEK764，以便随时监听、监看和检测播出环节的信号质量。对于文体、教科及生活、信息频道这样两个播出主机共用一个控制面板的频道，采用在一个SDI视频流中嵌入两路（最多可嵌入两路）不同频道数字音频的方法，实现一个WHOLER同时"监看"或监听两个频道伴音，即通过WHOLER自带的开关选择监听某个频道伴音，同时，可通过监看WHOLER面板音量显示的办法来及时"监看"多路伴音。

3.硬盘播出系统

根据6个自办频道全部使用硬盘播出的需求，选用BMC（Broadcast Media Cluster）系列的BMC-1236大规模集群视频服务器和BMS-830单节点服务器。Media Cluster是指由3~7个节点组成的一个逻辑系统。Media Cluster中的每个节点都与其他节点相连。节点实际上就是一台视频服务器，用于存贮和播放视频数据，每个节点上有各自的编码板和解码板。编码板用于模拟到数字信号的转换，解码板完成数字到模拟信号的转换。Media Cluster使用特殊的本地文件系统（seaFile）管理和存贮视频数据，文件存储结构是扁平的，而非Windows等系统常用的树状结构。系统自带的ExdUtility软件可以实现视频数据的存贮、删除、修改等操作。

BMC-1236视频服务器有6个节点，每个节点配有12块18 GB硬盘，共72块硬盘，总存储容量为72×18 GB＝1296 GB，在12 Mbps编码率的情况下，节目存储量为160小时左右。系统配置了17个编码板和17个解码板，其中17个编码板用于6个频道的节目上载，12个解码板用于6个频道的主备播出，4个解码板用于节目的审查，1个解码板用于应急源的播出。整个系统在设计时充分考虑了播出的安全性，6个频道共配备12个主备播出解码通道，将每个频道的主播出板与备播出板分别循环错开分布在6个节点上，这样就保证了某一个节点出现故障不会影响频道的播出。在每个解码板上，除了正常的播放信号外，还在MON2和SDI2口上输出一个cue信号（提示信号），提供下一个待播节目的第一帧信号，为值机人员及时了解和检查下一档节目播出准备情况提供了极大方便。

Sea Change的最大特点就是采用RAID2技术，在硬盘和节点之间采用双重RAID5冗余备份。

以六节点集群服务器为例，服务器在上载素材的时候，先将视频素材平均写在五个节点上，并将该素材的奇偶校验信息写在另一个节点上。然后采用RAID5的方式依次循环将视频素材与奇偶校验信息不同的节点上。在每一个节点上，到达的该节点的视频素材与奇偶校验信息也是按RAID5的方式依次循环写在12块不同的硬盘上。

在播出时，系统会依次从每一个节点读取该素材相应的那部分内容并将之送到指定的解码板进行播出。如果在播出中突然断掉一个节点，播出画面会不会因为这样的情况而导致一个很短的静帧呢？答案是否定的。Sea Change 使用的底层系统 VSTRM 与普通 PC 机系统不同，不需要等待对方传送相应数据，然后进行下一步操作。VSTRM 是主动的，它会主动到各个节点去读取与播出相关的内容，而且会根据特殊情况做出相应操作。如果突然断掉一个节点，VSTRM 在允许的时间内读不到内容，就会自动去其他节点读取相应的奇偶校验信息，保证播出正常进行。PAL 制电视标准是 25 帧/秒，也就是 40 毫秒/帧，假如 VSTRM 在 10 毫秒内没有读到需要的内容，就会在剩下的 30 毫秒内读校验信息，实时算出所需要的数据并将其送到指定的解码板完成播出。这样，当一个节点出现故障时，其他节点仍然能正常工作。

由于 RAID2、VSTRM 等技术的采用，使得 Sea Change 系统设计比较合理，没有单一的崩溃点，无须对所存内容做镜像的备份，大大提高了硬盘的使用效率。更为重要的是该系统维护简单、扩展方便，全部系统配件均可在线维护、更换。而且该系统不仅可以在播出状态下关闭某一个节点进行系统维护，也可以在在线状态下进行增加一个节点等扩展操作。

4.自动播出控制网络系统

系统充分利用计算机网络技术来实现对电视节目播出过程的网络化管理和控制。系统以两台 SQL Server 数据库服务器为中心组成播出控制网络系统，完成网上串联单编排、审查、传送、节目上载、编辑、远程广告接收、播出单编辑和节目播出控制等功能，实现了电视节目播出过程的网络化管理与控制。自动播出控制网络系统由 2 台惠普公司 LC-2000 网络服务器、12 台播出工作站、4 台上载工作站、3 台审看工作站、1 台串联单编辑服务器和 2 台放置在广告部的控制工作站等组成。其中 2 台惠普服务器用来作为 SQL Server 数据库服务的主备机，12 台播出工作站完成 6 个频道的主、备自动播出控制，上载工作站负责 6 个频道的上载，审查工作站完成对节目的审查。串联单编辑服务器通过一台集线器带 4 台串联单编辑、审查终端，完成串联单编辑、审查工作。为确保远程终端使用安全，防止非法用户及病毒侵入，选用不带软驱、光驱的远程终端作为异地串联单编辑工作站。

数据库服务器子系统采用双服务器结构，两台服务器通过软件进行完全同步操作和热备份，提供了硬盘服务器上广告素材、新闻素材、节目素材，系统中总编室节目单、播出节目单、播后节目单、播出日志、人员权限等管理功能，同时为了适应多个频道的使用，可以根据需要，为每个频道建立独立的数据库，从而既保证了素材的共享，又实现了其他信息的相对独立。

节目播出的过程管理与控制都通过播出控制网络完成。系统通过以太网完成串联单编辑、审看、传送、节目上载、编辑和节目播出控制等功能，改变了目前串联单编审和节目播出脱节的问题，实现了节目网络化自动播出。

对于视频节目流来说，其上载、编辑和播出系统的上传和下载工作站通过网络与串口控制服务器的通信来控制录像机、硬盘服务器的编解码通道，通过网络与矩阵控制服务器的通信来完成上下载视频信号的调度，从而完成音视频信号的采集和编辑。

（三）数字播出系统软件

1. Media Cluster 系统软件

Media Cluster 软件运行于 Windows NT4 操作系统。每个 Media Cluster 节点均经过 Windows NT 平台认证。该 Windows NT 操作系统支持 VGA、Modem、以太网和磁盘控制器等标准装置。

（1）VStreams 软件

Sea Change 的媒体数据传送系统 I/O 结构为"虚拟流"（VStreams）。

VStreams 端口输入与输出恒定比特率的媒体数据流。一般流的输入与输出装置为 RA1D5 磁盘阵列、数字网络、MPEG-2 编/解码器等。所有数据移动均以统一模式进行，避免了标准用户模式接口所需的内容交换和数据复制的开销，减少了 CPU 的使用率并缩短了 I/O 等待时间，从而提供了一种适用于高性能、恒定比特率的应用环境。VStreams 软件就是负责处理媒体数据目标在单一节点中的转移。

（2）SeaView 软件

Media Cluster 技术具有 SeaView 管理应用功能，可从局域网（LAN）上的一个中央 Windows NT 工作站控制一个 Media Cluster 和其所有节点。SeaView 通过 SeaMon 服务与集群器中的节点通信。SeaMon 运行于各节点，并且能监视和管理 Media Ctuster。SeaMon 软件从一些信号源采集数据,并通过 SeaView 图形用户接口(GUI)来显示它们。这些信号源为 MPEG-2 编/解码器、RAID-5 磁盘阵列、集群器数据及 SeaNet。SeaView 的主窗口动态展示互联 SeaNet 中集群器所有节点的工作状态。

(3) ExdUtility 软件

Exdlltility 软件全称为 Extensible Disk Utility,是一款管理监控 BMC 的工具软件。该软件一般安装在 BOSS(Broadcast Operation Server Station)上,其功能如下:显示并设置播出系统软件的配置信息;录制存储视频信号,测试 BMC 或 BMS 的编码板和编码操作;播放视频信号,测试录制信号的质量,测试 BMC 或 BMS 的解码板的工作状况;管理播出系统存贮的视频素材,以及外接的归档系统;监测播出系统的状态(编解码板);监视在播出系统中安装的应用服务状态,并对其进行管理。

2.自动播出应用软件

这是一套运行于中文 Windows 操作系统上基于数据库管理的播出控制软件,采用服务器与工作站的网络结构,实现远程播出单编辑、播出单审核、节目上载、节目出入点审查、节目播出、播出统计等功能。若配合适当的磁带时码处理,即可实现节目上载的完全自动化。整个自动播出系统应用软件分为四个部分:总编室节目串联单编辑软件、节目上载软件、节目播出软件、广告上载软件。

工作流程首先由总编室在串联单编辑工作站上编制待播节目单,完成以后交给主任审查,审查通过后入数据库,同时节目上载工作站和播出工作站收到串联单已审查通过的信息。上载工作站打开串联单将节目一一上载到硬盘中,节目播出工作站打开串联单准备播出。当一个节目上载完成后,节目审查工作站将对该节目的出入点进行审查,审查通过后发送到数据库中,这时播出工作站上的播出单就会自动收到该节目的入库信息,此后,节目播出人员命令播出软件在硬盘中寻找该节目,找到后,软件自动将串联单上该节目的信号源设置为硬盘。对于未能及时上载的节目,在播出前,软件将自动发出报警信息,提示播出值班员进行必要的处理。对于突发事件,软件提供应急处理功能,在保证安全的前提下,实现尽可能多的自动化或辅助自动化功能,以最大限度地降低劳动强度,减少人为差错率。

(1) 总编室串联单编排应用软件

从以上工作流程可以看出，总编室编排的串联单信息成为整个硬盘自动系统的核心，串联单编辑软件可以满足节目编排中出现的各种要求，提供定时、顺序、插播等多种功能，并提供节目预播库、串联单模板、提示修正等便捷工具，方便、实用。在整个硬盘自动播出系统中，原有的纸质串联单完全由电子串联单代替，所有信息都是由网络传输的，真正实现了无纸化。

(2) 节目上载应用软件

一台节目上载工作站上管理四个编码板，连接四个信号源，这些信号源既可以是录像机，也可以是信号。打开某频道串联单，将未上载的节目拖入上载编辑框，找到对应信号源的入点即可开始采集素材，素材名称、磁带编号以及时间长度都不用修改，默认为串联单提供长度，采集结束后，软件自动提示采集下一档节目。同时，在节目审查工作站的未审查素材栏中自动增加刚刚采集的节目，提示需要审查，审查人员对出入点进行审查后，将编辑好的节目入库。该节目自动加到已审查素材栏中。

(3) 节目播出应用软件

节目审查完成入库的同时，播出工作站收到该节目已经上载并审查通过的信息，播出值班员只需按下快捷键即可自动完成素材检索，将播出串联单上该节目的信号源设为硬盘。该软件分为在线编辑、在线播出、离线编辑三个部分。在线播出显示节目播出状况，在播节目用红色显示，该播出单不能修改；在在线编辑中可以对节目播出单上在播节目以后的各档节目进行信号源选择；在离线编辑中可以进行当天以后节目串联单信号源的选择。

(4) 广告上载应用软件

类似节目上载应用软件，只是将上载的节目通过光纤网传送到 Sea Change Media Cluster 系统的视频服务器上。

(5) 数据库管理软件

数据库服务器子系统采用 Windows Advanced Server 操作平台和 Microsoft SQL Server 数据库软件来负责整个系统的素材信息和节目单数据的存储。数据库管理软件运行在数据库服务器上，具有终端计算机管理、用户管理、频道管理、日志管理、节目统计等功能。日志管理对总编室串联单编辑子系统、节目上载子系统、节目播出子系统以及广告上载子系统中的所有操作均在日志中予以记录，可以用户、终端计算机名、日期等关键字进行日志查询。用户管理为所有操作人员建立用户档案，设定用户权限。节目统计软件提供了自动统计串联单上载、播出信息的功能，可以按节目类型对月、季、年度进行统计，完全实现了节目统计的自动化。

自动播控软件还可对所控制的播出设备的工作状态进行检测，对网络的状态进行检测，对主设备进行检测，并且能显示和告警。这有两个作用：一是便于操作者检查监视设备所处状态是否正确；二是一旦出现异常，通过声讯报警，能提醒操作者及时处理。

网络化硬盘自动播出系统通过对电视节目播出过程的网络化管理和控制，使得节目播出更加严谨、规范。此外，不仅排除了录像机绞带、死机、堵磁头等故障引发的停播事故，提高了节目播出的安全性，而且大大提高了一个节目在多频道交叉、重复播出的灵活性，减少了录像机的设备磨损，为节目顺利播出提供了有力的技术支持。

第四章 广播电视节目的编排与制作

第一节 广播电视节目及其类型

一、广播电视节目概述

广播电视节目作为现代传媒的重要组成部分,以其独特的传播方式和丰富的内容形式,在信息传播、文化传承、教育引导等方面发挥着重要作用。下面将从广播电视节目的定义、传播语境等方面进行详细探讨,以期为相关从业者和研究者提供参考。

(一)广播电视节目的定义

广播电视节目是指通过广播电台、电视台等媒体机构制作、编辑并播出的各类内容。这些内容通常以声音、图像或两者结合的形式呈现,旨在向广大受众传递信息、娱乐大众、提供教育服务或满足其他社会需求。从广义来讲,广播电视节目涵盖新闻、专题、文艺、服务等多种类型,是媒体机构根据不同的社会需求和受众兴趣精心策划和制作的综合性内容体系。

广播电视节目不仅仅是简单的信息传播工具,它还承载着文化传承、价值观塑造和社会舆论引导的重要使命。通过精心设计的节目内容,广播电视节目能够激发观众的情感共鸣,促进社会文化的交流与发展,同时也为观众提供了一个了解世界、获取知识、放松身心的平台。

(二)广播电视节目的传播语境

广播电视节目的传播语境是指节目在制作和播出过程中所依赖的各种环境因素,这些因素包括传播者的心理状态、受众的接受环境、传播技术的支持以及社会文化背景等。传播语境对节目内容的呈现方式、传播效果以及受众的接受程度都有着深远的影响。根据不同的特点和功能,广播电视节目的传播语境可以分为虚拟语境、现实语境和复合语境。

1. 虚拟语境

虚拟语境是广播电视节目传播中一个非常特殊且常见的语境。在这种语境下，传播者（如播音员、主持人）面对的是一个虚拟的受众群体，而不是具体的、面对面的交流对象。例如，播音员在广播电台的录音间或电视台的演播室中进行节目录制时，虽然他们通过声音或图像与受众进行交流，但受众并不在录制现场。这种虚拟语境要求传播者具备高度的想象力和心理调节能力，以确保节目内容能够有效地传达给受众。

在虚拟语境中，传播者需要通过语言、声音、表情和肢体语言等多种手段来构建与受众的虚拟交流。这种交流虽然缺乏直接的反馈，但传播者必须时刻保持对受众的关注和互动，以增强节目的吸引力和感染力。例如，播音员在播报新闻时，需要通过清晰、准确、富有感染力的语言表达，让听众感受到新闻的重要性和紧迫性；主持人在主持节目时，需要通过生动、幽默的语言和富有表现力的肢体动作，吸引观众的注意力，增强节目的趣味性和观赏性。

虚拟语境对传播者提出了更高的要求。他们需要在没有直接反馈的情况下，准确把握受众的心理需求和接受能力，通过精心设计的语言和表达方式，与受众建立起一种虚拟的交流关系。这种交流关系的建立不仅需要传播者具备扎实的专业技能，还需要他们具备敏锐的社会洞察力和丰富的文化素养，以便更好地理解和满足受众的需求。

2. 现实语境

现实语境是指在广播电视节目制作和播出过程中，传播者与受众之间存在直接的交流和互动。这种语境通常出现在一些特定的节目形式中，如访谈节目、现场报道、综艺节目等。在现实语境中，传播者能够直接观察到受众的反应和反馈，并根据这些反馈及时调整节目内容和表达方式。

例如，在访谈节目中，主持人与嘉宾面对面交流，观众可以通过电视屏幕或广播收音机直接感受到现场的氛围和交流的互动性。主持人可以根据嘉宾的回答和观众的反应，灵活调整提问的角度和深度，使节目内容更加丰富和生动。在综艺节目和晚会节目中，主持人与现场观众的互动更是节目的重要组成部分。他们通过与观众的直接交流，调动现场气氛。

现实语境为广播电视节目提供了更加真实、生动的交流体验。它不仅能够增强节目的互动性和趣味性，还能够使传播者更加准确地把握受众的心理需求和接受能力。通过与受众的直接交流，传播者可以及时调整节目内容和表达方式，使节目更加贴近受众，更好地满足受众的需求。这种现实语境的互动性不仅增强了节目的吸引力和感染力，还为节目内容的创新和发展提供了更多的可能性。

3. 复合语境

复合语境是指在广播电视节目制作和播出过程中，虚拟语境和现实语境相互交织、相互影响的一种复杂语境。在实际的节目制作和播出中，这种复合语境的情况非常常见。例如，在一些大型的综艺晚会节目中，主持人不仅要与现场观众进行互动，还需要通过镜头与电视机前的观众进行交流。这种交流既包括现实语境中的直接互动，也包括虚拟语境中的间接交流。

在复合语境中，传播者需要在不同的交流语境之间灵活切换，以确保节目内容能够有效地传达给不同类型的受众。例如，在现场报道中，记者需要在报道现场与被采访者进行交流，同时还需要通过镜头向电视机前的观众传递信息。这种交流需要记者具备高度的应变能力和心理调节能力，以确保在不同的语境中都能够有效地进行信息传递。

复合语境对广播电视节目的制作和传播提出了更高的要求。节目制作团队需要在节目策划和制作过程中充分考虑到不同语境的特点和需求，精心设计节目内容和表达方式，以确保节目在不同的语境中都能够达到良好的传播效果。同时，传播者也需要具备更强的综合素质和应变能力，能够在不同的语境之间灵活切换，与不同类型的受众建立起有效的交流关系。

二、广播电视节目的类型划分

广播电视节目涵盖丰富多样的类型。根据节目内容和功能的不同，广播电视节目可以划分为多种类型，每种类型都有其独特的特点和功能。下面将从广播电视新闻性节目、教育性节目、服务性节目、文艺性节目、剧情类节目、谈话类节目和体育类节目等方面进行详细探讨，分析它们的特点和特征。

(一) 广播电视新闻性节目的特点

1. 真实性

新闻性节目以真实为生命线。节目内容必须基于客观事实，准确无误地反映事件的真相。无论是国内新闻还是国际新闻，都要求报道真实可靠，不夸大、不缩小、不歪曲事实。这种真实性不仅体现在事件的描述上，还体现在对事件背景、原因和影响的全面呈现上。新闻工作者需要通过严谨的调查和核实，确保每一个细节都经得起推敲。

2. 时效性

新闻性节目强调时效性，即"新近发生的事实的报道"。新闻的价值在于其新鲜性，能够及时向受众传递最新的信息。在信息时代，受众对新闻的时效性要求越来越高。因此，新闻性节目需要在第一时间捕捉和报道重要事件，以便受众能够及时了解国内外的动态变化。这种时效性不仅体现在新闻的发布速度上，还体现在对事件的持续跟踪和更新上。

3. 客观性

新闻性节目要求客观公正地呈现事件。新闻工作者在报道中应保持中立，避免主观偏见和情感色彩的干扰。节目内容应以事实为基础，通过多角度、多方面的报道，让受众能够全面了解事件的全貌。这种客观性不仅体现在对事件的描述上，还体现在对不同观点和立场的呈现上，确保受众能够获得多元化的信息。

4. 公共性

新闻性节目具有强烈的公共性，旨在服务社会大众，满足公众的知情权。新闻内容通常涉及社会热点、公共政策、民生问题等，与公众的切身利益密切相关。通过报道这些内容，新闻性节目能够促进社会的透明度和公众的参与度，推动社会的健康发展。这种公共性不仅体现在节目内容的选择上，还体现在对社会问题的深度剖析和引导上。

(二) 广播电视教育性节目的特征

1. 知识性

教育性节目以传播知识为主要目的，内容涵盖各个领域，如科学、文化、艺术、历史等。节目通过深入浅出的方式，将专业知识传递给受众，帮助他们拓宽视野、增长见识。这种知识性不仅体现在内容的深度和广度上，还体现在对知识的系统性和逻辑性呈现上，使受众能够更好地理解和吸收。

2. 启发性

教育性节目注重启发受众的思维，激发他们的学习兴趣和求知欲。节目内容通常具有一定的思考性和探索性，通过提出问题、分析问题和解决问题的方式，引导受众主动思考和学习。这种启发性不仅体现在节目内容的设计上，还体现在对受众思维的引导和拓展上，帮助他们形成独立思考的能力。

3. 趣味性

教育性节目在传播知识的同时，也注重趣味性的呈现，以吸引受众的注意力。节目通过生动形象的语言、丰富的画面和有趣的形式，将枯燥的知识变得生动有趣。这种趣味性不仅体现在节目内容的表现形式上，还体现在对受众心理需求的把握上，使受众在轻松愉快的氛围中学习知识。

4. 实用性

教育性节目注重内容的实用性，旨在帮助受众解决实际问题。节目内容通常与日常生活、工作和学习密切相关，提供实用的知识和技能。这种实用性不仅体现在节目内容的选择上，还体现在对受众需求的满足上，使受众能够将所学知识应用到实际生活中。

（三）广播电视服务性节目的特征

1. 实用性

服务性节目以实用为核心，旨在为受众提供实际的帮助和指导。节目内容通常涉及生活服务、健康养生、法律咨询、消费指南等，能够直接解决受众在日常生活中遇到的问题。这种实用性还体现在对受众需求的精准把握上，使受众能够从中获得切实可行的建议和解决方案。

2. 针对性

服务性节目具有很强的针对性，能够根据不同的受众群体和需求提供个性化的服务。节目内容通常围绕特定的主题或问题展开，深入分析并提供具体的解决方案。这种针对性不仅体现在节目内容的设计上，还体现在对受众群体的细分和定位上，使节目能够更好地满足不同受众的需求。

3. 互动性

服务性节目注重与受众的互动，通过多种方式与受众进行交流和沟通。节目通常设置观众热线、在线互动、专家答疑等环节，让受众能够直接参与节目，提出问题并获得解答。这种互动性不仅体现在节目形式的设计上，还体现在对受众反馈的及时回应上，增强节目的服务性和亲和力。

4. 及时性

服务性节目强调及时性，能够快速响应社会热点和受众需求。节目内容通常紧跟社会动态，及时提供相关的服务信息和解决方案。这种及时性不仅体现在节目内容的更新速度上，还体现在对社会热点问题的快速反应上，使节目能够为受众提供最新的服务信息。

(四) 广播电视文艺性节目的特征

1. 艺术性

文艺性节目以艺术表现为核心，通过音乐、舞蹈、戏剧、曲艺等多种艺术形式，为受众提供美的享受。节目内容通常具有较高的艺术价值，能够展现艺术的魅力和创造力。这种艺术性不仅体现在节目内容的表现形式上，还体现在对艺术作品的精心策划和制作上，使节目具有较高的观赏性。

2. 情感性

文艺性节目注重情感的表达和传递，能够激发观众的情感共鸣。节目内容通常通过生动的故事、优美的音乐、感人的表演等形式，触动观众的内心情感。这种情感性不仅体现在节目内容的设计上，还体现在对观众情感需求的把握上，使观众能够在欣赏节目的过程中获得情感上的满足和释放。

3. 创新性

文艺性节目强调创新，不断探索新的艺术形式和表现手法。节目内容通常具有独特的创意和新颖的表现形式，能够吸引观众的注意力。这种创新性不仅体现在节目内容的策划上，还体现在对艺术形式的创新和突破上，使节目能够保持新鲜感和吸引力。

4. 娱乐性

文艺性节目具有很强的娱乐性，能够为观众提供轻松愉快的观赏体验。节目内容通常通过幽默、诙谐、轻松的形式，让观众在欣赏节目的过程中放松身心。这种娱乐性不仅体现在节目内容的表现形式上，还体现在对观众心理需求的把握上，使节目能够在娱乐中传递艺术价值。

（五）广播电视剧情类节目的特征

1. 故事性

剧情类节目以讲述故事为核心，通过虚构的情节和人物形象，展现丰富多彩的故事内容。节目内容通常具有完整的故事结构，包括开端、发展、高潮和结局，能够吸引观众的注意力并引发情感共鸣。这种故事性不仅体现在节目内容的设计上，还体现在对故事的精心编排和讲述上，使节目具有较高的观赏性和吸引力。

2. 人物塑造

剧情类节目注重人物形象的塑造，通过生动的人物性格和情感变化，展现人物的内心世界和命运轨迹。节目内容通常通过细腻的人物刻画和情感表达，让观众能够深入了解人物的性格特点和情感变化。这种人物塑造不仅体现在对人物形象的设计上，还体现在对人物情感的深入挖掘和表现上，使人物形象更加立体和生动。

3. 情感共鸣

剧情类节目通过生动的故事和人物形象能够激发观众的情感共鸣。节目内容通常通过感人的故事和人物命运，触动观众的内心情感，使观众在欣赏节目的过程中产生情感上的共鸣和代入感。这种情感共鸣还体现在对观众情感需求的把握上，使节目能够更好地与观众建立情感联系。

4. 艺术表现

剧情类节目具有较高的艺术表现力，通过多种艺术手段展现故事内容。节目内容通常通过精美的画面、动人的音乐、精彩的表演等形式，增强节目的艺术感染力。这种艺术表现不仅体现在节目内容的表现形式上，还体现在对艺术元素的精心运用和整合上，使节目具有较高的艺术价值和观赏性。

（六）广播电视谈话类节目的特征

1. 主题明确

谈话类节目通常围绕一个明确的主题展开讨论。这种主题可以是社会热点问题、文化现象、个人经历、情感故事等。明确的主题能够确保节目内容的聚焦性和连贯性，使观众在观看或收听节目时能够快速了解节目的核心内容。例如，一些社会热点话题的讨论节目，通过聚焦某一具体事件或现象，深入探讨其背后的原因、影响和解决方案，为观众提供清晰的思路和观点。

2. 互动性强

互动性是谈话类节目的一大特色。节目通常通过主持人与嘉宾、观众之间的交流和互动，形成良好的讨论氛围。这种互动不仅包括现场的面对面交流，还可以通过热线电话、网络平台等方式实现观众的远程参与。互动性使观众能够直接表达自己的观点和感受，增强了节目的参与感和亲和力。例如，一些情感类谈话节目通过现场观众的分享和互动，让观众在节目中找到共鸣，获得情感上的支持和建议。

3. 个性化与多元化的融合

谈话类节目注重个性的展示和碰撞。节目邀请不同背景、不同观点的嘉宾和观众参与讨论，使节目内容呈现出多元化的特征。这种多元化不仅体现在参与者的身份和背景上，还体现在观点和态度的多样性上。节目通过展示不同的个性和观点，激发观众的思考和讨论，进而增强节目的吸引力和影响力。例如，一些文化类谈话节目邀请不同领域的专家和学者，从多个角度探讨文化现象，为观众提供丰富的知识和见解。

4. 即兴感与现场感的融合

谈话类节目具有很强的即兴性。节目内容通常不是事先准备好的，而是根据现场的讨论和互动即兴发挥。这种即兴性要求主持人和嘉宾具备较强的应变能力和语言表达能力，能够根据现场的情况灵活调整话题和讨论方向。同时，即兴性也增强了节目的现场感，使观众能够感受到节目的真实性和生动性。例如，一些新闻时事类谈话节目在讨论突发事件时，主持人和嘉宾需要根据最新的信息即兴发表观点，使节目内容更加及时和贴近现实。

5. 平民化与精英化的融合

谈话类节目在发展过程中逐渐形成了平民化和精英化两种不同的风格。平民化风格的谈话节目注重贴近普通人的生活，关注普通人的故事和情感，语言风格亲切自然，容易引起观众的共鸣。例如，一些情感类和生活类谈话节目，通过讲述普通人的故事，探讨生活中的问题和困惑，为观众提供情感支持和生活建议。而精英化风格的谈话节目则注重深度和专业性，邀请专家学者、行业精英等参与讨论，探讨社会、经济、文化等领域的重大问题，为观众提供专业的见解和分析。例如，一些经济类和文化类谈话节目，通过深入的讨论和分析，帮助观众更好地理解复杂的社会现象和问题。

（七）广播电视体育类节目的特征

1. 消息类体育新闻节目

消息类体育新闻节目是广播电视体育节目中最基本的类型。这类节目以国内外的体育赛事、体育人物、体育活动等为报道对象，向观众及时、快捷地传递信息。消息类体育新闻节目具有时效性强、短小精悍、内容丰富、信息量大等特点。节目内容通常包括赛事结果、运动员表现、体育活动动态等，能够满足观众对体育信息的基本需求。例如，一些综合性的体育新闻栏目，通过简短的报道形式，快速传递当天的重要体育赛事结果和相关动态，使观众能够在短时间内了解体育界的最新动态。

2. 专题类体育新闻节目

专题类体育新闻节目是对消息类体育新闻的延伸和拓展。这类节目通过深入报道重大的体育赛事、体育人物、体育活动等，提供更加详细和深入的信息。专题类体育新闻节目通常具有较强的思想性和深度，能够帮助观众更好地理解体育事件的背景、意义和影响。节目内容可以通过多种表现形式呈现，如采访、纪录片、专题报道等。例如，一些大型体育赛事的专题报道节目，通过深入采访运动员、教练、专家等，展示赛事背后的故事和意义，为观众提供更加丰富的视角和内容。

3. 赛事转播类体育节目

赛事转播类体育节目是广播电视体育节目中最受欢迎的类型之一。这类节目通过现场直播或录播的方式，将体育赛事的全过程呈现给观众。赛事转播类节目具有强烈的现场感和观赏性，能够让观众感受到体育比赛的紧张气氛和精彩瞬间。赛事转播类节目通常分为直播和录播两种形式。直播能够实时传递比赛现场的情况，使观众与现场观众同步感受比赛的进程，具有极高的时效性和吸引力。录播则可以通过后期剪辑和制作，突出比赛的精彩瞬间和关键情节,增强节目的观赏性。例如,一些大型国际体育赛事的直播节目,通过高清的画面和专业的解说,让观众仿佛置身于比赛现场,感受到比赛的激烈和精彩。

4. 体育服务类节目

体育服务类节目旨在为观众提供与体育相关的服务和指导。这类节目内容包括健身指导、运动知识讲解、体育赛事分析等,能够帮助观众更好地参与体育活动,提高自身的体育素养。体育服务类节目通常具有较强的实用性和指导性,通过专业的讲解和示范,为观众提供科学合理的运动建议和方法。例如,一些健身类节目通过专业健身教练的指导,帮助观众掌握正确的健身方法和技巧,增强身体素质。还有一些体育赛事分析节目,通过专业体育评论员的分析和讲解,帮助观众更好地理解比赛的战术和策略,提高观众的观赏水平。

5. 体育娱乐类节目

体育娱乐类节目将体育与娱乐相结合,通过轻松有趣的形式呈现体育内容。这类节目通常包括体育明星的访谈、体育趣味比赛、体育游戏等,能够为观众带来欢乐和娱乐。体育娱乐类节目具有较强的观赏性和趣味性,能够吸引广大观众的关注。例如,一些体育明星访谈节目通过与体育明星的互动和交流,展示明星的个人生活和趣事,让观众在欣赏体育的同时,也能感受到明星的魅力和风采。还有一些体育趣味比赛节目,通过设置有趣的比赛项目和规则,吸引观众的参与和观看,增强节目的娱乐性和互动性。

第二节 广播电视节目的编排策略

一、强化节目编排的受众观念

广播电视要吸引受众,首先要了解自己的受众究竟是哪些人。受众,按居住区域,可以分为城市受众与农村受众,在城市中又分为"蓝领"与"白领"。那么就要搞清究竟哪些人会经常听广播、哪些人经常看电视。在城市中,看电视的主体应当是蓝领,因为看电视是他们不用付费的娱乐方式。

当然,仅有这些还是对受众的一个粗略划分,受众市场的调查和分析应该进行尽可能的细化。比如，对受众按年龄、性别、收入、职业、文化程度、兴趣爱好等做深入的了解和研究，为节目找到准确的目标受众。

其次，就是要了解自己节目、频道的覆盖情况。如果你办的广播电视节目，受众无法接收或接收信号不理想，这也就谈不上受众问题。

最后，还要了解受众是在什么状态下听（看）节目的。受众既是广播电视节目的市场消费主体，又是拥有传播权力的主体，是社会公共事务的参与者，他们不会仅仅满足于被动地接受媒体对自己的单向传输，而且要求有更多的信息知晓权，还要求更多的需求表达权。因此，广播电视节目创新还应该在与受众的互动上有所建树。

互动在表达的方式上应该遵循"常规、适时、灵便、低费"的原则。所谓"常规"原则，就是媒体的节目与受众形成一定的约会关系，节目只要播出，互动就会紧跟着出现；所谓"适时"原则，就是这种互动应该尽可能同步，只有步调一致的交流才是真正的互动；所谓"灵便"原则，就是受众在参与交流互动时必须是灵活方便的，借助于电话、手机短信等现代通信手段，使受众的操作成为轻松愉快的"举手之劳"；所谓"低费"原则，就是受众参与互动不必付出太高的费用。媒体应该牢记互动的真正目的是吸引受众的参与，进而更准确地了解受众的需求以改进节目。

由于广播电视的广告投放主要参考收听率和收视率，所以相比节目的前期受众调查，节目的后期传播效果在广电媒体中较受重视。但是，对效果的重视实践过程中，相当多的从业者还缺乏对效果及其评价体系的科学认识。比如，对节目传播效果的基本认识中，相当一部分人就认为只要节目铺天盖地、轰轰烈烈，造成了巨大的声势，就必然有好的效果。需要说明的是，声势不等于效果，效果不等于效益。比如，现在普遍重视收听率和收视率，但是在认识和充分利用它们的过程中还不够科学。我们现在拿到的数字报告基本上是对收视率和收听率的初级加工，即包括最为基本的有关受众人口统计指标的分析；而对收视率和收听率的定性分析，即结合受众的媒介消费习惯、媒介市场状况等要素对视听率的数字关系进行深度分析和说明，特别是有关受众心理统计指标的分析极为鲜见。可是这种定性的分析和有关受众心理统计指标的分析，对电视台和电台的频道、节目的创新最有意义。传播效果从不重视到备受重视是一个进步，但是如果走向另一个极端，即唯视听率是尊的地步,纯粹按视听率来进行"节目末位淘汰制",就多少带有对这种视听率数字崇拜的味道了。

二、强化节目编排的创新策略

所谓的节目编排是指把待播出的节目提前编排组合成节目播出流程,它是对节目播出架构的综合规划,体现为节目播出表的安排。一个好的节目编排,可以使频率全天播出的整套节目形成一个强大的整体效应,并让每一个节目充分发挥其优势,相互带动,从而提高频率整体的竞争力,产生一加一大于二的作用;反之,则会导致电台频率听众流失。

具体广播而言,广播以时间顺序传递信息的特性,在内容编排上与其他媒体有很大不同。平面媒体的内容是在空间上的横向编排,没有时效性,受众在选择媒体内容的时候,具有很大的自主性与重复性,他们可以根据自己的喜好自由选择阅读的信息,甚至是反复阅读。而广播则不同,听众接触的内容在同一时间内具有排他性,即在某一时间段里听众只能听到一个频率所播出的一套节目,如果想要收听某一套节目,就必须在电台播出这套时间内收听。这一特点决定了电台节目要想取得预期的宣传效果,在编排上就不能随心所欲、自由选择播出的时段,而必须结合听众的收听习惯、收听时长,甚至是竞争电台的节目编排。只有讲究了节目编排的策略,将节目安排在人们想听而又有机会听到的时段,才能发挥品牌节目的传播效果,保证节目的收听率。笔者认为,在节目编排中要引入创新策略,须从以下方面着手:

一方面,要了解竞争对象的节目设置情况。前面说过,受资源与定位限制,任何一个频率,甚至是中央人民广播电台,也无法把自己所有的节目打造成品牌节目;但哪怕只有一个品牌节目,只要放在恰当的时候播出,也会为电台带来巨大的效益,抢占有限的听众资源。同样,这种优势在该节目结束后就会慢慢消失,从而为其他竞争频率带来机会。因此,了解竞争对象品牌节目的详细资料,除了可以为本台的节目设置带来参考,更重要的是可以针对本台节目的实际情况对节目播出时段进行修正。

另一方面,要了解竞争对象在节目时段的目标听众群体,学会打时间差。不同的节目针对的听众群体是不一样的,即使是定位相同的两个频率,无论出于何种原因,节目编排上也不可能完全一致。因此,在节目编排的时候，我们更多地会考虑竞争频率在哪些时段的目标听众群体会与本台相重合。而这些相重合的时段，即是两个频率直接相对抗的时段。在这种情况下，如果本台节目比较具有优势，可以选择硬碰硬的直接对抗；如果节目的综合实力不及竞争对手，则可以考虑调整节目的播出时段，把其他类型节目安排在该时段播出，不与其直接竞争。

三、强化节目编排的创新模式

节目编排时，基于对节目理解的不同，不同的人会有不同的策略，这也就导致节目编排的灵活与机动，尽管如此，依然是有规律所遵循的。就节目编排而言，一般分为纵向编排与横向编排两种：纵向编排着眼于电视台内部一个频道或节目合理地、科学地排列，而横向编排则主要针对电台之间的竞争，将竞争对手的各种情况也纳入本台节目编排的考虑范围。上述两种方法在进行节目编排时，通常会结合起来一起使用。

（一）纵向编排

纵向编排的立足点主要是针对本台的节目，即深刻了解本台的主要定位，并针对各个节目在各个时段的优劣、不同时段的听众特征等，结合上述数据编排出最为科学合理的节目播放顺序，使各个独立的节目有机地结合在一起，相互提携与补充，从而发挥最大的宣传效果。纵向编排形式分为以下几类：

第一，导引式编排，即在一个强势的节目后面接播有潜力的新节目，借之前的强势节目为后来的节目积累听众；如若后播的节目也有一定的实力，那么该频率的优势也会更容易被延续下来，反之亦然。这就是所谓的沿袭效应。

第二，吊床式编排，即在两个强势节目之间安排播出一个弱势的节目，利用两个强势节目去拉高中间节目的收听率。一般来说，很多电台频率会通过上述方法去拉动专题广告类节目的收听率。但使用吊床式编排时有一点要注意，中间播出节目的时间不宜过长，否则听众流失过多，不但起不到拉动作用，反而会压低后进节目的收听率。

第三，柱式编排，即通过一个强势节目去带动前后两个弱势节目的收听率。但这种方式对中间强势节目的要求比较高，风险也比较大；如果强势节目竞争力不足，收听率反而会被前后两个节目拉低。所以，一般来说不提倡使用此方法。

第四，板块式编排，即把相同类型的节目安排在一起播出，形成大板块的节目，使其产生规模效应，有效垄断播出时段的目标听众群体，同时也比较容易突出电台的定位。需要指出的是，使用该方法必须清楚各个时段的听众特征，使板块节目安排在目标听众容易接收得到的时段，才能达到事半功倍的效果，反之亦然会横向编排。除了对本台的节目要有深刻的了解之外，针对竞争电台的优劣势，对本台节目内容、编排等做出有针对性的调整，从而产生战略性的优势。

(二) 横向编排

横向编排主要方法有以下几种：

第一，竞争式编排，即在相同的时段播出与竞争电台相同类型、风格的节目，直接与竞争电台抢夺听众资源。这种方法更多的是拼电台以及节目的实力，是对电台综合实力的较量。除了节目本身的制作质量以外，电台本身的知名度也会对竞争的结果产生直接的影响。因此，这种方法大都应用在本地区的优势电台上，同时，也更多见于电台在黄金时段的竞争。

第二，对抗式编排，是指在竞争电台的节目播出之前，安排一个强势的、比较受听众欢迎的节目以先发制人，尽早吸引听众收听的一种节目编排策略。在这种策略下，可以尽可能降低竞争对手强势节目的初始听众数量，从而达到打压竞争对手的目的。例如，在竞争对手的新闻节目之前抢先播出新闻节目，听众在收听本台的新闻节目后，也许就丧失了收听竞争电台新闻节目的兴趣。

第三，游击式编排，即避免与竞争电台的强势节目直接竞争，而把本台的强势节目安排在竞争电台的弱势时段播出。这种编排方式大多应用于地区的弱势电台。由于资源有限，不具备与强势电台直接竞争的条件，所以只能避重就轻，把有限的资源用在对手最容易突破的环节上。但这种策略通常以牺牲黄金时段为代价，因为大部分强势电台均会把自己的优势节目放在黄金时段播出，以期获得最大的效益。放弃与这些节目的竞争，也就等于放弃了听众资源最为丰富的黄金时段。

第三节 广播电视节目制作流程

一、前期策划阶段

(一) 选题确定

一个好的选题是节目制作的起点,一篇好的选题决定了一个节目制作的方向和主题,在选题方面需要考虑多种因素。首先,选题要把握社会热点和观众兴趣点,选择一个能够吸引观众、有一定话题性的主题,使自己的节目在众多节目中凸显出来。其次,需要结合节目类型和播出平台的特性,选择符合节目形式和节目平台传播内容的选题。新闻类节目应该选择当下人们关注的大事件,而娱乐类节目应该是人们愿意选择能触动自己心弦的软性内容。最后,还需要考虑选题本身的可行性以及能否取得资源。在节目选题制作过程中,要有足够的素材和资源。

(二) 节目定位

节目定位是节目的风格定位、受众定位、传播目的定位等,这是理解一个节目乃至栏目定位的关键。节目风格定位主要包括节目的形式、内容、表现手法等,如轻松幽默、严肃庄重、轻松活泼等等,在不同的节目中、不同的受众中,适合不同的风格定位。受众群体的定位,对观众的年龄、性别、职业、兴趣爱好等进行分析,然后考虑如何满足其需求等,这也关系到整个节目的受众定位。传播目标定位,也就是节目可以实现传播的预期结果,可以是提高知名度、传递信息、娱乐受众等,准确的目标定位有助于整个节目的制作保持一致,形成连贯性,吸引和留住节目观众。

(三) 团队组建

团队就是节目的栋梁,而团队也是节目成功的灵魂,制作模式的节目必须有一个优秀的团队才能很好地呈现。团队可以分为导演、制片人、编剧、摄像师、剪辑师、音效师、美术设计师等。导演是领导性的角色,一个节目的成败很大程度上取决于导演在这个节目中的组织和把握，所以导演要按照节目策划的方案来执行组织节目。制片人主要是围绕经费来控制资金的使用，搞好与各部门，及各部门之间的关系，保证不超支的前提下，必须按计划的进程完成。编剧则是围绕节目要推出什么样的内容和情节，完成与脚本相关的部分。摄像师、剪辑师、音效师、美术设计等按照导演和制片人、编剧的工作要求等完成工作中所需要的相关任务。团队协作与沟通也非常重要，只有配合紧密，才能让节目很顺利地进行。

(四) 策划方案撰写

策划方案是节目中暗含的各种内容的详细体现，包括节目的主题、节目内容的架构、节目内容的表现形式、拍摄计划以及预算规划等。策划方案的编写需要考虑前期调研以及团队讨论的结果，对方案进行可行性、创新性、可操作性的体现。策划方案需要先确定节目的主题和主题思想，这是方案最重要的部分。根据主题内容确定节目的内容建构以及内容的表现形式，包括节目的环节设置、节目的故事线内容、节目的镜头运用等，制定详细的计划拍摄方案，包括拍摄的时间、拍摄的地点、拍摄的人员计划等，以确定节目的拍摄流程。对节目的预算进行细化，按照国家资金的拨放计划，对节目的具体内容资金进行分配，按照说明书进行资金使用规定。一套完整的策划方案为节目制作提供了详细的说明，让节目的整体内容有着一致性的追求，这样能有效提高节目制作的效率。

二、筹备阶段

(一) 资源筹备

资源筹备环节是广播电视节目制作中十分重要的部分，资源为顺利拍摄提供了扎实的物质基础，在这一阶段需要对各方面的资源进行统筹安排。

首先，筹备场地资源。根据节目的内容和形式选择合适的拍摄场地，如果没有合适的场地必须租赁专业的演播室或者搭建指定的场景。如果是在室外拍摄还需要提前勘察现场，确认场地是否满足拍摄要求，同时考虑天气、光线等影响拍摄的因素。与场地管理方的负责人准备好拍摄时间、设备进出等问题,为拍摄工作的顺利开展打好基础。

其次,设备资源的筹备也非常重要。广播电视节目制作需要大量的摄像机、灯光设备、音频设备、切换台等专业设备。设备的性能和质量对拍摄效果和节目质量的优劣有重要影响。所以按节目的具体需求选择好设备,同时确保设备运行和维护正常,还要安排专业设备人员进行设备的操作及管理,满足拍摄过程中的技术需求。

再次,人员资源的准备也不可忽视。除了制作人员外,根据节目数量、体量,将相关演员、嘉宾、群众演员等请到或招聘到位。对演员及嘉宾,要进行沟通、协调,在开机前组织到位,了解节目内容及出演要求;对于群众演员,则要组织和管理,保证其参加拍摄时听从导演指挥,营造良好的拍摄环境。

最后,道具和服装资源要筹备。道具、服装能为节目增添视觉效果和艺术感染力,能让节目更加生动、真实。因此,需要根据节目脚本的要求挑选和制作道具、服装,保证道具、服装的质量和数量能满足拍摄要求,并对道具、服装进行妥善保管,避免在拍摄过程中损坏或丢失。

(二) 脚本创作

脚本是广播电视节目制作的灵魂,脚本为节目的拍摄提供文字性指导,是节目内容的表现形式。脚本创作必须综合考虑节目的主题、风格、受众群体等各类因素,使脚本有吸引力、可操作性。

首先,明确节目的主题和灵魂。在进行脚本创作时要遵循一个最基本的原则,即脚本的每一环节、每一个情节都要围绕主题来做文章,都要突出体现节目重点和特色,要根据节目的风格和受众群体选择符合节目风格的语言风格和表现手法。例如,儿童节目语言要尽可能简洁明了、生动有趣;文化类节目则要严谨、文化气息浓厚。

其次,脚本的结构设计也很重要。完整的脚本应该是由开场、主体、结尾三部分组成的。开场部分需要快速吸引观众的注意力,调动观众的兴趣;主体部分是节目最重要的内容,要在精心设计的情节以及环节中,呈现节目的主题和节目内容;结尾部分则是对节目进行总结提升的环节,给观众留下深刻的印象。主体部分的设计还要把握连贯性及节奏感,避免情节一节一地出现而造成拖沓和跳跃，影响节目流畅性。

再次，脚本中的细节描写也绝不可忽视，细节可以增强节目的真实感和感染力，更容易引起观众的共鸣，因此，在脚本创作中，要注重场景、人物、动作、对话等细节的描写，使脚本更加生动具体；与此同时要注意脚本中的镜头语言设计，运用镜头增强脚本的视觉效果和艺术表现力。

最后，是对剧本完成之后的修改和完善。邀请导演、制片人、演员等参与脚本的讨论和修改，从不同的角度对脚本提出意见和建议，使脚本更加完善和成熟。只有精心创作、反复打磨的脚本才能成为成功拍摄节目的保障。

(三) 预算细化

预算作为广播电视节目制作的保证，直接影响广播电视节目的制作质量和经济效益，细化、规划好预算能够保证广播电视节目在有限资金的情况下进行。

首先，对预算进行概括性的规划和分配。根据节目的规模、节目内容、节目制作要求将预算分配为人员费用、设备费用、场地费用、道具服装费用、后期制作费用等等。在对预算进行分配时要充分考虑各个部分的重要程度和实际所需，分配一定的资金，避免预算不足或者多余的浪费。

其次，针对预算中的每一部分需要进行细化核算。人员费用方面，根据人员的岗位、工作量及市场价格计算出人员每人的薪酬标准，再对人员的薪酬费用进行核算。设备费用方面，根据设备的型号、设备数量及租赁价格计算出设备的使用成本费用。场地费用方面，根据场地的场地租金、使用时间和设备进出的场地费用等计算出场地的场地总费用。通过核算能够全面准确地掌握每一个部分的费用情况，为预算控制和提供依据。

再次，预算要细化，除了考虑一些比较确定的费用外，还包括一些无法预见的支出。在节目录制过程中，由于一些外在因素的影响，情况可能会随时发生变化，如天气、设备的损坏等，这些情况都不可避免地产生额外支出，这时就需要将一定比例的费用用于应对。

最后，预算细化和规划要与节目制作进度结合。不同的节目制作阶段，资金使用有所不同，因此，要根据节目制作进度合理分配资金使用，保障每一阶段的资金需求，而且要及时监控和管好预算执行情况，防止和解决预算超支问题,保障节目制作效益,科学的预算细化和规划让节目制作有经济保障。

三、拍摄阶段

(一) 拍摄流程

拍摄阶段是广播电视节目制作的关键环节,它将前期策划和筹备的成果转化为具体的影像内容。拍摄流程通常包括以下几个重要步骤:

1. 拍摄前

在拍摄前,要对拍摄场地进行布置,场地布置要满足节目设计要求;要对设备进行最后一次检查,确保摄像机、灯光、音频等一切设备正常可用;演员和嘉宾要进行彩排,让自己熟悉拍摄流程,还要熟悉自己的角色,确保拍摄不会出现因自己疏忽大意而出现的问题。

2. 拍摄过程中的执行

拍摄过程中,导演要根据策划方案和脚本的要求,指挥摄像师、灯光师、音效师等工作人员进行拍摄。摄像师要按照分镜头脚本的要求,准确地捕捉画面,确保画面的质量和艺术效果。灯光师要根据场景和画面的要求,调整灯光的强度、角度和色彩,营造出合适的氛围。音效师要负责现场音频的录制和处理,确保声音的清晰度和质量。演员和嘉宾要按照导演的指示,准确地完成表演和互动,确保节目内容的连贯性和吸引力。

3. 拍摄后的检查

拍摄完成后,应对拍摄下来的素材进行检查和筛选。检查拍摄素材的质量,如画面的清晰度、稳定度、色彩还原度等,及声音的清晰度和同步性等,剔除不符合要求的素材,为后期制作提供原始素材。另外,还要记录拍摄过程中存在的问题,以便总结,使以后的拍摄过程得以改进。

(二) 多机位拍摄与单机位拍摄

在广播电视节目制作中,多机位拍摄和单机位拍摄是两种常见的拍摄方式,它们各有特点和适用场景:

1. 多机位拍摄

多机位拍摄指在拍摄现场利用多台摄像机同时拍摄同一个场景。多机位拍摄的最大优点就是在拍摄现场同时从不同角度获取图像，这样给后期的剪辑提供了更大的选择空间。例如，在大型综艺节目中，利用多机位拍摄不仅可以从不同角度交叉拍摄，舞台上的表演、观众的反应、嘉宾之间的互动等都可以同时拍摄到，使整个节目更加丰富。同时多机位拍摄可以节省大量的时间，提高拍摄效率。当然多机位拍摄也并不是那么容易，比如，多机位拍摄中的设备相互协调、画面的同步性、后期剪辑的复杂性都是多机位拍摄要考虑的问题。

2. 单机位拍摄

指在进行拍摄时，使用一台摄像机进行拍摄。这有利于在拍摄过程中设备简单、操作便捷，比较适用于一些小规模节目的拍摄或特定场景的拍摄。举例而言，有些访谈类节目当中，单机位的拍摄能够更好地突出主持人和嘉宾的谈论内容，氛围也更为亲近。又比如，拍摄时利用单机位拍摄的手法，通过镜头的镜头运动和切换，让画面的艺术表现力更强。单机位拍摄也有它的局限性，它在拍摄时拍摄的角度相对单一，不能有力丰富画面内容。

(三) 现场导播与调度

现场导播与调度是拍摄过程中不可或缺的环节，它直接影响节目的质量和效果：

1. 现场导播

导播是拍摄现场的指挥中心，要协调摄像机、音频、灯光等各个部门工作，导播根据节目脚本和导演要求，实时监控拍摄画面，并及时调整摄像机角度、镜头焦距、画面构图，保证画面的质量和艺术效果。与音效师、灯光师等工作人员相互配合，保证声音与灯光效果与画面匹配。多机位拍摄中导播还要控制画面的切换与选择，根据节目节奏及内容需要而切换不同的摄像机画面，使节目更流畅、更连贯。

2. 现场调度

指对拍摄现场人员、设备、场景的合理安排、调配。其即根据拍摄计划、脚本要求，提前拍摄计划，将各位置的人、设备安排好，如演员、嘉宾的走位，摄像机的放置，灯光的布置等，以便拍摄的顺利进行。同时，拍摄中根据实际情况对人员或设备进行位置上的安排、调动与调整，以解决拍摄过程中出现的各类问题，如人员冲撞、设备故障等。如果现场调度好，即可提高拍摄效率，减少拍摄时间，确保节目制作的顺利进行。

四、后期制作阶段

（一）素材整理

素材整理是后期制作的基础阶段。素材整理是将拍摄阶段采集到的大量素材进行分类、筛选、标注，方便进行后期的剪辑制作。第一，对拍摄的素材进行备份，保证素材的安全性、完整性，避免在进行拍摄时设备出现故障或者人为破坏而导致素材遗失。第二，对素材按照不同的分类标准进行整理，根据不同场景、镜头类型、拍摄时间等进行归类整理，方便剪辑时的快速找到素材。第三，对素材进行筛选，根据素材质量进行初步的质量判定，将成片率较高的素材筛选出来，剔除那些画面模糊、画面抖动、不符合节目内容要求的素材。第四，对素材进行标注和注释，标注素材的拍摄地、拍摄时间、拍摄人物、拍摄情节等有价值的标注，作为剪辑时的参考资料，方便后期快速编辑出片。通过对素材进行系统的整理，提高后期的制作效率，确保节目的品质、进度。

（二）剪辑工作

剪辑是后期制作的主体，主要是把多种不同的素材片段进行组合拼接和调整，形成节目内容，使素材具备故事性和感染力。剪辑首先要根据节目脚本和策划方案要求确定节目的结构和节奏，通过镜头的合理顺序和镜头的过渡使节目内容流畅自然，情节连贯，节目内容对观众具有吸引力，并能保持观众的兴趣。同时，剪辑师可以运用平行剪辑、交叉剪辑、倒叙剪辑等剪辑方法使节目内容增加叙事性，增强艺术感染力。另一方面，在剪辑过程中需要注意和注重剪辑的节奏控制，按照节目风格和节目内容，对剪辑的速度和节奏进行调整，使节目在紧张激烈和舒缓紧张之间达到平衡，剪辑过程中编辑还需要和导演、制片人等人进行沟通与交流，使剪辑的风格效果符合节目整体的创意和要求。通过专业的剪辑工作，将拍摄的素材变成具有视觉和听觉吸引力的节目内容，将一幅幅画面和一段段声音变成各具特色的精彩节目。

(三) 音频处理

音频处理是后期制作的重要环节之一，音频的质量直接关系到整个节目的声音效果，也是决定节目的整体听觉感受。在音频处理过程中，首先应对拍摄录制的原始音频进行降噪处理，去掉其中的噪声，如背景噪声、杂音等噪声干扰因素，以确保音频的清晰度和纯净度。其次对音频进行均衡调整，调试音频的频率分布，使音频有更好的层次性和立体感，使声音更加逼真；对音频进行适当的剪辑与拼接，按照节目的内容剪接出不同的音频来搭配画面，使节目的内容丰富且完整；对于需要突出的部分添加声音特效，如环境声音效果、动作声音效果、音乐声音效果等不同类别的声音特效，使音频效果与内容相配合，使声音更为自然逼真，使节目气氛更丰富。最后在混音处理过程中将不同来源的音频进行合成与调整，使音频效果达到平衡协调的效果，使节目的声音效果达到最好状态；对音频进行专业的处理为节目的声音营造出良好的感官效果，提升节目的整体效果。

(四) 特效制作

特效制作是后期中的一种视觉特效方法，是通过有效的后期特效制作来增强节目形象和艺术的表现。在特效制作中，可以根据节目内容的需求，增强节目中的奇幻、科幻、动作等效果，让节目更加生动有趣。在特效制作中会应用到一些特效软件，主要有 Adobe After Effects、Nuke 等，利用特效软件，可以实现不同类型的特效效果，主要有合成特效、动画特效、粒子特效、光线特效等。合成特效是对不同的图像或视频素材进行合成，形成新的图像或视频视觉效果，如将虚拟场景与实拍镜头进行结合，形成电影奇幻世界。动画特效是通过制作不同画面的动画效果，如人物动作、物体动画等。粒子特效是通过不同的粒子模拟不同事物或效果，如烟雾、火焰、水流、雪花等，让节目视觉画面更加生动、真实。光线特效主要通过添加光晕、光斑、光束等特效，增强场景画面的氛围和艺术效果。特效制作是根据节目样式的需要，结合制作与通过演员的表演来对节目画面进行效果变化，但制作特效时一定要符合节目中的整体创意，不能将特效过度使用，否则画面的过度特效会失去节目原本的真实感，从而影响观众对节目的直观感受。特效画面是对节目样式的有效渲染，通过特效制作，能增强节目形式的独特风格。

（五）包装与合成

包装与合成指的是后期制作的最后一道工序，它会将剪辑、音频处理、特效制作后的各个元素整合优化，形成最终的节目成品。在包装过程中，通常会添加节目片头、片尾、字幕、台标等，装饰美化和向观众传递信息标识的效果，节目片头和片尾的设计要与节目整体风格、主题风格相符合，以精美的动画、特效音乐和文字吸引观众，留下强烈印象。字幕制作要保证文字清晰容易阅读，字幕动画制作要与画面内容相符合，整体效果也要符合需求，字幕的字体风格以及颜色元素要与画面协调和谐。台标要符合播出平台的风格与规定，确保节目品牌标识明显地展现在观众面前。合成指的是将视频、音频、特效、字幕等各种元素进行精确地对齐、同步，保证合成后各个元素可以完美融合，汇集在一起成为一个完整的节目作品。此外，还要对合成后的成品进行最后的质量检查，保证其画面色彩、对比度、亮度等参数对观众观看没有影响，音频音量、平衡等参数对观众收听无碍，精心包装合成可以为节目准备最完美的视听效果，使其可以顺利播出与观众见面。

五、审核与播出阶段

（一）内部审核

内部审核是广播电视节目制作审核的重要环节，主要审核内容是否合格、是否违反节目策划、是否合规等。审核主体是包括导演、制片人、编剧等各级审核人员，以不同视角对整体节目进行审核。

内容审核方面，审核小组会关注节目内容是否符合国家相关法律法规和政策要求，有无违法违规以及违背社会公序良俗的情况，是否和策划方案一致，是否能准确传递节目主题和节目意图，是否具有吸引力和感染力以及是否符合目标受众的喜好。

从技术层面来说，审核团队会针对节目的画面质量、音频效果、剪辑流畅度、特效运用等进行把关。画面是否清晰稳定，色彩还原度是否高，音频是否清晰无杂音，和画面是否同步，剪辑是否流畅自然，节奏是否合理，特效是否自然逼真，与画面有无交融感，都是审核的重点内容。从技术上入手是节目最终为观众带来良好视听体验的保证。

除了对节目的上述内容进行审核，审核团队还会针对节目中的字幕、台标、广告植入等内容进行审核，看其是否准确易懂，台标是否符合播出平台要求，广告植入是否合理不突兀等，也经过严格的审核和调整，确保节目完整协调。

内部审核是不断修改和完善的，审核的团队会提出各种各样的意见和建议，节目制作团队结合反馈进行修改和调整，直至节目内容符合播出要求。通过内部审核保证了节目的质量，可以避免节目播出过程中的问题和存在的风险，为节目播出打好基础。

(二) 播出安排

播出安排是广播电视节目制作的最后一个环节，是节目面向观众的最后一个环节。从某种程度来讲，播出安排的好坏直接决定了节目的收视效果，最大限度地将节目播出的传播效果发挥出来。

一方面，选择符合节目类型的播出平台，根据节目的类型、受众及市场定位选择合适的播出平台，大型综艺节目或热门电视剧倾向于在多个平台同步播出以扩大受众，专业性较强或面向小众观众的节目则会择性选择播出平台以精准触达目标受众。

另一方面，要把握好播出时间。播出时间不同，吸引的观众也不尽相同，所以要根据节目内容以及目标受众的收视习惯来决定播映时间，黄金时段 (晚上7点至10点) 为收视率较高的时段，可安排播出一些大型综艺、热门电视剧或重大新闻节目；白天时段则适合播出一些轻松娱乐、生活服务类节目；深夜时段可以安排一些深度访谈、文化专题等节目；播出频率，是每周一次、隔天播出还是连续播出等，都需要根据节目内容以及观众需求来考虑。

播出前的宣传推广，也是播出安排的一部分。多渠道对节目进行宣传推广，能提前吸引观众关注与热议，为节目播出营造氛围。宣传推广的手段是制作节目预告片、海报、宣传文案等,通过电视、网络、社交媒体、户外广告等多种渠道传播,并且可以邀请节目嘉宾、演员等作线上线下的宣传推广,提升节目知名度。

在播出过程中,还需要对节目的播出情况进行实时监控,及时处理可能出现的技术故障、内容问题等,确保节目能够顺利播出。同时,根据播出后的收视率、观众反馈等数据,及时调整播出策略和后续节目的制作方向,以更好地满足观众需求和市场变化。

通过科学合理的播出安排,能够使广播电视节目在合适的平台、合适的时间与观众见面,最大限度地提升节目的传播效果和影响力,实现节目制作的最终目标。

六、节目反馈与总结阶段

(一)收视率与受众反馈

收视率及受众反馈是决定广播电视节目是否成功的量化指标之一。收视率是反映节目观众规模及市场影响力的直观指标,能够显示节目在节目传播过程中是否达到预期效果;高收视表明该节目获得众多观众观看,拥有较高的吸引力和竞争力,节目制作方因此可获得一定的经济收益与品牌价值。收视率有一个量化指标,但往往不能反映观众对节目的真实感受与评价,因此,受众反馈是节目中仅次于收视率的反映考核。

一般情况下,受众反馈可以借助观众来信、电话,或者是观众在社交网站上的评论、微信或微博上的投票调查等渠道进行收集,然后反馈信息为节目制作方提供关于受众对节目内容、形式、风格等方面的喜恶。例如,观众喜欢哪方面的节目,又对哪方面的节目不满意,并指出对该节目最为"唾手可得"的方式、环节,或者是对某些嘉宾的表现不爽等,进而为节目制作方提供更具有针对性的参考。

在分析受众反馈时,可以了解受众对节目的情感倾向,具体看到了什么以及给出了怎样的建议等,从而进一步加强了制作方的信心,继续维系节目自身的优势与特色,或对意见进行了反思,分析了自身的问题,并对此加以改进;此外,还可以多注意观众的期望,注意到观众的需求的变化,及时进行改变，比如根据市场和观众的需求改变节目内容和形式等。

（二）节目效果评估

节目效果评估是对广播电视节目传播过程中是否达到传播目标的全部评价。节目效果评估包括对收视率、节目反馈等的评估，也包括对节目传播给观众的相应认知水平、情感水平、态度水平和行为水平的评估。通过节目效果评估，节目生产传播者可了解节目是否达到预期传播目的，如传递信息、教育群众、娱乐大众等。

在进行节目效果评估时，可以从以下几个方面入手：

1. 认知效果评估

这种评估方式用于核实节目的信息是否传达有效，观众对其对节目主题以及节目内容的了解程度。可以采用观众对节目的知识测试、问卷调查等方式对观众对节目的认知程度进行评定。如科普类节目，可以考查其观众在观看节目后对与节目有关的科学知识了解的熟悉程度，进而评估其节目对于传达知识的效果。

2. 情感效果评估

节目是否引发了观众情感上的共鸣，使观众产生开心、感动、愤怒等情感效果，情感效果的评判可以参考观众情绪反馈、社会讨论关系评价等。比如，一档感人至深的公益节目会激发观众的情感效果，借助观众情感效果反馈分析出节目在情感效果上是否成功。

3. 态度效果评估

评估受众对节目的态度与观点是否改变。如一档有关社会热点问题讨论的节目往往会改变观众对该热点问题本身的看法，通过比较观众在观看前后的态度，衡量节目是否产生了态度效果。

4. 行为效果评估

节目能否使得观众执行一定的行为，如收看一档健康养生节目后观众是否会改变习惯性动作，如增加运动、改变饮食等等。评估观众行为上的改变情况。

节目效果评估需要综合运用多种方法和工具，如定量分析和定性分析相结合。定量分析可以通过收视率数据、问卷调查结果等进行，能够提供具体的数据支持；定性分析则可以通过观众评论、访谈等方式进行，能够深入了解观众的主观感受和体验。通过全面的节目效果评估，节目制作方可以更准确地了解节目在传播过程中达到的效果，为节目的改进和优化提供科学依据。

（三）经验总结与改进

经验总结与改进是广播电视节目制作流程中不可或缺的一环，可以让节目制作方利用从前的经验对节目制作流程的深入总结并加以改进，不断提高节目的制作水平和质量。经验总结阶段需要节目制作团队对整个节目制作流程进行回顾反思，从前期策划、准备、拍摄到后期制作、播出等各个环节分析各个环节的可取之处与不足之处。

在总结经验时，需要关注以下几个方面：

1. 前期策划阶段

考评选题确定、节目定位、团队组建和策划方案撰写等。选题是否有趣、话题性强，节目定位是否准确，团队成员之间的配合是否默契，策划方案是否可行、新颖等。通过考评前期策划阶段的经验，为以后的节目策划提供参考，保证选题和定位更为精准，团队组建更为高效，策划方案更为完善。

2. 筹备阶段

对资源筹备、脚本创作、预算细算等情况进行分析。比如，资源筹备是否充分、脚本创作是否符合节目主题和风格、预算分配是否合理，通过总结筹备阶段的经验来优化资源调配、提高脚本创作质量、合理控制预算，为节目拍摄提供更好的保证。

3. 拍摄阶段

从拍摄的流程、多机位拍摄、单机位拍摄、现场的导播和调度等进行总结，例如，拍摄的流程是否顺畅，多机位拍摄和单机位是否运用得合理，现场的导播和调度是否高效等，对拍摄过程进行总结，通过总结提高拍摄的效率，提高拍摄的画面质量和艺术效果，保证拍摄的顺利进行。

4. 后期制作阶段

评估素材整理、剪辑工作、音频处理、特效制作和包装与合成等方面的效果。

第五章　广播电视节目中的声音与画面

第一节　声音的属性

一、声音的物理属性

声音是由物体震动而产生的，物体震动会产生声波，声波通过一定的介质，比如空气会传到人的耳朵里，由此对耳膜形成刺激，人们就听到声音了，即声波通过介质传递给人耳，并在人耳中产生听觉。

如果从物理特性的角度分析，声波可以从频率、振幅和波形得到更深入的分析。频率指发声物体每秒振动的次数，单位是赫兹。人耳所能接受的振动频率为20～20000赫兹。低于20赫兹的振动叫作次声波，高于20000赫兹的振动叫超声波，是无法引起人的听觉感知的。振幅是指振动物体偏离起始位置的大小。振幅决定声音的强度，振幅大，压力大，我们听到的声音就强；振幅小，压力小，我们听到的声音就弱。声波最简单的形状是正弦波。由正弦波得到的声音叫纯音。在日常生活中，人们听到的大部分声音不是纯音，而是复合音，这是由不同频率和振幅的正弦波叠加而成的。

人们一般用如下三个概念来衡量声音的品质，或者说是人对声音的感觉特性，即音强、音高和音色。

音强指声音的大小，由声波的物理特性——振幅（振动的大小）所决定。音强的单位称作分贝。0分贝指正常听觉下可觉察的最小的声音大小。音高指声音的高低，由声波的频率，即每秒振动次数决定。常人听觉的音高范围很广，可以由最低20赫兹听到20000赫兹。日常所说的长波指频率低的声音，短波指频率高的声音。由单一频率的正弦波引起的声音是纯音，但大多数声音是许多频率与振幅的混合物。混合音的复合程序与组成形式构成声音的质量特征，称作音色。音色是人能够区分发自不同声源的同一个音高的主要依据，如男声、女声、钢琴声、提琴声表演同一个曲调，听起来各不相同。

音响、音调和音色是人对声音的主观感受。音响表示声音的强弱，音调表现的是声阶的高低，而音色是我们在日常生活中最常使用的衡量声音品质的概念，在通常情况下，我们基本上是把悦耳的声音描述为"音色好"，反之亦然。

从物理属性来看，声音的"可保存性"是比较差的。通过日常生活经验我们就能感知，声音转瞬即逝。科学试验表明，进入人耳的信息在人的大脑里一般只能保存6～10秒；部分有价值的信息可以形成短时记忆，保持20分钟左右；经大脑再次选择，只有少量信息可以形成记忆。在录音技术发明以前，声音根本无法保存下来。而磁带录音的寿命也只有10～20年，直到数字技术发明之后，声音的永久保存才成为可能。

另外，声音传播的清晰度也是一个问题。一方面，声音在空气中耗损，或者受到噪声的干扰是一个原因；另一方面，声音不如"看"那样一目了然，光凭"听"意思容易混淆。我们以汉语为例，很多词如果仅凭语音来辨别是根本分不清楚的，比如"拾到——食管"等，如果再考虑方言因素，情况就更严重了。《战国策》里记载了这样一个故事：郑人把未雕琢的玉叫"璞"，周人把未腌制的鼠肉叫"朴"。周人拿着"朴"问郑人，"要买朴吗？"郑人说要，拿出来一看，原来是鼠肉，只好又推辞说不要了。人们常说"空口无凭，立字为据"，也就是针对声音符号的这种含混和不足信而言的。

二、声音的心理属性

对声音物理属性的理解是广播技术工作的基础，而对广播节目制作者来说，声音的心理属性则更为重要。也就是说，不同的声音在人耳听起来会引起不同的心理效果，对这些心理感应的期待形成不同广播节目收听的心理基础。

第一，声音的心理属性来自现实生活中人们对各种声音的不同感知，即由听觉的生理反应带来的心理变化。人们对不同声音的生理感知是不一样的，轻柔的乐音让人心情舒缓、感情愉悦，比如清晨树林里的鸟鸣或者柴可夫斯基的《小夜曲》；激昂的乐音让人精神振奋、神清气爽，比如擂鼓的声音或者中国古典音乐《将军令》。相反，噪声则让人心情不适、情绪烦躁，比如炎热夏季里的蝉鸣。

第二，人们会将日常生活中的经验推广到相应的听觉体验中。如此，"生活经验—听觉体验"就构成为"通感效应"。比如在雷电交加的夜晚，人们对雷声会感到恐惧，古代人会觉得这是一种神秘的力量在发怒，即便是现代人也会对这巨大的声音感到害怕。如此，声音从一种自然现象变成人们的一种生理反应，这种生理反应又激发了一定的心理特征。比如按照康德的说法，人听到雷声会产生一种惊惧，因为他们觉得发出这种令人恐惧的声音的"雷"是无法控制的，进而由敬畏之心产生崇高的感觉。这样，类似雷声的声音就和恐惧、发怒等心理特征联系在一起。如果在广播中出现雷声，那么同样它也意味着恐惧和发怒等情绪，听众也会自然地接受这种心理上的暗示。在此，人的知觉因素的加入，使得各种声音具有了喜怒哀乐意味。同时，不同音质的声音也就有了不同的价值取向。可见，不同的声音完全能够引起不同的心理效果。

第三，不同音质的声音除了能够引起人们不同的心理感知以外，还能激发人们不同的联想和思维，这使得广播所引发的心理活动更为深刻。这涉及心理学的一个重要流派——完形心理学理论。人的感觉具有一种"完形和联想"的功能，这已经被"完形心理学"证明了。按照这一理论，当人的感知接触到某一信息的时候，会调动自身联想的能力将信息完整化、全息化。这是因为我们内心对于任何事物都有一个观念上的"形"，也就是完形心理学所谓的"格式塔"。因为在一个人的成长过程中，会渐渐地对周遭世界的各种事物形成统一的认知观念，这个观念是由一系列的细节认知构成的。

声音同样也是人们"完形"的元素之一，因为在日常生活的认知过程中，声音也是认知事物的重要元素之一，同样，我们也能通过"声音"完形（还原）出相应事物的形象。人对声音的联想一般有如下两个方向。

第一，通过声音联想声源的形象。在现实生活中我们常有这样的体验，听到某一个声音，会下意识地去寻找这个声音的发声体，即声源。这是人的一种习惯——听到声音就想去看看发出这一声音的物体或者人等是什么样子的。听其声，见其形，这才是对世界的完整体验。如果见不到声源的形象，人就会根据声音的品质想象声源的形象是什么。因为，应该是一种什么样的"形"发出了这种声音在人们脑海中是已经形成的东西。比如很多人听广播会有这样的体验——听到某一个节目主持人的声音非常好听,于是自然会去联想他(她)长得什么样子,而且这种联想一定是一种正面的联想,即把他(她)联想为一个美丽或者英俊的人。因为声音的悦耳已经为"联想行为"指定了"正面"的方向。这就是"完形"的作用:美丽的声音和美丽的形象一定是联系在一起的,因为它们都是"美丽"的格式塔所派生出来的因素。尽管现实生活的逻辑经常颠覆这种"完形"的规则——一个声音非常美妙动听的广播节目主持人可能形象非常普通,但这并不能妨碍人们的这种思维习惯。

第二,通过声音联想完形声音的环境。很多人都有这样的体会,一首老歌会让人陡然回忆起过去的时光,沉浸到一种自己所熟悉的过去的氛围之中。这就是声音调动人联想的结果,而这一种联想是对与声源相关的某种环境的联想。从某种意义上说,这同样是"完形"的作用,是对一种生活方式的完形,而声音是构成这种生活方式的"形"的一部分。

三、声音的社会属性

在物理属性和心理属性的基础上,声音还具备相应的社会属性,也就是说,声音会和社会变迁紧密联系在一起,具有政治、经济和文化的功能。

(一)声音的政治属性

加拿大传播学者麦克卢汉曾说,20世纪30年代是人类社会的"广播时代",就是因为很多重要的声音通过广播、唱片等媒介传播出来对社会发展产生了重要的影响。罗斯福的"炉边谈话"不仅引导人民走出大萧条的恐惧,而且还激励起他们反抗法西斯的勇气;希特勒歇斯底里的演讲将德国人民带入了纳粹的深渊;同样,当听到"中华人民共和国中央人民政府今天成立了",大家都知道这是中国人第一次在世界舞台上完全当家做主的宣言;听到"I have a dream..."就能联想到美国黑人人权运动那残酷而悲壮的历程。事实上,自广播诞生以来,声音凭借着这种电子传媒,起到了巨大的社会动员的功能,声音和政治、历史联系在了一起。

（二）声音的经济属性

声音还具有经济功能。声音可以成为商品进入市场领域换取相应的利润，典型的就是流行音乐产业的运作。我们知道，从理论上说，音乐是将人类听觉认可和喜欢的"乐音"加以抽象凝练，而音乐产业（唱片产业）就是将这些音乐规模生产、批量销售，一方面获取了大量的利润，另一方面也形成大众文化的重要支脉之一——流行音乐文化。

广播电台播送音乐也能获得良好的收益。不同类型的音乐在广播系统中其商业价值是不一样的。美国学者按照美国流行音乐的标准划分了5类可以赚钱的音乐，它们可以组成一个系统在广播的不同时段予以组合播出，分别吸引自己的目标听众，带来利润各异的营销效果，这种搭配被称为"热门的音乐系统"。

我们分别来分析这5个系统的音乐性质及其编排原则，这对理解我国流行音乐的市场营销也有很好的借鉴作用。

1. 力量型音乐

所谓的力量是指"最佳的市场效果"。这类音乐是指当下最流行、听众最多的音乐，在美国，主要是指排行榜排名前10位的歌曲。它们受到热烈的欢迎，在一定的时间段内要大规模播出，比如"每小时4~7次的播放"，但是，这要避免一首歌连续几天在同一时间播放，以保证最多的听众都能听到这些歌曲。由于这些歌曲和音乐是当下最流行的，一般听众在调台的过程中一旦听到这样的乐曲往往不会调台，从而保证了有这样的歌曲就会有较高的收听率，同时带来较好的广告收益。

电台要随时监测这些音乐的市场销售情况，比如可以同唱片店联系以获得销售量的信息，也可以通过测量（电话、来信、网络、短信）点播的量来确定一首乐曲的受欢迎程度，以随时调整它们在节目中的编排。

2. 流行型音乐

这类歌曲是指"近期非常流行"的歌曲。它们以每小时3~4次的频率播放（在没有广告的1小时中可能播放5次）。这类歌曲的火爆程度不如力量型音乐，但受欢迎程度也很高。这两类音乐大概构成电台近期播出音乐的主流。

3. 再流行型音乐

这类音乐是指"在过去两年中它们曾经是非常热门的歌曲……这些歌曲以每小时2~4次的频率播放"。经过了广泛流行之后的音乐一般会被划到这一层次中来，但它们是经过了一定淘汰以后的，有一些歌曲被听众从记忆中删除，比如"那些放'滥'的新唱片（听众实在是听够了）和'僵硬'的唱片（在排行榜上停滞不前，无力成为真正的热门歌曲）"。

4. 力量经典型音乐

这类音乐是指过去3~10年流行的音乐。这些歌曲隔一段时间就要拿出来重放，它们是所谓"不死"的歌曲。目标听众一听就明白这是什么歌曲，而且会立刻进入一种欣赏音乐的状态，说明这些音乐在听众心目中已经形成一定的"刻板印象"。这种歌曲在广播中每小时要播2~3次。

5. 经典型音乐

这一类型包括过去10~15年的歌曲，它们不再属于流行或力量型的范围。为了确保这些歌曲还能吸引电台的目标听众，而且不令人厌倦，这组歌曲是经过仔细研究确定的，通常使用音乐厅测量的方法，保证在历史上曾经的经典还能够拥有一定的收听效果。

音乐电台所遵循的收听率法其实就是一种商业法则。一首音乐如果还有听众喜欢听，那么就说明这一音乐具有一定的商业效果。一首歌曲拥有的听众越多，它的商业价值就越大。通过上述分析，我们能发现，从"力量型音乐"到"经典型"音乐，它们所拥有的听众数量是逐渐减少的，它们在广播中播出的单位时间的次数也是逐渐减少的，也就意味着它们的商业价值是逐渐减少的。

除了流行音乐以外，声音的商业属性还可以很多种方式表现出来。比如，广播电台知名节目主持人的声音也具有良好的市场价值。广播节目主持人依靠声音建构自己的形象，听众喜欢一个节目主持人，其实是喜欢他（她）的声音。因为有这种声音，他（她）主持的节目才有可能拥有高收听率，他们说话的声音也成为高收听率的保证。再比如在广播、影视作品的制作拍摄过程中，制作人经常会喜欢找所谓的"名嘴"即明星来配音，因为"明星"的声音也是其流行价值的一部分，具有很高的社会公众注意力，也就意味着很高的商业价值。

(三) 声音的文化属性

每个时代都有自己代表性的声音,这些声音不仅成为一定时期社会文化的一部分,而且它们本身也成为塑造文化的一种重要力量。

20世纪70年代末至80年代初,中国内地的收音机开始普及。广播声音开始塑造人们的精神生活,传承文化,起到重要的文化功能,其中最重要的是评书和相声,这两种声音艺术成为当时最大规模的流行文化。

1979年,中央人民广播电台开始播出由著名播音员曹灿、纪维时等人演播的姚雪垠的长篇小说《李自成》,同时播出的还有已故评书演员杨田荣演播的新编评书《李自成》。这两部作品由许多电台交互播出,形成长篇小说广播的轰动效应,通过广播听故事成为一种新的时尚。随之而来的1980年被称为"评书年",这一年,河北电台先后推出三部长篇评书——《岳飞传》《杨家将》和《隋唐演义》,前两部由著名评书演员刘兰芳演播,后一部由单田芳演播。随后,这三部评书参加了马鞍山电台牵头组织的长篇评书节目交换会,通过交换给全国60多家电台播出,轰动全国。作为一种民间文化,评书的主要功能在于运用语言艺术虚构了中国传统英雄的形象和功绩,以此打动听者感觉,让他们产生一种认同感。我们可以将评书看成是中国人的英雄史诗,而千家万户的收音机就像一个满肚子故事和智慧的"吟游诗人"。在当时的文化环境中,它能够唤起中国人的民族自豪感和民族心理归属感,同时,它也间接地传递了中国传统文化的内涵。

相声也一样。老相声艺术家如侯宝林、马三立等重返艺术舞台,一些经典的相声段落被重新开掘整理;同时,像姜昆、赵炎等相声新秀也崭露头角。和评书不同的是,相声艺术是通过讽刺等手段让人发笑。

最具(大众)文化功能的声音还是流行音乐,流行音乐和现代都市人的身份认同有着直接的联系。每一个时代都有独特的流行音乐、歌曲和歌手,而广播是传播流行音乐最重要的载体之一。比如,在流行音乐发展史上,我国台湾著名歌手邓丽君是一个不可忽略的名字,因为她的歌声参与塑造了一个时代人的听觉的"情感结构"。对于20世纪80年代初的中国大陆人来说,邓丽君的歌声是"人性的复苏"的文化标志。作家王朔曾经说过,听到邓丽君的歌曲,"感到人性一面在复苏,一种结了壳的东西被软化和溶解"。类似的效果想必也出现在20世纪80年代初李谷一演唱的《乡恋》的歌声中，她用所谓的"气声"方法来唱歌，一改过去那种严肃、说教和宣传的面孔，和人们内心的那种本真的感情合拍。这些歌曲和20世纪80年代"人性论"的复苏相呼应，和理论界引进萨特等西方哲学家的"存在主义思潮"相呼应，塑造着那个时代中国普通老百姓的"情感结构"。

第二节 音乐性的声音在广播电视传播中的应用

一、音乐性的声音

著名哲学家卡西尔在论述语言层次的时候谈到人类刚刚开始运用声音的时候"不过是表达情感的喊叫或悦耳的乐句而已"，这意味着声音一开始就和人们的情感起伏紧紧联系在一起。因为声音直接诉诸人们的听觉，会直接给人以愉悦或不快，这就形成声音的纯形式的感性魅力。

鲁迅曾经说过，人类最早的诗歌就是人们干活时候所喊的号子"吭唷吭唷"，这意味着，在人们日常的生活状态中，一定的精神情绪往往要通过一定的声音表达甚至发泄出来。另一方面，人类在某些生活状态之中往往会伴随着一定的声音，这些伴随性的声音就会和特定生活状态中的人们的情绪联系在一起。比如维科在谈到原始人的思维时曾经说道，原始人生活在神话时代，用一种"以己度物的隐喻"来揣摩建构宇宙和客观世界。比如他们不了解雷鸣电闪的真正原因，于是就按照人类生存的逻辑去揣测雷电。他们认为打雷是雷神像人一样在发怒，就像一个体力极其强大的人用咆哮来发泄他的不满和暴躁情绪。这么一来，"雷声"就和"怒"这样的人类情绪联系在了一起，有的时候甚至可以用雷声来替代"怒"这样的情绪，在影视作品中我们经常可以看到用电闪雷鸣的背景来衬托主人公怒不可遏的情绪。在汉语中，"雷霆之怒"之类的词语构成其实遵循的也是相同的逻辑。那么，当我们再听到雷声的时候，人会因为这种"隐喻"的暗示而感受到发怒的情绪。

可见，声音和人类的情感结构内部有一种逻辑结构的一致。从这个意义上看，声音的音调、音高等起伏的变化其实是人类情感的一种变形和符号

第五章 广播电视节目中的声音与画面

表达。

在这方面，最典型的是音乐。关于此，苏珊·朗格认为：我们叫作"音乐"的音调结构，与人类的情感形式——增强与减弱，流动与休止，冲突与解决，以及加速、抑制、极度兴奋、平缓和微妙的激发，梦的消失等形式——在逻辑上有着惊人的一致。这种一致恐怕不是单纯的喜悦与悲哀，而是与二者或其中一者在深刻程度上，在生命感受到一切事物的强度、简洁和永恒流动中的一致。这是一种感觉的样式或逻辑形式。音乐的样式正是用纯粹的、精确的声音和寂静组成的相同形式。音乐是情感生活的音调摹写。任何音乐都可以用喜怒哀乐等人类的情感来概括表达。我们能感受到一首曲子是欢快的，还是哀伤的；是忧郁的，还是宁静的，即便无法用明确的语言来表达，它还是可以和我们内心的某一种情绪相关联。

音乐不仅仅具有这种情感的力量，更重要的是，音乐和人类的整体情感或者说生命的感觉之间有一种内在的相似的逻辑结构。这样，音乐自身的旋律的起伏就具有了一种形而上的意义。这就是为什么音乐会具备一种深层次的震撼力。因为音乐"表现着作曲家情感想象而不是他自身的情感状态，表现他对于所谓'内在生命'的理解，这些可能超越他个人的范围，因为音乐对于他来说是一种符号形式，通过音乐，他可以了解并表现人类的情感概念"。这是人类自身想象的魅力。

因为真实的情绪总是和具体的生活联系在一起，而音乐所表征的情绪却可以不受真实世界的约束而制造出来，即"做符号的要比被表示的更容易感觉和把握。比如声音比起情感来就更容易产生、组合、察觉和辨别。感觉形式只能产生于自然过程，而音乐的形式则可以随心所欲地创作和吟唱出来"。这样，人就不是自我分泌出感情，而是通过符号创作出一种感情，通过这样的创作而支配人自身的情绪。

从这个意义上看，和语言不同的是，音乐的旋律没有明确的主题，只有一个大致的"主题指向"。苏珊·朗格指出："有多少演奏者，甚至有多少次演奏就有多少种曲子。"其实，有多少个欣赏者，也就有多少种曲子。对于同一首曲子，没有任何人的感受是完全一样的，这些感觉仅仅有可能相接近而已。一首曲子的旋律起伏是一回事，人们听到的旋律往往是另一回事。因为在"听到的"旋律中必然将加入人们自己的想象，也就是说任何旋律都是人们在想象中听到的。同样听《月光奏鸣曲》，有些人也许真的感受到月色温柔，但肯定也有另外的人感受到别的东西，比如在形式上与月光相近的白沙流水；听贝多芬的《命运》，每个人都会因为自己生活历程的不同而听出不同的内涵，联想到不同的时空和人物。

任何声音可以说都有音乐因素的存在，因为它可以直接和人的感性联系在一起，因为"声音，作为经验中的纯感觉因素，可以是平静的或兴奋的，也可以是愉快的或痛苦的。味觉、嗅觉和触觉因素也是这样"。即便是语言性的声音，它也会有旋律的起伏、音高的变化，说话者音色的品质等直接诉诸人们感性的因素存在。在声音的接受过程中，声音的"音乐性"体现在听者对某一段声音的感性联想。声音不但可以借助语言指涉真实的客观世界，还可以通过自己旋律的力量建构人们的精神生活，通过一种空间的想象完善人们的感情世界。

二、广播传播中的音乐性的声音

既然音乐性的声音诉求的是人们的感性，那么广播当中的音乐性的声音主要也是起到渲染情绪的作用。广播中音乐性的声音主要有两类：一是音乐；二是具有音乐效果的语言和音响。

（一）音乐在广播中的作用

1. 构成纯粹的音乐节目

音乐在广播诞生一开始就被作为重要的节目资源而存在。无论是中国还是外国，第一次播音都有音乐节目的参与。迄今为止，音乐节目已经成为广播节目中不可或缺的节目类型。我国广播音乐节目形式多样，有类似美国"Top 40"的流行音乐排行榜节目，也有典型的音乐欣赏节目，还有以音乐传播为主的广播专题节目。

2. 作为配乐的音乐

音乐被广泛地运用在各种节目中，尤其是作为情绪渲染的工具，成为任何节目都不可或缺的节目因素。新闻节目的开始曲需要音乐作为节目的标志；谈话节目需要音乐在谈话过程中活跃气氛；专题节目需要音乐渲染情调；在广播剧制作过程中，作为配乐的音乐更是无处不在。从这个意义上说，一个好的广播编辑，在自己的头脑中应当有一个音乐库，他非常清楚这个音乐库的分类——哪些音乐适合于渲染哪些情调，在需要的时候可以随时将其调出来使用。

3. 作为节目穿插的音乐

节目与节目之间的衔接与过渡，是音乐在广播传播中不可替代的功能。用音乐来衔接不同的节目，其方式是多元的。有的时候是为了适应内容的需要，比如一个说笑话的节目，节目计划要说10个笑话，每个笑话耗时1分钟，那么这个节目的时长一般会安排为12分15秒，即在两个笑话之间穿插15秒的音乐。这15秒让听众回味笑话，放声大笑，同时调整情绪迎接下一个笑话的到来。如果10个笑话连在一起说，听众势必会忽略其中的某些内容，而且人的情绪也很难始终保持在开怀大笑的状态，此时，用音乐作为隔断就非常重要了。

有的时候是为了适应广播传播特性的需要。我们知道，听众收听广播的状态是三心二意的，为了适应这种节目收听心态，广播节目也日趋"零散化"，即所谓零敲碎打地广播。音乐旋律是最容易"零散化"的音响信息，听众听到哪怕仅仅是很短的一段音乐也不会觉得刺耳和突兀，于是，节目进程中不断穿插音乐，一方面让听众觉得悦耳，另一方面把完整的节目割碎以适应听众们三心二意的收听状态。

有的时候是为了适应广播时间安排的需要。比如，由于节目编排不到位，有些节目的时长比预想的要短，这种情况尤其容易出现在广播直播节目进程中。为了填补空白的时间段，音乐也是最佳的素材。

（二）语言、音响在广播中音乐性的作用

语言之所以具有音乐性的效果，是因为语言通过发声技巧等因素可以蕴含情感，具有巨大的感性力量。语言的音乐性作用主要由说话的语气和节奏来完成。

1. 语气

语气是"思想情感运动状态支配下语句的声音形式"。语气由两个方面构成,"一方面是一定的思想情感,一方面是具体的声音形式"。[①] 简单地说,语气所描绘的就是"人在什么样的情绪下说什么样的话"。

我们知道,人在现实生活中有喜、怒、哀、乐等多种情绪,每一种情绪导致人们的精神状态是不一样的。人在发怒的时候语调高,语速快,一种激愤的情感被表达出来;人在喜悦的时候音调轻柔,语速相对舒缓。那么反过来也是一样的,当主持人(或广播剧的演员)要表达愤怒的情绪的时候,就可以将自己说话的语速加快、语调提高,甚至加一些颤音(气得发抖),我们通过这样的语气就可以读解出"愤怒"的情绪,进而构想这一情绪背后的形象是什么。表达喜悦的语言形象,在语气控制方面也是一样的。

每一种情绪都有相应的语气表达,哀的语气应当语音轻、音调低沉、语速慢并时断时续;乐的语气应当语调高、语音响亮等等。一般来说,主持人会根据节目的要求自然调整自己的语气,比如在晚间情感类节目中,主持人往往会以较为低沉的语调、缓慢的语速表达一种温情、哀婉或者惆怅的情绪;在早间信息服务类节目中,主持人会以高语调、快语速表达一种高亢、振奋的情绪,以适应听众在早间的心情。

主持人等广播工作者在语气方面表达失误有两个原因:一是由于生活阅历等方面的原因,他对某种情感体会不深,自然无法表达合适的语气。比如年轻的主持人可能不太理解"悲"的含义,于是在叙述一些悲惨故事的时候,"悲"的情绪就表达不出来,只能是"为赋新词强说愁"。这种语气的表达显然不真挚。一个合格的广播语言工作者,丰富的人生阅历是其业务素养的一部分。二是发声技巧的问题,即无法把握语气的"形"——语势。所谓语势,就是语言声音的形式,包含着"气息、声音、口腔状态多层次、多侧面的立体变化和多重组合,具有很强的技巧性"。[②] 没有受过训练的广播语言工作者,语势就难免有缺陷。[③]

在广播传播过程中,语言表达的技巧是完全能够训练的,也是必须训练的。一方面,语言工作者(播音员、主持人和广播剧配音演员等)要增强自己的人文素养,体验人世间种种喜怒哀乐的情绪内涵;另一方面,要有意

[①] 张颂.播音创作基础[M].北京:北京广播学院出版社,1990.
[②] 吴郁.当代广播电视播音主持[M].上海:复旦大学出版社,2005.
[③] 同上。

识地将情感的抒发和语言的表达结合起来，在语言艺术方面做到收放自如、游刃有余。

2. 节奏

语言的节奏是指语言在流动的过程中呈现出来的规律性的变化，是以思想感情运动为依据的声音的运动形式。节奏的外部形式表现为有声语言的抑扬顿挫、轻重缓急。内心的情感附着在语言流动上的声音高低、强弱、快慢等方面。

按照人们感知声音的速度、力度的特点，我们可以把声音的节奏分为若干类型[①]。

(1) 轻快型

这种声音声轻不着力，语流中顿挫少，且顿挫时间短暂，语速较快，有一定的跳跃感，比如对抒情散文的朗读。

(2) 凝重型

多抑少扬，多重少轻，音强而着力，语势平稳，顿挫较多，语速偏慢。重点处的基本语气、基本转换都显得分量较重。

(3) 低沉型

声音偏暗偏沉，语势走低，句尾巴落点多沉重，语速较缓慢，重点处的基本语气、语势的转换偏于沉缓。

(4) 高亢型

声音明亮高昂，语势向上走，而且有不断上扬的趋势，甚至势不可遏，语速偏快，重点处的基本语气、语势的转换大多带有积极昂扬的特点。

(5) 舒缓型

轻松明朗，声音高但不着力，语势跌宕但轻柔舒缓，语速慢但不凝重，重点之处的基本转换都显得舒展徐缓。

(6) 紧张型

声音多扬少抑，多重少轻，语速快，气息较为短促，顿挫短暂，语言密度大，重点处的基本语气和语势的转换都较为急促、紧张。

每一种类型的节奏其实是和人们相应的情感类型对应的，作为广播语言的工作者就要熟悉相应的情感对应的节奏类型，以此达到自身语言传播的

---

① 吴郁. 当代广播电视播音主持 [M]. 上海：复旦大学出版社，2005.

最大效果。

第三节　语言性的声音在广播电视传播中的应用

广播和电视媒介在语言表达方面都遵循相同的原则，即都应使用"规范的广播口语"，这种语言表达具有两个特点：一是必须通俗易懂，朗朗上口，如此方能符合广播电视媒介大众化传播的要求；二是必须规范，即符合现代汉语的语法规则。

一、声音和语言

由于人类远祖的生存图景杳不可寻，人们对"声音是如何形成语言的"这一命题只能发展出不同的假说。首先是拟声说，即认为口语的形成起源于人类"拟声"的本能。即当远古的人类看到某一事物的时候，同时还听到了这一事物的声音，此时，人类会模拟这一事物的声音，而这种模拟就构成最早的口语。比如，中国人之所以把布谷鸟叫"布谷"，因为这种鸟儿的叫声为"布谷布谷"。但是，这种假说其实是缺乏说服力的。因为正如卡西尔所说的那样："反对拟声说的明显理由就在于，在分析普通言语的词语时，我们在大部分情形中根本找不到声音与对象这种假定的相似性。"[1] 也就是说，人类好像一般不是通过事物的声音来发明语言的，从某种意义上说，声音直接作为语言好像仅仅停留在语言的幼稚的初级阶段。比如中国人叫狗为"gǒu"，而不是狗的叫声"汪汪"，"汪汪"仅仅有可能作为狗的昵称而存在。一个事物被命名为一种什么样的语言，具有什么样的发音，其背后所遵循的逻辑将不是声源的声音，而是另有其规则的。这就是"修辞"。

修辞说所探讨的主要内容是人类语言运用背后的语法规则。因为修辞，语言具备了种种表现方式，也显得鲜明、准确而生动。对于不同事物所赋予它的声音的原则也是这样的，这有着深层次的人类心理根源。因为"人类最基本的发音并不与物理事物相关，但也不是纯粹任意的记号。……它们并非依赖于单纯的约定俗成，而是有其更深的根源。它们是人类情感的无意识

---

[1] 卡西尔. 人论[M]. 甘阳, 译. 上海：上海译文出版社, 1985.

表露，是感叹，是突迸而出的呼叫"①。那么，什么样的所指被赋予了什么样的能指，这背后有深刻的人类学意义。我们不能从语言的物理层面比如发音的相似性来探讨语言的本质，而是应当从人的心理层面的尺度来做这样一种探寻。

语言背后蕴含着相当多的人类情感的积淀，人之所以会发某种音，是因为人的内心里有一种先于声音和语言的东西，这就是语言修辞的"隐喻转移"。卡西尔是通过语言层次来说明这个问题的。他认为，语言刚开始的时候"不过是表达情感的喊叫或悦耳的乐句而已"，这是人类内心最本真情感的直接表达。然后，"通过将发音作名称使用，最初一直是各种无意义的声音混合体，就突然变成思想的工具。例如，一些声音的组合，如果能和着某种旋律来唱，而且在击败或杀死敌人后用作欢庆胜利的赞歌，就有可能变成代表那个特殊事件乃至代表那个杀敌英雄的专有名称。通过把这种表达隐喻地转移到类似的情况，人类语言就得以发展下去"②。由此可见，语言的形成和发展，是因为它和人类眼中的、可以理解的社会之间有一种对应关系，从所指到能指之间有一种隐喻的承接。

语言性声音的最主要功能就是告知，因为作为能指的声音背后有一个对应的真实的客观存在，这种信息量造就了语言性声音的力量，它增加的是人们的认知。在广播电视中，语言性的声音表现在各种信息类节目中，比如新闻的解说词、纪录片的画外音解说、产品功能型的广告等等。

二、理解广播中的语言性声音

（一）广播语言所遵循的原则——口语化和通俗化的结合

广播语言的口语化和通俗化是广播语言得以顺利传播的基础，简言之，广播语言是"为听而说"的，广播文案是"为听而写"的，这就要求用大多数听众一听就懂的语汇、句式表达，用清晰、悦耳动听的声音表达，用深入浅出、通俗易懂的语言表达，让听众听得清楚明白，理解准确，印象深刻。这包括两个方面的要求：语音的响亮优美、含义的清晰明确。

---

① 卡西尔. 人论 [M]. 甘阳, 译. 上海：上海译文出版社, 1985.
② 同上。

1. 语音响亮优美

在现代汉语中，语音如何响亮、优美，其实是有一定的语法规则的。广播新闻口语化要求广播语言说起来声调响亮，音韵和谐优美。这是广播语言区别于日常语言的一个主要特色。

声调是否响亮，取决于韵母。汉语中的韵母分为四呼。

(1) 开口呼

指的是韵母是 a、o、e 或以 a、o、e 为韵头的韵母；

(2) 齐齿呼

指韵母 i 或以 i 为韵头的韵母；

(3) 合口呼

指韵母 u 或者以 u 为韵头的韵母；

(4) 撮口呼

指韵母 n 或者以韵母 n 为韵头的韵母。

一般看来，开口呼的字，发音时口张得比较大，声音就响亮；非开口呼的字，字音就要弱一些。例如，"土族聚居区"这五个字全部都是非开口呼的字，说起来就容易一口气憋在喉咙里，语音不可能响亮，改成"土家族居住区"，加入开口呼的字进行调节，听起来就会响亮一些。在广播语言的使用过程中，要有意识地尽可能地使用一些开口呼的字和词，比如"乳牛、部署、机器"在广播稿写作或者口语播音的时候应该分别改为"奶牛、安排、设备"等词语。

汉语不仅有四呼，还有四声。古汉语是"平上去入"四声，平声字以外的叫仄声字。现代汉语把平声分为阴平和阳平，把古汉语中的入声字分别并到阴平、阳平和上声字中去。平声字和仄声字的音高、长短是有区别的。相比之下，平声字可以拉长读，余音绵延，更容易听清楚；仄声字比较短促，没有余音，不够响亮。语音平仄协调，声音有起伏感，听起来才和谐。平仄搭配，要多用平声字，读起来响亮；配上仄声字，读起来抑扬顿挫，悦耳动听。中国古代诗歌在漫长的发展过程中，形成很多固定的格律。尤其是对平仄的要求有着严格的规定，这种规定的来源之一就是要求诗歌在吟诵的时候能够语音响亮，同时具有韵律感和节奏感。总的看来，汉语的音乐感很强，广播语言的使用者应当将平声字和仄声字进行恰当的搭配，这样才有助于提高可听性。

语音要响亮优美,还必须注意单音词和双音词的协调。汉语建构简易灵活,一个音节的字就可以构成词,即单音词。多用单音词,可以达到简洁的效果。但是,单音词念起来不上口,听起来也没有双音节的词语清楚。广播的语言使用应该多用双音词,不用或少用单音词。下面是部分常用的单音词与双音词的使用对照表:

已—已经　现—现在　并—并且　较—比较　仍—仍然　或—或者
虽—虽然　易—容易　将—即将　时—时候　可—可以　能—能够
因—因为　愿—愿意　即—即是　应—应该　如—例如
但—但是　曾—曾经

在广播口语的使用过程中要尽可能地使用后者而避免使用前者,这样可以帮助广播播音时语音响亮。

汉语的双音词中有很多是双声词、叠韵词和叠音词。双声词是声母相同的双音词,如芬芳、力量、呵护等等。叠韵词是韵母韵尾相同的双音词,如开采、变迁、绚烂、伶仃等等。叠音词是两个相同的音节组成的词,如沉甸甸、流水淙淙等等。许多象声词,同时也是叠音词,如咚咚咚、哗啦啦、冷飕飕等这些词语的使用都能够增加广播语言的音乐美。

广播语言的使用要注意语音的响亮和谐,但不可能在播音或者写作的时候每句话都仔细推敲。不仅仅是因为做不到,而且也没必要,这样的话广播传播就快不起来了。广播语言的使用是在力所能及的情况下,兼顾声音响亮的要求。广播的使用者更需要注重的是培养自己使用适宜广播传播词语的习惯,即下意识地在工作中使用语音响亮的词,不能过于强求,更不能为了"听上去很美"而以词害意。

2. 句式要短

广播节目的播出要做到口语化,句子就要短。人们往往有一种误解,长句子是书面语言,写长句子反映了语言、逻辑和文化修养,长句子比短句子更美。其实,短句子才是汉语的特点。西方语言,尤其是以英语为代表的日耳曼语系,其表达以动词为中心控制全句,句法严格,从句和主句关系明确,结构分明。汉语的句式不是这个样子的。汉语词语的分合伸缩,灵活地排列为"音句"(句读段),再循自然事理排列为"义句"(整句)。西语多长句,汉语多短句。

短句子节奏舒缓，简洁有力，念起来上口，听起来顺耳；长句子容量大，结构复杂，但容易出现成分不全、语序不当等语病，既不利于朗读者断句和换气，也不利于听众的理解和记忆。西语中句子长了，因为语法严格，逻辑关系严密，意思一般不会被弄乱；汉语句子长了，听众可能就会听了后面忘了前面，把握不住句子的主谓结构，就不容易听懂。例如，这样一个句子："中美双方同意尽快恢复关于中国在今年年底以前加入世界贸易组织的谈判。"由于句子较长，播音员在"组织"和"谈判"这两个词语之间很容易慢半拍，听起来十分别扭。如果改成短句子："中美双方同意尽快恢复谈判，争取在今年年底以前达成协议，让中国能够加入世界贸易组织。"这样既好播，又好听好记。

广播传播中应该尽量使用短句子。短句子写起来变化更多，短小的音句顿进结合，使得句子脉络和听众收听时的心理时间流动一致，听众能够边听边整理，理解句子的大意。多用短句子，就意味着要少用修饰词。单句的定语、状语等附加成分一多，句子就容易长，句子的主要意思就会被附加成分所淹没。较容易构成长句子的是复合句，在广播语言的运用中，要尽量少用复合句。

除了尽量不用复合句以外，也要尽量不用倒装句。倒装句是西方语言和中国文言文的句式，汉语白话文中是没有倒装句的。有的广播新闻写作者喜欢用引语式开头，先引用一段新闻人物的话，然后再作解释。这其实也是倒装。听众先是莫名其妙，然后听内容又明白了，前面人物说的话可能又记不得了。广播语言最好是顺着来，比如在新闻人物出场之后再引用他们所说的话，这样听众能听得非常明白，播音也较为顺畅和有力。

（二）规范的广播口语和灵活的广播口语

随着广播事业的发展，我国广播结构也日益复杂，广播电台的种类也逐渐多元化。不同类型的广播电台从办台宗旨、编辑方针、目标听众定位、传播模式、营销模式等诸多方面都有所不同，其广播语言的性质也不同。从我们的国情来看，广播语言呈现出"规范的广播口语"和"灵活自由的广播口语"并存的状态，而且这种状态还将在相当长的时间一直持续下去。

1. 规范的广播口语

所谓"规范的广播口语"有两条标准，一是符合现代汉语的语法规则，二是符合广播语言口语化的传播特性。使用规范的广播口语是和我国广播电视事业的地位特性联系在一起的，或者说，这是和我国广播电视传播的语境联系在一起的。

广播电视口语的使用要符合我国广播电视媒介的社会地位、功能和与受众之间的关系。我国广播电视媒介的经营体制具有国营性的特征，这说明广播电视媒介是国家机构的一个重要组成部分，这使我国主流广播电视媒介的传播具有权威性、严肃性、规范性、指导性的特征，这些特性造就了广播口语规范的内容。

要有效发挥上述广播口语四种规范的特性，就要求播音员和主持人在广播电视媒介中说话的时候，语音、词汇、语法等要符合现代汉语和普通话的规范。

若要精当地表达广播口语的规范性，吸取书面语言精粹的口语是非常必要的。相对于口语来说，书面语言严谨规范，在写作的过程中往往是经过推敲的，故而在语法方面考虑较多，不易发生错误。而且口语化的一些弊病在写作过程中一般会被自动过滤掉，如此口语的"粗陋"就被抵消了。比如，口语中大量的虚词如"啊、吧、呢、吗""那么""所以说"等在书面写作中就不太容易出现，这样，语言就经历了一个打磨、提炼的过程。广播传播的语言是一种"精粹口语"，是经过了加工的口语，它摒弃了日常口语的随意、冗余、粗糙等缺点，文化内涵丰富，也容易形成具有严肃性、崇高感的传播风格。

口语化的传播特性是指广播语言要通俗化，让人一听就懂。这就要求广播电视的口语表达要达到深入浅出的境界，这是和广播电视媒介大众传播的特性联系在一起的。播音员和主持人直接用图像和声音与受众交流，直接将各种感性元素诉诸受众的听觉和视觉，这种信息的传播和接受的反应是即时的、不需要经过头脑思索的。从传播态度方面来看，播音员和主持人应该以朋友身份和平等态度对待受众。通俗易懂、深入浅出、降低身份和视角是广播电视语言传播的一个重要前提。

2. 灵活自由的广播口语

随着我国广播事业的发展，广播媒介的种类也越来越多，尤其是都市电台的发展，使得广播界内部的分工越来越专业。各地的广播电台细分为新闻台、音乐台、文艺台、经济台等频率，每一个频率都有自己不同的受众定位、内容定位、传播策略乃至主持人风格。

广播传播的品位也开始出现分化，诸如各家新闻台，还是坚守国家媒介的品位和风格，在栏目设置、播音风格等方面坚守着严肃、权威、主流的特性；但是，诸如经济台、文艺台、音乐台等的节目，其风格和内容却日渐多元。电视媒介在这方面也开始出现类似的分化现象。比如有些地方甚至出现了用"方言"播音的广播电视节目，在这些节目当中，本地的俚语和流行语被大量使用。

在广播节目中同样有类似的情况存在，尤其是一些广播谈话节目，主持人在和嘉宾或者听众互动的时候，不经意流露出来的方言，甚至彻头彻尾的方言式的主持有时候更加能够渲染气氛。这也许说明，方言，包括俚语等自由的播音主持方式和广播电视的有效传播并不是尖锐对立的。我国相关主管部门出台限制方言类节目的播出，其实是为了保证我国广播电视媒介作为国家媒介的严肃性，防止广播电视传播滑入低俗化的境地。

在此，我们提倡一种能将广播口语的规范与通俗很好地统一的播音主持风格。

第四节 图像传播的魅力解读

一、单独图像的传播特性

单独一幅电视画面具有两种传播特性。

（一）证实性

所谓的"证实性"是指画面的信息是非常明确的。所谓"眼见为实"说的就是这个道理。[1]这说明当人们看到画面的时候是不需要进行想象的，它

---

[1] 孟建. 当代广播电视概论 [M]. 北京：中国传媒大学出版社，2016.

直接告诉观众你要看的东西就在这里。

比如，小说《红楼梦》里用了如下的语言描述贾宝玉刚刚出场时候的情景。

一位年轻的公子：头上戴着束发嵌宝紫金冠，齐眉勒着二龙抢珠金抹额，穿一件二色金百蝶穿花大红箭袖，束着五彩丝攒花结长穗宫绦，外罩石青起花八团倭缎排穗褂，蹬着青缎粉底小朝靴。面若中秋之月，色如春晓之花，鬓若刀裁，眉如墨画，面如桃瓣，目若秋波。虽怒时而若笑，即视而有情。项上金螭璎珞，又有一根五色丝绦，系着一块美玉。

这100多字写得非常传神，但是再"神"也需要观众读得懂，并且调动自己的主观想象在自己的头脑中构建出一个贾宝玉的形象。所谓的"紫金冠""金抹额""大红箭袖"，如"中秋之月"的脸型，"春晓之花"的面色，刀裁般的鬓角，墨画般的眉毛等，都需要读者通过解读文字在自己的头脑中将其完形出来，这需要一个过程，一个艺术审美的过程。但电视用画面表现就简单多了。在电视剧《红楼梦》中，贾宝玉出场，导演用了5秒左右的时间将镜头从演员的脚扫到头，一个完整的贾宝玉的画面形象就出现在观众面前，不需要想象，不需要完形，电视的图像传播就是告诉观众，贾宝玉就是这个样子。

证实性的特性导致观众能够特别认可电视传播的真实性，这使得电视在传播新闻等纪实题材信息的时候具有无与伦比的优势，但同样也为电视造假留下了巨大的空间。

(二) 解释的多义性

解释的多义性是指单独的电视画面如果不加以文字或者画外音的解释，其含义是可以进行多元解释的。比如，广受诟病的"万能画面"就是电视画面解释多义性特性的负面表征：一幅万里稻田的画面，可以说是农业大丰收，也可以说是社会主义新农村形势大好，也可以说农村环境好，也可以说农民勤劳，等等。单独的电视画面所表达的意义是既确定又多元的，电视更准确地传播需要进一步编辑——画面或者声音的配合。

二、图像传播的美学功能

图像直接诉诸人们的视觉感官，直接引发人们的感性波动，这种波动从某种意义上说是不受理智、信仰等因素控制的，这是一种生命的直觉，它体现了一种人在接受信息过程中的美学指向。

如果按照美学之父鲍姆加通关于美学的定义——"美学的对象就是感性认识的完善"，那么人们循着快感去进行各种符号的创作就是模仿的美学含义，正如贝拉·巴拉杰所说的那样："视觉性的人类体态并不传达概念，概念用词汇就能表达。体态所要表达的，是内在经验，是能用语言表达的内容全部表述之后仍然余留下来的、非理性的情动。这种情动存在于灵魂的最深处，是仅作为概念的单向折射的词汇无法接近的。它恰好与音乐的体验在被理性化之后的概念中无从表现一样。脸部和脸部表情之中所显现的，是精神性的经验，它不以词汇为媒介而直接诉诸视觉。"[1] 在此，巴拉杰用三种媒介的相互比较阐释了图像的这一特性，即视觉形象是和概念无关的，是和抽象思维无关的，它是感性的，直接诉诸人们的感官和灵魂的，这将首先唤起人们"快乐"或者"不快乐"的感知，而所有的认识论意义上的正确与错误，伦理学上的善与恶的认知都是在事先被唤起的这种"快乐"或者"不快乐"的情绪支配下进行的。在视觉图像的世界中，感觉是第一位的。巴拉杰用色彩为例作出了这样的阐释："总的来说，色彩直接触及灵魂"，他还把人的灵魂比喻成一架钢琴："色彩是键盘，眼是琴锤，灵魂是一架有许多弦的钢琴；艺术家是弹奏者，在以弹奏键为目的的同时，又要唤起灵魂中的震动。"[2] 从这个意义上说，包括电视在内的所有图像传播都首先是一种感性的传播，它首先引发的是一种理性无法控制的心灵震撼。那么，思索感性的奥秘是理解图像传播魅力的核心所在。

---

[1] 中川作一. 视觉艺术的社会心理 [M]. 许平, 译. 上海：上海人民美术出版社，1991.
[2] 同上。

第五节　声画互动的魅力解读

在我们的感官世界里，世界不仅仅是一个图像的世界，而且还是一个声音的世界。在正常人的眼中，纯粹无声的世界是不存在的。那么，一旦人们完成用图像复制现实以后，就开始了探索声音复制技术的努力。有了声音的加入，图像的世界才是一个完整的世界。无声电影一诞生，发明家们就一再探索声画结合的技术。比如在1898年，电影发明者之一的爱迪生和法国人巴龙几乎同时发明了电影录音设备和为电影配音的装置，从而奠定了有声电影的基础。一次世界大战以后，三位德国科学家彻底解决了这一问题，他们把声波转化为光束，从而在胶片上留下了深浅不一的音响痕迹，然后把画面的底片和有声音的声带片一起印到正片上去。影片放映时，声带片被照射从而产生光电效应，通过放大器还原为声音。而电视技术使得声画一体变得相对简单，电视是把画面和声音都变成电子信号摄录播出的。

一、声画组合的模式

声画组合有两种模式：一种是声画合一，另一种是声画对位。

（一）声画合一

所谓声画合一，就是说声音和画面传播的具体内容完全一致。这里又有两种情况：一是画面中出现的人和事物就是声音的发生体，比如在电视新闻节目中新闻主播出镜口播新闻，画面是播音员的形象，声音是她（他）的嘴里说出的语言；二是声音在具体地阐释画面中的事物情景，比如画面出现一幢房子，而声音就具体说明这个房子的相关情况。这种声画组合方式可以加强传播内容的真实感和可信度，具有鲜明的纪实功能，在电视新闻、纪录片当中被普遍使用。在电视剧等故事性的影视文本中，这种声画组合方式则主要用于表现情节的推进以及基本人物、场景的介绍和展示。

(二) 声画对位

所谓声画对位[①],是指画面与声音各有自己的内容并列推进发展。它们按照彼此不同的逻辑、规律表达不同的内容,又在各自独立发展的基础上有机地结合起来,造成一加一大于二的效果,即超越单独的画面或者声音所能表达的内容和意义。比如画面是当下古战场的场景,而声音却是金戈铁马的战争的音响,这样两相结合——现代的时空(画面)和古代的时空(声音)交错糅杂在一起,就营造出一种怀古凭吊的氛围和情绪。这是单纯的画面和声音都达不到的效果。

二、声画互动的魅力

这两种声画组合方式的背后都有着特定的观众接受的心理因素,它也表征出声音在影视传播中的魅力所在。

首先,声画合一是将影视信息表达得更为真实和完整,更加符合我们对真实世界的理解和感觉。如前所述,我们眼中的世界不仅仅是一个图像的世界,而且还是一个声音的世界,我们看到某一个景物的时候,总会听到相伴随的声音。同时,当我们听到一定声音的时候,也总会去下意识地寻觅声音的源头,去观看发生体的形象究竟是什么。观其形,闻其声,这才是我们习惯的感知客观世界的方式。声音在影视中发挥的一个重要功能就是使得传播信息完整。因为画面尽管有感性、直观的特性,但是它同时也有多义性的特色,即同样的一幅或者一组画面,我们可以对其进行多义的解释。比如两人坐在一起聊天,我们既能说是好朋友在谈心,也能说是一对坏人在耍阴谋诡计。我们只有听到了他们谈话的具体内容,才能真正明白他们的这种聚会究竟意味着什么。同样,大都市的高楼大厦和步履匆匆的人群,可以理解成现代社会的欣欣向荣、繁荣昌盛,现代化的进程不可遏制,同时也可以理解成都市化对人形成的内在心理压力在不断加大,都市逻辑对人的"异化"在不断加深,这全凭画外音的解说。从这个意义上说,声音使得信息传播更加明确。

---

① 对位原本是音乐的专门术语,音乐中的对位法是把两列谐和音对列,彼此配合,相互补充,以获得浑然一体的效果。

其次，声音可以营造另一个时空，它可以大大扩展人们的认知范围。在影视叙事的过程中，声音让时空颠倒、交错、重叠，给观众带来更为复杂的心理感受。在现实生活中，真正反映到我们脑海里的其实有两类图像：一类是我们用肉眼看到的图景；另一类是我们根据现实当中的图景和声音在自己脑海中联想出来的图景。就像匈牙利电影理论家巴拉兹阐释的电影视觉文化一样，他认为："画面的统一性和时间上的同一性（同期性）并不是自动产生的，观众必须要运用联想、感觉的综合和想象，而这些正是观众所必须要具备的东西，也就是我们所说的视觉文化。"可见，观众的联想和想象也是构成视觉文化的一个重要因素。更何况，在现实生活中，人们看到的和听到的并不是同一事物，有的时候听到某一声音，声源却在视觉以外；有的时候听到一种声音，尽管声源就在眼前，人们却往往对它视而不见，因为这个声音让他联想起那些不在眼前的，甚至是过去的画面。最典型的就是面对着音响设备听音乐，眼睛虽然看到的是设备，但脑海里浮现的很可能是由音乐所激发出来的画面，比如怀旧的音乐让人想起过去的场景画面。

最后，不容忽视的是，电视的符号除了拥有这种本身的魅力以外，它还依附电波，具有一种传播的力量。麦克卢汉认为，媒介使我们的世界成为一个"地球村"。[①]他在这里所说的媒介其实主要是指电视。电视信号的传播依据的是每秒30万千米的电波，这样电视的声画信号几乎能够同步地传送到地球的每一个角落，只要这个地方有电视接收终端。这样，电视能够抹平所有空间的限制。通过电视，人们认知世界的范围陡然扩大，真正是"不出门而知天下事"。同时，画面的纪实效果使得我们能够与相隔遥远的人和事情虚拟地同处一个空间中，尤其是在一些大型的现场直播节目中，由于事件发展结果的不可确定性，"当事人""现场的电视媒体工作者"和"观众"都被电视电波纳入了同一个变动的空间中，对未来事件发展结果的期待构成这一电视节目最激动人心的兴奋点。

---

① 李豫. 浅析马歇尔·麦克卢汉的媒介理论 [J]. 传播力研究, 2019, 3(23): 270.

第六章 编辑学基础

第一节 编辑学概述

一、编辑学的定义与研究对象

(一) 编辑学的定义

编辑学是一门研究编辑活动的规律、原理和方法的学科。它以编辑活动为研究对象，通过对编辑工作的系统分析和理论总结，揭示编辑活动的本质、功能和作用，为编辑实践提供理论指导。编辑学不仅关注编辑活动的具体操作，还涉及编辑活动的社会价值、文化意义和历史发展等多个层面。

(二) 编辑学的研究对象

编辑学的研究对象主要包括以下几个方面：

1. 编辑活动的本质与功能

编辑活动是一种选择、加工、传播文化信息的活动。它通过对作者作品的筛选、修改和优化，使其更符合社会需求和传播要求。编辑活动不仅具有文化传承和知识传播的功能，还具有引导社会思想、促进文化创新的作用。

2. 编辑活动的历史与发展

编辑活动有着悠久的历史，从古代的编纂、校对到现代的多媒体编辑，编辑活动的形式和内容不断演变。研究编辑活动的历史，有助于理解编辑活动的发展规律和趋势，为现代编辑实践提供借鉴。

3. 编辑活动的规律与原理

编辑学通过总结编辑活动的实践经验，提炼出一系列基本规律和原理，如文化缔构原理、符号建模原理、信息传播原理等。这些原理为编辑实践提供了理论基础，帮助编辑人员更好地把握编辑工作的本质和方向。

4.编辑活动的技能与方法

编辑学不仅关注理论研究，还注重编辑实践中的具体技能和方法。编辑人员需要掌握文字处理、选题策划、稿件审读、版面设计等多方面的技能，以提高编辑工作的质量和效率。

5.编辑活动的社会与文化意义

编辑活动不仅是技术性的工作，还具有重要的社会和文化意义。编辑活动通过选择和传播文化信息，影响社会思想和文化发展。因此，编辑学也关注编辑活动在社会文化中的作用和价值。

二、编辑学的学科性质与特点

(一) 学科性质

编辑学是一门综合性学科，它涉及多个学科领域的理论和方法。编辑学与语言学、传播学、出版学、文学、历史学等学科有着密切的联系。例如，语言学为编辑学提供了语言分析的基本理论和方法，帮助编辑人员规范语言文字；传播学为编辑学提供了信息传播的理论框架，帮助编辑人员更好地理解信息传播的规律和效果；出版学则为编辑学提供了出版流程和市场运作的相关知识，帮助编辑人员掌握出版实践的具体操作。

(二) 学科特点

1.实践性

编辑学是一门实践性很强的学科。编辑活动的具体操作需要编辑人员具备扎实的业务技能和丰富的实践经验。编辑学的研究成果需要在编辑实践中得到应用和检验。

2.理论性

编辑学不仅关注实践，还注重理论研究。通过对编辑活动的系统分析和理论总结，编辑学揭示了编辑活动的本质和规律，为编辑实践提供了理论指导。编辑学的理论研究有助于提高编辑人员的理论素养，增强其对编辑工作的理解和把握。

3. 综合性

编辑学的研究需要综合运用语言学、传播学、出版学、文学、历史学等多学科的理论和方法，以全面、系统地研究编辑活动。

4. 时代性

编辑学是一门与时俱进的学科。随着信息技术的快速发展和社会文化的不断变化，编辑活动的形式和内容也在不断演变。编辑学需要不断更新理论和方法，以适应时代的发展需求。

三、编辑学的基本原理

（一）文化缔构原理

文化缔构原理是指编辑活动在文化传承和创新中的重要作用。编辑活动通过对文化信息的选择、加工和传播，参与文化的缔构过程。编辑人员需要具备深厚的文化素养和敏锐的文化眼光，能够识别和传播有价值的文化信息。

（二）符号建模原理

符号建模原理是指编辑活动在信息表达和传播中的符号化过程。编辑活动通过对语言文字、图像、声音等符号的加工和组合，构建出能够有效传递信息的符号模型。编辑人员需要掌握符号学的基本理论和方法，能够运用符号系统准确、清晰地表达信息，提高信息的传播效果。

（三）信息传播原理

信息传播原理是指编辑活动在信息传播过程中的规律和机制。编辑活动通过选择、加工和传播信息，影响信息的传播效果。编辑人员需要掌握传播学的基本理论和方法，能够根据不同的传播渠道和受众需求，优化信息的传播策略，提高信息的传播效率和影响力。

四、编辑学的学科体系

(一)编辑学的理论体系

编辑学的理论体系包括编辑概念论、编辑原理论、编辑管理论和编辑教育论等多个方面。编辑概念论主要研究编辑活动的定义、本质和功能,编辑原理论主要研究编辑活动的基本规律和原理,编辑管理论主要研究编辑活动的组织和管理,编辑教育论主要研究编辑人员的培养和教育。

(二)编辑学的实践体系

编辑学的实践体系包括书籍编辑、报纸编辑、期刊编辑、广播编辑、电视编辑、网络编辑等多个领域。每个领域都有其独特的编辑方法和技巧,编辑人员需要根据不同的媒介特点和受众需求,灵活运用编辑技能,提高编辑工作的质量和效率。

五、编辑学的学科建设

(一)编辑学的学科建设历程

编辑学作为一门独立的学科,经历了从无到有,从不成熟到逐步完善的发展历程。从20世纪80年代开始,我国学者开始系统地研究编辑学理论,出版了一系列编辑学著作,如《编辑学》《编辑学原理论》等。这些著作系统地阐述了编辑学的基本概念和理论内容,勾勒出一个比较完整的理论体系。

(二)编辑学的学科建设现状

目前,编辑学已经形成了较为完整的学科体系,涵盖了理论研究和实践应用等多个方面。编辑学的研究成果不仅为编辑实践提供了理论指导,还为相关学科的发展提供了借鉴。然而,编辑学作为一门新兴学科,仍面临着一些挑战,如学科边界不够清晰、理论体系不够完善、研究方法不够多样等问题。

(三)编辑学的学科建设展望

未来,编辑学的学科建设需要在以下几个方面加强:

1. 理论研究的深化

编辑学需要进一步深化理论研究,完善学科理论体系。通过对编辑活动的深入分析和理论总结,提炼出更多具有普遍意义的编辑规律和原理,为编辑实践提供更有力的理论支持。

2. 研究方法的创新

编辑学需要创新研究方法,综合运用多学科的理论和方法,开展跨学科研究。例如,可以结合语言学、传播学、出版学、文学、历史学等多学科的理论和方法,全面、系统地研究编辑活动。

3. 实践应用的拓展

编辑学需要进一步拓展实践应用领域,适应新媒体时代的发展需求。随着信息技术的快速发展,编辑活动的形式和内容不断演变,编辑学需要不断更新理论和方法以适应新媒体时代的编辑实践需求。

4. 国际交流与合作

编辑学需要加强国际交流与合作,借鉴国际先进经验。通过与国际同行的交流与合作,了解国际编辑学研究的最新动态和成果,推动我国编辑学学科建设的国际化进程。

第二节 编辑工作的基本流程

一、编辑计划的制订

编辑计划,又称为选题。计划的成功与否,在国外关系到一个出版社或一种报纸刊物生死存亡、兴衰升沉的命运问题。在国内,也严重地影响到一个出版社或一种报纸刊物的声誉和读者拥有量等问题。所以,在国外,选题工作通常是由高级编辑(他们的工资、待遇比一般文字编辑高得多)担任的,而最后又由出版单位的最高负责人将其列为最高机密之一。在国内,鼓励每个编辑在选题方面献计献策,也不作为机密对待。但有经验的编辑都把这项工作放在首位。整个选题或编辑计划也总是由有关出版单位的最高层次的成员经讨论研究后拍板定案。选题成功了，出版物的质量、社会价值或经济效益，至少得到50%的保证。选题计划，很大程度上体现了出版单位的编辑方向、特色和风格。

拟定选题要考虑到以下几点：

第一，时代性。首先要考虑所提出的选题要有利于促进社会主义物质文明与精神文明建设，要体现出时代的特色。即使是以古代为研究对象的选题也要力求站在新时代的高度上来做宏观控制。除了专门出版整理研究古籍和历史的出版社和报刊编辑部外，一般出版单位在选题的古今总体比例上，总是以今为主，以现实问题的研究为主。

为了建设具有中国特色的社会主义，就必须进行开放与改革，有些出版社以此立意介绍当代世界的先进文化成果，作出了打破学科界限、多学科交叉的有关丛书的选题计划，这便是当今时代性的一种鲜明表现。

第二，科学性。无论是文艺创作还是社会科学、自然科学的研究，其选题的拟定都要符合各自领域的实际，都要遵循本学科发展的内在规律，要经得住科学的分析和实践的检验。这是选题科学性的主要标志，它要求站在科学发展的最前沿，提高出版物的学术水平。即使是普及性的出版物，也要在先进的科学思想指导下拟定选题。读者一方面要求科学水平的提高，另一方面要求在提高指导下的科学普及。所以，选题的科学性是应受到充分重视的一个问题。

第三，独创性。千篇一律，人云亦云，没有风格与特色的出版物是不受人欢迎的。选题的独创性，从微观上说，就是使每个待作待编的稿件都是以往不曾出现过的新的"这一个"，应该在观点或材料或方法某一方面能给人焕然一新的感觉。从宏观上说，就是每个出版社或报社、杂志社，在选题上要有各自独有的风格和特色，在出版事业上要有自己的"主攻方向"和"突破口"。没有个性的出版社，没有个性的报刊是平庸的，是没有生命力的。

第四，可行性。实事求是，从实际出发，是拟定选题计划的一个十分重要的原则。选题再好，就算有鲜明的时代性、出色的科学性和难得的独创性，如果脱离了著译力量、编辑力量、印刷力量以及读者所能承受的精神物质力量等实际，那么，这个选题计划也只是一纸空言，注定是要失败的。编辑工作是一个系统工程，选题只是其中的一道工序。不考虑编辑工程的其他环节的可接受能力，不考虑编辑工程以外的诸多社会因素的实际情况，是绝对行不通的。

第五，有针对性。出版物是给读者看或听的，这就有个针对性的问题。从理论上可以抽象地概括为读者群，而在实践上，从选题的拟定上看，读者总是具体的，或按照文化水平分为不同层次，或按照职业分为各种人员，或按照年龄分为几个人生阶段，等等。拟定选题时，必须搞清是为哪一个范围的读者服务的，解答他们的什么问题，满足他们的什么需求。当然，也必须了解这一类读者市场的大小。这样才能做到有的放矢，收到预期的效果。

第六，处理好社会效益与经济效益的关系。我们社会主义的编辑人员不能唯利是图，不能把对人民、党和国家应负的责任弃之脑后。也不能无视现阶段商品经济的存在及其作用，总是让国家背上经济包袱。我们主张好的社会效益与好的经济效益的辩证统一。当然，我们也应该正视它们之间的一些矛盾，正确处理这些矛盾。我们的所有选择，应该是积极的社会效益占主要地位的，而从经济效益来说，则不宜单独决定取舍，而应作统筹安排，以保证总的经济效益。国外也有以赚补赔的做法，而且这些赔钱出版物还可能给出版社带来声誉。

第七，处理好重点与一般的关系。选题的视野应该开阔，题材应该广泛，但也不可没有重点。重点选题一般是价值较高，影响较大，效益较好，社会急需的。对重点选题，应安排相应的人力、物力，保证较好较快的出版质量和速度。

编辑人员提出选题，并不是只报一个题目就行了。有经验的编辑认为，一个好选题的拟定应包括以下几方面的内容：①选择提出的根据（文化科学发展的根据和社会需要的根据等）；②选题的内容、特点和价值（提出书稿的总体设想，编写内容大纲，指出国内外有无类似性质的出版物，从比较中分析本选题的特点，估计它的学术价值或实用价值等）；③选题的读者对象（应具体提出是哪一个方面、哪一个层次的读者）；④选题社会效益和经济效益的估计；⑤完成选题的最初人选的情况（姓名，年龄，工作单位，政治面貌，职称和职务，特别要详细地介绍其学术水平与能力、学术风格与写作特点等）。

要拟定好选题，必须吃透上下两头。上头，包括党和政府的各项方针和政策，以及领导同志的有关意见。下头，指读者的需要、欲望和兴趣，还包括出版物市场的现状和潜在力量。

要拟定好选题必须尽量多而快地获取有关文化科学发展的各种信息。这包括广泛阅读国内外有关报章杂志、书籍及资料，尽可能多地参加有关协会、学会的学术讨论会和交流会，多与有关专家、学者、作者交谈，获取丰富的信息，启发积极的思维。

二、组稿

组稿是一门学问，也是一项艺术。

有经验的编辑，都有自己的一个作者联络网。编辑应该对作者的如下情况了如指掌：

第一，作者的政治态度及思想修养水平；

第二，作者的专业知识范围，他的业务水平，近期主攻的研究方向或著述、创作打算；

第三，作者的写作能力及语言风格；

第四，作者的主要个性倾向性和个性心理特征，如有什么样的信念和兴趣，属于何种能力类型、何种气质类型，具有何种性格特点，智能系统和自我调节系统的情况如何，等等。

三、审稿

审稿是编辑人员经过慎重而精细的审察阅读，对稿件作出评价，而决定可否采用的判断过程。我国一般采用三审制：初审、复审和终审。

影响稿件能否被采用出版的因素主要有以下几个方面：

第一，政治因素。稿件中的思想观点是否与党和国家的路线、方针、政策合拍，是否坚持四项基本原则，是否遵循实事求是的路线，等等，都属于重要的政治问题，要认真审读，作出明确的评价与判断。

第二，学术因素。高层次的著作稿审读，注重学术因素。看稿件是否有真知灼见，是否有新方法的运用和新材料的发现，在同类稿件中，是否有鲜明的特色和风格。低层次的审读（普及读物类），看其是否符合公认的科学观，是否具有系统性、逻辑性。文艺类稿件，则看它的艺术性如何。

第三，语言表达因素。如驾驭语言能力是高是低，表达意思是清晰还是含糊，整个语言表达是否准确、鲜明、生动，修辞是否艺术，等等。

第四，社会效果因素。稿件能否被采用出版，受多种社会效果因素影响。首先，社会效益至关重要，稿件需传播积极价值观，符合主流文化导向，促进文化传承与社会和谐。其次，市场需求不可忽视，出版机构会考虑稿件的目标受众及其需求，以及市场趋势是否支持该内容的传播。此外，政策法规对出版物的合规性有明确要求，稿件内容需合法合规，避免触碰红线。同时，文化与意识形态因素也会影响出版决策，稿件需契合国家文化战略和意识形态导向。最后，国际影响和跨文化传播能力也为稿件出版增添价值。总之，稿件的社会效果是衡量其能否被采用出版的重要维度。

对以上四个因素以及这些因素之间的关系进行综合判断和评审，一般来说，就可以决定是否出版。但是，事物及其发展是复杂的，还必须对其他众多因素作综合衡量，才能最后决定稿件的命运。这些其他因素包括经济因素（发行量，经济效益），读者因素（读者需要的迫切程度和读者面），作者因素（基础不错，但作者有否进一步修改的能力与时间），时间因素（从修改、发稿到出版，其内容是否过时），书情因素（同类书、相近书的出版情况）等。

编辑审稿时应有全局观念。审定一部书稿是否采用，应该在通读一二遍的基础上，从总体上衡量它的优缺点，估量它的价值。切忌以偏概全，不分主次。当然，稿件总是需要修改的，对初步决定采用的稿件，在肯定它的质量的同时，还必须深入、细致地研究它的主要问题，提出解决这些问题的主要办法。

编辑审稿时应从高处进行审视。诚如高尔基所说："编辑应该比作家懂得更多，而且应该不断地钻研自己的业务。"（《论文理通顺的好处》）编辑在审稿时，既要深入进去，又要跳得出来，要超越作者与书稿，站在更高的角度来进行审视，否则是发现不了问题的。

编辑审稿时要采取客观态度。人有自己的观点和见解，也有自己的爱好和情趣。审读时，编辑不能以自己的意志为中心，更不能以感情来代替理智。在不违背四项基本原则的前提下，应努力促进百花齐放、百家争鸣局面的形成与发展。作者稿件的观点可以和编辑的观点相矛盾，思维习惯可以和编辑的思维习惯相背离，风格特色也可以和编辑喜爱的大相径庭，但它只要的确不是无病呻吟，不是无根之木，有事实根据，能自圆其说，不失为社会主义文化园地中的奇花异卉，那么毫无疑问，编辑是不应该因自己的好恶来否定的。同样，与自己观点情趣相一致的稿件，也应该根据客观的取舍标准，从稿件的实际质量来权衡它的价值。

编辑审稿时可采用比较法。有比较，才有鉴别。编辑在审稿时，可以把同类著作或文章拿来作比较，看所审稿件是否有超越前辈和同代人的地方。它不同于其他著作或文章的特别处有哪些。比较，要在掌握丰富的资料的基础上进行才有意义；比较，不应停留在简单的识别异同的低层次上，而应提高到质量和价值的考察的层次上来进行。

审稿并不是简单地行使表决权。审读报告也不是只表明一下对稿件采用与否的态度。审读报告的核心部分虽然类似于一篇论文的提纲，或一篇新书述评，或一则读书札记，或一个为别人著作所写的序言，但它毕竟首先是编辑的一种工作报告。它的主要内容可有以下几个方面：

第一，稿件来源，著译者情况，组稿经过，以及稿件主要内容和大约字数。这里特别要指出的是，从选题、组稿到稿件写成，已经过了相当长的一段时间，稿件的面貌是否与选题意图相吻合，情况是否有变化，原先的意图是否恰当，应该作简要的说明。编辑在组稿过程中与作者的往来信件等可作为附件处理，因为这些信件牵涉到稿件的政治与学术内容，也可能涉及作者的权益与经济问题，有重要的存档备查的价值。

第二，对稿件的主要优缺点和综合评价。说明此稿是否达到出版水平。这部分评述切忌空洞、抽象、概念化，也切忌不分主次，面面俱到，眉毛胡子一把抓。要实事求是，具体中肯。哪方面的优点或缺点最突出，则做重点论述。必须做文化背景的交代，必须做纵、横的比较评述，不要吝啬笔墨。优点指得准确，缺点提得明确，以便于作者和下一道工序的编辑人员修改时作重要参考。整个优点、缺点的论述应与最后是否采用的评定相一致，不能自相矛盾，或者模棱两可。

第三，下一步处理意见。如不能采用，则提出退稿。退稿是一项严肃的工作，也是一门艺术。退稿时切忌全盘否定（这本身也是不符合实际的），避免严重挫伤作者的积极性与自尊心。编辑部由于人力和时间有限，不能一一对被退回的稿件提出意见，这是可以谅解的。但对初学者，对自尊心特别强的作者，我们无论如何是要在肯定他们成绩与优点的基础上，或提出较为详细的"仅供参考"的意见，或热情地商讨稿件中的一些问题。如果稿件可以采用，那么在审读报告中，就要具体而明确地提出修改的意见和措施。

四、稿件修订

从当前实际情况来说，作者的原稿不需做任何修改或订正的，实属罕见。之所以需要修改，或因为原稿的本身原因，或因为刊物的特殊要求；至于一本刊物文章编排体例的一致、错别字的改正、标点符号的规范化，那更是不可缺少的修改工作。作者的原稿只是个毛坯，必须经过编辑的加工，才能成为成品与读者见面。编辑在修改稿件的过程中所付出的劳动，无疑是大量而艰巨的。

修改稿件应当贯彻"文责自负"的原则。刊物所发表的文章在不违背四项基本原则的前提下，"文责自负"。正反两个方面的经验都证明，这关系到能否实行学术民主，顺利地发展中国特色社会主义文化。刊物所发表的稿件，其观点和推论方法不一定都与编辑部或编辑一致。任何强加于作者的做法都是错误的。但这绝不是说，"文责自负"就减轻了编辑的责任。责任编辑自有其在自己的岗位上，对党、国家、人民所负的责任。"文责自负"对作者来说，是要更自觉地考虑自己对社会、对读者的责任；对编辑来说，是要更尊重作者，更尊重作者享有学术民主的权利与自由。

修改稿件必须贯彻"有错必纠"和不造新误的原则。这里所说的错误是指那些常识性的错误，而不要把不同流派、不同学术观点、不同思想方法的种种表现当作错误进行改正。

五、装帧设计与编排校对

装帧设计是对出版物的整个版式面貌的设计，并不是一项无足轻重的艺术编辑工作。众所周知，中国现代文学的先驱鲁迅就十分重视自己译著的装帧设计，他有自己独特的美学追求，亲自邀请美术家为其小说集设计封面，不惜重金到国外去购求译书所需的插图，而且对版心、天头、地脚、开本、裁剪等都有严格的要求，认为这些不仅反映了作者、出版者的气质、胸怀，而且间接体现了一个民族所具有的某种性格特征。现在，书籍的装帧设计已越来越被人们所重视。因为书稿及各种物质材料，必须经过装帧设计才能成形出版；而装帧设计的优劣，直接影响到书籍的使用价值、欣赏价值和商品价值。装帧设计是一种技巧，是一种艺术创造。如封面设计就不是书稿内容的简单图解，好的造型构图不仅补充和升华了原著的精神，而且体现了设计艺术家的心灵与个性，能够为出版物增添艺术光彩。

书籍的装帧包括以下几项：

第一，包封，俗称护书纸。国内用于精装书籍为多，设计雍容华贵。在国外，实际上是此书的宣传品，留下保护书用，或了解书内容提要后丢弃。

第二，封面及封底，有书名、作者、出版名义等内容。此项设计最为人重视。美术编辑取得文字编辑的密切合作，围绕书的内容、性质、类别、风格，在造型、色彩、文字等艺术处理上作创造性的劳动。

第三，书背。内容有书名、作者和出版单位。

第四，环衬。在扉页的前一面，起封面、封底设计与扉页正文的过渡作用。

第五，扉页。在封面与环衬的后面，文字上可与封面相同，也可补充封面的内容，不仅有标题、著译者名字和出版名义，如有副题的还应列上副题，如著译者名字较多而封面只能列举主要的，扉页可列上全部名字，此外还可标出时间、地点以及作者献辞等。

第六，像页。作者像页和带全局性的重要资料插页，一般放在扉页后正文前。其他像页也可插在书中。

第七，版权和版本说明。或印在封底，或印在环衬上，或印在扉页的后面。

第八，版心与天头、地脚。每一页上文字和图画所占的位置和面积（一页多少行，每行多少字）称版心。版心上的空位叫天头，版心下的空位叫地脚。版心的大小与位置应根据书的性质、类别、风格和经济情况去确定，有天头地脚相等的，也有天头大于地脚的。

第九，书眉、中缝。印在版心以外，为查阅方便的书名、篇名，在天头的叫书眉，在切口处的叫中缝。

整个书稿经审读、加工整理、装帧设计后，必须做到"齐、清、定"才能发排。

所谓"齐",是指正文与辅文的各项:内容提要、出版说明、前言、序言、目录、正文(各篇、各章、各节的内文完整、排列次序正确等)、注释、索引、年表、后记或跋、版权、图稿等,该有的得一次发齐。

所谓"清",是指书写清楚,能为印刷工人辨认,改动的地方要勾画清楚(改动太多、比较混乱的部分则要清抄),且不宜用铅笔,以免在摩擦过程中造成字迹模糊。

所谓"定",是指所发的稿件必须是定稿。

稿件经过编定发排之后,在印刷之前,必须做好校对工作,才能保证出版物的质量。目前,出版物的错别字十分严重,不够重视校对质量。不少报刊社是编校合一的,一般出版社虽有专职校对员,但仍需编辑参与校对工作,而且事实上,编辑在清样上作校对,最后一次检查、修正错误,已成为编辑过程中不可缺少的一个环节。这是因为这样,发稿时虽要求是定稿,但因为时间的推延,一些政治性的因素在变化,学术上也可能有新的发现或发展,而一些大部头的书稿在编辑时也难免会发生个别的疏忽,所以编辑必须校改清样,把住最后一关。当然,改动的必须是错误的地方,而且尽量压缩到最小的范围之内,可改可不改的则不改。至于一般校对,通常有下面几种方法:①读校法。或一人读原稿,另一人看校样改正;或一人读校样,另一人看原稿发现错误通知对方改正。②点校法。先默读一句原稿,再看一句校样,两相比较改正错误。③折校法。顺次折叠原稿或校样,比齐它们的相应字句,一目两行地看校。④通读。一般在最后一校时使用,通读校样,发现疑问时才查对原稿进行校正。

编定的稿件交付印刷出版,编辑的具体工序基本完成,但这只是线性的工艺流程的结束,并不是编辑系统工程的完结。编辑工作者还有超出具体编务工作的任务。那就是向社会广大读者推荐宣传自己编辑的出版物,并收集读者反映,做好信息反馈工作。为以后制订新的编辑计划、编辑更好的读物做准备工作。这是承上启下的一个环节。这个环节的重要性在于它把整个编辑工艺流程从线段的性质,变成了周而复始可以循环的圆的性质。使整个编辑工作成为一项系统工程。

第三节 我国的编辑机构及其管理体制

一、我国的编辑机构

（一）编辑机构的类型

在我国，编辑机构主要分布在各类出版单位中，这些出版单位根据其业务范围和性质，可以分为以下几种类型：

1. 图书出版社

图书出版社是专门从事图书编辑、出版和发行的机构。它们通常设有多个编辑部门，负责不同类型的图书选题策划、稿件审读、编辑加工等工作。图书出版社的编辑机构不仅需要具备深厚的专业知识，还需要对市场需求有敏锐的洞察力，以确保出版的图书能够满足读者的需求。此外，图书出版社还设有校对、设计、发行等部门，共同协作完成图书的出版工作。

2. 期刊杂志社

期刊杂志社主要负责期刊的编辑、出版和发行。与图书出版社相比，期刊杂志社的编辑工作更注重时效性和连续性。期刊编辑需要根据期刊的定位和读者群体，定期策划选题，组织稿件，并进行编辑加工。期刊杂志社通常设有编辑部、发行部、广告部等部门，其中编辑部是核心部门，负责期刊内容的质量把控。期刊的种类繁多，包括学术期刊、文学期刊、生活期刊等，不同类型的期刊对编辑的专业素养和编辑技能有不同的要求。

3. 报纸编辑部

报纸编辑部是报纸出版的核心机构，负责报纸的编辑、排版和发行。报纸编辑部的组织结构相对复杂，通常设有总编辑、编辑中心、采访中心、版面编辑等部门。总编辑负责报纸的整体策划和内容把控，编辑中心负责稿件的审读、编辑和校对，采访中心负责新闻的采集和报道，版面编辑则负责报纸的版面设计和排版。报纸编辑部的工作节奏快，时效性强，编辑人员需要具备快速反应能力和高效的编辑技能，以确保报纸能够及时、准确地传递新闻信息。

4. 新媒体编辑机构

信息技术的快速发展使得新媒体编辑机构逐渐成为出版领域的重要组成部分。新媒体编辑机构主要负责网络媒体、移动媒体等新媒体平台的内容编辑和发布。这些机构通常设有内容策划、编辑、设计、技术等多个部门，共同协作完成新媒体内容的制作和传播。新媒体编辑机构的编辑工作不仅需要具备传统的文字编辑能力，还需要掌握多媒体编辑技术和网络传播规律，以适应新媒体时代的内容生产和传播需求。

（二）编辑机构的职能

编辑机构在出版单位中承担着多项重要职能，主要包括以下几个方面：

1. 内容策划与选题

编辑机构的核心职能之一是内容策划与选题。编辑人员需要根据市场需求、社会热点和读者兴趣，策划具有吸引力和价值的内容选题。对于图书出版社，编辑需要策划图书选题，确定图书的类型、主题和作者；对于期刊杂志社，编辑需要策划每期的专题内容，组织相关稿件；对于报纸编辑部，编辑需要策划新闻报道的选题，安排采访和报道计划；对于新媒体编辑机构，编辑需要策划新媒体内容的选题，设计互动性和传播性强的内容形式。

2. 稿件审读与编辑加工

稿件审读与编辑加工是编辑机构的重要工作内容。编辑人员需要对作者提交的稿件进行严格的审读，评估稿件的质量和价值，提出修改意见。编辑加工包括文字润色、内容结构调整、事实核查、语言规范等多个方面，以确保稿件的质量符合出版要求。编辑人员需要具备扎实的语言文字功底和专业知识，能够准确地把握稿件的内容和风格，进行有效的编辑加工。

3. 版面设计与排版

版面设计与排版是编辑机构的重要职能之一，尤其是在报纸和期刊出版中。编辑人员需要根据稿件的内容和风格，设计合理的版面布局，进行文字排版和图片处理，以提高内容的可读性和版面的美观性。版面设计需要考虑读者的阅读习惯和视觉效果，通过合理的文字排版、图片布局和色彩搭配，增强内容的吸引力。编辑人员需要掌握版面设计的基本原则和技巧，能够运用专业的排版软件进行版面设计和排版工作。

4.质量把控与校对

质量把控与校对是编辑机构的重要职责，确保出版物的质量符合标准。编辑人员需要对稿件进行多次校对，检查文字错误、事实错误、格式错误等问题，确保出版物的内容准确无误。校对工作需要具备高度的责任心和细致的观察力，编辑人员需要反复核对稿件，确保每一个细节都符合出版要求。此外，编辑机构还需要建立完善的质量把控体系，对出版物的质量进行全程监控，确保出版物的质量达到行业标准。

5.市场调研与读者反馈

编辑机构需要关注市场动态和读者反馈，及时调整内容策划和编辑策略。编辑人员需要定期进行市场调研，了解读者的需求和兴趣，分析市场趋势和竞争对手的情况，为内容策划提供依据。同时，编辑机构还需要建立读者反馈机制，通过读者来信、在线评论、问卷调查等方式，收集读者的意见和建议，及时调整出版内容，提高读者满意度。

二、我国编辑机构的管理体制

(一)管理体制的演变

我国的编辑机构管理体制经历了多次变革，从早期的总编辑负责制到党委领导下的社长负责制，再到现代企业法人治理结构的引入，管理体制不断优化和完善。

1.总编辑负责制

总编辑负责制是我国早期编辑机构的主要管理体制。在这种体制下，总编辑是编辑机构的最高负责人，负责全面领导编辑工作。总编辑负责制强调编辑工作的专业性和独立性，总编辑在内容策划、稿件审读、版面设计等方面拥有较大的自主权。这种体制的优点是能够充分发挥编辑的专业优势，提高编辑工作的质量和效率；缺点是容易出现权力过于集中，缺乏有效监督的问题。

2.党委领导下的社长负责制

20世纪80年代末，我国开始推行党委领导下的社长负责制。这种体制下，社长是编辑机构的法人代表，负责全面领导编辑机构的工作，同时接受党委的领导和监督。党委负责把握出版方向和内容导向，确保编辑工作符合党和国家的政策要求。这种体制的优点是能够有效平衡编辑工作的专业性和政治性，确保编辑工作在正确的方向上开展；缺点是容易出现党委和社长之间职责不清、协调不畅的问题。

3. 现代企业法人治理结构

随着我国出版业的市场化改革和企业化转制，现代企业法人治理结构逐渐引入编辑机构的管理体制。编辑机构在这种体制下通常设立董事会、监事会和经理层，形成决策、执行、监督相互制衡的治理结构。董事会负责制定编辑机构的发展战略和重大决策，经理层负责日常经营管理，监事会负责对董事会和经理层的工作进行监督。这种体制的优点是能够有效提高编辑机构的运营效率和管理水平，适应市场化的竞争环境；缺点是需要进一步完善相关法律法规和制度建设，确保治理结构的有效运行。

(二) 我国编辑机构管理体制的特点

我国的编辑机构管理体制具有鲜明的特点，这些特点既体现了我国出版行业的特殊性，也适应了社会主义市场经济的发展需求。以下是其主要特点：

1. 政治性与专业性的结合

我国的编辑机构管理体制强调政治性与专业性的紧密结合。编辑工作不仅是文化内容的生产与传播活动，还承担着重要的政治责任。编辑人员需要在工作中贯彻党和国家的方针政策，确保出版内容符合社会主义核心价值观，维护国家意识形态安全。这种政治性要求编辑人员具备高度的政治敏锐性和政治鉴别力，能够在选题策划、稿件审读、编辑加工等环节中坚持正确的政治方向。

同时，编辑工作也是一项专业性很强的活动，需要编辑人员具备扎实的专业知识和技能。编辑人员要熟悉出版业务流程，掌握语言文字规范、编辑技巧、校对方法等专业知识，能够对稿件进行科学合理的加工和优化，提高出版物的质量。这种专业性要求编辑机构在管理中注重编辑人员的业务培训和职业发展，建立科学合理的考核评价机制，激励编辑人员不断提高专业水平。

在我国的编辑机构管理体制中，政治性与专业性并不是相互孤立的，而是相互促进、相辅相成的。政治性为专业性提供了方向指引，确保编辑工作始终服务于国家和社会的发展大局；专业性则为政治性提供了有力支撑，通过高质量的编辑工作，更好地传播党的理论和方针政策，弘扬社会主义先进文化。

2.决策、执行、监督的制衡机制

我国的编辑机构管理体制建立了决策、执行、监督相互制衡的机制，以确保编辑工作的科学性、规范性和公正性。这种制衡机制主要体现在以下几个方面：

(1) 决策机制

编辑机构的决策通常由领导班子集体负责，重大决策还需报请上级主管部门审批。在决策过程中，编辑机构需要充分考虑国家政策、市场需求、社会效益和经济效益等多方面因素，确保决策的科学性和合理性。例如，在选题策划阶段，编辑机构需要根据国家文化发展战略和社会需求，结合自身的专业优势和市场定位，确定具有文化价值和社会意义的选题方向。

(2) 执行机制

编辑机构的执行环节由具体的编辑部门和编辑人员负责。编辑人员需要严格按照编辑流程和质量标准，对选题进行深入调研、稿件征集、审读加工等工作，以确保编辑工作的质量和效率。在执行过程中，编辑机构需要建立完善的内部管理制度，明确各部门和人员的职责分工，加强沟通协调，形成工作合力。

(3) 监督机制

编辑机构的监督机制包括内部监督和外部监督两个方面。内部监督主要由编辑机构的纪检监察机关、质量管理部门等负责，对编辑工作的各个环节进行监督检查，及时发现和纠正问题。外部监督则来自上级主管部门、社会公众、读者等，通过定期检查、读者反馈、社会评价等方式，对编辑机构的工作进行监督和评估。这种监督机制能够有效防止编辑工作中出现违规违纪行为，确保编辑工作的公开透明和公正廉洁。

3.适应市场化竞争的灵活性

随着社会主义市场经济的发展，我国的编辑机构管理体制也在不断调整和优化，以适应市场化竞争的需求。编辑机构需要在保证社会效益的前提下，积极开拓市场，提高经济效益，增强市场竞争力。

(1) 市场化运营机制

编辑机构在选题策划、内容生产、产品推广等环节中，需要充分考虑市场需求和读者喜好，以市场为导向，开发具有市场竞争力的出版产品。例如，编辑机构可以通过市场调研，了解读者对某一领域的兴趣和需求，策划相应的选题；在内容生产过程中，注重与作者、专家的合作，提高内容的质量和吸引力；在产品推广方面，利用多种渠道和手段，扩大出版物的市场覆盖面。

(2) 企业化管理模式

许多编辑机构在转企改制后，逐步建立了现代企业制度，实行企业化管理。这种管理模式要求编辑机构建立健全的法人治理结构，明确股东会、董事会、监事会和经理层的职责权限，提高决策效率和管理水平。同时，编辑机构还需要加强财务管理、人力资源管理、市场营销管理等方面的制度建设，提高企业的运营效率和经济效益。

(3) 创新驱动机制

为了在激烈的市场竞争中脱颖而出，编辑机构需要不断创新，提高自身的创新能力。创新不仅体现在内容生产上，还包括编辑技术、出版模式、营销手段等方面的创新。例如，编辑机构可以积极探索数字化出版、融媒体出版等新兴出版模式，利用互联网、大数据、人工智能等新技术，提升编辑工作的效率和质量；在营销方面，可以尝试开展线上线下相结合的营销活动，拓展销售渠道，提高品牌知名度和市场影响力。

(三) 我国编辑机构管理体制的优化策略

随着时代的发展和出版行业的变革，我国的编辑机构管理体制也需要不断优化和完善，以更好地适应新形势下的发展需求。以下是一些优化策略：

1. 加强政治引领，强化责任担当

编辑机构作为意识形态的重要阵地，必须始终坚持正确的政治方向，强化政治责任担当。编辑人员要深入学习贯彻习近平新时代中国特色社会主义思想，增强"四个意识"、坚定"四个自信"、做到"两个维护"，确保编辑工作始终服务于党和国家工作大局。编辑机构要建立健全政治理论学习制度，定期组织编辑人员开展政治学习和业务培训，提高编辑人员的政治素养和业务能力。

同时，编辑机构要加强对编辑工作的政治把关，建立健全内容审核机制。在选题策划、稿件审读、编辑加工等环节中，要严格遵守国家法律法规和出版政策，杜绝低俗、媚俗、庸俗等内容的传播。对于涉及重大政治、历史、民族等问题的出版物，要进行重点审查，确保内容的准确性和权威性。

2. 深化体制机制改革，激发创新活力

编辑机构要深化体制机制改革，建立健全适应市场化竞争的管理体制和运行机制。对于转企改制的编辑机构，要进一步完善现代企业制度，优化法人治理结构，提高企业的决策效率和管理水平。建立健全激励约束机制，完善薪酬分配制度，将编辑人员的收入与工作绩效、出版物的质量和效益挂钩，充分调动编辑人员的积极性和创造性。

同时，编辑机构要积极探索创新管理模式，鼓励编辑人员开展创新实践。建立健全创新激励机制，对在内容创新、技术创新、模式创新等方面取得突出成绩的编辑人员给予表彰和奖励。加强与高校、科研机构、企业等的合作，推动编辑工作的技术创新和模式创新。鼓励编辑人员开展跨部门、跨领域的合作，形成创新合力，共同解决编辑工作中的难点问题。

3. 提升编辑人员素质，打造高素质人才队伍

编辑人员是编辑工作的主体，提升编辑人员素质是优化编辑机构管理体制的关键。编辑机构要制订科学合理的培训计划，定期组织编辑人员参加业务培训和学术交流活动，提高编辑人员的专业知识和技能水平。培训内容不仅要涵盖编辑业务知识，还要包括法律法规、政策解读、市场营销、数字技术等方面的内容，帮助编辑人员拓宽视野，提升综合素质。

同时，编辑机构要加强人才队伍建设，建立健全人才选拔和培养机制。注重从高校、科研机构等引进高素质的编辑人才，优化编辑队伍结构。加强对年轻编辑的培养和锻炼，为他们提供更多的实践机会和发展空间，帮助他们快速成长。建立健全人才评价机制，完善职称评定、岗位晋升等制度，为编辑人员提供公平公正的职业发展平台。

4. 推动数字化转型，提升编辑工作效能

信息技术的快速发展使得数字化转型已成为编辑机构发展的必然趋势。编辑机构要加快数字化建设步伐，推动编辑工作向数字化、智能化方向发展。加大对数字技术的投入，引进先进的编辑软件、排版系统、校对工具等，提高编辑工作的效率和质量。加强数字内容资源的建设和管理，建立完善的数字内容资源库，为编辑工作提供丰富的素材支持。

同时，编辑机构要积极探索数字化出版模式，开展电子书、有声读物、数字期刊等数字出版业务。加强与互联网平台、新媒体机构的合作，拓展数字出版渠道，提高数字出版物的传播力和影响力。建立健全数字出版管理制度，加强对数字出版内容的审核和管理，确保数字出版物的质量和安全。

5. 加强内部管理，提高运营效率

编辑机构要建立健全内部管理制度，加强财务管理、人力资源管理、项目管理等方面的制度建设，提高企业的运营效率和管理水平。加强财务管理，建立健全财务预算、成本控制、绩效考核等制度，合理配置资源，提高资金使用效率。加强人力资源管理，建立健全人才招聘、培训、考核、激励等制度，打造高素质的编辑人才队伍。加强项目管理，建立健全项目策划、实施、监督、评估等制度，确保项目按时、高质量完成。

同时，编辑机构要加强信息化建设，建立完善的信息管理系统，实现编辑工作流程的信息化、自动化。通过信息管理系统，编辑人员可以方便地进行稿件审读、编辑加工、校对等工作，提高工作效率和质量。加强内部沟通协调，建立健全沟通机制，促进各部门之间的信息共享和协同工作。

第七章　出版业的发展

第一节　传统出版与数字出版

一、传统出版的定义与特点

（一）传统出版的定义

传统出版是以纸张为媒介，通过印刷、装订等工艺，将文字、图像等内容制作成书籍、报纸、杂志等纸质出版物，并通过发行渠道进行传播的一种出版方式。它在人类文化传播和知识传承中扮演了重要角色，是出版业的基石。

（二）传统出版的特点

传统出版具有以下显著特点：

1. 内容生产的专业性

传统出版的内容生产过程严谨，需要经过选题策划、编辑加工、校对审核等多个环节。编辑团队凭借专业知识和丰富经验，对内容进行严格筛选和打磨，确保出版物的质量和权威性。例如，学术著作需要经过同行评审，以保证其学术价值和科学性。

2. 传播方式的单向性

传统出版的传播模式主要是从出版者到读者的单向传递。读者只能被动地接受出版物中的内容，缺乏与作者或出版者的即时互动。这种单向传播方式在信息传播效率上相对较低，但能够保证内容的稳定性和权威性。

3. 物理载体的局限性

传统出版依赖于纸张、油墨等物理载体，这使得出版物的制作和传播受到一定的限制。一方面，纸张的生产、印刷和运输需要消耗大量的资源和能源，对环境造成一定压力；另一方面，纸质出版物的存储和携带不够便捷，读者获取信息的效率相对较低。

4. 内容呈现的稳定性

传统出版物的内容一旦印刷完成，就具有相对的稳定性，难以进行实时更新和修改。这种稳定性保证了出版物内容的权威性和可信度，但也使得出版物难以及时反映最新的信息和知识，无法满足读者对实时信息的需求。

5. 盈利模式的单一性

传统出版的主要盈利来源是纸质出版物的销售。出版社通过控制印制成本、定价策略和销售渠道，实现盈利。这种盈利模式相对单一，容易受到市场需求波动、纸张价格变化等因素的影响，导致出版单位的经营风险增加。

二、数字出版的兴起背景

（一）技术发展推动

数字出版的兴起离不开信息技术的飞速发展。互联网的普及为数字出版提供了广阔的空间和便捷的传播渠道。通过互联网，数字出版物可以瞬间到达全球任何角落，突破了传统出版在时间和空间上的限制。同时，移动互联网技术的发展，使得智能手机、平板电脑等移动设备成为人们获取信息的重要工具，这些设备的便携性和多功能性为数字出版提供了新的载体，让读者可以随时随地阅读电子书、浏览网络文章、收听有声读物等。

数字技术的进步还体现在内容的创作和编辑上。计算机辅助设计（CAD）、桌面排版（DTP）等技术的应用，极大地提高了内容制作的效率和质量。编辑人员可以更加便捷地对文字、图像、音频、视频等多种媒体元素进行整合和编辑，创造出更加丰富多样的数字出版物。此外，大数据和人工智能技术的出现，为数字出版的内容推荐、个性化定制等提供了强大的支持。通过对用户数据的分析，出版商可以更好地了解读者的需求和偏好，从而提供更加精准的内容服务。

（二）用户需求变化

随着社会的发展和人们生活水平的提高，用户对信息的需求也在不断变化。现代生活节奏加快，人们的时间更加碎片化，传统的纸质出版物难以满足人们随时随地获取信息的需求。数字出版物的便捷性正好迎合了这一趋势，读者可以在通勤路上、午休时间、睡前等碎片化时间里，通过移动设备快速获取和阅读各种信息。

同时，用户对内容的个性化需求也越来越强烈。不同年龄、性别、职业、兴趣爱好的用户，对内容的类型、风格、深度等有着不同的要求。数字出版能够通过大数据分析和智能推荐算法，为用户提供个性化的阅读体验，满足用户多样化的阅读需求。此外，用户对互动性的需求也在增加，他们不再满足于被动地接收信息，而是希望与作者、其他读者进行交流和互动。数字出版平台提供了评论、点赞、分享、讨论等多种互动功能，增强了读者的参与感和黏性。

三、传统出版与数字出版的差异

（一）传播方式差异

传统出版的传播方式主要依赖于物理载体的分发，通过书店、报亭等实体渠道将纸质出版物传递到读者手中。这种方式受到时间和空间的限制，传播速度相对较慢，且传播范围有限。例如，一本新书从出版到送达读者手中，可能需要数天甚至数周的时间，而且只能覆盖到有实体销售点的地区。此外，传统出版的传播是单向的，读者只能被动接收信息。

相比之下，数字出版的传播方式则具有显著的优势。数字出版物通过互联网进行传播，能够在瞬间到达全球任何有网络连接的地方，极大地提高了传播速度和范围。读者可以通过各种数字平台，如电子书商店、在线阅读网站、移动应用等，随时随地获取数字出版物。这种传播方式不仅打破了时间和空间的限制，还实现了信息的双向互动。读者可以在阅读过程中随时发表评论、提问或分享内容，与作者和其他读者进行实时交流，增强了阅读的参与感和社交性。

（二）内容呈现差异

传统出版物的内容呈现形式相对单一，主要以文字和静态图像为主。

虽然这种形式能够传递丰富的知识和信息，但在表现力和互动性方面存在一定的局限性。例如，一本纸质书籍无法像数字出版物那样嵌入音频、视频、动画等多媒体元素，也无法实现内容的实时更新和动态交互。

数字出版则能够提供更加丰富多样的内容呈现形式。除了文字和图像外，数字出版物还可以包含音频、视频、动画、超链接等多种元素，为读者带来更加生动、直观的阅读体验。例如，一本电子书可以通过嵌入音频讲解，帮助读者更好地理解复杂的内容；通过超链接，读者可以方便地跳转到相关的参考资料或扩展阅读，拓宽知识面。此外，数字出版物还可以根据读者的阅读进度和偏好，提供个性化的推荐和定制服务，进一步提升内容的价值和吸引力。

（三）读者体验差异

传统出版的读者体验主要集中在纸质阅读上，这种阅读方式具有一定的优势，如对眼睛的负担相对较小、阅读时的沉浸感较强等。然而，纸质阅读也存在一些不便之处，如携带不便、存储空间有限、查找信息效率较低等。此外，由于传统出版物的内容相对稳定，读者难以获得最新的信息更新，也无法与其他读者进行实时交流。

数字出版则为读者提供了更加便捷、高效、个性化的阅读体验。数字出版物的便携性使得读者可以随时随地通过移动设备阅读，无须携带厚重的纸质书籍。同时，数字阅读平台通常具备强大的搜索功能，读者可以快速找到自己需要的内容，提高阅读效率。此外，数字出版物的互动性增强了读者的参与感，读者可以通过评论、点赞、分享等方式与其他读者和作者进行交流，形成良好的阅读氛围。而且，数字出版物可以根据读者的阅读历史和偏好，提供个性化的推荐内容，让读者更容易发现自己感兴趣的书籍和文章。

四、传统出版与数字出版的融合趋势

（一）传统出版社的数字化转型

传统出版社在数字时代面临着巨大的挑战，但同时也迎来了新的发展机遇。许多传统出版社开始积极涉足数字出版领域，通过数字化转型来拓展业务范围。这种转型不仅体现在将纸质出版物转化为电子版,更在于利用数字技术优化出版流程、创新内容呈现形式以及探索新的商业模式。

在内容生产方面,传统出版社借助数字技术实现了选题策划、编辑加工、校对审核等环节的数字化升级。通过建立数字化的内容管理系统,编辑团队可以更高效地工作,提高内容生产的质量和效率。同时,出版社利用大数据分析工具,深入了解读者需求和市场趋势,从而更精准地进行选题策划,推出更具市场竞争力的出版物。

在产品形态上,传统出版社不再局限于纸质书籍,而是推出了电子书、有声读物、在线课程等多种数字产品。电子书的推出满足了读者随时随地阅读的需求,而有声读物则为那些在开车、运动等场景下无法进行纸质阅读的读者提供了新的选择。在线课程则将知识传播与教育服务相结合,为读者提供了更加系统、深入的学习体验。这些数字产品的推出,不仅丰富了出版社的产品线,也为读者提供了更多元化的阅读选择。

在营销与发行环节,传统出版社积极利用互联网平台和社交媒体进行线上线下结合的营销推广。通过建立官方网站、社交媒体账号等线上渠道,出版社可以直接与读者进行互动,发布新书信息、作者访谈、阅读活动等内容,吸引读者关注。同时,出版社还与电商平台、数字阅读平台等合作,实现纸质书与电子书的同步发行,扩大了出版物的市场覆盖面。此外,一些出版社还通过举办线上读书会、线下签售会等活动,增强读者的参与感和忠诚度。

(二) 数字出版平台的内容质量提升

数字出版平台在发展过程中,逐渐认识到内容质量的重要性,并开始借鉴传统出版的编辑、审核流程,以提升自身内容的品质和可信度。传统出版经过长期的发展,形成了一套成熟的内容把关机制,包括严格的选题策划、专业的编辑加工、多轮次的校对审核等环节,这些环节能够有效保证出版物的质量和权威性。数字出版平台引入这些传统出版流程,有助于提高内容的准确性和专业性,增强读者对数字出版内容的信任。

数字出版平台在选题策划阶段通过建立专业的编辑团队,对内容选题进行深入调研和评估。编辑们凭借专业知识和市场洞察力,筛选出具有价值和潜力的选题,确保平台推出的内容能够满足读者的需求和市场的趋势。同时，平台还与传统出版社、学术机构、作家等合作，获取优质的内容资源，进一步丰富平台的内容储备。

在编辑加工环节，数字出版平台注重对内容的深度打磨。编辑团队对文字、图像、音频、视频等多媒体元素进行整合与优化，确保内容的逻辑性、连贯性和可读性。通过专业的排版设计，提升内容的视觉呈现效果，为读者提供更加舒适的阅读体验。此外，平台还利用人工智能技术辅助编辑工作，如自动校对、内容推荐等，提高编辑效率和质量。

在审核流程上，数字出版平台建立了严格的审核机制，对内容进行多轮审核。除了对内容的合法性、合规性进行审查外，还注重对内容的质量把控，确保发布的内容符合平台的标准和读者的期望。通过引入同行评审、专家审核等机制，进一步提升内容的专业性和权威性。

(三) 多元融合模式探索

传统出版与数字出版的融合不仅体现在出版流程和产品形态上，还体现在多种融合模式的探索与创新上。这些融合模式包括线上线下结合的营销策略、纸质书与电子书同步发行、内容的多媒体呈现、跨领域的合作等，旨在为读者提供更加丰富、便捷、个性化的阅读体验，同时也为出版业的发展注入新的活力。

线上线下结合的营销策略是传统出版与数字出版融合的重要体现。线上平台通过大数据分析和精准推送，为读者提供个性化的推荐内容，吸引读者关注和购买。线下活动则通过举办读书会、签售会、展览等，增强读者的参与感和体验感。例如，一些出版社通过线上平台发布新书信息和作者访谈，吸引读者关注，然后在线下举办签售会，让读者与作者面对面交流，进一步提升读者对书籍的兴趣和购买意愿。这种线上线下结合的营销模式，不仅扩大了出版物的市场覆盖面，还增强了读者与出版者之间的互动和黏性。

纸质书与电子书同步发行是传统出版与数字出版融合的另一种常见模式。这种模式既满足了读者对纸质阅读的需求，又为读者提供了更加便捷的数字阅读选择。出版社在推出纸质书籍的同时，同步推出电子书版本，让读者可以根据自己的阅读习惯和场景选择合适的阅读方式。例如，一些学术著作在纸质版出版后，立即推出电子版，方便研究人员随时随地查阅和引用。

这种同步发行模式不仅提高了出版物的市场竞争力,还为出版社带来了更多的收入来源。

内容的多媒体呈现是数字出版的一大优势,也是传统出版与数字出版融合的重要方向。通过将文字、图像、音频、视频等多种媒体元素有机结合,出版物能够为读者提供更加生动、直观的阅读体验。

第二节 出版业的商业模式

一、传统出版的商业模式

(一) 作者稿酬模式

传统出版中,作者稿酬模式是核心盈利方式之一。作者通过创作作品,将其版权授权给出版社。出版社负责作品的编辑、排版、印刷和发行等环节,将作品推向市场。当作品销售产生收益后,出版社按照事先约定的比例向作者支付稿酬。这种模式下,作者的收入与作品的销量直接挂钩,激励作者创作出更具吸引力和市场竞争力的作品。出版社则通过作品的销售,获取利润,维持自身的运营和发展。这种模式在一定程度上保障了作者的权益,同时也为出版社提供了稳定的盈利渠道。然而,这种模式也存在一些局限性。例如,对于一些新兴作者或小众题材的作品来说,可能难以获得出版社的青睐,因为出版社需要考虑作品的市场前景和销售潜力。此外,稿酬比例的确定也可能会引发作者与出版社之间的争议,需要双方在合作前进行充分的沟通和协商,以达成公平合理的协议。

(二) 广告盈利模式

广告盈利模式是传统出版中报纸、杂志等出版物的重要盈利方式。这些出版物通过在内容页面中插入广告,吸引广告商投放广告。广告商根据广告的曝光量、目标受众等因素向出版物支付广告费用。出版物的内容质量和受众群体的规模及特征对广告收入有着重要影响。高质量的内容能够吸引更多的读者,从而为广告商提供更广泛的曝光机会,进而提高广告收入。同时，出版物需要精准定位其受众群体，根据受众的兴趣、消费习惯等特点，吸引与之匹配的广告商，以提高广告的转化率和效果。例如，一本专注于时尚领域的杂志，其受众主要是追求时尚潮流的年轻人群，那么该杂志就可以吸引服装品牌、化妆品品牌等广告商投放广告，通过精准的广告投放，实现广告商和出版物的双赢。然而，广告盈利模式也面临着一些挑战。随着数字化媒体的兴起，传统出版物的读者数量有所下降，广告商的投放重心逐渐向数字媒体转移，这对传统出版物的广告收入造成了一定的冲击。此外，广告过多也会影响读者的阅读体验，降低出版物的品质感，因此出版物需要在广告数量和内容质量之间寻求平衡，以实现可持续发展。

(三) 订阅模式

订阅模式是传统出版中报纸、杂志等定期出版物常用的盈利方式。读者通过支付一定的订阅费用，获得一定期限内出版物的定期投递或获取服务。出版物需要保证内容的持续性和稳定性，以吸引读者长期订阅。高质量、有价值的内容是维持读者订阅的关键因素。同时，出版物还需要通过各种渠道进行宣传推广，扩大其知名度和影响力，吸引更多的潜在读者订阅。例如，一些知名的专业杂志，通过深入报道行业动态、前沿技术等内容，吸引了大量专业人士订阅，为读者提供了有价值的信息，同时也为出版物带来了稳定的收入来源。订阅模式的优势在于能够为出版物提供相对稳定的现金流，降低对单次销售的依赖。此外，订阅读者通常具有较高的忠诚度，他们对出版物的品牌和内容有一定的认同感，这有助于出版物在市场竞争中保持优势地位。然而，订阅模式也面临着一些挑战。随着数字化阅读的普及，越来越多的读者倾向于通过网络获取信息，传统订阅模式的吸引力有所下降。因此，出版物需要不断创新内容形式和传播渠道，以适应数字化时代的发展需求，同时还需要提升服务质量，如提供个性化的订阅服务、增值服务等，以增强读者的订阅意愿和满意度。

(四) 销售模式

销售模式是传统出版中纸质书籍的主要盈利方式。出版社通过与书店、经销商等渠道合作，将纸质书籍推向市场。书店和经销商根据市场需求和库存情况，向出版社采购书籍，并以零售价销售给读者。出版社通过零售价与成本价之间的差价获取利润。销售渠道的选择和管理对出版社的盈利至关重要。出版社需要与优质的书店和经销商建立长期稳定的合作关系，确保书籍能够顺利进入市场并到达读者手中。同时，出版社还需要通过各种营销手段，如举办新书发布会、参加书展、开展促销活动等，提高书籍的知名度和销量。此外，出版社还需要合理控制库存，避免积压或缺货现象的发生，以降低运营成本和风险。销售模式的优势在于能够直接将书籍销售给读者，实现利润的快速回收。同时，通过与书店和经销商的合作，出版社可以扩大书籍的销售范围，提高市场覆盖率。然而，销售模式也面临着一些挑战。随着网络书店的兴起，传统实体书店的市场份额受到一定挤压，出版社需要在销售渠道上进行多元化布局，以适应市场变化。此外，纸质书籍的印刷成本、物流成本等相对较高，也对出版社的盈利能力造成了一定的压力。因此，出版社需要不断优化销售渠道和成本结构，以提高销售模式的盈利能力和竞争力。

二、数字出版的商业模式创新

（一）付费会员模式

付费会员模式是数字出版平台的一种创新盈利方式。数字出版平台通过推出付费会员服务，为会员提供一系列特权，如免费阅读、无广告干扰、专享内容、优先获取新书等。会员根据自身需求选择不同的会员套餐，并支付相应的会员费用。数字出版平台需要不断丰富内容资源，提升内容质量和多样性，以吸引更多的用户成为会员。同时，平台还需要通过优化用户体验、提供个性化的服务等方式，提高会员的满意度和忠诚度。例如，一些数字阅读平台拥有海量的电子书资源，涵盖了各种题材和领域，通过付费会员模式，用户可以畅读这些优质内容，满足了不同用户的阅读需求。付费会员模式的优势在于能够为数字出版平台带来稳定的收入，降低对单次内容销售的依赖。同时，会员用户通常具有较高的活跃度和忠诚度，他们对平台的内容和服务有一定的认同感，这有助于平台在市场竞争中保持优势地位。然而，付费会员模式也面临着一些挑战。随着数字出版市场竞争的加剧，用户对内容的免费获取习惯较为根深蒂固，付费会员的推广和普及需要平台投入大量的营销资源和努力。此外，平台还需要不断优化会员服务，提升内容的更新速度和质量，以应对用户日益增长的需求和竞争压力。

（二）按需印刷模式

按需印刷模式是数字出版领域的一种创新生产方式。数字出版平台根据读者的需求进行小批量印刷，实现了印刷数量与需求的精准匹配，有效降低了库存成本和浪费。读者可以通过平台在线下单，选择自己需要的书籍内容、装帧方式等，平台根据订单信息进行印刷和配送。按需印刷模式充分利用了数字技术的优势，打破了传统印刷模式的大规模生产模式，为读者提供了更加个性化、定制化的阅读体验。同时，这种模式也降低了出版门槛，使得一些小众题材、限量版书籍等能够更容易地进入市场，丰富了出版物的种类和形式。按需印刷模式的优势在于能够有效降低库存成本和风险，提高出版物的经济效益。对于一些冷门或小众的书籍，传统印刷模式可能由于成本过高而难以实现，而按需印刷模式则可以很好地解决这一问题，为这些书籍的出版提供了可能。此外，按需印刷模式还能够满足读者的个性化需求，提升读者的阅读体验和满意度。然而，按需印刷模式也面临着一些技术挑战和成本问题。例如，按需印刷设备和技术要求较高，需要投入大量的资金进行设备购置和维护。同时，按需印刷的生产效率相对较低，可能无法满足大规模订单的需求。因此，数字出版平台需要在技术投入和成本控制之间寻求平衡，以实现按需印刷模式的可持续发展。

（三）内容付费模式

内容付费模式是数字出版领域的一种重要盈利方式。用户根据自身需求，为优质的内容付费，如付费阅读电子书、付费观看在线课程、付费收听有声读物等。数字出版平台需要提供高质量、有价值的内容，以吸引用户付费。内容付费模式不仅包括传统的文字内容，还涵盖了音频、视频等多种形式，满足了不同用户的阅读和学习需求。例如，一些在线教育平台提供了丰富的专业课程，用户可以根据自己的学习需求选择相应的课程进行付费学习，这种模式不仅为用户提供了系统的知识学习渠道，也为平台带来了稳定的收入来源。内容付费模式的优势在于能够直接体现内容的价值，激励创作者和出版平台生产更多优质的内容。同时，这种模式也能够满足用户对个性化、专业化内容的需求，提升用户的阅读和学习体验。然而，内容付费模式也面临着一些挑战。随着互联网内容的海量增长，用户对免费内容的获取习惯较为根深蒂固，付费内容的推广和普及需要平台投入大量的营销资源和努力。此外，平台还需要不断提升内容的质量和多样性。同时，内容付费模式也需要建立合理的定价机制和版权保护体系，以保障创作者和平台的合法权益，促进内容付费模式的健康发展。

（四）数据营销模式

在数字出版领域，数据营销模式正逐渐成为一种重要的盈利手段。通过收集和分析用户的阅读行为、兴趣偏好、购买历史等数据，数字出版平台能够构建详细的用户画像，从而实现对用户的精准定位和个性化推荐。这种模式不仅提高了内容的推荐效果，还显著提升了广告的转化率。例如，平台可以根据用户的阅读偏好，推送相关的电子书、有声读物或在线课程，同时在合适的时间和场景下展示精准广告。这种精准的营销方式不仅为用户提供了更有价值的内容和广告，也为数字出版平台带来了更高的收入。此外，数据营销模式还可以帮助平台优化内容生产策略，根据用户反馈和数据分析结果，调整内容的种类和形式，以更好地满足市场需求。

三、新兴商业模式的探索

（一）众筹出版模式

众筹出版模式是一种创新的融资方式，通过众筹平台筹集资金，用于出版特定的书籍或项目。这种模式的核心在于将出版的风险分散到众多参与者身上，同时激发了读者的参与感和归属感。在众筹出版中，作者或出版商可以提前确定市场需求，降低出版成本和风险。读者则可以通过参与众筹，支持自己喜欢的作品或项目，甚至获得一些独家的回报，如签名版书籍、限量版周边等。这种模式不仅为一些小众题材或新兴作者的作品提供了出版机会，还促进了出版行业的多元化发展。此外，众筹出版还可以通过社区互动和口碑传播，扩大作品的影响力和市场覆盖范围。

（二）IP 开发模式

IP 开发模式是近年来出版行业的一个重要发展方向。通过将出版内容打造成具有影响力的 IP，出版商可以实现内容的多元化开发和收益最大化。IP 开发不仅包括传统的图书出版，还涵盖了影视改编、游戏开发、动漫制作、周边产品开发等多个领域。例如，一部受欢迎的小说可以被改编成电影、电视剧、网剧、游戏等多种形式，通过不同媒介的传播，进一步扩大其影响力和商业价值。这种模式的关键在于内容的品质和创新性，只有具有独特魅力和深度的内容，才能在激烈的市场竞争中脱颖而出，形成强大的 IP 效应。此外，IP 开发还需要出版商具备跨领域的合作能力和资源整合能力，通过与影视公司、游戏开发商、动漫工作室等多方合作，实现 IP 的全方位开发。

（三）合作出版模式

合作出版模式是指出版社与其他机构或个人合作，共同开发出版项目，共享资源和利润。这种模式的优势在于能够整合各方的优势资源，提高出版项目的成功率和市场竞争力。合作出版可以是出版社与作者、版权代理机构、学术机构、企业等之间的合作。例如，出版社可以与知名作者合作，共同策划和出版一系列作品；也可以与学术机构合作，出版高质量的学术著作；还可以与企业合作，出版与企业相关的专业书籍或培训教材。通过合作出版，各方可以在内容创作、市场推广、渠道销售等方面实现优势互补，共同承担风险，共享收益。这种模式不仅为出版商提供了更多的出版资源和创意，也为合作伙伴带来了更多的商业机会和品牌价值提升。

（四）社交出版模式

社交出版模式是利用社交媒体平台进行内容创作和传播的一种新兴模式。通过社交媒体平台，作者可以直接与读者互动，获取反馈，甚至邀请读者参与内容创作。这种模式打破了传统出版中作者与读者之间的单向传播模式，实现了内容创作的互动性和社交性。例如，一些作者会在社交媒体上发布作品的片段，根据读者的反馈进行修改和完善；还有一些平台会组织读者投票，决定作品的走向和结局。社交出版模式不仅提高了内容的创作效率和质量，还通过用户互动和口碑效应扩大了作品的影响力。此外，社交出版还可以通过社交媒体的传播优势，快速吸引大量读者，为作品的推广和销售提供有力支持。这种模式特别适合一些新兴作者和小众题材的作品，能够更好地满足读者的个性化需求和参与感。

四、商业模式对出版业发展的影响

（一）拓展盈利渠道，实现多元化发展

多元化的商业模式为出版业带来了新的增长点，拓宽了盈利渠道。传统出版主要依赖纸质书籍的销售、广告和订阅等模式，而数字出版和新兴商业模式的出现，为出版业注入了新的活力。例如，内容付费模式、付费会员模式、数据营销模式等，都为出版商提供了新的收入来源。这些模式不仅能够满足不同用户的需求，还能提高用户的忠诚度和消费频次。同时，通过跨界合作、IP开发、众筹出版等方式，出版业可以进一步拓展产业链，实现多元化发展，降低对单一盈利模式的依赖，提高整体的抗风险能力。

（二）提升用户体验，满足个性化需求

创新的商业模式能够更好地满足读者需求，提升用户体验。在数字化时代，读者的阅读习惯和需求发生了显著变化，他们更加注重阅读的便捷性、个性化和互动性。数字出版和新兴商业模式通过提供电子书、有声读物、在线课程等多种形式的内容，满足了读者在不同场景下的阅读需求。同时，通过个性化推荐、社交互动、定制化服务等方式，出版商能够为读者提供更加贴心的体验。这种以用户为中心的商业模式，不仅能够提高读者的满意度和忠诚度，还能促进出版业的可持续发展。

（三）推动行业创新，提升竞争力

合理的商业模式有助于出版业的可持续发展，提高抗风险能力。在激烈的市场竞争中，出版业需要不断创新和优化商业模式，以适应市场变化和用户需求。通过引入新技术、新理念和新模式，出版商可以提高生产效率，降低成本，提升内容质量和创新能力。例如，人工智能技术可以应用于智能编辑、智能推荐等领域，提高出版效率和用户体验；大数据技术可以用于市场分析和用户画像，为出版商提供决策支持。此外，通过合作出版、IP开发等方式，出版商可以整合各方资源，实现优势互补，提升整体竞争力。这种创新的商业模式不仅能够推动出版业的发展，还能为整个文化产业的繁荣作出贡献。

第三节 出版内容的多元化

一、内容题材的多元化

（一）文学类

文学类内容一直是出版领域的重要组成部分，涵盖了小说、诗歌、散文、戏剧等多种体裁。小说以其丰富的情节和人物塑造，吸引了广泛的读者群体，从传统的经典文学作品到现代的网络文学，不断满足着不同读者的阅读需求。诗歌和散文则以其独特的艺术形式和情感表达，为读者提供了审美和精神上的享受。文学作品不仅能够反映社会现实和人性百态，还能激发读者的想象力和创造力。在多元化的出版环境中，文学类内容也在不断创新和拓展，例如通过跨文化创作、融合不同文学风格等方式，为读者带来全新的阅读体验。

（二）社科类

社科类内容涉及社会学、心理学、历史学、经济学、政治学等多个学科领域，是出版内容的重要分支。这类内容通常以深入浅出的方式，向读者介绍社会现象、历史事件、经济理论等，帮助读者更好地理解世界和社会。社科类出版物不仅包括学术著作，还涵盖了大众社科读物，旨在普及社会科学知识，提高公众的科学素养和社会认知能力。随着社会的不断发展和变化，社科类内容也在不断更新和拓展，例如关注新兴的社会问题、经济趋势等，为读者提供及时、准确的信息和分析。

(三) 科普类

科普类内容的目的是向公众普及科学知识，提高公众的科学素养。这类内容涵盖了自然科学、工程技术、医学健康等多个领域，通过通俗易懂的语言和生动的案例，将复杂的科学知识传递给读者。科普类出版物不仅包括传统的科普书籍，还涵盖了多媒体内容，如科普视频、动画等，以适应不同读者的需求。科普类内容的多元化发展，不仅有助于传播科学知识，还能激发读者对科学的兴趣和探索精神，特别是在青少年群体中，科普类内容对于培养科学思维和创新能力具有重要意义。

(四) 艺术类

艺术类内容包括绘画、音乐、舞蹈、戏剧、影视等多个艺术领域，旨在通过艺术作品的欣赏和创作，提升读者的审美能力和艺术素养。艺术类出版物通常以图文并茂的形式，向读者介绍艺术作品的创作背景、艺术风格和审美价值。此外，艺术类内容还通过多媒体形式，如在线音乐课程、虚拟艺术展览等，为读者提供更加直观和丰富的艺术体验。艺术类内容的多元化发展，不仅丰富了出版物的种类和形式，还促进了艺术文化的传播和交流，使更多的人能够接触和欣赏到不同形式的艺术作品。

二、内容形式的多元化

(一) 文字内容

传统的纸质书和电子书仍然是出版内容的主要形式，但随着读者需求的变化和技术的发展，文字内容也在不断优化和创新。纸质书以其独特的触感和阅读体验，仍然受到许多读者的喜爱，尤其是在文学、社科等领域，纸质书的深度阅读体验是不可替代的。电子书则以其便捷性和可携带性，满足了现代读者随时随地阅读的需求。在内容上，无论是纸质书还是电子书，都更加注重深度和专业性，通过高质量的内容吸引读者。同时，出版商也在不断探索文字内容的新形式为读者带来全新的阅读体验。

（二）多媒体内容

融合音频、视频、动画等多媒体元素的出版物，能够为读者提供更加丰富和沉浸式的阅读体验。例如，有声读物通过专业的配音和音效制作，让读者在听觉上享受阅读的乐趣；视频内容则通过生动的画面和讲解，帮助读者更好地理解和吸收知识。多媒体内容不仅适用于文学作品，还广泛应用于科普、教育、艺术等多个领域，通过多种感官的刺激，提高读者的参与度和学习效果。

（三）互动内容

互动内容是近年来出版领域的一个重要创新方向。通过设置问题、投票、游戏等互动环节，出版物能够增强读者的参与感和互动性。例如，在一些儿童读物中，通过设置互动游戏和问题，引导儿童积极参与阅读，提高阅读兴趣和学习效果。在成人出版物中，互动内容也可以通过在线讨论、读者反馈等方式，促进读者之间的交流和互动。互动内容不仅能够提高读者的阅读体验，还能为出版商提供更多的用户数据，帮助他们更好地了解读者需求，优化内容生产。

（四）数据可视化内容

数据可视化内容是将复杂的数据以图表、地图、信息图等形式呈现，使读者能够更加直观地理解和分析数据。这种内容形式在社科、科普、经济等领域具有重要的应用价值。通过数据可视化，读者可以快速获取关键信息，理解复杂的数据关系和趋势。例如，在经济类出版物中，通过图表展示经济数据的变化趋势；在社科类出版物中，通过地图展示社会现象的地理分布。数据可视化内容不仅能够提高信息的传递效率，还能增强出版物的可读性和吸引力，帮助读者更好地理解和应用知识。

三、出版内容多元化的发展趋势

（一）跨领域融合

出版内容的多元化发展的一个重要趋势，是跨领域的融合。随着社会的不断发展和科技的快速进步，各个领域的知识和信息相互交织，出版内容也在不断突破传统的学科界限，实现跨领域的融合。例如，将文学与历史、科学与艺术、经济与社会等多个领域的内容进行融合，创造出更具综合性和创新性的出版物。这种跨领域融合不仅能够满足读者对知识的多元化需求，还能为读者提供更加全面和深入的视角，帮助他们更好地理解复杂的世界。

（二）个性化定制

随着读者需求的日益多样化和个性化，出版内容也在向个性化定制方向发展。通过大数据分析和人工智能技术，出版商能够更好地了解读者的兴趣和需求，为读者提供个性化的阅读体验。例如，根据读者的阅读历史和偏好，推荐符合其兴趣的书籍和内容；或者通过定制化的电子书和有声读物，满足读者在不同场景下的阅读需求。个性化定制不仅能够提高读者的满意度和忠诚度，还能为出版商带来更多的市场机会和竞争优势。

（三）国际化传播

在全球化的背景下，出版内容的国际化传播成为一个重要趋势。出版商通过翻译、合作出版等方式，将本国的优秀出版物推向国际市场，同时也引进其他国家和地区的优秀作品。这种国际化传播不仅能够促进文化的交流和融合，还能满足读者对不同文化背景的知识和信息的需求。此外，数字技术的发展使得出版内容的国际化传播更加便捷和高效，通过在线平台和社交媒体，出版商能够将内容快速传播到全球各地，扩大其影响力和市场覆盖范围。

（四）技术驱动创新

技术的快速发展为出版内容的多元化发展提供了强大的支持。从数字印刷技术到人工智能、大数据、VR、AR等新兴技术，都在不断推动出版内容的形式和传播方式的创新。例如，数字印刷技术使得按需印刷成为可能，降低了出版成本，提高了出版效率；人工智能和大数据技术则能够实现内容的个性化推荐和精准营销。同时，VR和AR技术为出版内容带来了全新的沉浸式体验，使读者能够更加身临其境地感受内容的魅力。技术驱动的创新不仅能够丰富出版内容的形式和表现力，还能为出版业带来更多的发展机遇和创新空间。

四、出版内容多元化对行业的影响

（一）满足多样化需求

出版内容的多元化发展能够更好地满足读者的多样化需求。在当今社会，读者的兴趣和需求日益丰富和多样化，不再局限于传统的文学和社科类内容。通过提供涵盖各个领域和题材的出版物，出版商能够满足不同读者群体的需求，提高读者的满意度和忠诚度。同时，多元化的出版内容也为读者提供了更加广泛的知识和信息来源，帮助他们拓宽视野，提升自身的综合素质。

（二）提升行业竞争力

多元化的出版内容有助于提升出版行业的整体竞争力。出版商需要不断创新和优化内容形式，以吸引更多的读者和用户。通过拓展内容题材、丰富内容形式、实现跨领域融合等方式，出版商能够为读者提供更加优质和多样化的阅读体验，从而在市场中脱颖而出。此外，多元化的出版内容还能够为出版商带来更多的盈利机会和市场空间，提高其经济效益和社会效益。

（三）促进文化交流与融合

出版内容的多元化发展促进了不同文化之间的交流与融合。通过翻译、合作出版、国际化传播等方式，出版商能够将不同国家和地区的优秀文化作品介绍给更广泛的读者群体，促进对不同文化的了解和认同。这种文化交流与融合不仅能够丰富人类的文化遗产，还能增进各国人民之间的友谊和合作，推动全球文化的共同发展。

（四）推动行业创新与发展

出版内容的多元化发展推动了出版行业的创新与发展。随着技术的不断进步和读者需求的变化，出版商需要不断探索新的内容形式和传播方式，以适应市场的变化和读者的需求。这种创新不仅体现在内容的创作和生产上，还体现在出版技术、营销模式、商业模式等多个方面。通过不断的创新和探索，出版行业能够保持活力和竞争力，实现可持续发展。

第八章　广播电视发展与出版业融合的趋势、挑战与维度

第一节　广播电视与出版业融合的趋势

一、市场需求促使协同合作

在市场需求的驱动下，广播电视与出版业的协同合作愈发紧密。双方在内容生产上更加注重协同合作，实现一次生产、多次分发。出版业的优质内容可以通过广播电视的平台进行更广泛的传播，扩大其影响力和受众范围；而广播电视的热门内容也可以通过出版物的形式进行深度开发，如制作成图书、音像制品等，进一步挖掘其商业价值。这种协同合作不仅满足了受众对多样化内容的需求，也为两行业带来了更多的发展机遇。例如，一些热门的广播电视节目通过出版相关图书、推出音像制品等方式，实现了内容的二次传播和商业价值的提升；而一些优秀的出版作品也通过广播电视的推广，获得了更多的关注和认可。

二、技术驱动融合加速

（一）新兴技术助力内容生产

技术的不断革新为广播电视与出版业的融合提供了强大的动力，尤其在内容生产环节，新兴技术的应用极大地丰富了内容的表现形式和创作效率。

人工智能技术在内容生产中的应用尤为突出。它能够通过自然语言处理和机器学习算法，实现自动化的文本生成、编辑和校对。对于出版业而言，这不仅提高了文本内容的质量和生产效率，还能够根据不同的读者需求生成个性化的内容。例如，人工智能可以根据读者的阅读历史和偏好，自动

生成符合其兴趣的书籍章节或文章，极大地提升了读者的阅读体验。在广播电视领域，人工智能可以用于剧本创作、新闻报道的撰写以及节目内容的策划。通过对大量数据的分析和学习，人工智能能够生成具有创意和吸引力的节目脚本，为内容创作提供了新的思路和方法。

大数据技术也为内容生产提供了重要的支持。通过对海量用户数据的收集和分析，出版和广播电视行业能够深入了解受众的需求、兴趣和行为模式。这使得内容创作者能够更加精准地定位目标受众，根据受众的喜好和需求创作出更具吸引力和针对性的内容。例如，出版商可以根据大数据分析的结果，确定哪些类型的书籍更受欢迎，从而调整出版计划和内容方向；广播电视制作团队也可以根据受众的收视习惯和反馈，优化节目内容和播出时间，提高节目的收视率和影响力。

云计算技术为内容的存储和处理提供了便捷的平台。它使得出版和广播电视行业能够更加高效地管理和分发内容，降低了成本，提高了工作效率。通过云计算，内容创作者可以随时随地访问和编辑存储在云端的内容，实现了内容生产的协同化和高效化。同时，云计算也为内容的分发提供了强大的支持，使得内容能够快速、稳定地传输到用户的终端设备上，提高了用户体验感。

（二）技术提升传播效率

技术的进步不仅改变了内容的生产方式，也极大地提升了内容的传播效率，使得广播电视与出版业的融合更加紧密和高效。

在传播渠道方面，互联网和移动互联网的发展为内容的传播提供了广阔的平台。通过网络平台，出版物和广播电视节目可以突破时间和空间的限制，实现全球范围内的快速传播。社交媒体的兴起也为内容的传播提供了新的途径，用户可以通过社交媒体平台分享和推荐自己喜欢的书籍、节目等，形成了强大的口碑传播效应。这种基于用户社交网络的传播方式不仅扩大了内容的传播范围，还提高了内容的传播速度和影响力。

在传播形式方面，多媒体技术的应用使得内容的表现形式更加丰富多样。出版物不再局限于传统的文字和图片形式，还可以通过视频、音频、动画等多种形式呈现，为读者提供更加生动、直观的阅读体验。广播电视节目也可以通过网络平台进行直播、点播等多种形式的传播，满足用户不同的观看需求。同时，VR和AR技术的应用也为内容的传播带来了全新的体验。通过VR和AR技术，用户可以身临其境地感受内容，增强了内容的吸引力和感染力。

在传播效果方面，数据分析技术可以帮助出版和广播电视行业更好地评估内容的传播效果。通过对用户行为数据、反馈数据等的分析，内容创作者可以及时了解内容的受欢迎程度、受众的反馈意见等，从而对内容进行优化和调整，提高内容的传播效果。同时，数据分析还可以为内容的精准推荐提供支持，根据用户的兴趣和行为模式，为用户推荐符合其需求的内容，提高用户的满意度和忠诚度。

三、内容生产与传播协同

（一）一次生产多次分发模式

一次生产多次分发模式是广播电视与出版业融合的重要发展方向。这种模式的核心在于通过对内容的深度挖掘和多形式呈现，实现内容价值的最大化。在融合的背景下，内容生产不再局限于单一的媒介形式，而是从一开始就考虑到多种传播渠道和受众需求，将内容进行多维度的开发和利用。

在一次生产多次分发模式下，内容生产者会从源头上对内容进行精心策划和设计，使其能够适应不同的媒介平台和传播形式。例如，一个优秀的文学作品在出版成书的同时，可以被改编为广播剧、电视剧、电影等多种形式，通过不同的媒介渠道进行传播。这种模式不仅能够满足不同受众的多样化需求，还能够延长内容的生命周期，提升内容的商业价值。

这种模式的实现需要广播电视与出版业之间建立紧密的合作关系。双方需要在内容策划、制作、推广等环节进行深度协同，共同打造具有广泛影响力和商业价值的内容产品。通过一次生产多次分发，内容能够在不同的平台上实现多次传播和变现，为两行业带来更多的经济效益和社会效益。

（二）优质内容跨平台传播

优质内容的跨平台传播是广播电视与出版业融合的重要体现。在融合的趋势下，内容不再局限于单一的传播平台，而是通过多种媒介渠道进行广泛传播，扩大其影响力和受众范围。

出版业的优质内容可以通过广播电视的平台进行更广泛的传播。例如，一些优秀的文学作品、学术著作等可以通过广播节目、电视专题等形式进行介绍和推广，吸引更多的读者关注。同时，这些内容也可以通过网络视频平台、音频平台等新媒体渠道进行传播，进一步扩大其受众群体。通过跨平台传播，出版内容能够突破传统纸质媒介的限制，以更加生动、直观的形式呈现给受众，提升内容的吸引力和影响力。

同样，广播电视的热门内容也可以通过出版物的形式进行深度开发。例如，一些受欢迎的电视节目、广播节目等可以制作成图书、音像制品等出版物，为观众提供更加深入、全面的内容体验。这种跨平台传播不仅能够满足观众对热门内容的进一步需求，还能够为广播电视内容创造更多的商业价值。

在跨平台传播的过程中，内容需要根据不同平台的特点和受众需求进行适当的调整和优化。例如，在将出版内容转化为广播电视节目时，需要考虑节目形式、时长、受众喜好等因素，对内容进行重新编排和制作；而在将广播电视内容转化为出版物时，需要对内容进行深度挖掘和整理，使其更加适合纸质媒介的呈现方式。通过这种跨平台的传播和优化，内容能够在不同的平台上实现价值的最大化，推动广播电视与出版业的融合发展。

四、融合模式与创新

（一）内容融合形式多样化

内容融合是广播电视与出版业融合的重要方面，其形式的多样化体现了两行业融合的深度与广度。在融合过程中内容不再局限于传统的单一形式，而是通过多种方式实现跨媒介的整合与创新。

一方面，文学作品与广播电视节目的融合日益紧密。优秀的文学作品为广播电视节目提供了丰富的素材来源，通过改编为电视剧、广播剧等形式，实现了从文字到影像、声音的转化。这种转化不仅保留了文学作品的精髓，还借助广播电视的传播优势，使其能够触及更广泛的受众。例如，许多经典文学作品被改编为电视剧后，不仅引发了观众的广泛关注，还带动了原著书籍的销售，实现了文学与影视的双赢。

另一方面，广播电视节目内容的出版化开发也成为一种趋势。一些热门的电视节目、广播节目通过制作成图书、音像制品等形式，为观众提供了更加深入、全面的内容体验。这种开发方式不仅满足了观众对节目内容的进一步需求，还为广播电视节目创造了更多的商业价值。例如，一些科普类电视节目通过出版相关书籍，将节目中的知识内容进行系统整理和深入阐述，使观众能够在节目中获得的知识得到进一步的巩固和拓展。

此外，内容融合还体现在多媒体内容的整合上。技术的发展使得出版物和广播电视节目不再局限于传统的文字、图片和音频、视频形式，而是通过多媒体技术实现内容的多元化呈现。例如，一些电子出版物可以通过嵌入音频、视频、动画等多媒体元素，为读者提供更加生动、直观的阅读体验；同时，网络平台也能以直播、点播等多种形式播放广播电视节目，从而满足不同用户的观看需求。这种多媒体内容的整合不仅丰富了内容的表现形式，还提升了内容的吸引力和感染力。

(二) 业务融合拓展新领域

业务融合是广播电视与出版业融合的重要体现，通过拓展新的业务领域和合作模式，两行业实现了资源共享、优势互补，为融合发展创造了更多的机会。

在内容创作方面，广播电视与出版业的业务融合表现为联合策划与制作。双方通过共同组建创作团队，整合各自的优势资源，打造出具有广泛影响力和商业价值的内容产品。例如，在一些重大题材的创作中，出版机构可以提供专业的文字创作团队和丰富的素材资源，而广播电视制作团队则可以凭借其专业的影像制作技术和传播渠道，将内容制作成高质量的影视作品。这种联合策划与制作的模式不仅能够提高内容的创作效率和质量，还能够实现内容在不同媒介平台上的多次传播和变现。

在传播渠道方面，业务融合体现为平台共享与整合。广播电视与出版业通过共享各自的传播平台，实现了内容的多渠道传播。例如，出版机构可以将优秀的作品推荐给广播电视媒体进行宣传推广，而广播电视媒体也可以通过网络平台、社交媒体等渠道,将节目内容进行二次传播,扩大其影响力。同时,双方还可以通过合作开发新的传播平台,如联合打造融媒体平台,实现内容的全方位、多维度传播。这种平台共享与整合的模式不仅能够突破传统媒介的传播局限,还能够提高内容的传播效率和覆盖面。

在商业模式方面,业务融合表现为多元化的盈利模式探索。随着融合的不断深入,广播电视与出版业不再局限于传统的盈利模式,而是通过创新合作方式,探索多元化的盈利渠道。例如,双方可以通过联合开展版权运营、广告营销、付费会员等业务,实现商业价值的最大化。在版权运营方面,双方可以共同开发优质内容的版权,通过授权、改编、衍生产品开发等多种方式,获取版权收益;在广告营销方面,双方可以整合各自的广告资源,为广告客户提供更加精准、高效的广告投放服务;在付费会员方面,双方可以共同打造付费会员体系,为用户提供更加优质、个性化的服务,提高用户的忠诚度和付费意愿。这种多元化的盈利模式探索不仅能够为两行业带来更多的经济效益,还能够推动融合业务的可持续发展。

在产业生态方面,业务融合还表现为跨行业合作与协同发展。广播电视与出版业作为文化产业的重要组成部分,通过与其他相关产业的跨行业合作,共同构建了更加完善的产业生态系统。例如,与文化旅游产业合作,开发文化旅游产品和项目,将文化内容与旅游体验相结合,为游客提供更加丰富、多元的文化旅游体验;与教育产业合作,开发教育内容和课程,将优质的文化内容转化为教育资源,推动文化教育的普及和发展。这种跨行业合作与协同发展的模式不仅能够拓展两行业的业务领域和发展空间,还能够促进文化产业的整体繁荣和发展。

五、产业边界逐渐模糊

(一) 互联互通的内容生态系统形成

技术的不断进步使得广播电视与出版业的产业边界不再像过去那样清晰。过去,出版业主要以纸质图书、杂志、报纸等形式传播知识和文化,而广播电视则通过电波和视频信号进行信息传播。如今,随着互联网、移动互联网等新兴技术的广泛应用,两者的传播渠道相互渗透、相互融合。出版内容可以通过网络平台进行数字化传播，而广播电视节目也可以通过文字、图片等形式在出版物中呈现，形成了一个互联互通的内容生态系统。在这个系统中，内容不再局限于单一的传播形式和渠道，而是可以在多种媒介之间自由流动和转换，实现了资源的最大化利用和价值的深度挖掘。

(二) 资源共享推动文化产业整体发展

在融合发展的背景下，广播电视与出版业在渠道、平台、用户等方面实现了资源共享。从渠道来看，两者的传播渠道相互补充、相互拓展。出版业的线上销售渠道可以为广播电视相关产品提供推广和销售平台，而广播电视的多种传播渠道也可以为出版内容的传播提供更广阔的覆盖面。在平台方面，双方共同构建了多元化的传播平台，如综合性的文化网站、移动应用等，这些平台整合了两行业的内容资源，为用户提供了一站式的内容获取服务。在用户层面，两者的用户群体也存在一定的重叠和互动。通过用户数据的共享和分析，可以更好地了解用户需求，为用户提供个性化的内容推荐和服务。这种资源共享不仅降低了成本，提高了效率，还推动了文化产业的整体发展，促进了文化市场的繁荣。

六、IP 深度挖掘与多元开发

(一) 实现"出版+""文化+"的跨界融合

IP（知识产权）作为文化内容的核心价值，在广播电视与出版业的融合中扮演着重要角色。通过深度挖掘优质 IP 的潜力，实现了"出版+""文化+"的跨界融合。例如，一些热门图书凭借其独特的创意和精彩的故事内容，被改编为电视剧、电影或广播剧，以多种艺术形式呈现在观众面前。这种改编不仅扩大了 IP 的影响力，还吸引了更多不同类型的受众关注。同时，围绕这些 IP 推出的相关衍生产品，如玩具、文具、服装等，进一步延伸了 IP 的产业链，提升了 IP 的商业价值。这种跨界融合打破了传统出版和广播电视的业务边界，将文化内容的价值最大化地开发和利用，为文化产业的发展注入了新的活力。

（二）提升 IP 的商业价值

在融合发展的过程中，IP 的多元开发成为提升其商业价值的关键。除了上述提到的改编和衍生产品开发外，还可以通过多种方式对 IP 进行深度挖掘和创新开发。例如，将一些具有文化内涵和历史价值的 IP 打造为文化品牌，通过品牌授权、合作开发等方式，拓展其在文化消费市场的应用范围。同时，利用数字技术对 IP 进行数字化改造和创新呈现，如开发互动式电子书、VR 体验等，为用户提供全新的文化体验，进一步提升 IP 的吸引力和商业价值。通过这种多元开发模式，IP 不再是一个单一的文化产品，而是一个具有强大生命力和商业价值的文化生态系统，能够持续创造经济效益和社会效益。

七、知识服务与文化体验的融合

（一）打造更具吸引力和影响力的文化产品和服务

在知识经济时代，人们对知识的需求和对文化体验的追求越来越高。广播电视与出版业的融合为满足这一需求提供了新的途径。双方在知识服务和文化体验方面的深度融合，共同打造了更具吸引力和影响力的文化产品和服务。例如，推出知识付费节目，通过音频、视频等形式，为用户提供专业、系统的知识讲解和学习服务。这些节目涵盖了各个领域，如文化、历史、艺术、科学等，满足了用户对不同知识的需求。同时，制作文化纪录片，以生动形象的影像记录展示文化现象、历史事件、艺术作品等，为观众带来深刻的文化体验。这种融合不仅丰富了文化产品的形式和内容，还提高了文化产品的质量和价值，使用户能够在享受文化体验的同时，获取有价值的知识和信息。

（二）满足用户对知识和文化的多样化需求

广播电视与出版业的融合能够更好地满足这种需求。一方面，通过整合两行业的资源和优势，可以提供更加丰富多样的知识内容和文化体验形式。例如，结合出版物的深度知识和广播电视的生动表现形式，为用户打造沉浸式的文化体验。另一方面，利用大数据、人工智能等技术，根据用户的兴趣、偏好和行为习惯，为用户提供个性化、精准化的知识服务和文化体验推荐。这种个性化的服务能够更好地满足用户的个性化需求，提高用户对文化产品的满意度和参与度，促进知识的传播和文化的传承。

第二节　广播电视与出版业融合的挑战

一、版权保护难度增大

广播电视与出版业的融合，在带来发展机遇的同时，也面临着版权保护难度增大的挑战。内容的传播渠道和形式更加多样化，作品的传播速度和范围大幅提升，这使得版权保护的难度也随之增加。一方面，内容的跨平台传播和多形式呈现使得版权界定更加复杂。例如，一部文学作品被改编为电视剧、广播剧、电子书等多种形式后，其版权归属和使用范围需要在不同平台和形式之间进行明确界定，稍有不慎就容易引发版权纠纷。另一方面，互联网和移动互联网的普及使得内容的复制和传播变得更加容易，未经授权的转载、盗用等侵权行为时有发生，给版权保护带来了更大的压力。此外，融合环境下内容创作的协同性也增加了版权管理的复杂性。在一次生产多次分发的模式下，多个主体参与内容的创作和传播，如何在合作过程中明确各方的版权责任和权益，确保版权的有效保护，成为亟待解决的问题。

二、人才短缺与技术适配

人才短缺与技术适配问题是广播电视与出版业融合过程中面临的另一大挑战。融合的不断深入使得两行业对复合型人才的需求日益迫切。然而，目前行业内既懂广播电视又懂出版，同时还具备新兴技术应用能力的复合型人才相对匮乏。一方面，传统广播电视和出版行业的从业人员在技术应用方面存在短板。他们大多熟悉各自领域的业务流程和专业知识，但对于新兴技术如人工智能、大数据、云计算等的应用缺乏深入了解和实践经验，难以适应融合环境下对内容生产、传播和管理的技术要求。另一方面，新兴技术领域的人才对广播电视和出版行业的业务特点和需求了解不足，无法有效地将技术应用于行业融合的实际场景中。这种人才结构的不匹配严重影响了融合的效率和质量。同时，技术适配问题也是融合过程中的一大难题。不同行业在技术应用和系统架构上存在差异，广播电视行业的技术系统主要侧重于音视频的采集、编辑和传输，而出版行业的技术系统则更注重文字和图像的排版、印刷和发行。在融合过程中如何实现两行业技术系统的有效对接和协同工作，确保内容在不同平台和形式之间的顺畅转换和传播，是一个亟待解决的技术难题。此外，新兴技术的快速发展也对技术适配提出了更高的要求。例如，人工智能技术在内容创作和编辑中的应用需要与现有的广播电视和出版制作流程进行深度融合，这就需要对现有的技术系统进行改造和升级，以适应新技术的应用需求。

三、市场竞争与用户需求变化

（一）市场竞争的加剧

在融合发展的背景下广播电视与出版业所面临的市场竞争愈发激烈。一方面，随着互联网技术的飞速发展，新兴媒体平台不断涌现，这些平台凭借其便捷性、互动性和个性化服务，吸引了大量用户，对传统广播电视和出版业的市场份额构成了冲击。例如，各类视频网站、社交媒体平台等，不仅提供了海量的视频内容，还通过精准的算法推荐，满足了用户的个性化需求，使得用户在获取信息和娱乐时有了更多的选择。另一方面，行业内竞争也日益白热化。传统广播电视机构和出版企业纷纷加大投入，拓展业务领域，试图在融合市场中占据一席之地。这不仅体现在内容创作的竞争上，也体现在传播渠道、用户资源等方面的竞争。例如，一些大型出版集团开始涉足影视制作和网络视频领域，而广播电视机构也在加强与出版业的合作，推出相关的图书、电子出版物等，这种跨领域的竞争使得市场格局更加复杂，竞争压力也进一步增大。

（二）用户需求的多样化和个性化

随着社会的发展与人们生活水平的提高，用户对文化产品的需求也发生了深刻变化，更加多样化和个性化。用户不再满足于传统的、单一形式的文化内容，而是希望获得更加丰富、多元、个性化的产品和服务。用户在内容方面对知识的深度、广度和实用性有了更高的要求，不仅希望获取娱乐性的内容，也渴望获得有价值的知识和信息。例如，在教育领域，用户需要更加系统、科学的在线教育资源；在文化领域，用户对传统文化的传承和创新内容表现出浓厚兴趣。在形式方面，用户对互动性、沉浸式的体验需求增加。例如，VR、AR等技术在文化产品中的应用，为用户带来了全新的体验，但同时也对内容的制作和传播提出了更高的要求。此外，用户的需求还具有时效性和动态性，随着社会热点的不断变化，用户对相关内容的需求也会迅速调整。这就要求广播电视与出版业在融合过程中，必须更加敏锐地捕捉用户需求的变化，及时调整内容生产和服务模式，以满足用户的多样化和个性化需求。

四、传统观念与体制的束缚

（一）传统观念的制约

部分从业者和机构仍受传统观念的束缚，对融合的重视不够，缺乏主动性和积极性。在传统广播电视领域，一些从业者长期从事单一媒体形式的内容创作和传播，对新兴媒体技术和融合发展的理念接受程度较低。他们习惯于传统的线性传播模式和内容生产流程，对跨媒体的内容创作和传播方式存在抵触情绪。例如，在一些传统电视台，节目制作人员可能更注重节目的播出效果和收视率，而对节目内容如何通过网络传播，如何与出版业进行深度结合缺乏思考和探索。在出版业，一些编辑和创作者也存在类似情况，他们更关注纸质图书的出版和发行，对数字出版、有声读物等新兴出版形式不够重视，对如何将出版内容与广播电视的传播优势相结合缺乏主动探索。这种传统观念的制约，使得在融合过程中，双方的合作往往缺乏深度和创新性，难以充分发挥各自的优势，影响了融合的进程和效果。

（二）体制束缚的影响

体制因素也在一定程度上影响了广播电视与出版业的融合。传统广播电视机构和出版企业大多属于不同的行业管理体系，各自有着不同的管理体制、运营模式和利益分配机制。这种体制差异使得在融合过程中，双方在资源整合、业务协同等方面面临诸多障碍。例如，在项目合作中，双方可能在资金投入、收益分配、版权归属等问题上存在分歧，难以达成一致。此外，一些传统体制下的机构在决策机制和流程上较为烦琐，缺乏灵活性，难以适应融合发展的快速变化需求。例如，一些国有出版企业或广播电视机构在进行跨行业合作时，需要经过多层审批和复杂的流程，这可能导致合作机会的延误，影响融合项目的推进速度和效果。体制的束缚不仅限制了双方的合作深度，也使得在融合过程中难以形成有效的协同创新机制，制约了融合的进一步发展。

五、技术融合的难题

（一）技术更新与适配问题

新兴技术不断涌现，如人工智能、大数据、云计算、区块链等，这些技术为广播电视与出版业的融合提供了强大的技术支撑，同时也带来了技术更新与适配的挑战。一方面，技术更新换代的速度极快，广播电视与出版业需要不断投入大量资源用于技术研发和设备更新，以跟上技术发展的步伐。例如，为了实现高清视频的传输和播放，广播电视机构需要不断升级网络基础设施和播放设备；为了提升数字出版的内容呈现效果，出版企业需要引入先进的数字排版、多媒体融合等技术。另一方面，不同技术之间的适配性问题也较为突出。广播电视与出版业在技术应用上存在一定的差异，如何将这些新兴技术有效地整合到各自的内容生产、传播和管理流程中，并实现不同技术之间的无缝对接，是一个亟待解决的问题。例如，人工智能技术在广播电视内容推荐和出版内容编辑中的应用方式和效果存在差异，需要针对不同的应用场景进行定制化的适配和优化。

（二）技术人才短缺

技术融合对人才的要求越来越高，既懂广播电视技术又熟悉出版业务，同时具备新兴技术应用能力的复合型人才极为短缺。在广播电视与出版业的融合过程中，内容的创作、传播和管理都需要借助先进的技术手段，这就要求从业者不仅要具备传统的专业技能，还要掌握新兴技术的应用能力。然而，目前相关行业的人才培养体系尚未完全适应融合发展的需求，导致技术人才短缺问题日益突出。例如，在数字出版领域需要既懂出版业务又熟悉数字技术的编辑和技术人员，但目前这类人才的数量远远不能满足行业发展的需求。在广播电视领域随着人工智能、大数据等技术的应用，需要大量具备相关技术背景的专业人才来推动内容创作和传播的创新。这种人才短缺的局面不仅影响了融合项目的推进速度和质量，也制约了行业在融合领域的进一步发展，成为融合过程中的一大瓶颈。

六、内容融合的困境

（一）内容生产与传播的协同难题

尽管广播电视与出版业在融合过程中强调内容生产与传播的协同合作，但在实际操作中仍面临诸多困难。一方面，双方在内容生产流程和标准上存在差异，导致协同生产的效率不高。例如，出版业的内容生产通常需要经过严格的编辑、校对、审核等环节，而广播电视的内容制作则更注重时效性和视觉效果，这种差异使得在协同创作过程中，双方需要花费更多的时间和精力进行沟通和协调，以确保内容的质量和传播效果。另一方面，传播渠道的多样化和碎片化也给内容的协同传播带来了挑战。在融合环境下，内容需要通过多种渠道进行传播，包括传统媒体、网络媒体、移动媒体等，如何在不同的传播渠道上实现内容的有效分发和精准推送，是一个需要解决的问题。例如，一些优质的内容可能在传统媒体上能够获得较好的传播效果，但在网络媒体上却因为缺乏针对性的推广而未能达到预期的传播范围，这就需要双方在传播策略和渠道管理上进行更深入的合作和创新。

（二）内容质量与创新的双重压力

广播电视与出版业不仅要面对内容生产与传播的协同难题，还要承受内容质量与创新的双重压力。一方面，随着市场竞争的加剧和用户需求的多样化，用户对内容的质量和品质有了更高的要求。这就要求广播电视与出版业在融合过程中更加注重内容的质量把控，确保所生产的内容具有较高的思想性、艺术性和观赏性，能够满足用户的精神文化需求。另一方面，为了在竞争中脱颖而出，吸引更多的用户关注，双方还需要不断进行内容创新，推出具有独特视角、新颖形式和深刻内涵的内容产品。然而，在实际操作中，内容质量与创新往往难以兼顾。一些为了追求快速传播和商业利益而忽视内容质量的现象时有发生，这不仅会影响用户的体验和满意度，还会对两行业的形象和声誉造成损害。因此，如何在融合过程中平衡内容质量与创新的关系，是广播电视与出版业面临的一个重要挑战。

第三节 广播电视与出版业融合的维度

随着信息技术的飞速发展和社会文化的不断变迁，广播电视与出版业的融合已成为文化产业发展的重要趋势。这种融合不仅体现在内容创作、传播渠道、技术应用等方面，还涉及产业模式、用户服务等多个维度。下面将从内容融合、渠道融合、技术融合、产业融合、用户融合、文化融合、知识服务融合、教育融合、管理融合、评价体系融合等十个维度，深入探讨广播电视与出版业融合的现状、挑战与机遇，以期为两行业的深度融合发展提供有益的参考。

一、内容融合：打造多元内容生态

（一）内容创作的协同合作

广播电视与出版业在内容创作方面可以通过共同策划选题，实现内容的深度整合。双方可以充分发挥各自的优势，共同打造具有广泛影响力和商业价值的内容产品。例如，出版业可以提供丰富的文字内容资源，包括优秀的文学作品、学术著作、科普文章等，这些内容可以通过改编转化为广播剧、电视节目、纪录片等形式，借助广播电视的传播优势扩大其影响力和受众范围。同时，广播电视的热门节目也可以通过出版物的形式进行深度开发，如制作成图书、电子书、有声读物等，为观众提供更加深入、系统的内容体验，满足不同用户的需求。

(二)内容形式的创新拓展

内容融合不仅包括文字与视听内容的相互转化,还涉及内容形式的创新拓展。双方可以探索新的内容形式,如互动式内容、沉浸式体验内容等。例如,利用VR和AR技术,将图书内容转化为沉浸式的阅读体验,或者将广播电视节目中的场景和情节通过互动式内容呈现给用户,增强用户的参与感和体验感。此外,还可以通过跨媒体叙事的方式,将一个故事或主题在不同的媒体平台上进行多角度、多层次的展现,形成一个完整的内容生态系统,吸引用户在不同的平台上进行探索和体验。

(三)内容质量的把控与提升

在内容融合的过程中,双方需要更加注重内容质量的把控与提升。出版业一直以来以严谨的内容审核和编辑流程著称,而广播电视则注重内容的时效性和吸引力。双方在融合过程中可以借鉴彼此的优势,建立更加科学、严格的内容质量评估体系。例如,出版业可以引入广播电视的内容策划和制作团队,提升内容的吸引力和传播效果;广播电视则可以借鉴出版业的编辑和审核流程,确保内容的准确性与权威性。通过这种协同合作,打造高质量、多样化的内容产品,满足用户对优质内容的需求。

二、渠道融合:构建多元传播矩阵

(一)共享传播渠道,扩大传播范围

广播电视与出版业可以通过共享传播渠道,实现内容的多平台传播,扩大内容的传播范围和影响力。出版业可以借助广播电视的平台进行推广,利用广播电视的广泛覆盖和高关注度,提升出版物的知名度和销量。例如,通过在电视节目中进行图书推荐、在广播中进行有声读物的播放等方式,吸引更多的用户关注出版内容。同时,广播电视也可以借助出版业的渠道进行内容分发,如通过出版物的发行渠道、书店、图书馆等,将广播电视节目相关的图书、音像制品等推向市场,进一步扩大内容的传播范围。

(二) 拓展新媒体渠道, 实现多平台互动

广播电视和出版业双方还可以共同拓展新媒体渠道, 实现多平台互动。例如, 通过建立官方网站、社交媒体账号、移动应用程序等新媒体平台, 将广播电视节目和出版内容进行整合传播。用户可以在新媒体平台上观看电视节目、收听广播剧, 同时也可以阅读相关的图书、文章, 参与在线讨论和互动。通过这种多平台互动的方式, 不仅可以提高用户对内容的参与度和黏性, 还可以通过用户数据的分析和挖掘, 更好地了解用户需求, 为内容创作和传播提供依据。

(三) 优化渠道管理, 提升传播效率

为了实现渠道融合的最大效益, 双方需要优化渠道管理, 提升传播效率。可以建立统一的内容管理和分发平台, 实现内容在不同渠道之间的快速分发和精准推送。例如, 通过大数据分析技术, 根据用户的兴趣、偏好和行为习惯将合适的内容推送给合适的用户, 提高内容的传播效果和用户满意度。同时, 还可以通过渠道合作和资源整合, 降低传播成本, 提高传播效率, 实现双方的互利共赢。

三、技术融合: 推动创新发展

(一) 新兴技术的应用与创新

随着人工智能、大数据、云计算、区块链等新兴技术的不断发展, 广播电视与出版业的融合有了更强大的技术支撑。这些技术不仅可以提高内容生产、传播和管理的效率, 还可以为内容创作和用户体验带来更多的创新。例如, 人工智能技术可以用于内容的智能编辑、推荐和审核, 提高内容生产的质量和效率; 大数据技术可以用于用户行为分析和内容效果评估, 为内容创作和传播策略提供依据; 云计算技术可以为内容存储、分发和处理提供强大的技术支持, 降低运营成本; 区块链技术可以用于版权保护和内容溯源, 确保内容的合法传播和版权收益。

(二) 技术平台的共建与共享

为了更好地应用新兴技术，广播电视与出版业可以共建共享技术平台。双方可以联合投入资源，建设统一的技术研发和应用平台，实现技术资源的共享和协同创新。例如，共同开发基于人工智能的内容推荐系统、基于大数据的用户画像工具、基于云计算的内容分发网络等，为内容创作、传播和管理提供更加高效、智能的技术支持。通过技术平台的共建与共享，不仅可以提高双方的技术应用水平和创新能力，还可以降低技术研发成本，提高技术应用的效率和效益。

(三) 技术人才的培养与引进

技术融合的关键在于人才。广播电视与出版业需要培养和引进既懂传统媒体业务又掌握新兴技术的复合型人才。可以通过与高校、科研机构合作，开展相关专业的教育和培训，培养适应融合发展的技术人才。同时，还可以通过引进外部技术人才，提升双方的技术创新能力和应用水平。例如，引进人工智能、大数据等领域的专业人才，为内容创作和传播提供技术支持；引进技术管理人才，优化技术平台的建设和运营，提升技术应用的效果和效益。

四、产业融合：构建协同发展生态

(一) 产业链的整合与延伸

广播电视与出版业的融合可以促进产业链的整合与延伸，形成更加完整、高效的产业生态系统。双方可以在内容创作、生产、传播、销售等环节进行深度合作，进而实现资源共享和优势互补。例如，出版业可以与广播电视机构合作，共同开发影视改编权、有声读物版权等，将内容的商业价值最大化。同时，双方还可以通过产业联盟、战略合作等方式，整合上下游资源，拓展产业链条，形成涵盖内容创作、制作、发行、衍生产品开发等环节的完整产业链，提升产业的整体竞争力和经济效益。

(二) 商业模式的创新与探索

产业融合还需要探索创新的商业模式，以适应融合发展的需求。双方可以共同探索多元化的盈利模式，如广告营销、付费会员、版权运营、衍生产品开发等。例如，通过联合开展广告营销活动，实现广告资源的共享和协同推广；通过推出付费会员服务，为用户提供更加优质、个性化的内容和服务，增加用户黏性和收益；通过加强版权运营，实现内容的多次开发和多次变现，提升版权价值；通过开发相关的衍生产品，拓展商业边界，增加收入来源。通过这些创新的商业模式，实现产业的可持续发展和经济效益的最大化。

(三) 产业政策的支持与引导

产业融合的发展离不开政策的支持与引导。政府可以通过制定相关政策，为广播电视与出版业的融合发展提供良好的政策环境和发展机遇。例如，出台税收优惠、财政补贴等政策，鼓励企业加大融合发展的投入；制定产业规划和指导意见，引导企业合理布局和发展；加强知识产权保护，维护企业的合法权益，促进产业的健康发展。通过政策的支持与引导推动广播电视与出版业的深度融合，实现产业的转型升级和创新发展。

五、用户融合：满足多样化需求

(一) 用户需求的精准把握

在融合发展的背景下用户的需求更加多样化和个性化。广播电视与出版业需要更加精准地把握用户需求，为用户提供更加优质、多样化的内容和服务。可以通过大数据分析、用户调研等方式，深入了解用户的兴趣、偏好、行为习惯等，根据用户需求进行内容创作和传播策略的调整。例如，针对年轻用户对娱乐、时尚、科技等领域的关注，推出相关的影视作品、图书、有声读物等；针对老年用户对健康、文化、历史等领域的兴趣，提供相应的养生节目、文化讲座、历史书籍等。通过精准把握用户需求，提高用户的满意度和忠诚度，增强融合的市场竞争力。

(二) 用户体验的优化与提升

除了满足用户的内容需求外,还需要注重用户体验的优化与提升。可以通过技术创新和内容创新,为用户提供更加便捷、高效、个性化的使用体验。例如,利用人工智能技术实现内容的个性化推荐,让用户能够快速找到自己感兴趣的内容;通过 VR、AR 等技术,为用户提供沉浸式的体验;通过多平台互动和社交功能,增强用户之间的交流和互动,提升用户的参与感和黏性。通过不断优化和提升用户体验,吸引更多的用户关注和参与,实现用户的增长和留存。

(三) 用户需求的多样性与个性化

用户融合面临的首要挑战是用户需求的多样性与个性化。不同用户对文化产品的形式和内容有不同的偏好,如何在融合后的平台上同时满足这些多样化的需求是一个需要解决的问题。应对这一挑战,需要通过大数据分析和人工智能技术,深入了解用户的兴趣、偏好和行为习惯,为用户提供个性化的推荐和服务。同时,平台还需要不断丰富内容资源,提供多种类型的文化产品,以满足不同用户的需求。

(四) 用户数据的整合与隐私保护

用户数据的整合是用户融合的重要基础,但同时也面临着隐私保护的问题。如何在整合用户数据的同时,确保用户的隐私安全,是一个需要重视的问题。应对这一挑战需要建立健全的用户数据管理制度,加强对用户数据的保护和管理。例如,通过加密技术保护用户数据的安全,严格控制数据的访问权限,确保用户数据不被泄露和滥用。同时,还需要加强用户隐私意识的教育,让用户了解自己的隐私权利和平台的数据保护政策。

(五) 用户互动与社区建设

用户互动与社区建设是增强用户黏性和忠诚度的重要手段,也是一个需要持续投入和管理的领域。融合后的平台需要通过开展多元化的用户互动活动,吸引用户参与,形成良好的社区氛围。应对这一挑战需要加强社区管理，制定合理的社区规则和互动机制，鼓励用户积极参与社区活动。同时，还需要通过优质的内容和服务，吸引用户在社区中分享和交流，形成良好的社区文化。

（六）用户反馈与服务改进

用户反馈是了解用户需求和改进服务的重要途径。融合后的平台需要建立完善的用户反馈机制，及时收集和处理用户的反馈意见。应对这一挑战需要通过多种渠道收集用户反馈，如在线调查、用户评论、客服热线等。同时，还需要建立快速响应机制，及时处理用户的反馈意见，及时调整和优化服务内容和方式。

第九章 广播电视发展与出版业融合的原则、模式与路径

第一节 广播电视发展与出版业融合的原则

一、坚持正确导向原则

(一) 确保内容的正确价值观

在广播电视与出版业融合过程中，内容是核心。融合后的文化产品服务，不管是经由广播电视传播，还是出版物形式出版呈现，都潜藏着思想文化和价值理念，因此，内容价值导向正确是融合过程中不可抛的要点。这就要求在内容创作、内容编辑审核等全链条上严格把关，传播的内容要符合社会主义核心价值观的导向、弘扬社会正能量、传递正能量的精气神。否则将难有真正的融合，也难有真正的文化建设，更不能用正确价值导向的融合传递好真善美的风尚，提升人民的精神文化素养和思想道德素质。

(二) 强化舆论引导责任

广播电视与出版业作为重要的舆论阵地，在融合过程中必须强化舆论引导责任。随着信息技术的发展和媒体格局的变化，信息传播的速度和范围大大增加，舆论环境也更加复杂多变。在这种情况下，融合后的媒体平台更要发挥好舆论引导的作用，通过准确、及时、权威的信息发布，引导公众正确看待社会热点问题，增强公众的辨别能力和理性思维。同时，要积极传播主流声音，凝聚社会共识，为经济社会发展营造良好的舆论氛围。

(三) 维护社会文化稳定

融合过程的社会文化稳定。广播电视与出版业融合过程中涉及的文化

资源、文化信息繁多，对社会文化生态影响巨大，因此要在融合过程中重视文化多样性、包容性，尊重各种文化的价值与特点，防止文化冲突与误读，加强对文化市场的规范与引导，防止不良信息和不良文化传播，保持社会文化环境健康稳定；同时又要通过融合，实现文化交流和融合，促进社会文化繁荣，为社会和谐稳定提供强有力的文化保障。

二、优势互补原则

（一）广播电视的传播优势与出版业的内容优势

广播电视与出版业在长期的发展过程中各自形成了独特的优势，这些优势在融合过程中能够相互补充，实现互利共赢。广播电视具有强大的传播力和广泛的受众覆盖面，其通过声音、图像、视频等多种形式，能够快速、生动地传递信息，具有很强的时效性和感染力。它可以实时报道新闻事件、传播文化娱乐内容，吸引大量观众的关注，从而在短时间内形成强大的舆论影响力。例如，重大新闻事件的直播能够让观众第一时间了解事件的进展，而精彩的电视剧、综艺节目等能够为观众带来丰富的精神享受，满足人们对于娱乐和休闲的需求。

而在内容的深度和专业性方面，出版业占据一定的优势。出版业经过多年积累和发展，积累了大量的知识资源，拥有专业的编辑队伍，可以对诸多信息进行细致的挖掘、整理、加工，生产出各种各样高质量的图书、期刊、报纸等出版物，拥有由各学科、各门专业所构成的巨大知识体系，包含丰富、完整、系统的知识和文化内涵。例如，学术专著可以对某一领域、某一问题的学术成果进行阐述，供该领域专业人员使用和参考；文学作品可以通过文本的形式表达人性、感悟人生，抒发对社会、人生、历史的深层思考，引发读者的共鸣。

在融合过程中，广播电视和出版业的优势互补能够实现优势叠加，广播电视可以利用出版业的优质内容资源，使自身节目内容更加丰富，文化内涵更加深厚，专业性更加突出，如将优秀的文学作品改编成电视剧、广播剧等，通过广播电视的传播渠道让观众欣赏优秀文学作品的魅力；出版业也可以借助广播电视的传播平台，扩大自身作品的影响力、传播力，如通过电视读书节目、广播读书频道等对优秀图书作品进行推荐和宣传，带领读者开展阅读活动，带动出版物的销售和传播。

（二）技术与资源的互补

随着信息技术的不断发展，广播电视和出版业在技术应用方面也各有侧重。广播电视行业在音视频制作、传输、播出等方面拥有成熟的技术体系和丰富的实践经验，能够为观众提供高质量的视听享受。例如，高清电视、数字电视、卫星电视等技术的应用，使得广播电视的图像和声音质量得到了极大提升，为观众带来了更加清晰、逼真的视听体验；同时，广播电视行业还不断探索新技术的应用，如VR、AR等技术在节目制作中的应用，为观众带来全新的沉浸式体验。

出版业则在数字出版、内容管理、数据分析等方面具有一定的技术优势。数字出版技术的发展使得出版物的制作、传播和阅读方式发生了深刻变革，电子书、有声读物、在线期刊等形式的出版物逐渐兴起，为读者提供了更加便捷、多样化的阅读选择。同时，出版业通过内容管理系统，能够对大量的文本、图片、音频、视频等多媒体内容进行有效的组织和管理，实现内容的快速检索、编辑和发布；此外，出版业还注重利用数据分析技术，对读者的阅读行为、兴趣偏好等进行分析，为内容创作和营销提供数据支持，更好地满足读者的需求。

在融合过程中，广播电视和出版业的技术与资源可以实现互补。广播电视可以借鉴出版业的数字出版技术和内容管理经验，提升自身在内容制作和传播方面的数字化水平，实现从传统媒体向新媒体的转型升级；同时，出版业也可以利用广播电视的技术设备和制作团队，提升自身在音视频内容制作方面的能力，丰富出版物的表现形式和传播渠道。例如，出版业可以与广播电视合作，共同开发多媒体出版物，将文字、图片、音频、视频等多种元素有机结合起来，为读者提供更加丰富、立体的阅读体验；此外，双方还可以共享技术资源，共同开展技术研发和创新，探索新的媒体融合模式和技术应用，推动广播电视与出版业的共同发展。

(三) 满足多样化文化需求

广播电视与出版业的融合能够更好地满足多样化的文化需求。广播电视通过多种节目形式，如新闻、综艺、电视剧、纪录片等，为观众提供了丰富多彩的娱乐和信息内容，满足了不同年龄、不同层次观众的需求。例如，新闻节目关注社会热点和时事动态，为观众提供及时、准确的信息；综艺节目则以轻松、娱乐的方式为观众带来欢乐和放松；电视剧通过精彩的故事和人物塑造，展现社会生活和人性百态，引发观众的情感共鸣。

出版业则通过各类图书、期刊、报纸等出版物，为读者提供了丰富的知识资源和文化内涵。从学术著作到通俗读物，从文学作品到专业教材，出版物涵盖了各个领域和层次，满足了不同读者的学习、研究、娱乐等需求。例如，学术著作满足了专业人士的学术研究需求；文学作品则为读者提供了丰富的精神食粮，满足了人们对于文学艺术的欣赏和追求；专业教材为学生和从业者提供了系统的知识体系和技能培训，满足了他们的学习和发展需求。

广播电视与出版业在融合过程中能够充分发挥各自的优势，共同打造更加丰富多样的文化产品和服务，满足人们日益多样化、个性化的文化需求。例如，通过将优秀的文学作品改编为电视剧、广播剧等形式，不仅能够让更多观众欣赏到经典文学的魅力，还能够满足观众对于娱乐和文化的双重需求；同时，出版业也可以根据广播电视节目内容，开发相关的图书、音像制品等衍生产品，如节目同名图书、幕后制作花絮等，进一步满足观众对于节目内容的深入了解和收藏需求。

三、内容为本，技术为用原则

(一) 优质内容的核心地位

在广播电视与出版业融合发展中，内容依然是重中之重。内容是最核心的载体，也是最能吸引人、满足受众精神文化需求的要素。不管是广播电视节目，还是各类出版物，都因为其传递的内容而存在着价值。融合中坚守内容，传递有价值的信息，内容的价值才能让受众产生情感共鸣，提升公众的文化素养和思想境界。优秀的文学作品改编的电视剧，不仅让用户获得视觉享受，也给用户带来对人性、社会等深层次问题的思考。且优质的内容是媒体品牌建设的基础，可以提升一个媒体的知名度、美誉度和影响力，也提升受众的忠诚度和黏性。

（二）先进技术的支撑作用

先进技术是广播电视与出版业融合的重要保障。互联网、移动互联网、大数据、人工智能、云计算、VR、AR等新技术的发展应用，为广播电视与出版业的融合发展提供了强有力的技术支撑，也为创造性、生产制作和传播推广文化产品提供了更加先进的技术支持，甚至形成了全新的文化产品和服务形式。如利用高清电视、数字电视、卫星电视等技术打造更加高清细腻的电视屏幕，为广播电视内容制作提供更加丰富多样、画面更佳的影像创作效果，增强电视节目的观看体验。利用VR、AR等技术，打造沉浸式文化产品和服务，如虚拟博物馆、增强现实图书，可带给受众更亲密的场景化文化体验。利用大数据、人工智能等技术通过海量的文化数据和用户行为和偏好的分析，为内容创作、内容传播提供精准的数据支撑，实现人工推荐、精准推送、智能推送等内容的精准化传播。

（三）推动内容创新与传播创新

内容为本，技术为用原则要求广播电视与出版业融合过程中，在把握优质内容核心地位的同时，充分发挥先进技术支撑作用，推动力度坚持内容创新和技术支撑并举，实现内容创新和传播创新。一方面，通过应用先进技术，激发内容创作灵感，扩大内容表现形式及传播途径。比如，通过数字技术将文字、图片、音频、视频等形式融合在一起，综合生产形式更加丰富、立体的多媒体内容。通过网络直播、短视频等方式实现内容快速扩散、广泛覆盖。另一方面，内容创新为技术应用提供了广阔空间和方向。比如，随着人们文化娱乐内容消费需求多元化形成，各类网络综艺节目、网络剧等新型内容形式产生出来，内容形式的创新又促进相关技术应用，如视频制作技术、网络传输技术应用等。通过内容和技术融合，生产出更多内容形式新颖、具有吸引力的广播电视与出版融合发展内容的产品与服务，更好地满足人们不断增长的精神文化需求。

四、协同发展原则

(一) 促进跨行业合作与交流

广播电视与出版业的融合不仅是广播电视业和出版业内部的融合,也是促进文化产业跨行业发展和纵向融合的新契机,在广电和出版业融合发展过程中,可以适当加强跨行业的合作交流,打破行业壁垒,拓宽合作空间,如广播电视可以与教育行业合作开发教育类文化产品,如线上教育课程、教育图书、教育电视节目等,将知识的传播与文化娱乐结合起来,满足人们对教育和文化的双重需求,通过跨行业之间的合作交流,整合相关行业资源,从而增强整个文化产业的效益和竞争力。

同时,跨行业合作还能促进不同行业之间的经验交流和技术互鉴,广播电视行业在音视频制作传播方面的技术经验可为其他行业提供参考借鉴,其他行业所积累的内容策划编辑方面的专业能力也可为广播电视行业的产品与服务增色添彩。跨行业合作与交流可以激发文化产业的创新创造活力,促进文化产业向综合化、多元化方向发展。

(二) 实现资源共享与优势互补

协同发展原则是资源共享优势互补原则。广播电视与出版业融合需要充分实现资源共享与优势互补,广播电视与出版业各有各的资源,如广播电视的传播渠道资源、制作资源、受众资源以及出版业的内容资源、编辑资源、作者资源等。融合后将这些资源进行整合共享,使其最大化。

例如,就内容建设而言,一方面,出版可为广播电视提供丰富的内容资源,比如优质的文字内容,包括优秀文学作品、学术研究成果等,广播电视则可基于其音视频制作优势,将其转成形象生动的节目产品,例如电视剧、纪录片、广播剧等,以提高内容产品的传播力和影响力;另一方面,广播电视的节目制作过程中会产生大量的素材和创意,亦可为出版内容提供新的创意来源,助力出版物内容创新、内容丰富的建设。

在传播渠道方面,广播电视可以与出版业共享传播渠道,在整合双方传播平台的基础上,实现内容多渠道传播、多平台呈现,比如出版物可以通过广播电视节目的直播、点播等内容渠道进行推广与宣传，提升其知名度与影响力；广播电视节目可以通过出版物形式进行深度解读和延伸，丰富广大观众的内容体验。

此外，双方还可以在技术、人才、市场等方面实现资源共享与优势互补。例如，广播电视行业在音视频制作、传输、播出等方面的技术设备和制作团队，可以为出版业提供技术支持和合作机会；出版业在数字出版、内容管理、数据分析等方面的技术优势，也可以为广播电视的数字化转型提供借鉴和帮助。通过资源共享与优势互补，能够提升广播电视与出版业的运营效率和市场竞争力。

（三）推动文化产业的协同发展

广播电视与出版业的融合是文化产业相互协同的一个重要组成。融合可以实现文化产业内部各行业之间的协同，形成协同发展的产业生态，提升文化产业整体效益以及市场竞争力，以及文化产业与紧密相关产业的深度融合，拓宽文化产业的发展空间。

例如，广播电视与出版业的融合可以与文化旅游产业结合，共同开发文化旅游产品和服务，如文化旅游节目、旅游指南图书、文化纪录片等，推动文化旅游产业的发展。同时，还可以与教育产业结合，开发教育类文化产品和服务，如在线教育课程、教育图书、教育电视节目等，满足人们对于教育的需求。此外，与科技产业的结合也能够为文化产业的发展提供技术支持和创新动力，如利用VR、AR、人工智能等技术，开发沉浸式的文化体验项目和智能文化产品，提升文化产业的科技含量和创新水平。

推动文化产业的协同发展还需要加强政策引导和市场机制的完善。政府能够出台相关政策，以促进广播电视与出版业的结合以及文化产业的共同进步，为产业的繁荣发展创造有利的政策条件。同时，要充分发挥市场在资源配置中的决定性作用，通过市场机制引导文化产业资源向优势企业和项目集聚，促进文化产业的规模化、集约化发展。

总之，协同发展原则要求广播电视与出版业在融合过程中，要注重跨行业合作与交流，实现资源共享与优势互补，推动文化产业的协同发展。通过协同合作，能够激发文化产业的创新活力，提升文化产业的整体效益和市场竞争力,为文化产业的可持续发展提供有力支撑。

第二节 广播电视发展与出版业融合的模式

一、全媒体融合模式

(一) 内容生产一体化

全媒体融合模式下的内容生产一体化,是广播电视与出版业融合发展的核心环节。在这一模式中,内容生产不再局限于传统的广播电视节目制作或出版物编撰,而是将两者的优势有机结合,形成全方位、多层次的内容生产体系。这种一体化的内容生产方式,能够打破传统媒体之间的界限。

首先,内容生产一体化要求广播电视与出版业在选题策划阶段就进行深度合作。双方共同挖掘具有社会价值和市场潜力的选题,从不同的角度进行内容创作,既满足了广播电视的即时性和动态性需求,又兼顾了出版物的深度和系统性特点。例如,对于一个重大社会事件或文化现象,广播电视可以制作专题节目进行即时报道和解读,而出版业则可以基于这些报道,进一步深入挖掘,编写相关的书籍、研究报告或学术著作,为读者提供更全面、更深入的分析和思考。

其次,在内容创作过程中,广播电视与出版业的专业人才可以相互协作。广播电视的记者、编辑和制作人员擅长捕捉新闻热点、进行现场采访和制作动态影像,而出版业的编辑、作者和研究人员则在文字表达、内容深度挖掘和学术研究方面具有优势。通过双方的协作,可以将广播电视的生动形象与出版物的文字深度相结合,创造出更具吸引力和影响力的内容产品。例如,广播电视的纪录片制作团队可以与出版业的编辑合作,将纪录片的脚本、采访素材和相关研究整理成书籍,以文字的形式呈现纪录片背后的故事和深度思考,进一步拓展内容的传播范围和影响力。

最后,内容生产一体化还体现在内容的整合与再创作上。广播电视与出版业可以将各自的内容资源进行整合,形成新的内容产品。例如,将广播电视的节目内容进行文字化整理,制作成书籍或电子书,或者将出版物的内容进行影像化改编,制作成电视节目、纪录片或网络视频。这种内容的整合与再创作不仅丰富了内容的表现形式,还能够满足不同受众的需求,提高内容的传播效果和经济效益。

(二)传播渠道多元化

全媒体融合模式下的传播渠道多元化,是实现广播电视与出版业融合发展的重要保障。在传统媒体时代,广播电视和出版业的传播渠道相对独立,广播电视主要通过电视、广播等传统媒体平台进行传播,而出版物则主要依赖书店、图书馆等线下渠道和邮政发行等传统方式。然而,在全媒体融合的背景下,两者的传播渠道逐渐融合,形成了多元化的传播格局。

首先,互联网的普及为广播电视与出版业的传播渠道多元化提供了技术支持。广播电视节目通过互联网可以实现在线直播、点播和下载,打破了时间和空间的限制,使观众可以随时随地观看节目。同时,出版物也可以通过电子书、在线阅读平台等形式进行传播,方便读者获取和阅读。这种基于互联网的传播方式,不仅提高了内容的传播效率和覆盖面,还为用户提供了更加便捷、个性化的阅读和观看体验。

其次,移动终端的发展进一步拓展了传播渠道多元化。智能手机、平板电脑等移动终端的普及,使人们越来越多地通过这些设备获取信息和娱乐内容。广播电视与出版业可以充分利用移动终端的优势,开发移动应用、社交媒体账号等,将内容推送给用户。例如,广播电视机构可以开发自己的手机应用程序,提供节目直播、点播、互动等功能;出版企业也可以通过移动阅读应用,将电子书、杂志等内容推送给用户。通过移动终端的传播,内容可以更加贴近用户的生活,随时随地满足用户的需求。

最后,传播渠道多元化还包括线上线下融合的传播方式。除了线上的互联网和移动终端传播,线下的实体书店、图书馆、文化活动等仍然是重要的传播渠道。广播电视与出版业可以将线上线下的传播渠道相结合,形成全方位的传播矩阵。例如,通过线上平台推广线下文化活动,吸引用户参与;或者通过线下活动引导用户关注线上内容,提高用户的参与度和忠诚度。这种线上线下融合的传播方式,不仅能够充分发挥各自的优势,还能够为用户提供更加丰富、立体的内容体验。

(三) 技术应用协同化

全媒体融合模式下的技术应用协同化，是推动广播电视与出版业融合发展的重要动力。在全媒体时代，技术的快速发展为媒体融合提供了强大的支持，广播电视与出版业需要充分利用各种先进技术，实现技术应用的协同化，提升内容生产、传播和用户体验的效果。

首先，大数据技术在广播电视与出版业的融合中发挥着重要作用。通过大数据分析可以深入了解用户的需求、兴趣和行为习惯，为内容生产和传播提供精准的依据。广播电视机构可以利用大数据分析观众的收视偏好，优化节目内容和排播策略；出版企业则可以根据用户的阅读数据，进行精准的选题策划和营销推广。同时，大数据还可以实现广播电视与出版业之间的数据共享和协同，为双方的合作提供更加科学的决策支持。

其次，人工智能技术为广播电视与出版业的融合发展提供了新的机遇。人工智能可以应用于内容创作、编辑、审核、推荐等多个环节，提高内容生产的效率和质量。例如，利用人工智能的自然语言处理技术，可以实现自动写作、翻译、校对等功能，辅助内容创作和编辑工作；通过人工智能的图像识别和视频分析技术，可以实现内容的智能审核和分类，提高内容管理的效率。此外，人工智能还可以根据用户的行为数据，进行个性化的内容推荐。

二、跨领域合作模式

(一) 与教育领域合作深化知识传播

与教育领域的合作是广播电视与出版业融合发展的重要方向之一。教育作为知识传播的重要途径，与广播电视和出版业在内容生产、传播和消费上具有高度的契合性。通过与教育领域的合作，广播电视与出版业可以更好地发挥自身的优势，深化知识传播，提升社会教育水平。

一方面，广播电视与出版业可以与教育机构合作，共同开发优质的教育资源。例如，出版企业可以与教育专家合作，编写适合不同年龄段和学科的教学辅导书籍、教材等；广播电视机构则可以制作相关的教育节目、专题讲座等，通过多种媒体形式将教育资源呈现给学生和教师。这种合作不仅可以丰富教育资源的形式和内容，还可以提高教育资源的质量和权威性，为教育事业的发展提供有力支持。

另一方面，广播电视与出版业可以通过与教育领域的合作，拓展知识传播的渠道和范围。例如，通过在线教育平台，可以将优质的教育资源进行数字化、网络化传播，使更多的人能够方便地获取和学习。这种在线教育模式不仅可以突破传统教育在时间和空间上的限制，还可以根据用户的学习进度和需求，提供个性化的学习方案和辅导服务，提高学习效果和质量。

此外，与教育领域的合作还可以促进广播电视与出版业在知识传播内容上的创新和深化。例如，通过与教育专家和学者的合作，可以将最新的教育理念、教学方法和研究成果融入内容创作中，使知识传播更加科学、系统和前沿。同时，通过与教育机构的合作，还可以开展各种教育活动和项目，如学术讲座、研讨会、教育展览等，进一步拓展知识传播的深度和广度，提升社会整体的文化素质和教育水平。

(二) 与文化产业合作丰富内容形式

与文化产业的合作是广播电视与出版业融合发展的重要方式之一。文化产业涵盖了影视、音乐、动漫、游戏、文化旅游等多个领域，具有丰富的创意和内容资源。通过与文化产业的合作，广播电视与出版业可以实现内容形式的多样化和创新，提升内容的吸引力和竞争力。

一方面，广播电视与出版业可以与影视制作公司合作，将优秀的影视作品进行改编和创作，形成多种媒体形式的内容产品。例如，将热门电影改编成电视剧、广播剧、小说等，或者将优秀的电视剧制作成电影、纪录片等。这种跨媒体的内容改编和创作，不仅可以满足不同受众的需求，还可以延长作品的生命周期，提高作品的经济效益和社会效益。

另一方面，与文化产业的合作还可以为广播电视与出版业带来新的创意和内容灵感。例如，与动漫公司合作，可以开发具有动漫风格的广播电视节目或出版物；与音乐产业合作，可以制作音乐专题节目、音乐书籍等；与文化旅游产业合作可以开发具有地方文化特色的旅游节目、旅游指南等。通过这种合作，可以将文化产业中的创意元素融入广播电视与出版业的内容创作中，丰富内容的表现形式和文化内涵。

三、数据驱动融合模式

（一）数据采集与整合

数据采集与整合是数据驱动融合模式的基础环节，对于广播电视与出版业的融合发展至关重要。在全媒体融合的背景下数据来源日益丰富，包括广播电视的收视数据、出版物的销售数据、用户的在线行为数据、社交媒体数据等。通过有效的数据采集和整合，可以实现对用户需求、市场趋势和内容表现的全面了解，为后续的内容优化和精准传播提供数据支持。

首先，数据采集需要覆盖多个渠道和平台。广播电视机构可以通过智能电视、机顶盒、移动客户端等设备收集观众的收视数据，包括观看时长、频道切换频率、节目偏好等信息。出版企业则可以通过线上书店、阅读平台、线下销售点等渠道获取读者的购买行为、阅读习惯和偏好数据。此外，社交媒体平台上的用户互动数据，如点赞、评论、分享等，也是重要的数据来源，能够反映用户对内容的情感态度和传播意愿。

其次，数据整合是将来自不同渠道、不同格式的数据进行统一管理和分析的过程。这需要建立一个强大的数据管理系统，能够对采集到的海量数据进行清洗、转换和存储，消除数据之间的差异和冗余，形成一个完整、一致的数据视图。例如，将广播电视的收视数据与出版物的销售数据进行关联分析，可以发现两者之间的潜在关系，如某一热门电视剧的播出是否带动了相关小说的销售，反之亦然。

最后，数据采集与整合还需要注重数据的质量和安全性。确保数据的准确性、完整性和时效性是数据分析和应用的前提。同时，随着数据隐私保护法规的日益严格，必须采取有效的措施保护用户数据的隐私和安全，避免数据泄露和滥用的风险。

（二）数据驱动的精准传播

数据驱动的精准传播是数据驱动融合模式的关键环节，通过利用数据分析结果，实现对内容的精准定位和个性化推荐，提高内容的传播效果和用户参与度。在广播电视与出版业的融合发展中，精准传播可以更好地满足用户的需求，提升用户体验，同时也有助于提高内容的传播效率和经济效益。

首先，用户画像技术是实现精准传播的基础。通过对用户数据的分析可以构建详细的用户画像，包括用户的年龄、性别、地域、兴趣爱好、消费习惯等信息。基于用户画像，可以将用户分成不同的群体，针对每个群体的特点和需求，制定个性化的传播策略。例如，对于喜欢阅读文学作品的用户群体，可以推荐相关的文学杂志、小说书籍以及相关的文化节目；对于关注科技动态的用户群体，则可以推送科技类的新闻报道、科普书籍和科技节目。

其次，个性化推荐算法是精准传播的重要工具。利用机器学习和人工智能技术，可以开发出高效的个性化推荐算法，根据用户的兴趣和行为数据，为其推荐最感兴趣的内容。例如，在视频平台上，根据用户的观看历史和喜好，推荐相关的电视剧、电影或纪录片；在阅读平台上，根据用户的阅读记录和偏好，推荐适合的书籍、文章或杂志。这种个性化推荐不仅可以提高用户的满意度和忠诚度，还可以增加内容的曝光率和传播范围。

最后，精准传播还需要与多渠道传播相结合。在全媒体融合的背景下内容可以通过多种渠道进行传播，包括电视、广播、网络视频平台、社交媒体、电子书平台等。通过整合这些渠道，实现内容的多平台分发和精准推送，可以扩大内容的传播范围和影响力。

四、用户参与融合模式

（一）用户生成内容的融合

用户生成内容（UGC）的融合是广播电视与出版业融合发展的重要创新方向。在传统媒体时代，内容的生产和传播主要由专业媒体机构和出版企业主导，用户处于被动接受的地位。然而，随着互联网和移动技术的发展，用户逐渐成为内容生产的重要参与者，其生成的内容在广播电视与出版业的融合中发挥着越来越重要的作用。

一方面，用户生成内容丰富了广播电视与出版业的内容资源。用户来自不同的背景和领域，具有多样化的视角和经验，能够创作出具有独特价值和吸引力的内容。例如，用户可以通过社交媒体平台分享自己的生活故事、

第九章　广播电视发展与出版业融合的原则、模式与路径

专业知识、创意作品等，这些内容可以被广播电视节目制作团队和出版企业挖掘和整合，形成新的节目或出版物。这种基于用户生成内容的融合，不仅为媒体和出版业提供了源源不断的素材，还能够满足用户对于个性化和多样化内容的需求。

另一方面，用户生成内容的融合促进了广播电视与出版业的互动性和参与性。通过鼓励用户参与内容创作，媒体和出版机构能够更好地与用户建立联系，增强用户对内容的认同感和归属感。例如，一些广播电视节目会邀请用户参与节目制作，分享自己的故事和观点；出版企业也会通过线上线下的活动，征集用户的创意和作品，将其融入书籍、杂志等出版物中。这种互动不仅提升了用户的参与度和满意度，还能够为媒体和出版业带来更多的流量和关注，进一步推动其融合发展。

(二) 用户反馈与内容调整

用户反馈在广播电视与出版业融合发展中起着至关重要的作用。在融合模式下，内容的生产不再是一个封闭的过程，而是需要充分考虑用户的反馈和需求。通过及时收集和分析用户反馈，广播电视与出版业可以对内容进行调整和优化，以更好地满足用户的需求和市场变化。

首先，用户反馈提供了内容优化的直接依据。用户在观看广播电视节目或阅读出版物时，会通过各种渠道表达自己的看法和意见，如社交媒体评论、在线评分、邮件反馈等。这些反馈信息能够帮助媒体和出版机构了解用户对内容的喜好，从而对节目或出版物进行针对性的调整。例如，如果用户对某一电视剧的情节发展提出疑问，制作团队可以根据反馈对后续剧情进行修改；如果读者对某本书的排版或内容深度提出意见，出版企业可以考虑在再版时进行优化。

其次，用户反馈有助于媒体和出版机构把握市场趋势。通过分析大量用户的反馈数据，可以发现用户需求的变化趋势和潜在的市场需求。例如，如果用户普遍对某一类型的节目或出版物表现出浓厚的兴趣，媒体和出版机构可以加大对该类型内容的投入和开发，推出更多相关的产品。这种基于用户反馈的市场洞察，能够使广播电视与出版业在融合发展中更具前瞻性和适应性，避免盲目跟风和资源浪费。

最后，用户反馈还能够促进媒体和出版机构与用户之间的沟通与信任。积极回应用户的反馈，让用户感受到自己的意见被重视，可以增强用户对媒体和出版品牌的忠诚度和好感度。例如，一些媒体机构会定期发布用户反馈报告，展示他们如何根据用户意见改进内容，这种透明化的沟通方式能够拉近与用户的距离，建立良好的品牌形象。

第三节 广播电视发展与出版业融合的路径

媒体行业正经历着前所未有的变革。广播电视与出版业作为传统媒体的两大重要分支，面临着新的机遇与挑战，两者的融合成为媒体发展的必然趋势。这种融合不仅是技术层面的结合更是内容、平台、产业以及用户服务等多方面的深度融合，以下将从技术赋能与数字化转型、内容创新与多元化开发、平台融合与渠道拓展、产业融合与生态构建以及用户导向与服务升级这五个方面展开探讨。

一、技术赋能与数字化转型

（一）技术赋能的重要性

技术是推动广播电视与出版业融合发展的核心驱动力。随着互联网、大数据、人工智能、云计算等新兴技术的不断涌现，传统广播电视与出版业的生产方式、传播渠道和用户体验都发生了深刻变革。这些技术不仅提高了内容生产与传播的效率，还为内容的创新与个性化服务提供了可能，使媒体能够更好地适应数字化时代的发展需求。

（二）数字化转型的关键环节

1. 内容生产数字化

传统广播电视与出版业的内容生产方式相对较为封闭和独立，数字化转型要求打破这种局限，实现内容生产流程的数字化。通过引入先进的内容管理系统，可以实现选题策划、创作编辑、审核发布等环节的线上协同工作，提高内容生产效率和质量。同时，利用人工智能技术进行内容创作辅助，如智能写作、智能剪辑等，能够进一步提升内容生产的智能化水平。

2. 传播渠道数字化

互联网和移动终端的普及为内容传播提供了全新的渠道。广播电视与出版业需要将传统的内容传播渠道与新兴的数字化渠道相结合，构建全渠道传播矩阵。通过社交媒体平台、视频网站、移动应用等渠道，将内容推送给更广泛的用户群体。同时，利用大数据技术分析用户行为和偏好，实现精准传播和个性化推荐，提高内容的传播效果和用户黏性。

3. 用户服务数字化

数字化转型还体现在用户服务的提升上。通过建立用户数据库和会员管理系统，可以实现对用户的精准画像和个性化服务。例如，根据用户的阅读和观看历史，为其推荐感兴趣的内容；提供在线互动平台，让用户能够参与内容的讨论和创作；开发线上教育、知识付费等增值服务，满足用户多样化的需求。

二、内容创新与多元化开发

（一）内容创新的必要性

在信息爆炸的时代，用户对内容的需求日益多样化和个性化。传统的广播电视与出版业内容形式相对单一，难以满足用户不断变化的需求。因此，内容创新成为广播电视与出版业融合发展的关键环节，只有不断创新内容形式和题材，才能吸引用户的关注并保持其忠诚度。

（二）内容创新的方向

1. 跨媒体内容创作

广播电视与出版业的融合为跨媒体内容创作提供了广阔的空间。通过将文字、图片、音频、视频等多种媒体形式相结合，创造出更具吸引力和感染力的内容。例如，将一部优秀的文学作品改编成广播剧、电视剧或电影，或者将一档热门的电视节目制作成书籍、漫画等形式进行出版，实现内容在不同媒体形式之间的相互转化和延伸，扩大内容的影响力和传播范围。

2. 主题化与系列化内容开发

围绕特定的主题或话题，进行系列化的内容开发，能够更好地满足用户的兴趣需求并形成品牌效应。例如，针对某一热门文化现象、历史事件或社会热点，推出一系列相关的图书、电视节目、网络视频等内容，通过不同形式的解读和呈现，为用户提供全方位、多角度的信息，增强用户对主题的认知和理解。同时，系列化内容的开发也有利于媒体机构打造具有辨识度和影响力的内容品牌，提升其在市场中的竞争力。

3. 融合知识与娱乐内容

在内容创新过程中，注重知识与娱乐的融合，既能满足用户获取知识的需求，又能提供轻松愉快的娱乐体验。例如，制作一些科普类电视节目或出版科普类图书时，采用生动有趣的形式和通俗易懂的语言，将复杂的知识进行通俗化、趣味化处理，使用户在娱乐中学习，在学习中娱乐，提高内容的吸引力和传播效果。

（三）内容创新与多元化开发的策略

1. 关注用户需求与反馈

以用户为中心是内容创新的重要原则。通过多种渠道收集用户的需求和反馈信息，了解用户对内容的喜好和期望，及时调整和优化内容创作方向和策略。例如，利用社交媒体平台、在线调查问卷、用户评论等方式与用户进行互动，根据用户的反馈对内容进行改进和创新，使内容更加符合用户的需求和市场趋势。

2. 培养创新人才

内容创新离不开创新人才的支持。媒体机构应注重培养和引进具有创新意识和跨媒体创作能力的人才，为他们提供良好的创作环境和发展空间。同时，加强对现有从业人员的培训和教育，提升其创新能力和综合素质，使其能够适应内容创新与多元化开发的需求。

3. 加强跨领域合作

广播电视与出版业应加强与其他领域的合作，如科技、教育、文化、艺术等，引入外部资源和创意，为内容创新提供新的思路和灵感。例如，与科技企业合作开发基于新技术的内容产品，与教育机构合作推出教育类内容，与文化艺术团体合作打造具有文化内涵的娱乐节目等,通过跨领域合作实现内容的多元化开发。

三、平台融合与渠道拓展

(一) 平台融合的背景与意义

媒体平台的多样化和碎片化趋势日益明显。用户获取信息的渠道不再局限于传统的广播电视或纸质出版物,而是通过各种网络平台、移动终端等多种渠道进行信息消费。因此,广播电视与出版业需要实现平台融合,打破不同平台之间的壁垒,构建一个统一、协同的内容传播平台,实现内容在不同平台之间的无缝对接和高效传播,提升媒体的传播力和影响力。

(二) 平台融合的策略与实践

1. 构建全媒体融合平台

全媒体融合平台是广播电视与出版业平台融合的核心。通过整合广播电视、报纸杂志、网站、移动应用等多种媒体资源,打造一个集内容生产、传播、管理、服务于一体的综合性平台。在这个平台上,不同媒体形式的内容可以实现资源共享、协同创作和统一发布,实现内容的多渠道传播和多终端呈现。例如,媒体机构可以建立一个统一的内容管理系统,将不同媒体的内容进行集中管理和整合,通过不同的终端渠道进行分发和传播。

2. 加强平台之间的互联互通

除了构建全媒体融合平台外,还需要加强不同平台之间的互联互通。通过建立数据共享机制、用户认证体系等,实现用户在不同平台之间的无缝切换和信息共享。例如,用户在网站上注册登录后,可以在移动应用上继续浏览和使用相关服务,其阅读和观看历史等信息可以在不同平台之间同步,为用户提供更加便捷、个性化的体验。

3. 拓展新兴平台渠道

随着新媒体技术的不断发展,各种新兴的媒体平台不断涌现,如短视频平台、直播平台、社交电商平台等。广播电视与出版业应积极拓展这些新兴平台渠道,将内容传播到更广泛的用户群体中。例如,制作适合短视频平台传播的精彩片段或短视频内容，通过直播平台开展互动活动或在线讲座，利用社交电商平台进行内容推广和销售等，通过多种新兴平台渠道拓展内容的传播范围和市场空间。

四、产业融合与生态构建

（一）产业融合的内涵与趋势

产业融合是指不同产业之间通过技术、业务、市场等多方面的渗透与融合，形成新的产业形态和商业模式。对于广播电视与出版业而言，产业融合不仅是应对数字化挑战的必然选择，也是提升产业竞争力、实现可持续发展的关键路径。随着互联网、大数据、人工智能等新兴技术的广泛应用，传统广播电视与出版业的边界逐渐模糊，两者的融合趋势日益明显。

（二）产业融合的模式与实践

1. 内容生产融合

广播电视与出版业在内容生产环节的融合是产业融合的基础。通过整合双方的优质内容资源，实现选题策划、创作编辑、审核发布等环节的协同合作。比如，可以将杰出的文学作品改编为广播剧、电视剧或电影，或者把热门的电视节目改编成书籍、漫画等出版形式，以此实现内容在各类媒体间的转换与拓展，进而增强内容的影响力，拓宽其传播渠道。

2. 技术应用融合

技术是推动广播电视与出版业融合的重要支撑。通过引入先进的技术手段，如大数据、人工智能、云计算等，实现内容生产、传播和用户体验的优化。

3. 产业生态构建

产业融合不仅仅是内容、技术和平台的融合，更是产业生态的构建。通过与文化产业、科技产业、教育产业、娱乐产业等其他产业的协同发展，构建一个多元化的媒体产业生态体系。

五、用户导向与服务升级

(一)用户导向的重要性

数字化时代用户的需求和体验成为媒体发展的核心。用户不仅希望获取高质量的内容,还希望获得便捷、个性化、互动性强的服务。因此,广播电视与出版业的融合发展必须以用户为导向,关注用户需求,增强用户黏性。

(二)用户导向的策略

1. 深入了解用户需求

通过多种渠道收集用户的需求与反馈信息,如问卷调查、用户访谈、数据分析等,深入了解用户的行为模式、偏好和需求痛点。例如,利用大数据技术分析用户的阅读和观看历史,了解用户的兴趣爱好和消费习惯,为内容创作和产品设计提供依据。

2. 提供个性化服务

根据用户的不同需求和偏好,提供个性化的内容推荐和服务。例如,通过智能算法分析用户的兴趣标签,为其推荐感兴趣的文章、视频、音频等内容;提供个性化的阅读和观看计划,满足用户的学习和娱乐需求。

3. 增强用户互动与参与

通过建立互动平台和社区,鼓励用户参与内容的创作和讨论,增强用户与媒体之间的互动。例如,开设用户评论区、互动话题讨论区、线上互动活动等,与作者、编辑和其他用户进行交流和互动。

4. 优化用户体验

从用户的角度出发,优化产品的界面设计、操作流程、响应速度等,提升用户的使用体验。例如,设计简洁明了的界面,优化操作流程,减少用户的学习成本;提高系统的响应速度,确保用户在使用过程中能够获得流畅的体验。

5. 建立用户反馈机制

建立健全用户反馈系统,及时收集和处理用户的反馈信息,根据用户的反馈对内容和服务进行优化和改进。例如,定期发布用户满意度调查问卷,收集用户的意见和建议;对用户的反馈进行分类整理,制定改进措施,并及时向用户反馈改进结果。

(三) 服务升级的方向与路径

1. 增值服务开发

除了提供基本的内容服务外，还要满足用户的多样化需求。例如，提供在线教育、知识付费、会员专属服务等增值服务，为用户提供更多价值。

2. 线上线下融合服务

结合线上线下的优势，提供线上线下融合的服务体验。例如，举办线上线下的读书活动、讲座、研讨会等，增强用户的参与感和体验感；开发线上线下互动的教育课程，让用户能够在线上学习，在线下实践。

3. 智能化服务

利用人工智能、大数据等技术，实现智能化的服务体验。例如，开发智能语音助手，为用户提供语音搜索、语音交互等服务；利用智能推荐系统，为用户提供精准的内容推荐和个性化服务。

4. 跨平台服务

打破平台之间的限制，实现跨平台的服务体验。例如，通过建立统一的用户账号体系，实现用户在不同平台之间的无缝切换和数据同步；开发多平台的客户端应用，让用户能够在不同的设备上获得一致的体验。

总之，广播电视与出版业的融合发展是媒体行业发展的必然趋势。通过产业融合与生态构建、用户导向与服务升级等路径，广播电视与出版业能够实现深度融合发展，提升产业竞争力，满足用户多样化的需求，推动媒体行业的转型升级。

参考文献

[1] 李翔.新时代广播电视无线台站的建设策略和实践路径[J].广播电视网络,2025,32(1):90-93.

[2] 祁衡达,杨世琛.智能无人机巡检在广播电视发射台的应用[J].广播电视网络,2025,32(1):110-112.

[3] 唐樱之,韦敏,黄紫君,等.基于三维实景地图的广播电视无线覆盖大数据管理系统[J].广播电视网络,2025,32(1):42-45.

[4] 马杰.广播电视工程中数字音频广播CDR技术的应用分析[J].数字通信世界,2025(1):139-141.

[5] 刘波.广播电视工程系统接地技术分析[J].数字通信世界,2025(1):103-105.

[6] 王觅.呈现出版业多形态多业态的发展面貌[N].文艺报,2025-01-10(001).

[7] 齐旭.面向视障群体的广播电视节目发展现状及其社会价值[J].记者摇篮,2025(1):108-110.

[8] 杨柳.广播电视工程中数字音频技术的优势与应用发展[J].中国新通信,2025,27(1):94-96.

[9] 陈鸥.广播电视广告的发展及监管[J].云端,2024(51):82-84.

[10] 章红雨,李美霖.九大趋势直击出版业发展与变革[N].中国新闻出版广电报,2024-12-16(003).

[11] 涂玲.广播电视新媒体发展特征、现状及未来趋势[J].中国传媒科技,2024(12):64-67.

[12] 林丽萍.出版业高质量发展下图书质检工作的共识与保障机制[J].出版参考,2024(12):76-79.

[13] 丁越.新媒体时代下广播电视编导运用"互联网+"的思维探讨[J].卫星电视与宽带多媒体,2024,21(23):91-93.

[14] 赵阳.融媒体背景下广播电视技术转型与发展趋势[J].卫星电视与

宽带多媒体, 2024, 21(23): 22-24.

[15] 杨杰, 郭卫东, 王家福, 等. 深化广播电视和网络视听人才发展体制机制改革, 促进人才培养体系建设[J]. 广播电视网络, 2024, 31(11): 9-20.

[16] 张伟凤. 广播电视的转型与发展[J]. 记者观察, 2024(33): 56-58.

[17] 孙喜春, 甄小龙. 传统媒体与新媒体融合发展研究[J]. 中国报业, 2024(22): 160-161.

[18] 王艳霞. 广播电视新闻媒体的融合发展[J]. 中国报业, 2024(22): 138-139.

[19] 厉桂敏. 新媒体时代下图书出版业的发展策略与实践探索[J]. 中国传媒科技, 2024(11): 116-119.

[20] 王中. 推动广播电视媒体融合发展的实践与探索[J]. 广播电视信息, 2024, 31(11): 9-11.

[21] "应用跨学科研究方法对我国数字出版业发展进行研究"课题组. 策划人语: 应用跨学科研究方法对我国数字出版业发展进行研究[J]. 中国数字出版, 2024, 2(6): 33-34.

[22] 许璘琳, 袁媛. 新质生产力促进出版业创新发展路径研究[J]. 蚌埠学院学报, 2024, 13(6): 7-11.

[23] 陈细慧. 人工智能发展现状及其在广播电视领域的应用研究[J]. 电视技术, 2024, 48(11): 207-209.

[24] 孙鹏. 人工智能在广播电视节目制作中的应用与发展[J]. 卫星电视与宽带多媒体, 2024, 21(21): 16-18.

[25] 曾建辉, 范军. 出版业发展新质生产力: 时代蕴涵、内在逻辑与生成路径[J]. 中国数字出版, 2024, 2(6): 90-97.

[26] 张硕. 广播电视与新媒体融合发展策略探究[J]. 新闻文化建设, 2024(20): 130-132.

[27] 陈涛. 融媒体时代广播电视的发展趋势及新媒体应用策略[J]. 广播电视网络, 2024, 31(10): 104-106.

[28] 李忠润. 广播电视中地面数字电视传输技术的发展研究[J]. 通讯世界, 2024, 31(10): 169-171.

[29] 李睦辞. 新媒体视域下广播电视主持人的转型发展策略[J]. 卫星电视与宽带多媒体，2024，21(20)：1-3.

[30] 吴晓亮. 5G技术赋能广播电视媒体融合发展的路径[J]. 卫星电视与宽带多媒体，2024，21(20)：25-27.

[31] 安志伟，黄伦邦，杨珊珊. 网络数字化广播电视技术的优势及发展[J]. 卫星电视与宽带多媒体，2024，21(19)：10-12.

[32] 江艾. 广播电视工程中多媒体技术的应用和发展[J]. 卫星电视与宽带多媒体，2024，21(19)：16-18.

[33] 张利红. 广播电视新闻和短视频的融合发展路径[J]. 新闻文化建设，2024(18)：142-144.

[34] 张健. 广播电视发射技术和无线覆盖的发展研究[J]. 电声技术，2024，48(9)：183-185.

[35] 殷俊，李月起. 文化界面的传媒形态整合之道——新闻出版与广播电视产业融合的方式、障碍及对策[J]. 编辑之友，2015(1)，20-24.

[36] 陈颖. 数字环境下的产业融合及出版业发展模式[J]. 出版发行研究，2007(7)，13-16.

[37] 魏玉山，李晓晔. 2021—2022中国出版业发展报告[M]. 北京：中国书籍出版社，2022.

[38] 黄匡宇. 广播电视学概论[M]. 广州：暨南大学出版社，2022.

[39] 林卫国，尚文倩. 广播电视大数据平台架构与应用[M]. 北京：中国传媒大学出版社，2021.

[40] 周小普. 中国电视新闻史[M]. 北京：中国传媒大学出版社，2021.

[41] 李永健，张弛，荣文雅. 广电传媒的转型发展与人才培养[M]. 北京：社会科学文献出版社，2021.

[42] 申启武，张建敏. 5G时代广播发展的理念创新与实践探索[M]. 广州：暨南大学出版社，2020.

[43] 王哲平，赵瑜. 广播电视概论[M]. 北京：化学工业出版社，2020.

[44] 国家广播电视总局发展研究中心. 中国广播电视全媒体发展报告[M]. 北京：中国广播影视出版社，2020.

[45] 中国广播电影电视社会组织联合会. 广播电视改革与创新[M]. 北

京：中国广播影视出版社，2020.

[46] 范军.中国近现代出版企业制度研究[M].北京：中国传媒大学出版社，2020.

[47] 范军，李晓晔.中国新闻出版业改革开放40年[M].北京：中国书籍出版社，2018.

[48] 刘大年.中国出版产业政策研究[M].北京：中国传媒大学出版社，2016.

[49] 魏玉山，徐升国，杨春兰.2022—2023中国出版业发展报告[M].北京：中国书籍出版社，2023.

[50] 魏玉山，王珺.国际出版业发展报告[M].北京：中国书籍出版社，2023.